educamos·sm

Caro aluno, seja bem-vindo à sua plataforma do conhecimento!

A partir de agora, você tem à sua disposição uma plataforma que reúne, em um só lugar, recursos educacionais digitais que complementam os livros impressos e são desenvolvidos especialmente para auxiliar você em seus estudos. Veja como é fácil e rápido acessar os recursos deste projeto.

1 Faça a ativação dos códigos dos seus livros.

Se você NÃO tiver cadastro na plataforma:
- Para acessar os recursos digitais, você precisa estar cadastrado na plataforma educamos.sm. Em seu computador, acesse o endereço <br.educamos.sm>.
- No canto superior direito, clique em "**Primeiro acesso? Clique aqui**". Para iniciar o cadastro, insira o código indicado abaixo.
- Depois de incluir todos os códigos, clique em "**Registrar-se**" e, em seguida, preencha o formulário para concluir esta etapa.

Se você JÁ fez cadastro na plataforma:
- Em seu computador, acesse a plataforma e faça o *login* no canto superior direito.
- Em seguida, você visualizará os livros que já estão ativados em seu perfil. Clique no botão "**Adicionar livro**" e insira o código abaixo.

Este é o seu código de ativação! → **DXAAJ-8BABR-AJKKP**

CB082716

2 Acesse os recursos.

Usando um computador

Acesse o endereço <br.educamos.sm> e faça o *login* no canto superior direito. Nessa página, você visualizará todos os seus livros cadastrados. Para acessar o livro desejado, basta clicar na sua capa.

Usando um dispositivo móvel

Instale o aplicativo **educamos.sm**, que está disponível gratuitamente na loja de aplicativos do dispositivo. Utilize o mesmo *login* e a mesma senha da plataforma para acessar o aplicativo.

Importante! Não se esqueça de sempre cadastrar seus livros da SM em seu perfil. Assim, você garante a visualização dos seus conteúdos, seja no computador, seja no dispositivo móvel. Em caso de dúvida, entre em contato com nosso canal de atendimento pelo **telefone 0800 72 54876** ou pelo *e-mail* **atendimento@grupo-sm.com**.

190982_781

Convergências Matemática 8º Ano - BNCC - Fundamental 2 - Livro Digital do Aluno. 2ª Edição 2019

sm

CONVERGÊNCIAS
Matemática 8

Eduardo Rodrigues Chavante

- Licenciado em Matemática pela Pontifícia Universidade Católica do Paraná (PUC-PR).
- Especialista em Mídias na Educação pela Universidade Estadual do Centro-Oeste (Unicentro-PR).
- Professor da rede pública de Ensino Fundamental e Ensino Médio.
- Autor de livros didáticos para o Ensino Fundamental.

sm

Convergências – Matemática – 8
© Edições SM Ltda.
Todos os direitos reservados

Direção editorial	M. Esther Nejm
Gerência editorial	Cláudia Carvalho Neves
Gerência de *design* e produção	André Monteiro
Edição executiva	Andrezza Guarsoni Rocha
Coordenação de *design*	Gilciane Munhoz
Coordenação de arte	Melissa Steiner Rocha Antunes
Assistência de arte	Juliana Cristina Silva Cavalli
Coordenação de iconografia	Josiane Laurentino
Coordenação de preparação e revisão	Cláudia Rodrigues do Espírito Santo
Suporte editorial	Alzira Ap. Bertholim Meana
Projeto e produção editorial	Scriba Soluções Editoriais
Edição executiva	Eduardo Aparecido da Rosa Neto
Edição	Daiane Gomes de Lima Carneiro, Jacqueline da Silva Ribeiro Garcia, Thais Marcelle de Andrade
Assistência editorial	Izabel Cristina Fagundes
Leitura técnica	Tania Camila Kochmanscky Goulart
Colaboração técnico-pedagógica	Paulo Cezar Pinto Carvalho
Revisão e preparação	Felipe Santos de Torre, Joyce Graciele Freitas
Projeto gráfico	Dayane Barbieri, Marcela Pialarissi
Capa	João Brito e Tiago Stéfano sobre ilustração de Estevan Silveira
Edição de arte	Janaina Castro, Mary Vioto
Pesquisa iconográfica	Tulio Sanches Esteves Pinto
Tratamento de imagem	Equipe Scriba
Editoração eletrônica	Adenilda Alves de França Pucca (coord.)
Pré-impressão	Américo Jesus
Fabricação	Alexander Maeda
Impressão	Forma Certa Gráfica Digital

Dados Internacionais de Catalogação na Publicação (CIP)
(Câmara Brasileira do Livro, SP, Brasil)

Chavante, Eduardo Rodrigues
 Convergências matemática : ensino fundamental :
anos finais : 8º ano / Eduardo Rodrigues Chavante. –
2. ed. – São Paulo : Edições SM, 2018.

 Bibliografia.
 ISBN 978-85-418-2163-6 (aluno)
 ISBN 978-85-418-2167-4 (professor)

 1. Matemática (Ensino fundamental) I. Título.

18-20892   CDD-372.7

Índices para catálogo sistemático:

1. Matemática : Ensino fundamental 372.7
Maria Alice Ferreira - Bibliotecária - CRB-8/7964

2ª edição, 2018
4ª impressão, Março 2024

SM Educação
Rua Tenente Lycurgo Lopes da Cruz, 55
Água Branca 05036-120 São Paulo SP Brasil
Tel. 11 2111-7400
atendimento@grupo-sm.com
www.grupo-sm.com/br

Apresentação

Caro aluno, cara aluna,

Este livro foi preparado com dedicação para que você amplie o seu conhecimento a respeito da Matemática, utilizando-a cada vez mais em seu cotidiano, de maneira consciente.

Sem um leitor, este livro é apenas um apanhado de letras, números e símbolos, mas, em suas mãos, ele se torna uma poderosa ferramenta, capaz de ampliar seus conhecimentos a respeito do mundo.

Nas seções deste livro, você vai encontrar textos e atividades que relacionam a Matemática aos outros componentes curriculares, além de situações em que seu conhecimento matemático será posto à prova. Esta obra apresenta também assuntos relacionados à Matemática que contribuem com a sua formação como cidadão(ã), fornecendo oportunidades para reflexão sobre atitudes que podemos praticar para vivermos melhor em uma sociedade dinâmica e em plena transformação.

Bons estudos!

Conheça seu livro

Esta coleção apresenta assuntos interessantes e atuais, que o auxiliarão a desenvolver autonomia e criticidade, entre outras habilidades e competências importantes para a sua aprendizagem.

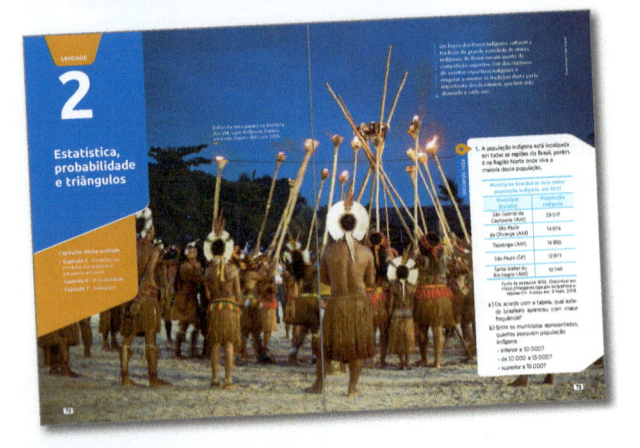

Abertura de unidade

Essas páginas marcam o início de uma nova unidade. Elas apresentam uma imagem instigante, que se relaciona aos assuntos da unidade. Conheça os capítulos que você vai estudar e participe da conversa proposta pelo professor.

Iniciando rota

Ao responder a essas questões, você vai saber mais sobre a imagem de abertura, relembrar os conhecimentos que já tem sobre o tema apresentado e se sentirá estimulado a aprofundar-se nos assuntos da unidade.

Tópicos de conteúdos

Os conteúdos são organizados por títulos e subtítulos, e, sempre que necessário, são propostas questões que permitem a interação entre você e os colegas.

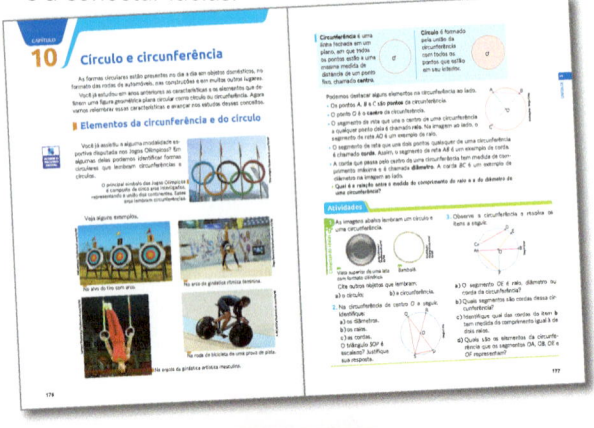

Ampliando fronteiras

Nessa seção, você encontrará informações que o levarão a refletir criticamente sobre assuntos relevantes e a estabelecer relações entre diversos temas ou conteúdos.

Os assuntos são propostos com base em temas contemporâneos, que contribuem para a sua formação cidadã e podem ser relacionados a outros componentes curriculares.

Atividades

Nessa seção, são propostas atividades que vão auxiliá-lo a refletir, a organizar os conhecimentos e a conectar ideias.

Vocabulário

Algumas palavras menos conhecidas terão seus significados apresentados na página, para que você se familiarize com elas. Essas palavras estarão destacadas no texto.

Ícones

em grupo
Esse ícone marca as atividades que serão realizadas em duplas ou em grupos.

pesquisa
Esse ícone marca as atividades em que você deverá fazer uma pesquisa.

desafio
Esse ícone destaca atividades que estimulam a utilização de diferentes estratégias de resolução.

cálculo mental
Esse ícone destaca atividades que propõem o cálculo mental.

Vamos relembrar

Nessa seção, as atividades estão organizadas em ordem gradual de dificuldade, retomando os conteúdos estudados nos capítulos.

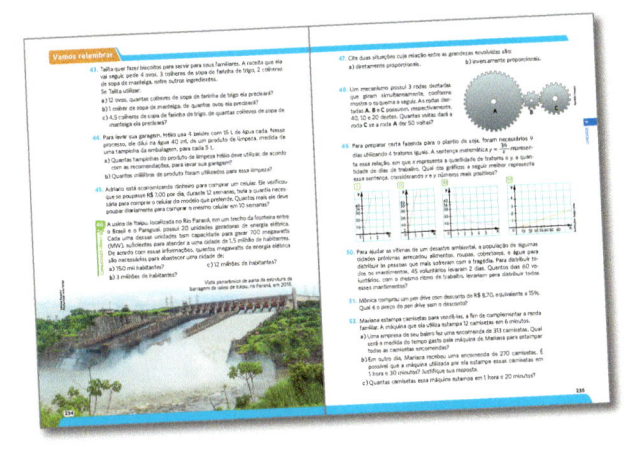

Educação financeira

Nessa seção, são propostas reflexões que auxiliam você a desenvolver atitudes e hábitos conscientes de consumo por meio da educação financeira.

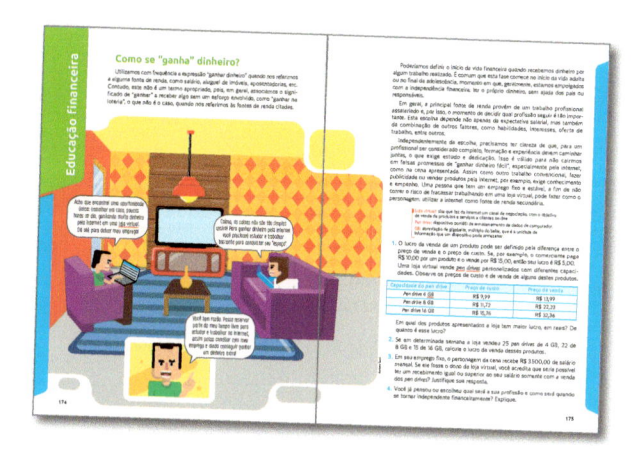

Verificando rota

Aqui você terá a oportunidade de verificar se está no caminho certo, avaliando sua aprendizagem por meio de perguntas que retomam algumas das questões respondidas no início da unidade.

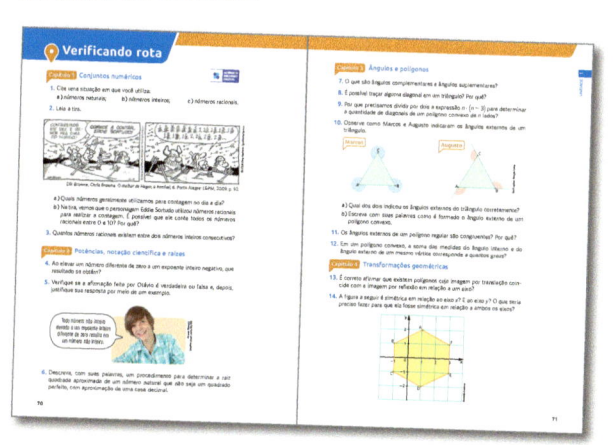

Ferramentas

Nessa seção, você vai aprender a utilizar algumas ferramentas para aprofundar os seus conhecimentos em Matemática.

DICA!
Essa indicação apresenta sugestões para auxiliá-lo a realizar algumas atividades.

Aprenda mais

Aproveite as sugestões de livros e *sites* para aprender um pouco mais sobre o conteúdo estudado.

ferramentas
Esse ícone apresenta as atividades em que são utilizados os recursos mencionados na seção **Ferramentas**.

conectando ideias
Esse ícone destaca atividades contextualizadas com dados reais ou não, mas que sejam aplicáveis à realidade.

digital
ACESSE O RECURSO DIGITAL
Esse ícone remete a um objeto educacional digital.

Sumário

UNIDADE 1 — Conjuntos numéricos, potências, raízes, ângulos, polígonos e transformações geométricas 8

CAPÍTULO 1 — Conjuntos numéricos 10
- Os números 10
- Números naturais 11
- Números inteiros 11
- Números racionais 12
- **Atividades** 13
- Números irracionais 16
- Números reais 18
- **Atividades** 19
- ▶ Vamos relembrar 20
- ▶ Educação financeira
  Controle e prioridade de gastos 22

CAPÍTULO 2 — Potências, notação científica e raízes 24
- Potências com expoente natural 24
- Potências com expoente negativo 25
- Propriedades das potências 26
- **Atividades** 28
- Potências de base 10 29
- **Atividades** 30
- Notação científica 31
- **Atividades** 32
- Raízes 33
- **Atividades** 36
- Raiz enésima 37
- **Atividades** 38
- Potenciação com expoente fracionário 39
- **Atividades** 40
- Propriedades das raízes 41
- **Atividades** 42
- ▶ Vamos relembrar 43

CAPÍTULO 3 — Ângulos e polígonos 45
- Os ângulos 45
- **Atividades** 46
- Diagonais de um polígono convexo 48
- **Atividades** 50
- Ângulos internos e externos de um polígono convexo 52
- **Atividades** 54
- ▶ Vamos relembrar 56

CAPÍTULO 4 — Transformações geométricas 58
- Reflexão 58
- **Atividades** 59
- Rotação 60
- **Atividades** 61
- Translação 62
- **Atividades** 63
- Composição de transformações geométricas 64
- **Atividades** 65
- ▶ Vamos relembrar 66
- ▶ Ampliando fronteiras
  Acessibilidade: o piso tátil 68
- ▶ Verificando rota 70

UNIDADE 2 — Estatística, probabilidade e triângulos 72

CAPÍTULO 5 — Frequências, medidas estatísticas e pesquisa amostral 74
- Distribuição de frequências 74
- **Atividades** 75
- Intervalos de classes 77
- **Atividades** 79
- Média aritmética, mediana e moda 81
- **Atividades** 83
- Gráficos 86
- **Atividades** 87
- Pesquisa amostral 89
- Etapas de uma pesquisa amostral 90
- **Atividades** 91
- ▶ Vamos relembrar 92

CAPÍTULO 6 — Probabilidade 96
- Possibilidades 96
- **Atividades** 98
- Probabilidade 100
- **Atividades** 101
- ▶ Vamos relembrar 103

CAPÍTULO 7 — Triângulos 105
- Os triângulos 105
- **Atividades** 106
- Soma das medidas dos ângulos internos de um triângulo 107
- **Atividades** 108
- Ângulos nos triângulos 109
- **Atividades** 110
- Congruência de figuras 111
- **Atividades** 113
- Pontos notáveis de um triângulo 114
- **Atividades** 118
- ▶ Vamos relembrar 121
- ▶ Ampliando fronteiras
  Prudência no consumo de água 124
- ▶ Verificando rota 126

UNIDADE 3 — Quadriláteros, cálculo algébrico, círculo e circunferência 128

CAPÍTULO 8 — Quadriláteros e área de figuras planas 130
- Os quadriláteros 130
- **Atividades** 131
- Paralelogramo 132
- **Atividades** 136
- Trapézio 138
- **Atividades** 140
- Área de polígonos 141
- **Atividades** 142
- Área do triângulo 143
- **Atividades** 144
- Área do trapézio 145
- **Atividades** 146
- Área do losango 147
- **Atividades** 148
- ▌ Vamos relembrar 149

CAPÍTULO 9 — Cálculo algébrico 153
- Monômio 153
- **Atividades** 154
- Adição e subtração de monômios 155
- **Atividades** 156
- Multiplicação e divisão de monômios 157
- **Atividades** 158
- Polinômio 159
- Adição e subtração de polinômios 161
- **Atividades** 162
- Multiplicação de polinômios 164
- **Atividades** 165
- Divisão de polinômio por monômio 167
- **Atividades** 168
- Sequências 169
- **Atividades** 170
- ▌ Vamos relembrar 172
- ▌ Educação financeira
  Como se "ganha" dinheiro? 174

CAPÍTULO 10 — Círculo e circunferência 176
- Elementos da circunferência e do círculo 176
- **Atividades** 177
- Ângulo central 179
- **Atividades** 179
- Polígonos inscritos e circunscritos 180
- **Atividades** 181
- Medida da área do círculo 183
- **Atividades** 184
- ▌ Vamos relembrar 187
- ▌ Ampliando fronteiras
  Respeito no trânsito 190
- ▌ Verificando rota 192

UNIDADE 4 — Equação, inequação, razão, proporção e medidas 194

CAPÍTULO 11 — Equação e inequação 196
- Equação do 1º grau com uma incógnita 196
- **Atividades** 197
- Equação do 1º grau com duas incógnitas 200
- **Atividades** 201
- Sistema de duas equações do 1º grau com duas incógnitas 202
- Resolução de sistemas de duas equações do 1º grau com duas incógnitas pelo método da substituição 203
- Resolução de sistemas de duas equações do 1º grau com duas incógnitas pelo método da adição 204
- **Atividades** 206
- Classificando sistemas 208
- **Atividades** 209
- Inequação do 1º grau com uma incógnita 210
- **Atividades** 212
- Equação do 2º grau do tipo $ax^2 = b$ 214
- **Atividades** 215
- ▌ Vamos relembrar 216

CAPÍTULO 12 — Razão e proporção 219
- Razão 219
- Proporção 219
- **Atividades** 220
- Grandezas proporcionais 221
- Grandezas não proporcionais 223
- **Atividades** 224
- Regra de três simples 228
- **Atividades** 231
- ▌ Vamos relembrar 234

CAPÍTULO 13 — Medidas de capacidade e de volume 236
- Medidas de capacidade 236
- **Atividades** 237
- Medidas de volume 239
- **Atividades** 241
- Relação entre unidades de medidas de capacidade e de volume 243
- **Atividades** 243
- ▌ Vamos relembrar 246
- ▌ Ampliando fronteiras
  Determinação nos hábitos alimentares 248
- ▌ Verificando rota 250

▌ Ferramentas 252
▌ Aprenda mais 267
▌ Gabarito 268
▌ Siglas 288
▌ Referências bibliográficas 288

UNIDADE

1

Conjuntos numéricos, potências, raízes, ângulos, polígonos e transformações geométricas

Os Jogos Olímpicos reúnem os melhores atletas de diferentes nacionalidades com o objetivo de celebrar o esporte, em competições individuais e coletivas. Uma dessas competições é o iatismo, modalidade esportiva com barcos à vela movidos exclusivamente pela força do vento.

Capítulos desta unidade
- **Capítulo 1** - Conjuntos numéricos
- **Capítulo 2** - Potências, notação científica e raízes
- **Capítulo 3** - Ângulos e polígonos
- **Capítulo 4** - Transformações geométricas

Robert Scheidt e Bruno Prada no último estágio da classe Star nos Jogos Olímpicos de Londres de 2012, na qual conquistaram a medalha de bronze.

Iniciando rota

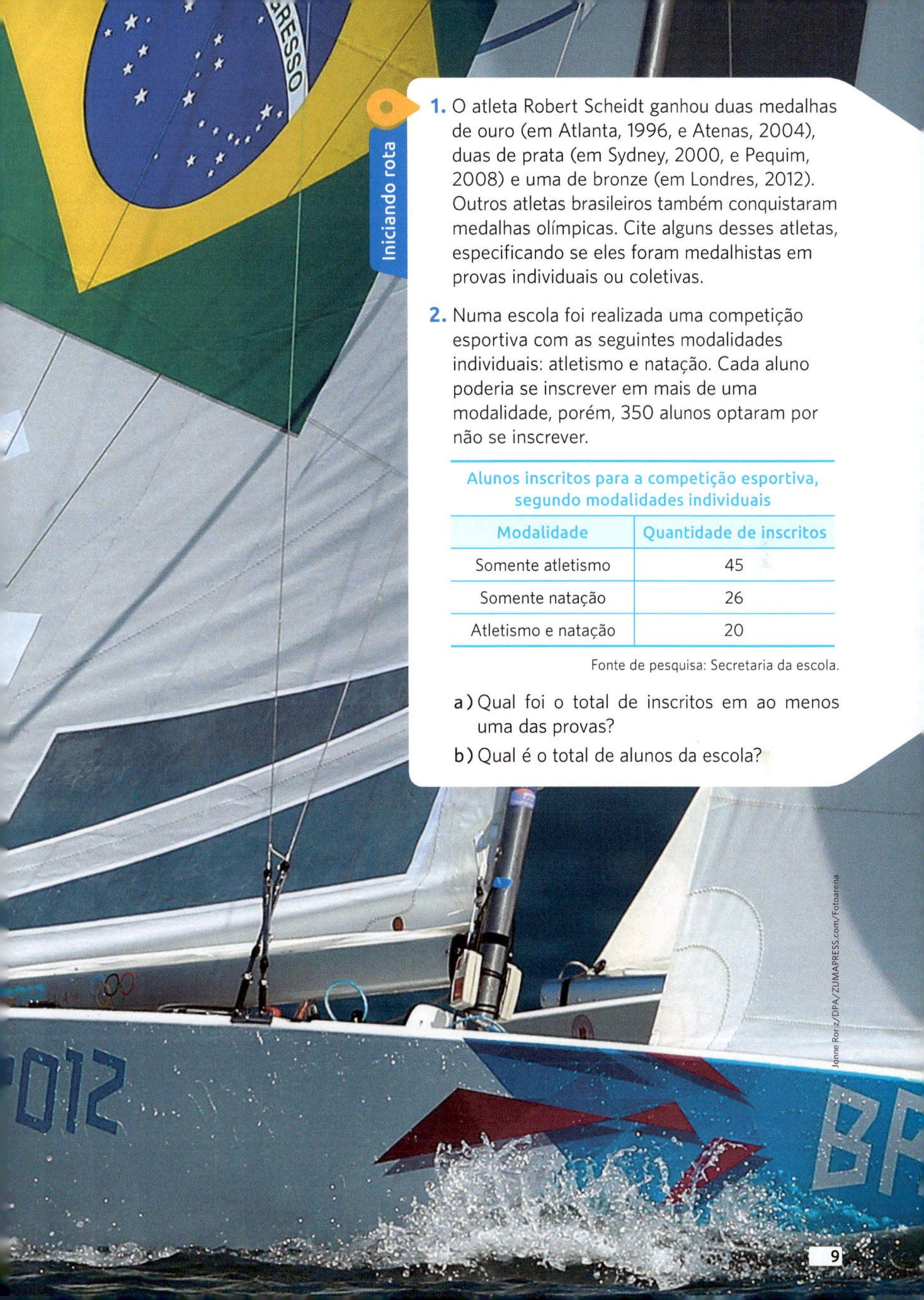

1. O atleta Robert Scheidt ganhou duas medalhas de ouro (em Atlanta, 1996, e Atenas, 2004), duas de prata (em Sydney, 2000, e Pequim, 2008) e uma de bronze (em Londres, 2012). Outros atletas brasileiros também conquistaram medalhas olímpicas. Cite alguns desses atletas, especificando se eles foram medalhistas em provas individuais ou coletivas.

2. Numa escola foi realizada uma competição esportiva com as seguintes modalidades individuais: atletismo e natação. Cada aluno poderia se inscrever em mais de uma modalidade, porém, 350 alunos optaram por não se inscrever.

Alunos inscritos para a competição esportiva, segundo modalidades individuais	
Modalidade	Quantidade de inscritos
Somente atletismo	45
Somente natação	26
Atletismo e natação	20

Fonte de pesquisa: Secretaria da escola.

a) Qual foi o total de inscritos em ao menos uma das provas?

b) Qual é o total de alunos da escola?

CAPÍTULO 1

Conjuntos numéricos

É provável que os números e suas representações tenham sido desenvolvidos para sanar algumas necessidades dos seres humanos. Neste capítulo, vamos estudar a respeito de alguns conjuntos numéricos e as principais características que os definem.

Os números

Atualmente, em nosso dia a dia é impossível viver sem os números. Observe um exemplo de como eles aparecem.

JORNAL DA CIDADE — 17/07/2019

Heroínas do handebol
As atletas da equipe municipal de handebol conquistaram uma vitória dramática na 7ª rodada do campeonato estadual após vencer nos últimos instantes de jogo com um placar apertado de 18 a 17.
ver +

Faça sua assinatura mensal R$ 3,50

Tempo
A última madrugada foi a mais fria do ano na região, com medidas de temperatura próximas de −4 °C.
ver +

Saúde
Em nosso município, $\frac{1}{3}$ das crianças foram vacinadas na atual campanha de vacinação.
ver +

Música
Cerca de 50 000 pessoas compareceram ao festival municipal de música nesse fim de semana.
ver +

Note que foram usados números para apresentar informações em diferentes situações e contextos. Provavelmente você já estudou e realizou cálculos com alguns desses números, mas agora estudaremos como podemos classificá-los.

Números naturais

Desde pequenos, aprendemos a realizar contagens utilizando os números 1, 2, 3, 4, 5, 6, 7, ...

Esses números foram desenvolvidos por causa da necessidade do ser humano de contar seu rebanho, as pessoas de seu grupo, entre outras situações. Com o zero, tais números formam o **conjunto dos números naturais**, que podemos indicar com o símbolo $\mathbb{N}$.

$$\mathbb{N} = \{0, 1, 2, 3, 4, 5, 6, 7, 8, 9, 10, 11, 12, 13, ...\}$$

Representando os primeiros números naturais em uma **reta numérica**, temos:

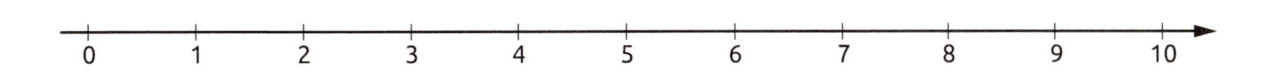

Veja algumas características do conjunto dos números naturais:

- todo número natural possui um **sucessor**;
- todo número natural, com exceção do zero, possui um **antecessor**;
- a soma de dois números naturais é um número natural;
- o produto de dois números naturais é um número natural;
- $\mathbb{N}$ é infinito e não há um número natural maior do que todos os outros, pois, qualquer que seja o número pertencente ao conjunto $\mathbb{N}$, ele tem um sucessor.

> Quantos números naturais existem? Justifique sua resposta.

Números inteiros

No decorrer da história, os números naturais passaram a não ser suficientes para representar determinadas situações. Assim, entre outros números, foram desenvolvidos os **números inteiros negativos**.

Os números inteiros negativos acompanhados dos números naturais formam o **conjunto dos números inteiros**, que indicamos com o símbolo $\mathbb{Z}$.

$$\mathbb{Z} = \{..., -5, -4, -3, -2, -1, 0, 1, 2, 3, 4, 5, ...\}$$

Existem infinitos números inteiros. Veja alguns deles em uma reta numérica:

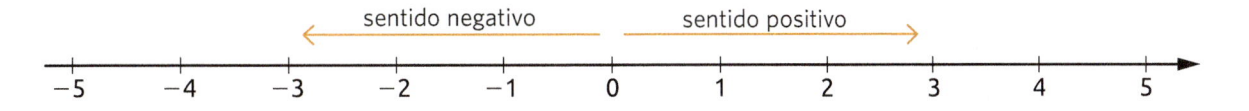

Veja algumas características do conjunto dos números inteiros:
- todo número inteiro possui um **sucessor**;
- todo número inteiro possui um **antecessor**;
- a soma de dois números inteiros é um número inteiro;
- a diferença entre dois números inteiros é um número inteiro;
- o produto de dois números inteiros é um número inteiro.

No entanto, os números inteiros passaram a não ser suficientes em algumas situações. Frequentemente nos deparamos com situações em que é necessário, por exemplo, lidar com quantidades não inteiras.

Números racionais

Sabemos que ao dividir um número inteiro por outro número inteiro não nulo, o resultado pode ser um número inteiro ou um número não inteiro. Os números obtidos por meio da divisão de dois números inteiros cujo divisor é diferente de zero formam o **conjunto dos números racionais**, que indicamos com o símbolo $\mathbb{Q}$.

Os números racionais não inteiros podem ser expressos tanto na forma fracionária quanto na forma decimal. Veja alguns exemplos:

- $\dfrac{7}{8} = 0{,}875$
- $-\dfrac{18}{5} = -3{,}6$
- $\dfrac{13}{3} = 4{,}333\ldots$

O número decimal 4,333… é equivalente a fração $\dfrac{13}{3}$ e tem algarismos que se repetem infinitamente de modo periódico.

Números na forma decimal que possuem infinitas casas decimais que se repetem periodicamente são chamados **dízimas periódicas**, sendo os algarismos que se repetem o **período** da dízima periódica. As dízimas periódicas também podem ser indicadas com um traço sobre seu período, por exemplo, $2{,}171717\ldots = 2{,}\overline{17}$. A forma fracionária de uma dízima periódica é chamada **fração geratriz**.

> Os números racionais são aqueles que podem ser escritos na forma $\dfrac{a}{b}$, sendo a e b números inteiros, com $b \neq 0$.

Os números inteiros também são números racionais. O número inteiro 5, por exemplo, pode ser escrito na forma $\dfrac{10}{2}$.

> Escreva o número 3 na forma $\dfrac{a}{b}$, com a e b inteiros e $b \neq 0$.

Veja algumas características do conjunto dos números racionais:
- a soma de dois números racionais é um número racional;
- a diferença entre dois números racionais é um número racional;
- o produto de dois números racionais é um número racional;
- o quociente da divisão de um número racional por outro número racional, diferente de zero, é um número racional.

Entre dois números inteiros consecutivos há infinitos números racionais. Veja a seguir alguns números racionais representados em uma reta numérica.

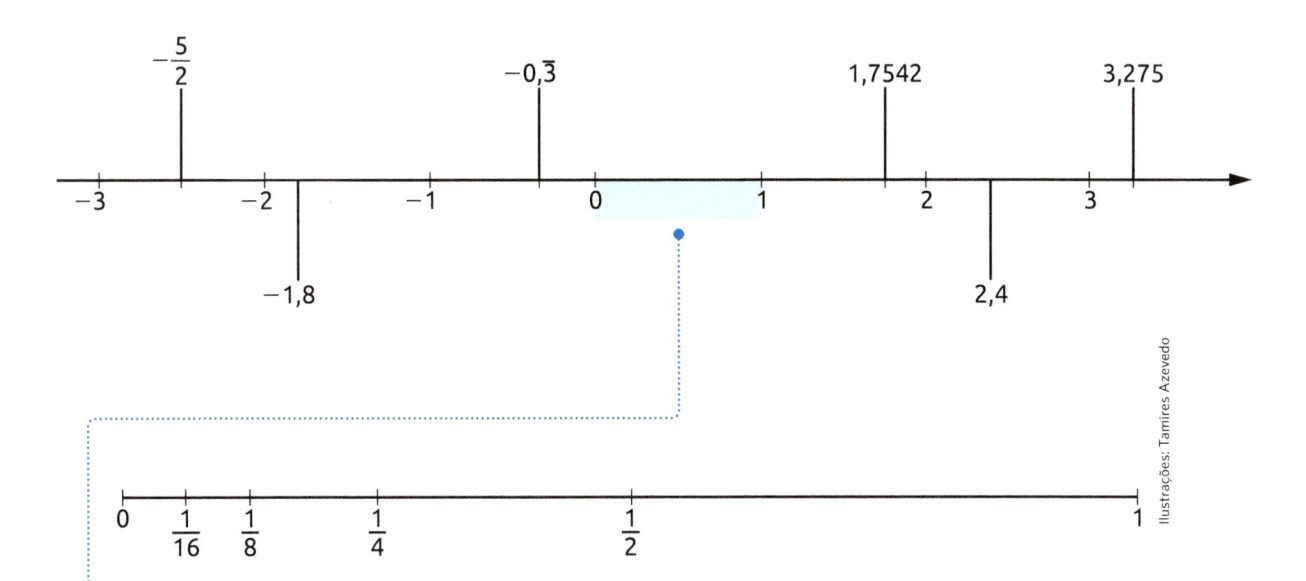

Entre dois números racionais quaisquer sempre existe um outro número racional.

Por exemplo, entre os números 0 e 1 existe o número $\frac{1}{2}$; entre os números 0 e $\frac{1}{2}$ existe o número $\frac{1}{4}$; entre os números 0 e $\frac{1}{4}$ existe o número $\frac{1}{8}$; entre os números 0 e $\frac{1}{8}$ existe o número $\frac{1}{16}$, assim sempre será possível encontrar um número racional entre outros dois números racionais.

Atividades

1. Em uma escola, 100 alunos e 5 professores realizarão um passeio no parque municipal.

   a) Quantos ônibus com capacidade máxima para 42 pessoas serão necessários para levar os alunos e professores ao passeio?

   b) A resposta do item **a** é um número natural?

   c) Caso apenas um dos ônibus não fique completamente ocupado, determine quantos assentos ficarão vagos.

   d) É possível que a quantidade de ônibus não seja representada por um número natural? Explique sua resposta.

2. Escreva o número 42 como:

   a) a soma de dois números naturais.

   b) o produto de dois números naturais.

   c) o produto de dois números inteiros.

   d) a soma de três números naturais consecutivos.

3. Copie o quadrado mágico abaixo e, em seguida, complete-o com os números adequados. Lembre-se de que em um quadrado mágico a soma dos números de cada linha, coluna e diagonal é sempre a mesma.

0	5	−2
−1		

4. Analise as situações a seguir e indique quais apresentam números naturais.

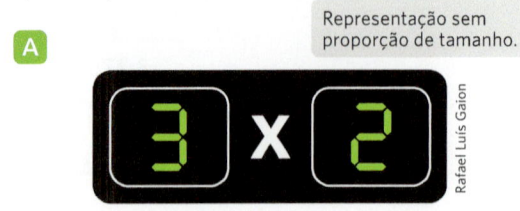

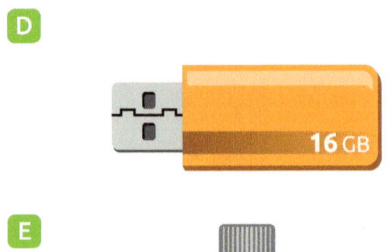

A 3 x 2 (Representação sem proporção de tamanho.)

B -2°C

C 1.260 kg (balança com peras)

D 16 GB (pen drive)

E 250 mL (xampu)

5. Usando uma régua, represente em uma reta numérica os números inteiros entre −6 e 6.

6. Uma fábrica produziu $\frac{10}{14}$ das peças de certa encomenda. Qual é a fração que representa a quantidade de peças que ainda falta ser produzida?

7. Escreva a letra e o símbolo romano que correspondem às frações equivalentes.

A $\frac{5}{8}$ **C** $\frac{7}{100}$ **E** $\frac{9}{147}$

B $\frac{7}{10}$ **D** $\frac{15}{55}$

I $\frac{3}{11}$ **III** $\frac{3}{49}$ **V** $\frac{70}{100}$

II $\frac{15}{24}$ **IV** $\frac{70}{1000}$

8. Cada termômetro mostra a medida da temperatura em um determinado dia do ano.

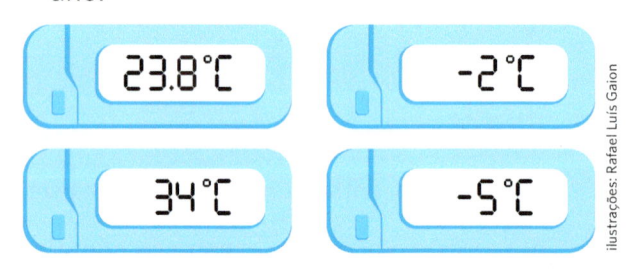

23,8°C   -2°C
34°C   -5°C

a) Qual é a maior medida de temperatura? E a menor?

b) De quantos graus é a variação entre as duas menores medidas de temperaturas?

c) Qual das medidas de temperatura mais se aproxima à de hoje?

9. Em cada situação, o ■ corresponde a um número racional. Calcule esses valores e, em seguida, indique qual deles também é um número natural.

a) Simone comprou uma geladeira por R$ 1 752,00 e pagou, sem acréscimos, em 10 parcelas iguais de R$ ■.

b) Mateus distribuiu 60 copos igualmente em 3 caixas. Cada caixa ficou com ■ copos.

c) Um caderno custa R$ 2,85, então 4 cadernos iguais a esse custam R$ ■.

d) Manuel tem 20,5 m de corda, porém ele precisava do dobro dessa quantidade, ou seja, ■ m de corda.

10. Entre os números racionais abaixo, identifique aqueles que também são números inteiros.

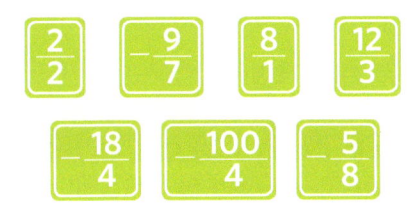

$\frac{2}{2}$ $-\frac{9}{7}$ $\frac{8}{1}$ $\frac{12}{3}$

$-\frac{18}{4}$ $-\frac{100}{4}$ $-\frac{5}{8}$

11. Observe como podemos determinar a fração geratriz da dízima periódica $2,\overline{5}$.

Chamamos x a parte decimal da dízima periódica. → $x = 0,\overline{5}$

Multiplicamos ambos os membros da equação por uma potência de 10, nesse caso, $10^1 = 10$.
→ $10x = 5,\overline{5}$

DICA!
O expoente da potência de base 10 representa a quantidade de casas do período da dízima periódica.

Subtraímos x de ambos os membros.
→ $10x - x = 5,\overline{5} - \underbrace{0,\overline{5}}_{x}$

Dividimos ambos os membros por 9.

$9x = 5$ → $\frac{9x}{9} = \frac{5}{9}$ → $x = \frac{5}{9}$

Portanto, $2,\overline{5} = 2 + 0,\overline{5} = 2 + \frac{5}{9} = \frac{23}{9}$.

De forma semelhante, determine a fração geratriz das dízimas periódicas a seguir.

a) $1,\overline{6}$
b) $4,\overline{1}$
c) $2,\overline{21}$
d) $6,\overline{53}$
e) $7,\overline{4997}$
f) $5,\overline{78}$

12. Escreva um número entre:
a) 0,2366 e 0,2368.
b) 23,58 e 24,58.
c) 1,009 e 1,01.
d) 0,1 e 0,12.

13. Observe os números a seguir.

−14,86	129	−26
−648	29	38
−1,4444...	0,814	−5,282828...

Agora, identifique os números que são:
a) naturais.
b) inteiros mas não são naturais.
c) racionais mas não são inteiros.

14. Escreva os números a seguir em ordem crescente.

2,69	−7	$-\frac{1}{4}$
1,235	−7,2	−3,24
$\frac{2}{5}$	1,23	−3,4

15. Copie os itens no caderno substituindo as letras em cada item por dois números inteiros consecutivos.

a) $A < 2,7 < B$
b) $C < -\frac{7}{3} < D$
c) $E < 13,6 < F$
d) $G < \frac{43}{2} < H$
e) $I < 18,\overline{8} < J$
f) $K < -\frac{125}{7} < L$

16. Escreva as frações na forma decimal.

a) $\frac{1}{4}$
b) $\frac{4}{9}$
c) $\frac{79}{99}$
d) $\frac{7}{5}$
e) $1\frac{5}{9}$
f) $-\frac{237}{999}$

Utilize uma calculadora para verificar se as respostas que você escreveu estão corretas.

Números irracionais

Já estudamos que os números naturais também são números inteiros, que por sua vez são números racionais. Além disso, vimos que as dízimas periódicas são números racionais.

Existem números que, quando representados na forma decimal, possuem infinitas casas decimais e que não são dízimas periódicas, pois não há um padrão (ou mais precisamente uma sequência de dígitos) que se repete a partir de uma determinada casa decimal. Números com essa característica formam o **conjunto dos números irracionais**, que indicamos com o símbolo $\mathbb{I}$.

Exemplos de números irracionais:

- $\sqrt{3} = 1{,}7320508075\ldots$
- $\pi = 3{,}1415926535\ldots$
- $-\sqrt{5} = -2{,}2360679774\ldots$
- $\dfrac{\sqrt{2}}{3} = 0{,}4714045207\ldots$

Veja que não podemos identificar um padrão que se repita nas 60 primeiras casas decimais de $\sqrt{3}$.
$\sqrt{3} = 1{,}73205080756887729352744634150587236694280253810380628055807\ldots$

A palavra **irracional** indica que os números desse conjunto são não racionais, ou seja, os números irracionais são os números que não podem ser escritos na forma $\dfrac{a}{b}$, sendo a e b números inteiros, com $b \neq 0$.

> Os números naturais podem ser classificados como números irracionais? Justifique sua resposta.

As raízes quadradas de números naturais que não são quadrados perfeitos são números irracionais.

Ao realizar adições, subtrações, multiplicações e divisões envolvendo apenas números irracionais, o resultado tanto pode ser um número racional quanto um número irracional, dependendo dos números com os quais se opera.

Para os primeiros estudiosos de Matemática, parecia evidente que todos os pontos da reta numérica poderiam ser indicados por um número racional. Porém, os pitagóricos — estudiosos de Matemática, Ciências Naturais e Filosofia — chocaram os matemáticos da época ao perceberem que a medida do comprimento da diagonal de um quadrado de lado unitário não podia ser expressa por um número racional, isto é, não existiam números inteiros a e b expressando essa medida na forma $\dfrac{a}{b}$, com b diferente de zero. Assim, os números irracionais começaram a ser desenvolvidos e estudados.

Gravura de Pitágoras. Acredita-se que ele viveu no século V a.C. e fundou a famosa Escola Pitagórica.

Assim como os outros números que estudamos, também podemos representar números irracionais em uma reta numérica. Observe como representar geometricamente o número irracional $\sqrt{2}$ na reta numérica.

- Primeiro, representamos um quadrado com duas unidades de comprimento de lado, isto é, comprimento do lado medindo 2 u. Depois, o dividimos em quatro quadrados de mesmas dimensões, cada um com comprimento do lado medindo 1 u e área 1 u².

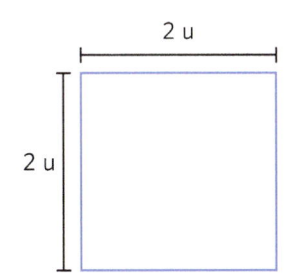

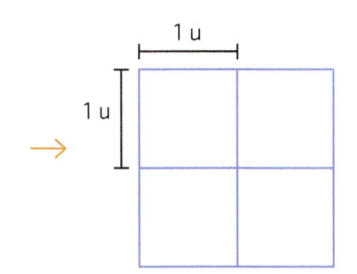

- Em seguida, traçamos uma diagonal em cada um dos quatro quadrados obtidos, formando o quadrado azul representado na figura ao lado.

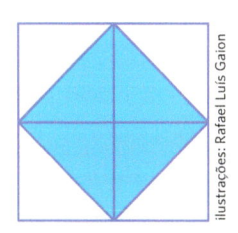

  O quadrado azul é composto de quatro triângulos, e cada triângulo tem 0,5 u² de medida de área. Desse modo, podemos afirmar que o quadrado azul possui 2 u² da medida de área, pois $4 \cdot 0{,}5$ u² $= 2$ u².

  A medida do comprimento do lado de um quadrado pode ser obtida por meio da raiz quadrada da medida de sua área. Logo, o comprimento do lado do quadrado azul mede $\sqrt{2}$ u.

- Por fim, transportamos para uma reta numérica a medida correspondente ao comprimento do lado do quadrado azul, com auxílio de um compasso.

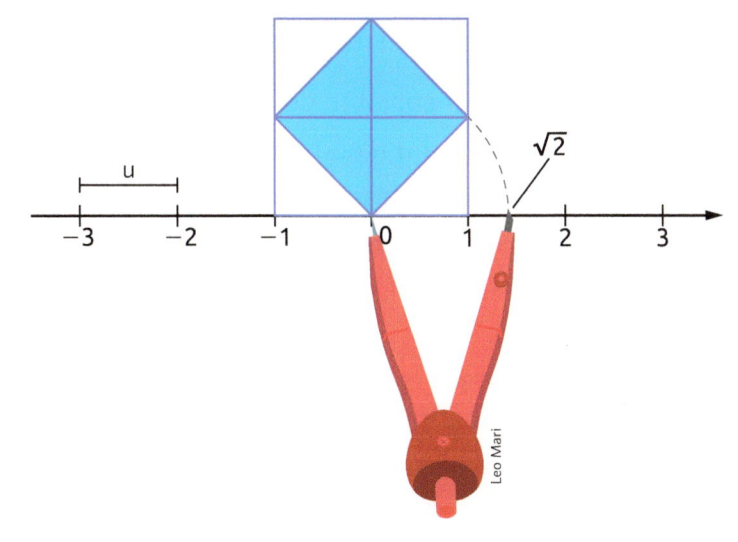

Agora, veja a representação de alguns números irracionais na reta numérica.

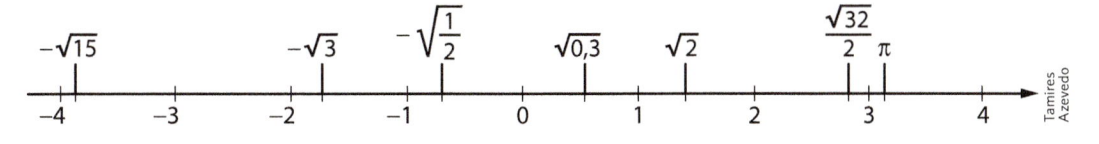

Entre dois números racionais existem infinitos números irracionais; veja alguns entre os números 1,7 e 1,8, por exemplo.

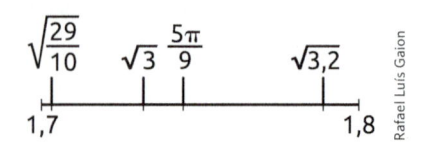

$\sqrt{\dfrac{29}{10}} \quad \sqrt{3} \quad \dfrac{5\pi}{9} \quad \sqrt{3{,}2}$

1,7 — 1,8

Números reais

Quando unimos o conjunto dos números racionais com o conjunto dos números irracionais, obtemos o **conjunto dos números reais**, indicado pelo símbolo $\mathbb{R}$. Desse modo, todos os números que estudamos até aqui são números reais, ou seja, todo número natural, inteiro, racional ou irracional é um número real. Veja alguns exemplos de números reais.

- 4
- −13
- $0,\overline{915}$
- 3,75
- $\sqrt{7}$
- $-\dfrac{5}{8}$

Se fosse possível representarmos todos os números reais na reta numérica com pontos, essa reta ficaria completamente preenchida. A reta numérica utilizada para representar os números reais é chamada **reta real**.

Podemos associar cada ponto da reta real a um único número real e vice-versa. Veja a representação de alguns números reais na reta numérica.

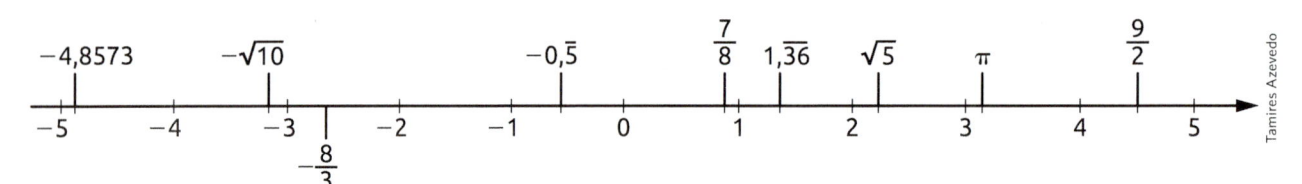

−4,8573   −$\sqrt{10}$ −$\dfrac{8}{3}$ −0,$\overline{5}$ $\dfrac{7}{8}$ 1,$\overline{36}$ $\sqrt{5}$ π $\dfrac{9}{2}$

> Um número real pode corresponder a mais de um ponto na reta real? Justifique sua resposta.

Veja algumas características do conjunto dos números reais:

- a soma de dois números reais é um número real;
- a diferença entre dois números reais é um número real;
- o produto de dois números reais é um número real;
- o quociente da divisão de um número real por outro número real, diferente de zero, é um número real;
- a raiz quadrada de um número real positivo é um número real. Mas a raiz quadrada de um número real negativo não é um número real, pois não existe um número real que elevado ao quadrado resulte em um número real negativo.

Em certas situações, é necessário excluir o zero de um conjunto numérico; para isso indicamos o conjunto acompanhado de um asterisco. Por exemplo, $\mathbb{N}^*$ e $\mathbb{R}^*$ representam, respectivamente, o conjunto dos números naturais e o dos reais não nulos.

Atividades

17. Identifique se o número de cada item é racional ou irracional.
- a) $\sqrt{5}$
- b) $1,\overline{3}$
- c) π
- d) $\sqrt{16}$
- e) $0,\overline{568}$
- f) $\sqrt{17}$

18. Observe os números indicados nas fichas.

$$-\sqrt{7} \quad -2 \quad -\frac{1}{3} \quad 0 \quad \frac{\pi}{2} \quad \sqrt{8}$$

Classifique cada um desses números em:
- a) número natural.
- b) número inteiro.
- c) número racional.
- d) número irracional.
- e) número real.

19. Qual dos números abaixo se aproxima melhor do valor de $\sqrt{60}$?
- a) 7,6
- b) 7,7
- c) 7,8
- d) 7,9

Escreva a estratégia que você usou para responder a essa pergunta.

20. Copie as sentenças substituindo cada ■ pelo sinal de > (maior do que) ou < (menor do que) de modo que sejam verdadeiras.
- a) $-8,1$ ■ $-8,09$
- b) $1,5$ ■ $\sqrt{2}$
- c) $-\frac{5}{3}$ ■ -1
- d) -4 ■ $-\sqrt{19}$
- e) $\sqrt{10}$ ■ $3,1$

21. Copie em seu caderno os itens que apresentam informações verdadeiras.
- a) $\sqrt{5}$ é um número irracional.
- b) $-\frac{8}{3}$ é um número real.
- c) $2\sqrt{3}$ não é um número irracional.
- d) $\frac{10}{5}$ é um número racional.
- e) $\frac{2}{3}$ não é um número racional.

22. Escreva a que conjuntos numéricos pertence cada um dos números a seguir.
- a) 256
- b) $\frac{12}{9}$
- c) $-3,64$
- d) $\sqrt{7}$
- e) $-\frac{24}{3}$
- f) $\frac{5}{12}$

23. Escreva dois números que pertençam ao conjunto dos números:
- a) inteiros.
- b) racionais e que estejam entre -5 e 5.
- c) irracionais e que sejam maiores do que 10 e menores do que 20.

24. Escreva o número em que a parte inteira é 0 (zero) e a parte decimal é formada da esquerda para a direita por: um algarismo 1, dois algarismos 2, três algarismos 3 e assim por diante. Agora, responda às questões.
- a) O número que você escreveu é racional ou irracional?
- b) Esse número pertence ao conjunto dos números reais?

25. Verifique nos itens a seguir, quais são os dois números inteiros mais próximos de cada número irracional indicado.
- a) $\sqrt{6}$
- b) $-\sqrt{11}$
- c) $-\sqrt{28}$
- d) $\sqrt{128}$

26. Entre estes números, qual é o mais próximo do número 1? Ele é racional ou irracional?

$$0,9 \quad 0,99 \quad 0,09$$
$$0,009 \quad 0,9999$$

27. Qual dos números a seguir não pertence ao conjunto dos números reais?

| $-\sqrt{141}$ | $0,1666\ldots$ | $58,66$ | $\sqrt{-14}$ | 0 |

Vamos relembrar

28. Observe os números que aparecem na identificação do uniforme dos jogadores de vôlei. Escreva no caderno o sucessor do menor número e o antecessor do maior número.

29. Encontre as afirmações incorretas nos itens a seguir e reescreva-os no caderno, corrigindo-as.

a) Todo número natural é um número racional.

b) Existe um número irracional que não é um número real.

c) Todo número racional pode ser escrito na forma de fração.

d) Qualquer dízima periódica é um número racional.

e) Todo número irracional é um número racional.

30. Escreva um exemplo para cada uma das afirmações a seguir.

a) A soma de dois números naturais é sempre um número natural.

b) A diferença de dois números inteiros é sempre um número inteiro.

31. Na reta numérica abaixo, estão localizados os números x e y.

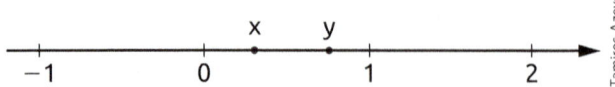

Onde se localiza o produto xy?

a) Entre x e y.
b) À direita de 1.
c) À esquerda de 0.
d) Entre 0 e x.
e) Entre y e 1.

32. Observe os números dos itens a seguir.

I) $\sqrt{2}$ $\dfrac{7}{10}$ $\sqrt{9}$ $\dfrac{5}{9}$

II) $\sqrt{13}$ $\sqrt{10}$ $\dfrac{8}{9}$ $\sqrt{7}$

III) 10 $0,\bar{5}$ $-\dfrac{1}{9}$ $\dfrac{12}{33}$

IV) $\sqrt{6}$ $\sqrt{16}$ $\sqrt{8}$ $\sqrt{7}$

a) Qual dos itens apresenta somente números racionais?

b) Escreva em ordem crescente no caderno os números que você indicou no item **a**.

33. Escreva um número que seja:

a) inteiro maior do que -5 e menor do que 0.

b) real maior do que -1 e menor do que 1.

c) irracional maior do que $\sqrt{8}$ e menor do que $\sqrt{13}$.

d) natural maior do que 0 e menor do que $\dfrac{25}{5}$.

e) racional maior do que 0 e menor do que 1.

34. Escreva cada fração na forma decimal.

a) $\dfrac{1}{3}$
b) $-\dfrac{5}{9}$
c) $\dfrac{2}{3}$
d) $\dfrac{13}{33}$
e) $\dfrac{41}{11}$

O número obtido em cada item acima é uma dízima periódica? Justifique sua resposta.

35. Quais dos números a seguir são irracionais?

a) $\sqrt{81}$
b) $\dfrac{\pi}{3}$
c) $-\dfrac{3}{2}$
d) $\dfrac{\sqrt{10}}{4}$
e) $\dfrac{1}{2}$
f) $-\sqrt{7}$

36. Entre os números indicados no quadro a seguir, quais são os números:

| -16 | $\dfrac{28}{3}$ | 1 | 38 |
| $\dfrac{7}{15}$ | $-\dfrac{2}{9}$ | $-8,5$ | $1,\overline{53}$ |

a) naturais?
b) inteiros?
c) racionais?

37. Escreva a representação decimal de cada uma das frações.

a) $-\dfrac{2}{9}$
b) $-\dfrac{10}{99}$
c) $\dfrac{27}{3}$
d) $\dfrac{5}{16}$
e) $\dfrac{62}{20}$
f) $-\dfrac{25}{5}$

Agora, indique quais desses números são:
- naturais.
- inteiros.

38. Escreva os números na forma de fração e, se possível, simplifique a fração obtida.

a) 0,26
b) 0,318
c) 1,34
d) $-0,07$
e) $-32,5$
f) 6,014
g) $-1,95$
h) $-0,081$

Agora, indique a que conjunto numérico pertence cada um desses números.

39. Escreva dois números racionais não inteiros compreendidos entre:

a) -3 e -2
b) 3 e 4
c) 0 e 1
d) -1 e 2

40. Escreva:
a) dois números que sejam inteiros, mas não naturais.
b) dois números que sejam racionais, mas não inteiros.

41. Indique quantos são os números inteiros:
a) menores do que 5.
b) maiores do que 36.
c) que estão entre -6 e 10.
d) maiores do que 10 e menores do que 20.
e) maiores do que ou iguais a 2 e menores do que 25.

42. A professora de Marcelo pediu para seus alunos que determinassem a fração geratriz da dízima periódica $3,7\overline{13}$. Veja os procedimentos utilizados por Marcelo.

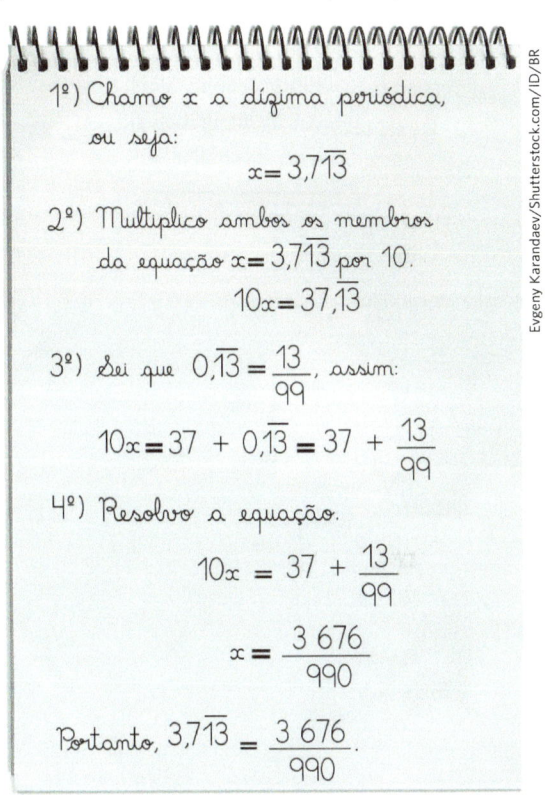

1º) Chamo x a dízima periódica, ou seja:
$$x = 3,7\overline{13}$$

2º) Multiplico ambos os membros da equação $x = 3,7\overline{13}$ por 10.
$$10x = 37,\overline{13}$$

3º) Sei que $0,\overline{13} = \dfrac{13}{99}$, assim:
$$10x = 37 + 0,\overline{13} = 37 + \dfrac{13}{99}$$

4º) Resolvo a equação.
$$10x = 37 + \dfrac{13}{99}$$
$$x = \dfrac{3\,676}{990}$$

Portanto, $3,7\overline{13} = \dfrac{3\,676}{990}$.

Agora, determine a fração geratriz das dízimas periódicas a seguir.

a) $1,4\overline{3}$
b) $0,9\overline{12}$
c) $2,43\overline{1}$

43. Quais dos números a seguir são números racionais? E quais são números irracionais?

a) $2,\overline{6}$
b) $-\dfrac{15}{3}$
c) $\dfrac{\sqrt{30}}{2}$
d) $\sqrt{49}$
e) $\sqrt{50}$
f) 42
g) $-3\sqrt{2}$

Educação financeira

Controle e prioridade de gastos

O que o consumidor brasileiro leva em consideração na hora da compra? O menor preço, a marca mais conhecida, a melhor qualidade ou uma combinação destes e de outros fatores? É importante avaliar cada situação e verificar a opção mais adequada. A escolha fica ainda mais criteriosa quando esse gasto envolve um alto valor, como na situação apresentada.

O que acha deste aqui? Ele tem rodas esportivas, sistema de som, computador de bordo e faróis auxiliares. Além disso, é super-requintado, vamos fazer sucesso!

Mas este outro com menos opcionais atende às nossas necessidades.

R$ 45 690,00

R$ 55 390,00

Realmente o carro com menos opcionais está ótimo para o que precisamos. Vamos priorizar nossas necessidades!

Provavelmente você já passou por alguma situação na qual precisou avaliar bem as possibilidades para comprar algo. Isso ocorre por diversos fatores, como a quantia disponível para gastar, as formas de pagamento, as variedades de marcas e diversidade de características de um mesmo produto, etc.

Um dos motivos do endividamento do consumidor é não analisar a real necessidade da compra de produtos e serviços de acordo com suas realidades financeiras. Muitas vezes as pessoas são influenciadas pelas propagandas, pela ilusão da compra parcelada (com cartão de crédito, principalmente) e acabam também comprando por impulso (como adquirir algo de que não precisam, só por estar na promoção). Às vezes um produto entra em promoção por estar muito próximo à data de validade, ou por estar atrelado a certa quantidade mínima.

Contudo, a reflexão sobre os gastos aliada a um orçamento organizado contribui para que as pessoas consigam ter uma vida financeira saudável e poupar para o futuro e eventuais imprevistos. O principal motivo desta reflexão é estabelecer prioridades: você realmente precisa comprar determinado produto? Se sim, como selecionar a melhor opção? Se for algum item de desejo, cabe no orçamento ou irá comprometê-lo? Resultará em uma dívida desnecessária?

Reflita sobre seus gastos e priorize as compras! Estas são apenas algumas dicas simples para ter mais controle sobre seu dinheiro.

1. Qual é a diferença de preço entre os valores dos carros vistos pelos personagens?

2. A loja da cena oferece uma opção de pagamento em que o cliente paga metade do valor do carro e divide o restante em 10 parcelas iguais. Calcule o valor da entrada e das parcelas do carro sugerido:

a) pelo homem inicialmente. b) pela mulher.

3. Você concorda com a opinião do casal em comprar o carro mais barato? Converse com os colegas sobre o assunto.

4. O professor vai organizar a turma em grupos para simular a compra de um produto. Cada grupo deve definir as características do produto a ser adquirido de acordo com a opinião de todos. Em seguida, os grupos devem pesquisar no mercado as melhores propostas de venda do produto escolhido e definir qual a melhor opção de "compra" (marca, preço, características, etc.). Cada grupo deve apresentar para a turma o resumo da pesquisa feita e por que decidiram por determinado produto para a "compra".

CAPÍTULO 2

Potências, notação científica e raízes

Neste capítulo, iremos aprofundar o estudo sobre potências, estudar notação científica, que é uma importante ferramenta para trabalhar com números muito grandes e com números muito pequenos, além de estudar raízes.

Potências com expoente natural

Você já estudou o cálculo das potências cujo expoente é um número natural. Também já viu que uma **potenciação** é a operação que representa uma multiplicação de fatores iguais. Podemos destacar os seguintes elementos em uma potenciação.

$$3 \cdot 3 \cdot 3 \cdot 3 = 3^4$$

- expoente: quantidade de vezes que o fator se repete
- potência
- base: fator que se repete

Lemos a potência 3^4 da seguinte maneira: três elevado à quarta potência. Veja outros exemplos:

- 7^2: sete elevado à segunda potência ou sete elevado ao quadrado.
- $(-5)^3$: menos cinco elevado à terceira potência ou menos cinco elevado ao cubo.
- 2^6: dois elevado à sexta potência.

Observe outros exemplos de potências quando a base é um número positivo ou um número negativo.

I) $8^2 = 8 \cdot 8 = 64$

II) $1^3 = 1 \cdot 1 \cdot 1 = 1$

III) $3^5 = 3 \cdot 3 \cdot 3 \cdot 3 \cdot 3 = 243$

IV) $(6,5)^2 = 6,5 \cdot 6,5 = 42,25$

V) $(-12)^0 = 1$

VI) $(-4)^1 = -4$

VII) $(-8)^2 = (-8) \cdot (-8) = 64$

VIII) $(-3)^3 = (-3) \cdot (-3) \cdot (-3) = 9 \cdot (-3) = -27$

IX) $\left(-\dfrac{1}{4}\right)^3 = \left(-\dfrac{1}{4}\right) \cdot \left(-\dfrac{1}{4}\right) \cdot \left(-\dfrac{1}{4}\right) = \dfrac{1}{16} \cdot \left(-\dfrac{1}{4}\right) = -\dfrac{1}{64}$

X) $(-2)^4 = (-2) \cdot (-2) \cdot (-2) \cdot (-2) = 4 \cdot 4 = 16$

Uma potência cuja base seja um número inteiro positivo, é positiva.
Quando a base de uma potência for um número inteiro negativo, a potência será:
- **positiva**, se o expoente for **par**.
- **negativa**, se o expoente for **ímpar**.

Todo número diferente de zero, elevado a zero, é igual a 1. Veja alguns exemplos:
- $6^0 = 1$
- $(-9)^0 = 1$
- $23^0 = 1$
- $(-1)^0 = 1$

Potências com expoente negativo

Agora, vamos estudar um pouco mais a respeito das potências com expoente inteiro, mais especificamente com expoente inteiro negativo.

Observe os exemplos e as regularidades.

Exemplo 1

$2^2 = 4$
$2^1 = 2$ $:2$
$2^0 = 1$ $:2$
$2^{-1} = \dfrac{1}{2}$ $:2$
$2^{-2} = \dfrac{1}{4}$ $:2$

Exemplo 2

$(-3)^2 = 9$
$(-3)^1 = -3$ $:(-3)$
$(-3)^0 = 1$ $:(-3)$
$(-3)^{-1} = -\dfrac{1}{3}$ $:(-3)$
$(-3)^{-2} = \dfrac{1}{9}$ $:(-3)$

No exemplo **1**, perceba que, conforme o expoente diminui uma unidade, dividimos as potências por 2. Do mesmo modo, quando diminuímos uma unidade do expoente no exemplo **2**, dividimos a potência por -3.

1 De acordo com o padrão observado nos exemplos, qual é o resultado de 2^{-3}? E o resultado de $(-3)^{-3}$?

Nos exemplos acima vimos que $2^{-2} = \dfrac{1}{4}$. Como $2^2 = 4$, podemos reescrever a igualdade da seguinte maneira:

$$2^{-2} = \dfrac{1}{4} = \dfrac{1}{2^2} = \left(\dfrac{1}{2}\right)^2$$

Lembre-se: o inverso de 2 é $\dfrac{1}{2}$.

Um número diferente de zero elevado a um expoente inteiro negativo é igual ao inverso da base elevado ao oposto do expoente.
Considerando a um número diferente de zero e n um número natural, temos:

$$a^{-n} = \dfrac{1}{a^n} \text{ ou } a^{-n} = \left(\dfrac{1}{a}\right)^n$$

2 Qual é o inverso de $\dfrac{2}{3}$? E qual é o valor da potência $\left(\dfrac{2}{3}\right)^{-4}$?

Propriedades das potências

Agora, vamos estudar as propriedades decorrentes das definições de potências estudadas neste capítulo e em capítulos anteriores.

Multiplicação de potências de mesma base

Observe como resolvemos as multiplicações de potências de mesma base, reduzindo a uma única potência.

$$4^2 \cdot 4^3 = \underbrace{4 \cdot 4}_{4^2} \cdot \underbrace{4 \cdot 4 \cdot 4}_{4^3} = 4^5$$

$$(-10)^3 \cdot (-10) \cdot (-10)^2 = \underbrace{(-10) \cdot (-10) \cdot (-10)}_{(-10)^3} \cdot \underbrace{(-10)}_{(-10)^1} \cdot \underbrace{(-10) \cdot (-10)}_{(-10)^2} = (-10)^6$$

Nestes exemplos perceba que podemos repetir a base e realizar a adição dos expoentes, obtendo os mesmos resultados.

$$4^2 \cdot 4^3 = 4^{2+3} = 4^5$$

$$(-10)^3 \cdot (-10) \cdot (-10)^2 = (-10)^3 \cdot (-10)^1 \cdot (-10)^2 = (-10)^{3+1+2} = (-10)^6$$

> Ao efetuar uma multiplicação de potências de mesma base, repetimos a base e adicionamos os expoentes.
> $$a^n \cdot a^m = a^{n+m}, \text{ com } a \neq 0 \text{ se } n \leq 0 \text{ ou } m \leq 0$$

1 Escreva no caderno o cálculo $8^{-3} \cdot 8^6$. Depois, utilize a propriedade acima para apresentar o resultado na forma de uma única potência.

Divisão de potências de mesma base

Observe a seguir as divisões de potências de mesma base, diferente de zero, sendo reduzidas a uma única potência.

$$7^5 : 7^3 = \frac{7^5}{7^3} = \frac{7 \cdot 7 \cdot \cancel{7} \cdot \cancel{7} \cdot \cancel{7}}{\cancel{7} \cdot \cancel{7} \cdot \cancel{7}} = 7 \cdot 7 = 7^2$$

$$(-5)^3 : (-5)^2 = \frac{(-5)^3}{(-5)^2} = \frac{(-5) \cdot \cancel{(-5)} \cdot \cancel{(-5)}}{\cancel{(-5)} \cdot \cancel{(-5)}} = (-5)^1 = (-5)$$

Ao efetuarmos essas divisões, observe que podemos repetir a base e subtrair os expoentes, obtendo os mesmos resultados.

$$7^5 : 7^3 = 7^{5-3} = 7^2$$

$$(-5)^3 : (-5)^2 = (-5)^3 : (-5)^2 = (-5)^{3-2} = (-5)^1 = (-5)$$

> Ao efetuar uma divisão de potências de mesma base, diferente de zero, repetimos a base e subtraímos os expoentes.
> $$a^n : a^m = a^{n-m}, \text{ com } a \neq 0$$

2 Qual é o resultado de $9^7 : 9^7$?

3 Utilize uma das propriedades acima e obtenha o resultado do cálculo $4^6 \cdot 4^{-2}$.

Potência de potência

Potência de potência refere-se a uma potência elevada a um expoente. Como nos outros casos, podemos reduzi-la a uma única potência. Observe.

- $\left(6^3\right)^3 = 6^3 \cdot 6^3 \cdot 6^3 = 6^{3+3+3} = 6^9$
- $\left[(-2)^4\right]^2 = (-2)^4 \cdot (-2)^4 = (-2)^{4+4} = (-2)^8$

Com esses exemplos, podemos perceber que, repetindo a base e multiplicando os expoentes, obtemos o mesmo resultado.

- $\left(6^3\right)^3 = 6^{3 \cdot 3} = 6^9$
- $\left[(-2)^4\right]^2 = (-2)^{4 \cdot 2} = (-2)^8$

> Ao efetuar potência de potência, repetimos a base e multiplicamos os expoentes.
> $$\left(a^n\right)^m = a^{n \cdot m}, \text{ com } a \neq 0 \text{ se } n \leq 0 \text{ ou } m \leq 0$$

Multiplicação de potências de mesmo expoente

Podemos representar, por meio de uma única potência, a multiplicação de potências de mesmo expoente. Veja os exemplos.

- $2^3 \cdot 4^3 = 2 \cdot 2 \cdot 2 \cdot 4 \cdot 4 \cdot 4 = 2 \cdot 4 \cdot 2 \cdot 4 \cdot 2 \cdot 4 =$
  $= (2 \cdot 4) \cdot (2 \cdot 4) \cdot (2 \cdot 4) = (2 \cdot 4)^3 = 8^3$
- $(-3)^2 \cdot 5^2 = (-3) \cdot (-3) \cdot 5 \cdot 5 = (-3) \cdot 5 \cdot (-3) \cdot 5 =$
  $= (-3 \cdot 5) \cdot (-3 \cdot 5) = (-3 \cdot 5)^2 = (-15)^2$

De maneira resumida, representamos essas multiplicações do seguinte modo:

- $2^3 \cdot 4^3 = (2 \cdot 4)^3 = 8^3$
- $(-3)^2 \cdot 5^2 = (-3 \cdot 5)^2 = (-15)^2$

> Ao efetuar uma multiplicação de potências de mesmo expoente, multiplicamos os números da base e repetimos o expoente.
> $$a^n \cdot b^n = (a \cdot b)^n, \text{ com } (a \cdot b) \neq 0 \text{ se } n \leq 0$$

Divisão de potências de mesmo expoente

Vamos representar, por meio de uma única potência, a divisão de potências de mesmo expoente. Observe o exemplo.

- $10^3 : 2^3 = \dfrac{10^3}{2^3} = \dfrac{10 \cdot 10 \cdot 10}{2 \cdot 2 \cdot 2} = \dfrac{10}{2} \cdot \dfrac{10}{2} \cdot \dfrac{10}{2} = \left(\dfrac{10}{2}\right)^3 = (10 : 2)^3 = 5^3$

De maneira resumida, representamos essa divisão do seguinte modo:

- $10^3 : 2^3 = (10 : 2)^3 = 5^3$

> Ao efetuar uma divisão de potências de mesmo expoente, dividimos os números das bases e repetimos o expoente.
> $$a^n : b^n = (a : b)^n, \text{ com } a \neq 0 \text{ se } n \leq 0 \text{ e } b \neq 0$$

Atividades

1. No caderno, escreva os itens a seguir na forma de potência com expoente positivo.

a) 2^{-3}
b) $\left(\dfrac{1}{5}\right)^{-2}$
c) $(-3)^{-4}$
d) $\left(-\dfrac{1}{6}\right)^{-5}$

2. Calcule:

a) 5^{-2}
b) 7^{-1}
c) $(-4)^{-3}$
d) $(-2)^{-6}$

3. Calcule cada item a seguir, sabendo que $a = 2^{-2}$ e $b = 3^{-3}$.

a) $a + b$
b) $a - b$
c) $a \cdot b$
d) $a : b$

4. Utilizando a propriedade da multiplicação de potências de mesma base, escreva os cálculos por meio de uma única potência. Depois, calcule as potências.

a) $7^{-4} \cdot 7^{7}$
b) $(-4)^{6} \cdot (-4)^{-4}$
c) $4^{16} \cdot 4^{-6} \cdot 4^{-10}$
d) $(-5)^{-7} \cdot (-5)^{-8} \cdot (-5)^{13}$
e) $5^{4} \cdot 5^{-6} \cdot 5^{-1}$

5. Escreva no caderno os cálculos a seguir na forma de uma única potência utilizando a propriedade da divisão de potências de mesma base. Depois, calcule as potências.

a) $6^{6} : 6^{4}$
b) $20^{-19} : 20^{-20}$
c) $4^{2} : 4^{-1}$
d) $2^{-18} : 2^{-12}$
e) $3^{2} : 3^{-3}$
f) $(-8)^{1} : (-8)^{-1}$

6. Utilizando a propriedade da potência de potência, calcule as potências a seguir.

a) $(2^{2})^{3}$
b) $(2^{5})^{2}$
c) $(3^{2})^{2}$
d) $[(-5)^{1}]^{3}$
e) $[(-2)^{3}]^{-3}$

7. Sabendo que em cada item as letras indicadas representam um número inteiro, determine o valor de cada uma.

a) $2^{3} \cdot 2^{A} \cdot 2^{-8} = 2^{2}$
b) $\left(\dfrac{7}{8}\right)^{32} : \left(\dfrac{7}{8}\right)^{B} = \left(\dfrac{7}{8}\right)^{-13}$
c) $(22^{C})^{5} = 22^{15}$
d) $[(213)^{6}]^{D} = (-13)^{-18}$

8. Copie as sentenças no caderno, substituindo cada ■ pelo símbolo = (igual) ou ≠ (diferente) de modo que as sentenças sejam verdadeiras.

a) $4^{3} \cdot 14^{3}$ ■ $(4 \cdot 14)^{3}$
b) $28^{4} \cdot 28^{4}$ ■ $(28 \cdot 16)^{8}$
c) $9^{-10} \cdot 11^{-10}$ ■ $(9 \cdot 10)^{-10}$
d) $(15 : 5)^{8}$ ■ $15^{8} : 5^{8}$
e) $21^{-4} : 3^{-4}$ ■ $(21 : 3)^{0}$

9. Escreva no caderno os cálculos a seguir na forma de uma única potência utilizando a propriedade da multiplicação de potências de mesmo expoente. Depois, calcule as potências.

a) $2^{3} \cdot 3^{3}$
b) $5^{2} \cdot 3^{2}$
c) $4^{3} \cdot 2^{3}$
d) $7^{3} \cdot 1^{3}$
e) $9^{1} \cdot 8^{1}$

10. Calcular $(a^{n})^{m}$ é o mesmo que calcular $a^{n^{m}}$? Se necessário, utilize um exemplo.

11. (Obmep) Qual é o valor da soma $9^{20} + 9^{20} + 9^{20}$?

a) 9^{20}
b) 3^{66}
c) 9^{23}
d) 3^{41}
e) 3^{23}

12. A sentença matemática $(a + b)^{n} = a^{n} + b^{n}$ é verdadeira ou falsa para todos os valores de a, b e n não nulos e n diferente de 1? Justifique com um exemplo.

13. Simplifique as expressões numéricas.

a) $4^{2} + 2^{3} \cdot 7^{1}$
b) $6^{4} : 6^{2} - 3^{2}$
c) $10^{3} - 8^{2} \cdot 2$
d) $(4^{2})^{-1} \cdot 6^{-2}$

Potências de base 10

Acompanhe os registros que Jerônimo fez no caderno ao desenvolver potências de base 10.

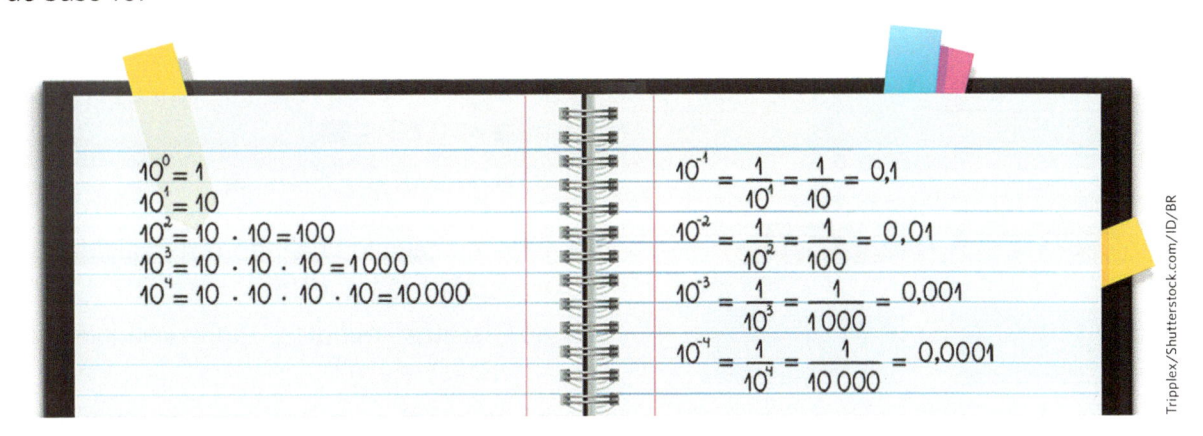

$10^0 = 1$
$10^1 = 10$
$10^2 = 10 \cdot 10 = 100$
$10^3 = 10 \cdot 10 \cdot 10 = 1\,000$
$10^4 = 10 \cdot 10 \cdot 10 \cdot 10 = 10\,000$

$10^{-1} = \dfrac{1}{10^1} = \dfrac{1}{10} = 0,1$

$10^{-2} = \dfrac{1}{10^2} = \dfrac{1}{100} = 0,01$

$10^{-3} = \dfrac{1}{10^3} = \dfrac{1}{1\,000} = 0,001$

$10^{-4} = \dfrac{1}{10^4} = \dfrac{1}{10\,000} = 0,0001$

Nos registros de Jerônimo, podemos perceber que nas potências de base 10 cujo expoente é um número natural, a quantidade de zeros após o algarismo 1 é igual ao expoente.

$$10^5 = \underbrace{10 \cdot 10 \cdot 10 \cdot 10 \cdot 10}_{\text{fatores}} = 100\,000$$

(expoente — quantidade de zeros)

No caso das potências de base 10 com expoente inteiro negativo, a quantidade de algarismos à direita da vírgula é igual ao módulo do expoente.

$$10^{-5} = \dfrac{1}{10^5} = \dfrac{1}{100\,000} = 0,00001$$

(o módulo de −5 é 5 — cinco algarismos à direita da vírgula)

> O módulo de −5 é igual a 5, ou seja, $|-5| = 5$.

Decomposição de números

Em 2015, a estimativa da população do estado de Sergipe era 2 242 937 pessoas. Veja algumas maneiras de decompor esse número.

$$2\,242\,937 = 2\,000\,000 + 200\,000 + 40\,000 + 2\,000 + 900 + 30 + 7$$

$$2\,242\,937 = 2 \cdot 1\,000\,000 + 2 \cdot 100\,000 + 4 \cdot 10\,000 + 2 \cdot 1\,000 + 9 \cdot 100 + 3 \cdot 10 + 7 \cdot 1$$

$$2\,242\,937 = 2 \cdot 10^6 + 2 \cdot 10^5 + 4 \cdot 10^4 + 2 \cdot 10^3 + 9 \cdot 10^2 + 3 \cdot 10^1 + 7 \cdot 10^0$$

> Qual é a população da cidade onde você mora? Realize uma pesquisa no *site* do IBGE e decomponha o número que representa a população da sua cidade utilizando potências de base 10.

Atividades

14. Escreva cada um dos números abaixo utilizando:

a) algarismos
b) potências de base 10

- um
- um milhão
- um mil
- dez milhões
- dez mil
- um bilhão

15. Determine mentalmente o resultado de cada item.

a) $10^5 \cdot 10^3$
b) $10^2 \cdot 10^2$
c) $10^1 \cdot 10^4$
d) $10^7 : 10^5$
e) $10^6 : 10^3$
f) $10^8 : 10^8$

16. Resolva as potências.

a) 10^{-1}
b) 10^{-5}
c) $(-10)^{-2}$
d) $(-10)^{-1}$
e) $\left(\dfrac{1}{10}\right)^{-3}$
f) $\left(-\dfrac{1}{10}\right)^{-4}$
g) $\left(-\dfrac{1}{10}\right)^{-3}$

17. Copie os itens a seguir em seu caderno substituindo as letras em destaque pelos números correspondentes.

a) $A \cdot 10^5 = 26\,300\,000$
b) $4 \cdot 2 \cdot 10^3 \cdot 10^4 = B$
c) $5 \cdot 10^2 \cdot C = 5 \cdot 10^8$
d) $10^0 \cdot D = 1\,000$

18. Substitua o expoente n nos itens abaixo pelo número adequado.

a) $425 \cdot 10^n = 4\,250\,000$
b) $16 \cdot 10^n = 16\,000\,000$
c) $4 \cdot 10^n = 400\,000\,000$

19. Escreva cada um dos números entre duas potências de base 10 com expoentes consecutivos.

a) $10^{-4} < 0{,}00058 < \blacksquare$
b) $\blacksquare < 0{,}0037 < \blacksquare$
c) $\blacksquare < 0{,}63 < \blacksquare$
d) $\blacksquare < 0{,}0000094 < \blacksquare$

20. Faça os cálculos usando uma calculadora e responda às questões a seguir.

a) Quantos minutos, aproximadamente, você já viveu?
b) Aproxime a quantidade de minutos à unidade de milhão mais próxima e decomponha o número aproximado usando potências de base 10.

21. Observe a tabela a seguir.

População estimada das regiões do Brasil, em 2020	
Região	População
Norte	18 583 035
Nordeste	58 174 912
Sudeste	88 601 482
Sul	30 221 606
Centro-Oeste	16 496 340

Fonte de pesquisa: IBGE. Disponível em: <www.ibge.gov.br/home/estatistica/populacao/projecao_da_populacao/2013/default_tab.shtm>. Acesso em: 17 jul. 2018.

a) Aproxime a população estimada de cada uma das regiões à centena de milhar mais próxima.
b) Faça a decomposição dos números que representam a população estimada de cada uma das regiões usando potências de base 10.

22. Faça a decomposição dos números abaixo utilizando potências de base 10.

a) 112 635
b) 3 465 899
c) 74 663 007
d) 208 578 346

Notação científica

Observe as imagens.

A medida da distância média da Terra ao Sol é aproximadamente 149 500 000 km.

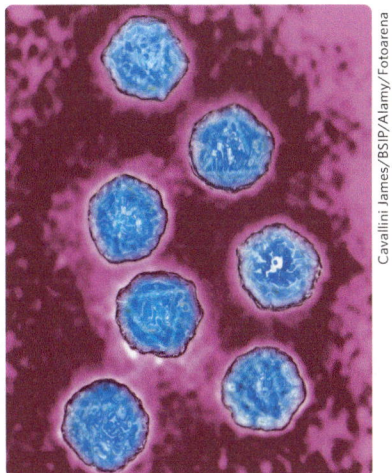

O diâmetro do vírus da poliomielite mede aproximadamente 0,000028 mm. A imagem foi obtida por meio de ampliação microscópica de 42 000 vezes.

Representação sem proporção de tamanho. Cores-fantasia.

Para representar a medida da distância média do planeta Terra ao Sol, utilizamos um número muito grande. Para indicar a medida do comprimento do diâmetro do vírus da poliomielite, utilizamos um número bem pequeno. Em casos como esses, pode-se utilizar a **notação científica** para representar números que possuem grande quantidade de algarismos.

Observe como escrevemos em notação científica os números acima.

$$149\,500\,000 = 1{,}495 \cdot 100\,000\,000 = 1{,}495 \cdot 10^8$$

$$0{,}000028 = 2{,}8 \cdot 0{,}00001 = 2{,}8 \cdot 10^{-5}$$

A notação científica apresenta a característica de ser formada pelo produto de dois fatores. O primeiro fator é um número racional cujo módulo é maior ou igual a 1 e menor do que 10. Já o segundo fator é uma potência de base 10.

número racional cujo módulo é maior do que ou igual a 1 e menor do que 10 — potência de base 10

$$a \cdot 10^n$$

Agora, veja mais dois exemplos de números escritos em notação científica.

Exemplo	Escrita convencional	Notação científica
Quantidade aproximada de estrelas em nossa galáxia	400 000 000 000 estrelas (11 algarismos)	$4 \cdot 10^{11}$ estrelas
Medida do diâmetro do vírus da varíola	0,0002 mm (4 algarismos)	$2 \cdot 10^{-4}$ mm

> Utilizando notação científica, escreva um número maior do que $6 \cdot 10^4$.

Atividades

23. Represente os números de cada item utilizando a notação científica.

a) 800 000
b) 75 000
c) 0,000367
d) 6 617 000

24. Escreva os números de cada item abaixo utilizando a notação científica.

a) A quantidade aproximada de células olfativas de um cachorro é cerca de 300 000 000.

b) Lançada a quase 20 000 000 000 m de medida de altura da Terra, a sonda Voyager 1 tornou-se o primeiro objeto feito pelo homem a entrar no espaço interestelar.

c) A medida da espessura de uma folha de papel é 0,06 mm.

d) A medida da espessura de um vírus é, aproximadamente, 0,0008 mm.

e) O tempo aproximado que a luz leva para percorrer uma distância cuja medida é 300 m é 0,000001 s.

f) Especialistas concluíram, por meio de estudos, que o chamado núcleo externo da Terra constitui-se de ferro derretido, atingindo medidas de temperatura próximas a 5 500 °C.

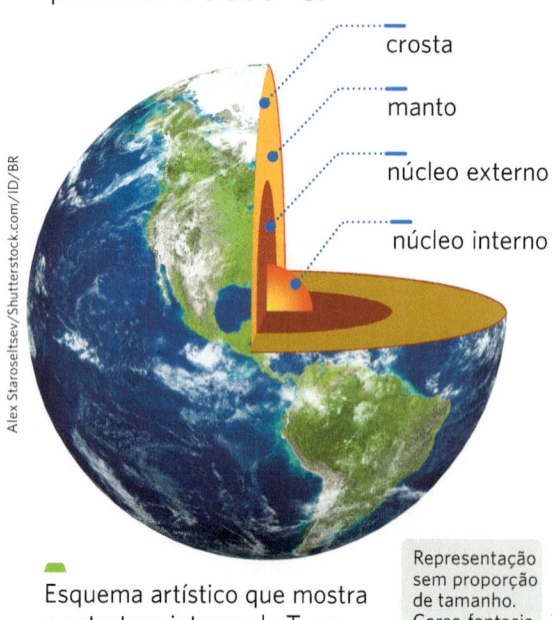

Esquema artístico que mostra a estrutura interna da Terra. Representação sem proporção de tamanho. Cores-fantasia.

25. A Agência Espacial Norte-Americana (Nasa) informou que o asteroide YU 55 cruzou o espaço entre a Terra e a Lua no mês de novembro de 2011. A imagem a seguir representa uma possível trajetória do asteroide no mesmo plano que contém a órbita descrita pela Lua em torno da Terra.

Representação sem proporção de tamanho. Cores-fantasia.

- O asteroide se aproximou o suficiente para que os cientistas observassem detalhes de sua superfície.
- Proximidade da Terra: 325 mil km.
- Asteroide YU 55 Tamanho: 400 m de medida de diâmetro, equivalente ao tamanho de um porta-aviões.
- Passagem: 8 de novembro às 21 h 28 min (horário de Brasília).

Fonte de pesquisa: Terra. Disponível em: <https://www.terra.com.br/noticias/ciencia/espaco/asteroide-passa-perto-da-terra-sob-olhar-atento-dos-cientistas,bad88116492da310VgnCLD200000bbcceb0aRCRD.html>. Acesso em: 5 nov. 2018.

Na figura, está indicada a proximidade do asteroide em relação à Terra, ou seja, a menor medida da distância a que ele passou da superfície terrestre.

Com base nessas informações, a menor medida da distância que o asteroide YU 55 passou da superfície da Terra é igual a:

a) $3,25 \cdot 10^4$ km
b) $3,25 \cdot 10^5$ km
c) $3,25 \cdot 10^6$ km
d) $3,25 \cdot 10^7$ km
e) $3,25 \cdot 10^8$ km

26. Segundo o IBGE, as populações aproximadas das capitais da Região Sul do Brasil em 2017 eram:

- Curitiba (PR) – 1 908 359 pessoas;
- Florianópolis (SC) – 485 838 pessoas;
- Porto Alegre (RS) – 1 484 941 pessoas.

Calcule o total aproximado da população dessas capitais em 2017, arredonde para a unidade de milhar mais próxima e represente esse total em notação científica.

Raízes

Vimos anteriormente que a raiz quadrada de um número não negativo *a* é um número não negativo que, elevado ao quadrado, resulta em *a*. Veja, por exemplo, como representar $\sqrt{49}$, que lemos "raiz quadrada de 49".

$$\sqrt{49} = 7, \text{ pois } 7^2 = 49 \text{ e } 7 > 0$$

> Na radiciação, podemos destacar os seguintes elementos.
>
> índice — $\sqrt[2]{49}$ — radical; $= 7$ — raiz; radicando
>
> Em geral, quando representamos a raiz quadrada de um número, não utilizamos o índice 2. Assim, podemos indicar $\sqrt[2]{49}$ simplesmente por $\sqrt{49}$.

Os números naturais que podem ser representados por meio de uma potência de base natural e expoente dois são chamados **números quadrados perfeitos**. A raiz quadrada de um número quadrado perfeito é um número natural.

Além da raiz quadrada, também podemos citar a **raiz cúbica**.

A raiz cúbica de um número *a* qualquer é um número que, elevado ao cubo, resulta em *a*. Para representar a raiz cúbica de 125, por exemplo, escrevemos $\sqrt[3]{125}$, que lemos "raiz cúbica de 125".

$$\sqrt[3]{125} = 5, \text{ pois } 5^3 = 125$$

Assim, a raiz cúbica de 125 é 5.

Veja outros exemplos:

- $\sqrt[3]{64} = 4$, pois $4^3 = 64$
- $\sqrt[3]{-27} = -3$, pois $(-3)^3 = -27$
- $\sqrt[3]{1000} = 10$, pois $10^3 = 1000$
- $\sqrt[3]{\left(-\frac{1}{8}\right)} = -\frac{1}{2}$, pois $\left(-\frac{1}{2}\right)^3 = -\frac{1}{8}$

Nos exemplos acima podemos notar que é possível definir a raiz cúbica de um número negativo.

1 Qual é a raiz cúbica de 8? E qual é a raiz cúbica de $-\frac{8}{27}$?

Cálculo da raiz exata de um número

Podemos calcular a raiz quadrada de um número por meio de tentativa. Observe, por exemplo, como calcular a raiz quadrada de 2 916, ou seja, $\sqrt{2916}$.

Devemos determinar o número que, elevado ao quadrado, dê 2 916. Primeiro, vamos calcular os quadrados das dezenas de 10 a 90, para determinar o intervalo em que o número procurado está.

a	10	20	30	40	50	60	70	80	90
*a*²	100	400	900	1600	2500	3600	4900	6400	8100

Observando o quadro da página anterior, podemos perceber que 2 916 está entre 2 500 e 3 600 e, portanto, $\sqrt{2\,916}$ está entre 50 e 60, pois $50^2 = 2\,500$ e $60^2 = 3\,600$. Assim, vamos calcular o quadrado dos números naturais compreendidos entre 50 e 60.

- $51^2 = 2\,601$
- $52^2 = 2\,704$
- $53^2 = 2\,809$
- $54^2 = 2\,916$

Portanto, $\sqrt{2\,916} = 54$, pois $54^2 = 2\,916$.

2 É correto afirmar que $\sqrt{484}$ está entre 20 e 30? Justifique sua resposta.

Outro modo de calcular $\sqrt{2\,916}$ é decompondo o número 2 916 em fatores primos e, depois, simplificar o resultado da decomposição.

2916	2
1458	2
729	3
243	3
81	3
27	3
9	3
3	3
1	

> Lembre-se de que os números primos possuem apenas dois divisores diferentes: o número 1 e o próprio número.

$2\,916 = \underbrace{2 \cdot 2}_{2^2} \cdot \underbrace{3 \cdot 3}_{3^2} \cdot \underbrace{3 \cdot 3}_{3^2} \cdot \underbrace{3 \cdot 3}_{3^2} = 2^2 \cdot 3^2 \cdot 3^2 \cdot 3^2 =$

$= (2 \cdot 3 \cdot 3 \cdot 3)^2 = 54^2$

Portanto, $\sqrt{2\,916} = 54$, pois $54^2 = 2\,916$.

Ainda utilizando a decomposição em fatores primos, vamos calcular $\sqrt[3]{216}$.

216	2
108	2
54	2
27	3
9	3
3	3
1	

$216 = \underbrace{2 \cdot 2 \cdot 2}_{2^3} \cdot \underbrace{3 \cdot 3 \cdot 3}_{3^3} = 2^3 \cdot 3^3 = (2 \cdot 3)^3 = 6^3$

Portanto, $\sqrt[3]{216} = 6$, pois $6^3 = 216$.

Veja o cálculo de $\sqrt[3]{91\,125}$, por meio da decomposição em fatores primos.

91 125	3
30 375	3
10 125	3
3 375	3
1 125	3
375	3
125	5
25	5
5	5
1	

$91\,125 = \underbrace{3 \cdot 3 \cdot 3}_{3^3} \cdot \underbrace{3 \cdot 3 \cdot 3}_{3^3} \cdot \underbrace{5 \cdot 5 \cdot 5}_{5^3} =$

$= 3^3 \cdot 3^3 \cdot 5^3 = (3 \cdot 3 \cdot 5)^3 = 45^3$

Portanto, $\sqrt[3]{91\,125} = 45$, pois $45^3 = 91\,125$.

Cálculo da raiz quadrada aproximada de um número natural

Nem sempre a raiz quadrada de um número natural é outro número natural. Se considerarmos a raiz quadrada de 58, por exemplo, não obteremos um número natural, pois não há um número natural que elevado ao quadrado seja igual a 58. Dessa maneira, dizemos que 58 não é um número quadrado perfeito.

Nesse caso, podemos calcular a **raiz quadrada aproximada** do número 58. Veja uma maneira de realizar esse cálculo.

Primeiramente verificamos entre quais números quadrados perfeitos o 58 está. Para isso, escrevemos os quadrados dos números de 1 a 10.

a	1	2	3	4	5	6	7	8	9	10
a^2	1	4	9	16	25	36	49	64	81	100

Podemos notar que o 58 está entre os quadrados perfeitos 49 e 64. Assim, $\sqrt{58}$ está entre 7 e 8. Em seguida, calculamos os quadrados dos números entre 7 e 8, com uma casa decimal.

- $(7{,}1)^2 = 50{,}41$
- $(7{,}2)^2 = 51{,}84$
- $(7{,}3)^2 = 53{,}29$
- $(7{,}4)^2 = 54{,}76$
- $(7{,}5)^2 = 56{,}25$
- $(7{,}6)^2 = 57{,}76$

Resultados menores do que 58.

- $(7{,}7)^2 = 59{,}29$
- $(7{,}8)^2 = 60{,}84$
- $(7{,}9)^2 = 62{,}41$

Resultados maiores do que 58.

De acordo com os quadros acima, podemos observar que $7{,}6 < \sqrt{58} < 7{,}7$. Como $(7{,}6)^2$ está mais próximo de 58, temos que:

$$\sqrt{58} \simeq 7{,}6$$

Lê-se "raiz quadrada de 58 é aproximadamente 7,6".

Agora, vamos determinar a raiz quadrada aproximada de 58 com duas casas decimais calculando o quadrado de alguns números entre 7,6 e 7,7 com duas casas decimais.

- $(7{,}61)^2 = 57{,}9121$

Resultado menor do que 58.

- $(7{,}62)^2 = 58{,}0644$

Resultado maior do que 58.

Podemos observar que $7{,}61 < \sqrt{58} < 7{,}62$. Como $(7{,}62)^2$ está mais próximo de 58, temos que:

$$\sqrt{58} \simeq 7{,}62$$

Assim, também podemos fazer o cálculo aproximado de uma raiz quadrada para mais casas decimais.

3 Determine a raiz quadrada aproximada de 58 com três casas decimais.

Atividades

27. Determine as raízes a seguir.

a) $\sqrt[3]{27}$ c) $\sqrt{441}$ e) $\sqrt{225}$

b) $-\sqrt{900}$ d) $\sqrt[3]{-216}$ f) $\sqrt[3]{729}$

28. Calcule a medida do comprimento do lado de um quadrado cuja medida da área é igual a:

a) 81 cm²   c) 49 cm²   e) 16 cm²

b) 25 cm²   d) 121 cm²   f) 64 cm²

29. Observe como Ilda fez para determinar o número inteiro mais próximo de $\sqrt{11}$ mentalmente.

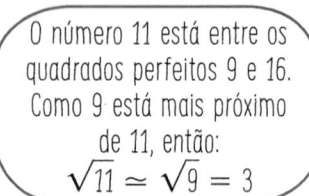

> O número 11 está entre os quadrados perfeitos 9 e 16. Como 9 está mais próximo de 11, então:
> $\sqrt{11} \approx \sqrt{9} = 3$

O número inteiro mais próximo de $\sqrt{11}$ é 3. Do mesmo modo ao realizado por Ilda, determine o número inteiro mais próximo das raízes apresentadas em cada item.

a) $\sqrt{7}$ c) $\sqrt{90}$ e) $\sqrt{30}$

b) $\sqrt{15}$ d) $\sqrt{120}$ f) $\sqrt{69}$

30. Veja na seção **Ferramentas**, na página **254**, como calcular raízes utilizando uma calculadora. Em seguida, determine as raízes a seguir aproximando o resultado, quando necessário, para duas casas decimais.

a) $\sqrt{620,01}$ d) $\sqrt[3]{22\,188,041}$

b) $\sqrt{101,4049}$ e) $-\sqrt[3]{-19}$

c) $\sqrt[3]{-600}$ f) $\sqrt[3]{-400,1}$

31. Observe os números abaixo e responda aos itens.

$\sqrt{40}$	$\sqrt[3]{216}$	$\sqrt{100}$	$\sqrt{85}$
$\sqrt[3]{729}$	19	4	$\sqrt[3]{3\,375}$	8

a) Qual dos números apresentados acima está compreendido entre 9,1 e 9,5?

b) Organize esses números em ordem crescente.

32. Murilo representou e recortou um quadrado com medida de 36 cm² de área em uma cartolina para montar um mosaico com peças quadradas. Ele percebeu que precisava de peças quadradas com $\frac{1}{4}$ da medida da área do quadrado maior. Assim, ele dividiu a cartolina em quadrados, como mostram as imagens.

a) Qual é a medida do comprimento dos lados do quadrado representado na cartolina no 1º passo?

b) Para montar o mosaico, qual deve ser a medida de área das peças quadradas?

c) Após Murilo dividir em quadrados e recortá-los, conforme o 3º passo, ele obteve peças com a medida de área de que precisava? Justifique sua resposta.

d) Qual deve ser a medida do comprimento dos lados de cada peça quadrada para obter peças com $\frac{1}{4}$ da medida da área do quadrado maior?

Raiz enésima

Veja como podemos obter a raiz quando o índice do radical for maior do que 3. Para isso, vamos proceder da mesma maneira que realizamos o cálculo da raiz quadrada e da raiz cúbica.

> Para obter a raiz quarta de 1 296, por exemplo, podemos decompor o número 1 296 em fatores primos.

- $\sqrt[4]{1296} = 6$, pois $6^4 = 1296$.
  Lê-se "raiz quarta de 1 296".

Veja outros exemplos.

- $\sqrt[5]{1024} = 4$, pois $4^5 = 1024$.
  Lê-se "raiz quinta de 1 024".

- $\sqrt[7]{128} = 2$, pois $2^7 = 128$.
  Lê-se "raiz sétima de 128".

- $\sqrt[6]{729} = 3$, pois $3^6 = 729$.
  Lê-se "raiz sexta de 729".

- $\sqrt[9]{1} = 1$, pois $1^9 = 1$.
  Lê-se "raiz nona de 1".

> Como você faria para calcular a **raiz enésima** de um número real a $\left(\sqrt[n]{a}\right)$?

> **Enésima:** numeral que ocupa a posição do número "n".

Para calcular a raiz enésima de um número real, consideramos alguns casos.

- **1º caso**: Quando n é um número natural par diferente de zero e a é um número real maior do que ou igual a zero, temos que $\sqrt[n]{a}$ é igual a um número b não negativo, tal que $b^n = a$. Por exemplo:

  › $\sqrt[4]{625} = 5$, pois $5^4 = 625$.

  › $\sqrt[10]{1024} = 2$, pois $2^{10} = 1024$.

  › $\sqrt{\dfrac{9}{16}} = \dfrac{3}{4}$, pois $\left(\dfrac{3}{4}\right)^2 = \dfrac{9}{16}$.

- **2º caso**: Quando n é um número natural par diferente de zero e a é um número real negativo, não existe $\sqrt[n]{a}$ no conjunto dos números reais, pois nessas condições não há um número real b, tal que $b^n = a$. Por exemplo:

  › $\sqrt{-49}$ não existe no conjunto dos números reais, porque não existe um número real b, tal que $b^2 = -49$.

  › $\sqrt[4]{-81}$ não existe no conjunto dos números reais, porque não existe um número real b, tal que $b^4 = -81$.

- **3º caso**: Sendo n um número natural ímpar diferente de 1 e a um número real, então $\sqrt[n]{a}$ é igual a um número b, tal que $b^n = a$. Por exemplo:

  › $\sqrt[5]{-32} = -2$, pois $(-2)^5 = -32$.

  › $\sqrt[7]{2\,187} = 3$, pois $3^7 = 2\,187$.

  › $\sqrt[3]{-3{,}375} = -1{,}5$, pois $(-1{,}5)^3 = -3{,}375$.

  › $\sqrt[3]{0{,}001} = 0{,}1$, pois $(0{,}1)^3 = \left(\dfrac{1}{10}\right)^3 = \dfrac{1}{1\,000} = 0{,}001$.

> Quando o índice do radical é um número natural ímpar diferente de 1, o radicando pode ser qualquer número real, pois sempre existirá uma raiz no conjunto dos números reais.

Atividades

33. Em cada item abaixo, escreva o radical correspondente.
- a) Raiz quadrada de 9 centésimos.
- b) Raiz quinta de 243.
- c) Raiz nona de -512.
- d) Raiz cúbica de $-1{,}728$.

34. Considere um quadrado cuja medida de área é igual a 144 cm².
- a) Determine a medida do comprimento do lado desse quadrado.
- b) Calcule a medida do perímetro desse quadrado.

35. Determine a medida do comprimento da aresta de cada cubo.

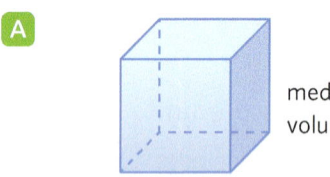

A medida do volume: 27 m³

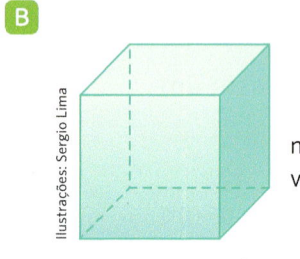

B medida do volume: 64 m³

36. Determine o valor da raiz quadrada dos itens abaixo, justificando sua resposta.
- a) $\sqrt{169}$
- b) $\sqrt{400}$
- c) $\sqrt{6{,}25}$
- d) $\sqrt{\dfrac{1}{25}}$

37. Em cada item, verifique se é possível determinar o valor da raiz no conjunto dos números reais. Justifique aqueles casos em que tal determinação não é possível.
- a) $\sqrt{-100}$
- b) $\sqrt[3]{1{,}331}$
- c) $\sqrt[8]{256}$
- d) $\sqrt[12]{-1}$

38. Veja a seguir a sequência dos cinco primeiros números quadrados perfeitos.

| 1 | 4 | 9 | 16 | 25 | ... |

- a) Quais são os cinco próximos números dessa sequência?
- b) Qual é a raiz quadrada de cada número quadrado perfeito que você escreveu no item **a**?

Potenciação com expoente fracionário

Utilizando a propriedade das potências $(a^n)^m = a^{n \cdot m}$, com $a \neq 0$ se $n \leq 0$ ou $m \leq 0$, podemos verificar que $\sqrt[2]{5^8} = 5^4$, porque $(5^4)^2 = 5^{4 \cdot 2} = 5^8$. Essa propriedade é válida também para **potências de expoente fracionário**. Observe os exemplos:

- $\sqrt[2]{7^3} = 7^{\frac{3}{2}}$, pois $\left(7^{\frac{3}{2}}\right)^2 = 7^{\frac{3}{2} \cdot 2} = 7^3$.

- $\sqrt[11]{(2,1)^3} = (2,1)^{\frac{3}{11}}$, pois $\left[(2,1)^{\frac{3}{11}}\right]^{11} = (2,1)^{\frac{3}{11} \cdot 11} = (2,1)^3$.

Desse modo, potências com expoente fracionário podem ser escritas por meio de um radical, assim como radicais podem ser escritos na forma de potência. Veja alguns exemplos:

- $7^{\frac{2}{3}} = \sqrt[3]{7^2}$

- $\sqrt[8]{20^5} = 20^{\frac{5}{8}}$

- $8^{\frac{11}{2}} = \sqrt{8^{11}}$

- $(4,8)^{\frac{7}{6}} = \sqrt[6]{(4,8)^7}$

- $\sqrt[3]{31} = 31^{\frac{1}{3}}$

- $\sqrt[6]{\left(\frac{1}{2}\right)^5} = \left(\frac{1}{2}\right)^{\frac{5}{6}}$

> De modo geral, $\sqrt[n]{a^m} = a^{\frac{m}{n}}$ sendo a um número real positivo, n um número natural maior que 1 e m um número natural maior que zero.

De maneira prática, ao representarmos uma potência com expoente fracionário por meio de um radical:
- o denominador do expoente da potência corresponde ao índice do radical;
- o numerador do expoente da potência corresponde ao expoente do radicando.

> As outras propriedades das potências também são válidas para as potências com expoente fracionário. As restrições sobre a base e o expoente são as mesmas. Por exemplo:
> - Potências com expoente negativo:
>
> $5^{-\left(\frac{3}{2}\right)} = \dfrac{1}{5^{\frac{3}{2}}} = \dfrac{1}{\sqrt{5^3}}$;
>
> - Multiplicação de potências de mesma base:
>
> $2^{\frac{1}{3}} \cdot 2^{\frac{4}{5}} = 2^{\frac{1}{3} + \frac{4}{5}} = 2^{\frac{17}{15}} = \sqrt[15]{2^{17}}$;

- Divisão de potências de mesma base:

$$5^{\frac{2}{7}} : 5^{\frac{1}{5}} = 5^{\frac{2}{7}-\frac{1}{5}} = 5^{\frac{3}{35}} = \sqrt[35]{5^2};$$

- Multiplicação de potências de mesmo expoente:

$$5^{\frac{3}{7}} \cdot 2^{\frac{3}{7}} = (5 \cdot 2)^{\frac{3}{7}} = 10^{\frac{3}{7}} = \sqrt[7]{10^3};$$

- Divisão de potências de mesmo expoente:

$$6^{\frac{1}{5}} : 3^{\frac{1}{5}} = (6:3)^{\frac{1}{5}} = 2^{\frac{1}{5}} = \sqrt[5]{2}.$$

> Qual é o expoente da potência correspondente ao radical $\sqrt{a}$? Justifique sua resposta.

Atividades

39. Escreva cada radical como potência de expoente fracionário.

a) $\sqrt{7^5}$

b) $\sqrt[5]{20}$

c) $\sqrt[4]{5^9}$

d) $\sqrt[13]{6^8}$

e) $\sqrt[6]{1^3}$

f) $\sqrt[3]{11^5}$

g) $\sqrt[4]{5^6}$

h) $\sqrt[9]{(3,7)^2}$

40. Escreva cada potência na forma de radical.

a) $3^{\frac{1}{8}}$

b) $4^{\frac{1}{10}}$

c) $4^{\frac{2}{3}}$

d) $5^{\frac{3}{7}}$

e) $6^{\frac{2}{5}}$

f) $7^{\frac{5}{4}}$

41. A igualdade $\sqrt[8]{7^4} = \sqrt{7}$ está correta? Justifique sua resposta.

42. Determine o valor de cada letra do quadro.

Radical	Potência com expoente fracionário
$\sqrt[4]{5^5}$	A
B	$8^{\frac{4}{3}}$
$\sqrt[8]{36^4}$	C

43. Veja como Felipe escreveu $\sqrt[7]{64}$ na forma de potência de base 2.

$$\sqrt[7]{64} = \sqrt[7]{2 \cdot 2 \cdot 2 \cdot 2 \cdot 2 \cdot 2} = \sqrt[7]{2^6} = 2^{\frac{6}{7}}$$

De maneira parecida, escreva $\sqrt[7]{64}$ na forma de potência de base:

a) 4

b) 8

44. Determine o valor de x nos itens abaixo, para que a igualdade seja verdadeira.

a) $\sqrt[4]{3^x} = 3^{\frac{5}{4}}$

b) $15^{\frac{8}{3}} = \sqrt[x]{15^8}$

c) $\sqrt{7^5} = 7^{\frac{5}{x}}$

d) $23^{\frac{9}{x}} = \sqrt[5]{23^9}$

e) $\sqrt[7]{41^3} = 41^{\frac{3}{x}}$

f) $59 = \sqrt[x]{59^6}$

g) $13^{\frac{7}{x}} = \sqrt[8]{13^7}$

h) $\sqrt[x]{225^9} = 225^{\frac{9}{2}}$

45. Transforme cada expressão abaixo em uma única potência. Depois, escreva na forma de radical a potência obtida.

a) $\left(5^{\frac{1}{2}}\right)^{\frac{7}{3}}$

b) $\left(20^3\right)^{\frac{1}{4}}$

c) $4^{\frac{1}{6}} \cdot 4^{\frac{5}{3}}$

d) $2^{\frac{1}{3}} \cdot 2^4$

e) $12^{\frac{1}{2}} : 12^{\frac{1}{4}}$

f) $6^{\frac{1}{2}} : 6^{\frac{2}{5}}$

Propriedades das raízes

As raízes possuem algumas propriedades que auxiliam na realização de certos cálculos.

1ª propriedade

> Quando o radicando for uma potência de base maior do que ou igual a zero e expoente igual ao índice do radical, a raiz será igual à base da potência no radicando.
> De modo geral: Se a for um número real positivo e n for um número natural maior que 1, então: $\sqrt[n]{a^n} = a$.

Exemplos:

- $\sqrt[7]{3^7} = 3^{\frac{7}{7}} = 3^1 = 3$
- $\sqrt[3]{2^3} = 2^{\frac{3}{3}} = 2^1 = 2$
- $\sqrt[4]{625} = \sqrt[4]{5^4} = 5^{\frac{4}{4}} = 5^1 = 5$
- $\sqrt[5]{1\,024} = \sqrt[5]{4^5} = 4^{\frac{5}{5}} = 4^1 = 4$

> Se a base for negativa e o índice for par, a propriedade não é válida. Exemplo:
> $$\sqrt[4]{(-2)^4} = \sqrt[4]{16} = 2$$
> $$\sqrt[4]{(-2)^4} \neq -2$$

2ª propriedade

> Quando multiplicamos o índice do radical e o expoente do radicando por um número natural diferente de zero, obtemos um radical equivalente ao inicial.
> Quando dividimos o índice do radical e o expoente do radicando por um número natural diferente de zero, divisor de ambos, também obtemos um radical equivalente ao inicial.
> De modo geral: Se a for um número real positivo, n for um número natural maior do que 1 e m e q forem números naturais diferentes de zero, então:
> $\sqrt[n]{a^m} = \sqrt[n \cdot q]{a^{m \cdot q}}$ e $\sqrt[n]{a^m} = \sqrt[n : q]{a^{m : q}}$.

Exemplos:

- $\sqrt[3]{5^7} = 5^{\frac{7}{3}} = 5^{\frac{7 \cdot 2}{3 \cdot 2}} = \sqrt[3 \cdot 2]{5^{7 \cdot 2}} = \sqrt[6]{5^{14}}$
- $\sqrt[9]{2^6} = 2^{\frac{6}{9}} = 2^{\frac{6:3}{9:3}} = \sqrt[9:3]{2^{6:3}} = \sqrt[3]{2^2}$

3ª propriedade

A raiz de um produto é igual ao produto das raízes de seus fatores, e a raiz de um quociente é igual ao quociente das raízes do dividendo e do divisor. De modo geral: Se a e b forem números reais positivos e n for um número natural maior do que 1, então: $\sqrt[n]{a \cdot b} = \sqrt[n]{a} \cdot \sqrt[n]{b}$ e $\sqrt[n]{\dfrac{a}{b}} = \dfrac{\sqrt[n]{a}}{\sqrt[n]{b}}$.

Exemplos:

- $\sqrt[5]{24} = \sqrt[5]{8 \cdot 3} = (8 \cdot 3)^{\frac{1}{5}} = 8^{\frac{1}{5}} \cdot 3^{\frac{1}{5}} = \sqrt[5]{8} \cdot \sqrt[5]{3}$

- $\sqrt[6]{\dfrac{7}{4}} = \left(\dfrac{7}{4}\right)^{\frac{1}{6}} = \dfrac{7^{\frac{1}{6}}}{4^{\frac{1}{6}}} = \dfrac{\sqrt[6]{7}}{\sqrt[6]{4}}$

4ª propriedade

A raiz de uma raiz pode ser representada por um único radical, em que o índice é igual ao produto dos índices das raízes iniciais.
De modo geral: Se a for um número real positivo e n e p forem números naturais maiores do que 1, então: $\sqrt[n]{\sqrt[p]{a}} = \sqrt[n \cdot p]{a}$.

Exemplos:

- $\sqrt[4]{\sqrt[3]{6}} = \left(\sqrt[3]{6}\right)^{\frac{1}{4}} = \left(6^{\frac{1}{3}}\right)^{\frac{1}{4}} = 6^{\frac{1}{3} \cdot \frac{1}{4}} = 6^{\frac{1}{12}} = \sqrt[12]{6}$

- $\sqrt[5]{\sqrt{4}} = \left(\sqrt{4}\right)^{\frac{1}{5}} = \left(4^{\frac{1}{2}}\right)^{\frac{1}{5}} = 4^{\frac{1}{2} \cdot \frac{1}{5}} = 4^{\frac{1}{10}} = \sqrt[10]{4}$

Atividades

46. Calcule.

a) $\sqrt[3]{10^3}$

b) $\sqrt[2]{0{,}4^2}$

c) $\sqrt[4]{\left(\dfrac{2}{3}\right)^4}$

d) $\sqrt[9]{14^9}$

47. Escreva cada sentença como produto ou quociente de radicais.

a) $\sqrt{4 \cdot 6}$

b) $\sqrt{7 \cdot 8}$

c) $\sqrt{\dfrac{12}{4}}$

d) $\sqrt{3^2 \cdot 21}$

e) $\sqrt[3]{19^3 \cdot 51^2}$

f) $\sqrt[5]{\dfrac{96^7}{32^2}}$

48. Escreva cada sentença como um único radical.

a) $\sqrt{\sqrt{22}}$

b) $\sqrt[4]{\sqrt[3]{165}}$

c) $\sqrt[5]{\sqrt{46}}$

d) $\sqrt{\sqrt[3]{\sqrt{12}}}$

49. Calcule a medida de área em amarelo da figura: 8 m, 4 m, $\sqrt{5}$ m, $\sqrt{5}$ m.

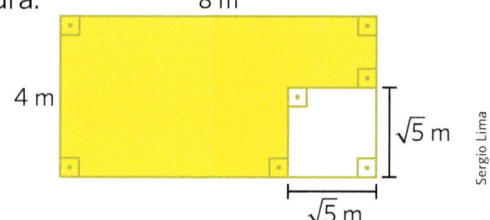

Vamos relembrar

50. Calcule o valor das potências.

a) $\left(\dfrac{7}{5}\right)^{-2}$ c) $(-4)^{-3}$

b) $\left(-\dfrac{1}{3}\right)^{-4}$ d) $(0,9)^{-3}$

51. Copie as sentenças no caderno, substituindo cada ■ pelo número que as torna verdadeiras.

a) $\dfrac{1}{6^7} = 6^{\blacksquare}$ c) $\dfrac{1}{9^6 \cdot 9^{-11}} = 9^{\blacksquare}$

b) $5^8 : 5^{\blacksquare} = 5^2$ d) $\dfrac{8^{10} \cdot 8^{-3}}{8^{\blacksquare}} = 8^8$

52. Utilizando as propriedades das potências, classifique as sentenças em verdadeiras ou falsas. Em seguida, copie as sentenças falsas no caderno, corrigindo-as.

a) $2^{11} \cdot 4^{11} = 6^{11}$ c) $\left(\dfrac{1}{6}\right)^{-12} = 2^{12} \cdot 3^{12}$

b) $(26^4)^7 = 26^{28}$ d) $10^{15} : (3^{10})^5 = \left(\dfrac{10}{3}\right)^{15}$

53. Observe algumas potências de base 6 nos quadros a seguir.

6^1	6^2	6^3	6^4	6^5	6^6
6	36	216	1 296	7 776	46 656

6^7	6^8	6^9	6^{10}
279 936	1 679 616	10 077 696	60 466 176

Utilize as propriedades das potências e os resultados dos quadros para calcular os itens abaixo.

a) $6^4 \cdot 6^5 = 6^9 = \blacksquare$ d) $6^7 : 6^4 = \blacksquare = \blacksquare$

b) $6^3 \cdot 6^2 = \blacksquare = \blacksquare$ e) $6^{11} : 6^7 = \blacksquare = \blacksquare$

c) $6^2 \cdot 6^5 = \blacksquare = \blacksquare$ f) $6^8 : 6^6 = \blacksquare = \blacksquare$

54. Sabendo que $a = 8^5 : 8^4 + 3^2 \cdot 3^3$, determine:

a) o valor de a. d) o valor de a^{-2}.

b) o valor de a^2. e) o valor de $(-a)^2$.

c) o oposto de a^2. f) $(-a)^{-1}$.

55. Substitua cada ■ por >, < ou =.

a) $\left(\dfrac{1}{5}\right)^2 \blacksquare \dfrac{1}{25}$ c) $3^5 + 2^5 \blacksquare 3^5 \cdot 2^5$

b) $(5^4)^3 \blacksquare 5^4 \cdot 5^3$ d) $4^9 \cdot 4^5 \blacksquare 4^9 : 4^5$

56. Simplifique as seguintes expressões numéricas e obtenha os resultados.

a) $2^3 \cdot 2^5 + 3^2$

b) $7^2 \cdot 7^2 + 10^4 : 10^2$

c) $(25^4)^3 : 25^{10} - 9^2 \cdot 9$

57. Observe os cálculos a seguir.

$(0,8)^4 = \left(\dfrac{8}{10}\right)^4 = \left(\dfrac{4}{5}\right)^4 = \left(4 \cdot \dfrac{1}{5}\right)^4 =$

$= \left(2^2 \cdot \dfrac{1}{5}\right)^4 = (2^2)^4 \cdot \left(\dfrac{1}{5}\right)^4 = 2^8 \cdot 5^{-4}$

Da mesma maneira, escreva $(0,75)^5$ como o produto de uma potência de base 2 com uma potência de base 3.

58. Escreva como potência de base 10 os itens a seguir.

a) 10 000 d) 0,00001

b) 1 000 000 e) 0,01

c) 1 f) 0,1

59. Em quais itens é adequado expressar o número descrito em notação científica?

a) A idade, em anos, do planeta Terra.

b) O tamanho de um átomo de oxigênio em milímetros.

c) O número que representa o tamanho do seu calçado.

d) A massa, em quilogramas, do planeta Júpiter.

60. Verifique quais números a seguir estão escritos em notação científica. Em caso negativo, escreva um número equivalente em notação científica.

a) $52,1 \cdot 10^8$ d) $205 \cdot 10^3$

b) $5 \cdot 10^{-12}$ e) $9,851 \cdot 10^{35}$

c) $0,825 \cdot 10^{-22}$ f) $0,003 \cdot 10^{14}$

61. Escreva por extenso como se lê cada uma das raízes.

a) $\sqrt{6}$ c) $\sqrt[3]{-1}$ e) $\sqrt[4]{5,2}$

b) $\sqrt[5]{10}$ d) $\sqrt[6]{\dfrac{3}{5}}$

62. Qual é o número que elevado à quarta potência resulta em 16?

63. Determine mentalmente o número natural representado por x.

a) $\sqrt{x} = 3$ d) $\sqrt{x} = 20$
b) $\sqrt{x} = 5$ e) $\sqrt{x} = 0$
c) $\sqrt{x} = 7$ f) $\sqrt{x} = 1$

64. Determine uma aproximação com duas casas decimais das raízes a seguir.

a) $\sqrt{12}$ c) $\sqrt{28,5}$
b) $\sqrt{45}$ d) $\sqrt{1,1}$

65. Copie no caderno as sentenças abaixo substituindo cada ■ pelo número natural mais próximo da raiz e que torna a sentença verdadeira.

a) ■ $< \sqrt{75} <$ ■   c) ■ $< \sqrt{112} <$ ■
b) ■ $< \sqrt{21} <$ ■   d) ■ $< \sqrt{200} <$ ■

66. Escreva as raízes como uma potência de base 2 com expoente fracionário.

a) $\sqrt[11]{2^5}$ c) $\sqrt[8]{\dfrac{1}{2^9}}$

b) $\sqrt{8}$ d) $\sqrt[3]{(0,5)^{-4}}$

67. Calcule o valor aproximado das raízes a seguir, dados $\sqrt{2} \simeq 1,41$, $\sqrt{3} \simeq 1,73$ e $\sqrt[3]{5} \simeq 1,71$.

a) $\sqrt{72}$ c) $\sqrt{243}$
b) $\sqrt[3]{1\,080}$ d) $\sqrt{24}$

68. Elabore uma atividade no caderno utilizando a igualdade abaixo e entregue para um colega resolver. Em seguida, verifique se a resolução está correta.

$$\sqrt[6]{3^3} = \sqrt{3}$$

69. Uma fábrica de cerâmicas produz um modelo de piso em dois tamanhos, ambos em forma de quadrado.

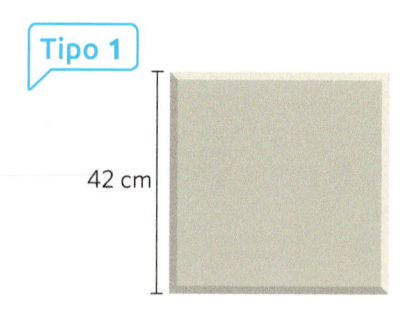

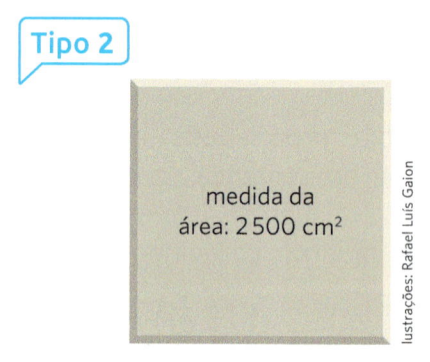

Tipo 1 — 42 cm

Tipo 2 — medida da área: 2 500 cm²

a) Calcule a medida da área do quadrado que representa o piso do tipo **1**, em centímetros quadrados.

b) Calcule a medida do lado do quadrado que representa o piso do tipo **2**, em centímetros.

c) Qual piso possui maior medida da área, o do tipo **1** ou o do tipo **2**?

70. Joaquim pretende cercar parte de sua propriedade para fazer uma horta cujo formato será um quadrado com medida de 3 600 m² de área. Sabendo que ele vai construir uma cerca com 5 fios de arame, deixando parte de um dos lados sem cerca para o portão, calcule quantos metros de arame serão necessários.

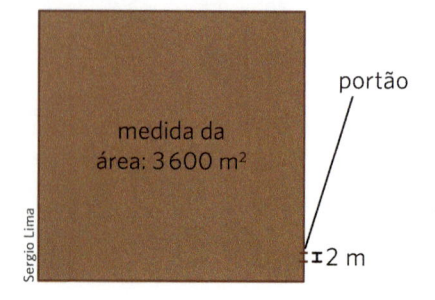

medida da área: 3 600 m² — portão 12 m

Ângulos e polígonos

CAPÍTULO 3

Neste capítulo, vamos estudar os ângulos, suas características e algumas propriedades. Além disso, vamos recordar e ampliar o que estudamos em anos anteriores a respeito dos polígonos e suas características, bem como aplicar o conhecimento de ângulos para identificar polígonos regulares.

Os ângulos

Um ângulo possui os seguintes elementos:

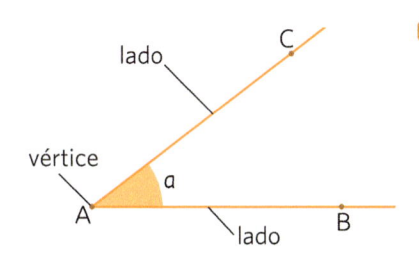

O ângulo $B\hat{A}C$ tem vértice A e seus lados correspondem às semirretas AC e AB.

A abertura da escada nos dá a ideia de ângulo

Existem algumas notações que podem ser usadas para indicar um ângulo e sua medida.

Na imagem acima, podemos indicar o ângulo por $B\hat{A}C$, $C\hat{A}B$, $\hat{A}$ ou $\hat{a}$. Já a medida desse ângulo, indicamos por $\text{med}(B\hat{A}C)$, $\text{med}(C\hat{A}B)$, $\text{med}(\hat{A})$ ou simplesmente a.

> Cite algumas situações do dia a dia em que podemos perceber a ideia de ângulo.

Ângulos complementares e ângulos suplementares

Observe os ângulos a seguir.

Dois ângulos são **complementares** se a soma de suas medidas for igual a 90°.

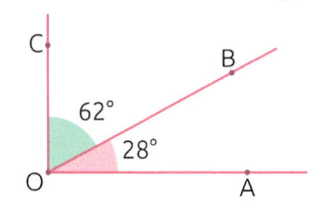

Dois ângulos são **suplementares** se a soma de suas medidas for igual a 180°.

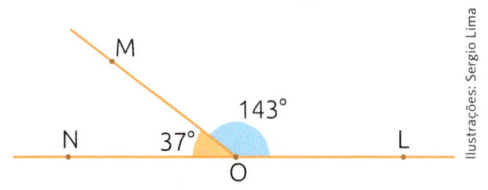

Calculamos a medida do ângulo $A\hat{O}C$ do seguinte modo:

$$\text{med}(A\hat{O}B) + \text{med}(B\hat{O}C) =$$
$$= 28° + 62° = 90°$$

Calculamos a medida do ângulo $N\hat{O}L$ do seguinte modo:

$$\text{med}(L\hat{O}M) + \text{med}(M\hat{O}N) =$$
$$= 143° + 37° = 180°$$

Portanto, $A\hat{O}B$ e $B\hat{O}C$ são **ângulos complementares**. Dizemos que $B\hat{O}C$ é o **complemento** de $A\hat{O}B$ e vice-versa.

Portanto, $L\hat{O}M$ e $M\hat{O}N$ são **ângulos suplementares**. Dizemos que $M\hat{O}N$ é o **suplemento** de $L\hat{O}M$ e vice-versa.

Atividades

1. Os ângulos $\hat{a}$ e $\hat{b}$ são suplementares.
   - Se dividirmos por 2 as medidas desses ângulos, eles serão complementares ou suplementares?
   - Atribua medidas para os ângulos $\hat{a}$ e $\hat{b}$. Depois, divida-as por 2 e verifique se sua resposta está correta.

2. Utilizando transferidor, meça a abertura dos ângulos indicados abaixo. Depois, escreva a medida do complemento e do suplemento de cada ângulo.

   A **B** **C**

> **DICA!**
> Para medir um ângulo, posicione o centro do transferidor no vértice do ângulo, alinhando a linha de fé sobre um dos lados do ângulo. O outro lado do ângulo vai indicar, no transferidor, a medida do ângulo.

3. Veja como podemos determinar a medida dos ângulos indicados ao lado, por meio da resolução de equações.

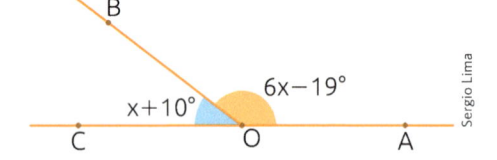

   Como os ângulos indicados são suplementares, ou seja, a soma de suas medidas é 180°, vamos escrever e resolver a seguinte equação:

   $$\overbrace{6x - 19°}^{\text{med}(A\hat{O}B)} + \overbrace{x + 10°}^{\text{med}(B\hat{O}C)} = 180°$$
   $$7x - 9° = 180°$$
   $$7x - 9° + 9° = 180° + 9°$$
   $$7x = 189°$$
   $$\frac{7x}{7} = \frac{189°}{7}$$
   $$x = 27°$$

   > **DICA!**
   > Para verificar se sua resposta está correta, adicione as medidas que você obteve e verifique se o resultado é 180°.

   Agora, utilizando o valor obtido para x, determine a medida dos ângulos $A\hat{O}B$ e $B\hat{O}C$.

4. No item I os pontos D, O e A pertencem à mesma reta, assim como os pontos I, O e E no item II. Calcule a medida dos ângulos indicados em cada figura.

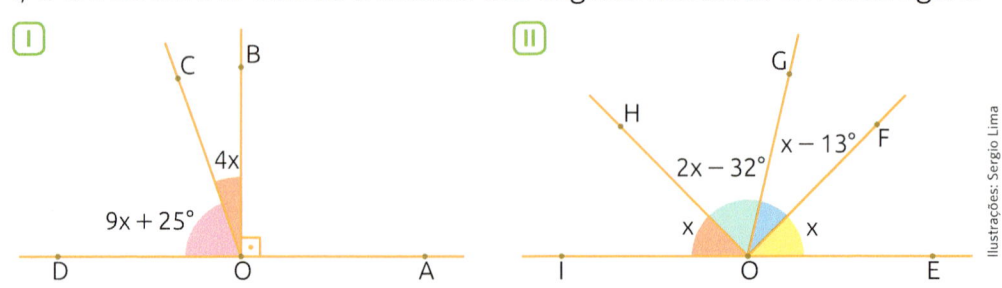

   I **II**

   De acordo com as medidas encontradas, classifique cada um dos pares de ângulos em complementares ou suplementares.

   a) $A\hat{O}B$ e $B\hat{O}D$ b) $B\hat{O}C$ e $C\hat{O}D$ c) $F\hat{O}G$ e $G\hat{O}H$ d) $E\hat{O}H$ e $H\hat{O}I$

5. Adicionando o suplementar do ângulo $\hat{a}$ ao complementar do ângulo de medida 39°, obtemos 63°. Qual a medida do ângulo $\hat{a}$?

6. Qual a medida do ângulo cujo suplementar mede o triplo da sua medida?

7. A diferença entre a medida do complementar do ângulo $\hat{x}$ e a medida do ângulo $\hat{y}$ é 12°. Sabendo que o ângulo $\hat{x}$ mede 36°, calcule a medida do:

a) complementar do ângulo $\hat{x}$.

b) ângulo $\hat{y}$.

c) suplementar do ângulo $\hat{y}$.

8. Resolva os itens a seguir.

a) Os ângulos $\hat{f}$ e $\hat{g}$ são complementares. Determine suas medidas, sabendo que a diferença entre elas é 8°.

b) Os ângulos $\hat{m}$ e $\hat{n}$ são suplementares. A medida de $\hat{m}$ é o dobro da medida de $\hat{n}$. Quais as medidas desses ângulos?

9. Veja na seção **Ferramentas**, na página **255**, como construir ângulos cujas medidas são 90° e 60° utilizando régua e compasso. Depois, resolva os itens a seguir.

a) Utilizando régua e compasso, construa em uma folha de papel os ângulos 90° e 60°.

b) Construa um ângulo cuja medida é 120°. Para isso, construa ângulos adjacentes cuja medida de cada um deles seja 60°. Por fim, escreva o passo a passo dessa construção.

> **DICA!**
> Lembre-se de que dois ângulos são adjacentes quando possuem um lado em comum e as regiões determinadas por eles não possuem outros pontos em comum.

c) Utilizando estratégia parecida com a apresentada no item **b**, como você faria para construir um ângulo cuja medida é 150°?

10. Observe as imagens abaixo.

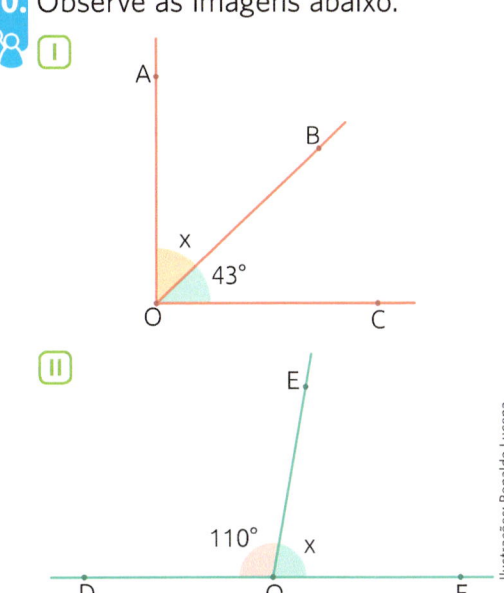

I

II

Na figura I, os ângulos indicados são complementares e na figura II, suplementares. De acordo com essas informações, elabore um problema e dê para um colega resolver. Em seguida, verifique se o que ele fez está correto.

11. Utilizando um par de esquadros, é possível obter alguns ângulos. Utilizando esse instrumento, veja a seguir como Heitor construiu um ângulo cuja medida é 105°.

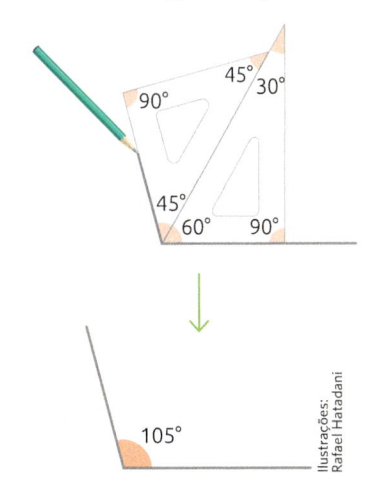

Agora, utilizando os mesmos procedimentos, construa em seu caderno um ângulo cuja medida é:

a) 135°   b) 120°   c) 150°

47

Diagonais de um polígono convexo

Veja o desenho que Juliano fez.

Para fazer esse desenho, Juliano construiu um hexágono, ou seja, um **polígono** de seis lados, traçou alguns segmentos de reta e coloriu.

> Toda linha poligonal, simples e fechada é um **polígono**. Cada segmento de reta dessa linha corresponde a um dos lados do polígono.

No polígono convexo a seguir, destacamos os seguintes elementos:

- 4 lados: $\overline{AB}$, $\overline{BC}$, $\overline{CD}$ e $\overline{AD}$
- 4 vértices: A, B, C e D
- 4 ângulos internos: $\hat{A}$, $\hat{B}$, $\hat{C}$ e $\hat{D}$
- 2 diagonais: $\overline{AC}$ e $\overline{BD}$

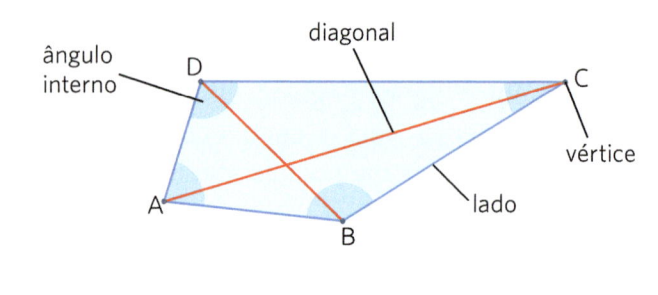

> Nos polígonos convexos, qualquer reta que passa por seu interior corta a linha poligonal (contorno) em apenas dois pontos.

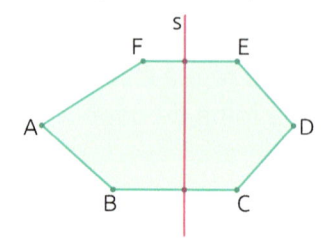

No polígono ABCD acima, os segmentos AC e BD são suas diagonais, e cada uma liga dois vértices não consecutivos do polígono.

No desenho feito por Juliano, os segmentos de reta que ele traçou representam todas as diagonais do hexágono.

Agora, veja exemplos de polígonos convexos em que foram traçadas apenas as diagonais que partem de um único vértice, no caso, o vértice A.

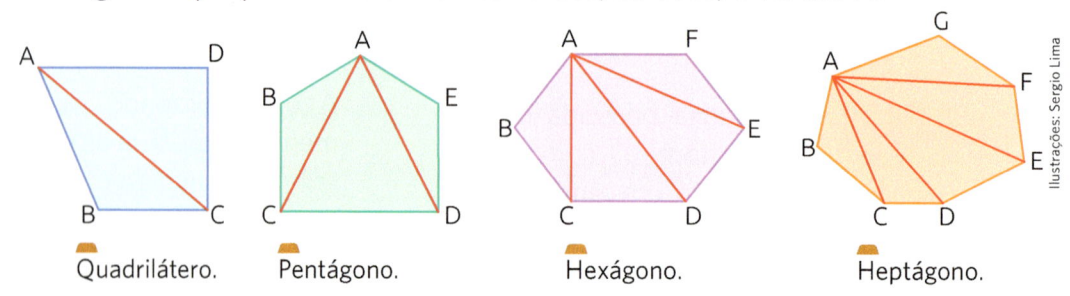

Quadrilátero. Pentágono. Hexágono. Heptágono.

Em cada um desses polígonos, as diagonais ligam o vértice A aos demais vértices, exceto a três vértices: o próprio vértice A e os dois vértices consecutivos a ele. Para o heptágono, por exemplo, temos:

quantidade de vértices do heptágono
quantidade de diagonais que partem de um único vértice
$$7 - 3 = 4$$
quantidade de vértices não ligados por uma diagonal ao vértice A

Em um polígono, a quantidade de vértices é igual à quantidade de lados.

1 Quantos vértices possui um polígono convexo cuja quantidade de diagonais que partem de um único vértice é 8?

Em um polígono convexo de n lados, a quantidade de diagonais d que partem de um único vértice é dada por $d = n - 3$.

Observe a seguir um heptágono convexo com todas as diagonais traçadas.

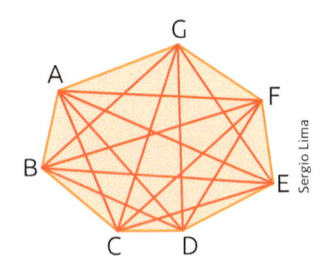

Sabemos que de cada vértice do heptágono partem 4 diagonais. Porém, para obter o total de diagonais, não podemos simplesmente multiplicar por 4 a quantidade de vértices do polígono, pois assim estaríamos considerando duas vezes cada diagonal.

Por exemplo, a diagonal que parte do vértice A e chega ao vértice C é a mesma que parte do vértice C e chega ao vértice A, ou seja, $\overline{AC}$ é igual a $\overline{CA}$. Portanto, podemos calcular a quantidade total de diagonais desse polígono da seguinte maneira:

quantidade de diagonais que partem de um único vértice
quantidade de vértices do heptágono
$$\frac{(7-3) \cdot 7}{2} = \frac{4 \cdot 7}{2} = \frac{28}{2} = 14 \rightarrow \text{quantidade total de diagonais do heptágono}$$
dividimos por 2 para que a diagonal seja considerada apenas uma vez

2 Qual é a quantidade total de diagonais de um hexágono convexo?

Em um polígono convexo de n lados, a quantidade total de diagonais D é dada por: $D = \dfrac{(n-3) \cdot n}{2}$.

Atividades

12. As diagonais traçadas no polígono ao lado partem todas de um mesmo vértice.

a) É possível traçar outras diagonais diferentes a partir desse mesmo vértice? Por quê?

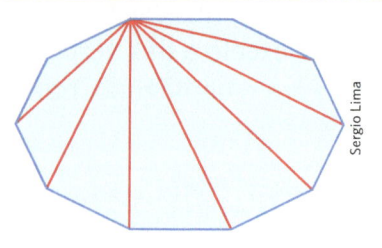

b) Para calcularmos o total de diagonais de um polígono, basta multiplicar o número que representa a quantidade de vértices pelo número que representa a quantidade de diagonais que partem de cada um de seus vértices? Por quê?

13. O quadro a seguir apresenta informações a respeito de cinco polígonos convexos diferentes. Copie o quadro em seu caderno, substituindo cada uma das letras pelo número adequado.

Polígono convexo	Quantidade de vértices	Quantidade de diagonais que partem de cada vértice	Quantidade total de diagonais
Eneágono	A	B	27
Pentágono	5	C	D
Heptágono	E	4	F
Triângulo	G	H	I
Dodecágono	J	K	L

14. Na Copa do Mundo de Futebol de 1970 começou a ser utilizada uma bola confeccionada com a união de 12 pedaços de couro no formato de pentágono e 20 no formato de hexágono. Quando cheia, a bola tem formato arredondado devido à deformação de suas faces. Porém, caso suas faces não sofressem deformações, teríamos um poliedro formado com 12 faces pentagonais e 20 faces hexagonais, chamado icosaedro truncado. O icosaedro truncado é um dos treze poliedros de Arquimedes, que consistem em poliedros cujas faces são polígonos convexos regulares de dois ou mais tipos. Observe as imagens de uma bola construída como a bola da Copa de 1970 e um icosaedro truncado.

> Um polígono é regular quando todos os seus lados possuem medidas de comprimento iguais e seus ângulos internos são todos congruentes.

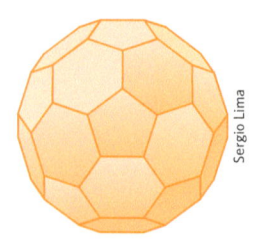

Se traçarmos todas as diagonais de cada face do icosaedro truncado, qual será o total de diagonais traçadas?

15. Quantas diagonais podem ser traçadas em um polígono convexo com:

a) 5 lados?

b) 8 lados?

c) 13 lados?

d) 16 lados?

e) 30 lados?

f) 50 lados?

16. Nesta imagem, estão indicadas em azul todas as diagonais que partem de um dos vértices de determinado polígono convexo.

a) Qual é o total de lados desse polígono?

b) Quantas diagonais, no total, poderiam ser traçadas nesse polígono?

17. Calcule:

a) a quantidade de diagonais que partem de cada vértice de um polígono convexo de 27 lados;

b) a quantidade total de diagonais de um polígono convexo de 18 lados.

18. Para que um polígono convexo tenha duas ou mais diagonais é necessário que ele tenha, no mínimo, quantos vértices?

19. Há algum polígono convexo cuja quantidade de lados é igual à metade da quantidade total de diagonais? Em caso afirmativo, qual?

20. É possível fazer a decomposição de um polígono convexo qualquer em triângulos de maneira que os vértices de todos os triângulos também sejam vértices desse polígono e que todos os triângulos tenham um vértice em comum? Se sim, como podemos fazer essa decomposição?

21. Pitágoras foi um dos principais estudiosos de seu tempo. Ele nasceu na ilha de Samos (século V a.C.), uma das ilhas do Dodecaneso. Depois de viajar por Egito, Babilônia e Índia, estabeleceu-se em Crotona, na costa sudeste da Magna Grécia, onde fundou a Escola Pitagórica, que era uma sociedade secreta para o estudo de Matemática e de Filosofia. Muitas foram as contribuições de Pitágoras e dos pitagóricos (como eram chamados os membros da Escola Pitagórica) para a Matemática e para a Filosofia; talvez a mais famosa dessas contribuições seja o Teorema de Pitágoras.

A Escola Pitagórica tinha como símbolo o pentágono estrelado, formado com as diagonais de um pentágono regular. Essa figura possui algumas características especiais, como o fato de que os pontos em que as diagonais se intersectam correspondem aos vértices de outro pentágono regular.

De acordo com o texto, responda às questões.

a) Quem fundou a Escola Pitagórica? Como eram chamados os membros dessa Escola?

b) Os membros da Escola Pitagórica dedicavam seus estudos a quais áreas do conhecimento?

c) Seu professor entregará uma folha com um pentágono regular. A partir dele, desenhe o pentágono estrelado, símbolo da Escola Pitagórica, e destaque o pentágono regular formado em seu interior.

Ângulos internos e externos de um polígono convexo

A seguir, vamos aprender a identificar os ângulos internos e externos de um polígono convexo. Também iremos calcular as somas das medidas dos ângulos internos e externos de polígonos convexos, além de estabelecer relação entre as medidas desses ângulos.

Soma das medidas dos ângulos internos de um polígono convexo

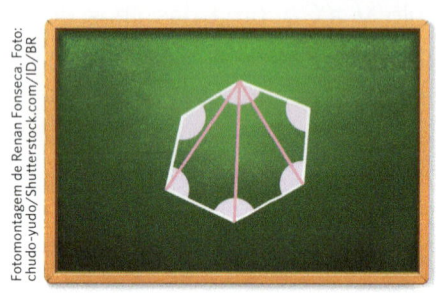

A professora Regiane desenhou um hexágono convexo na lousa e traçou todas as diagonais que partem de um único vértice.

Ao traçar as diagonais que partem de um único vértice, o polígono ficou decomposto em quatro triângulos. Como a soma das medidas dos ângulos internos de um triângulo qualquer é igual a 180°, então a soma das medidas dos ângulos internos do hexágono convexo é:

$$4 \cdot 180° = 720°$$

Nos polígonos convexos a seguir também foram traçadas todas as diagonais que partem de um único vértice, decompondo-os em triângulos.

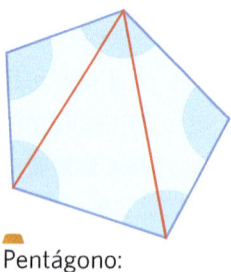

Pentágono:
5 lados, 3 triângulos.

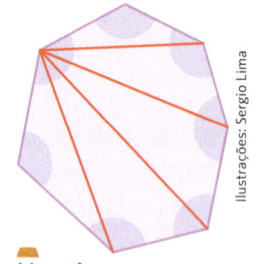

Heptágono:
7 lados, 5 triângulos.

1 Baseando-se nos polígonos acima, responda: qual é a soma das medidas dos ângulos internos do pentágono? E do heptágono?

Nos polígonos anteriores, vimos que as diagonais que partem de um único vértice decompõem cada polígono em triângulos, sendo a quantidade de triângulos duas unidades a menos que a quantidade de lados do polígono.

Considerando um polígono convexo de n lados e traçando todas as diagonais que partem de um único vértice, tem-se que esse polígono será decomposto em $(n - 2)$ triângulos. Como a soma das medidas dos ângulos internos de um triângulo é 180°, a soma das medidas dos ângulos internos de um polígono convexo é dada por: $S_i = (n - 2) \cdot 180°$.

> A soma S_i das medidas dos ângulos internos de um polígono convexo de n lados é dada por:
> $$S_i = (n - 2) \cdot 180°$$

Soma das medidas dos ângulos externos de um polígono convexo

Você já estudou em anos anteriores que um polígono convexo de n lados possui n ângulos externos, e cada ângulo externo é o suplementar de um ângulo interno desse polígono.

Veja como podemos demonstrar que a soma das medidas dos ângulos externos de um polígono convexo de n lados é igual a 360°.

Para obter a soma das medidas de todos os ângulos internos e de todos os ângulos externos, basta multiplicar a quantidade de lados (n) por 180°, ou seja:

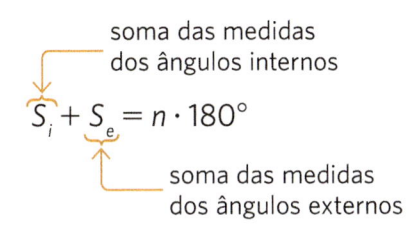

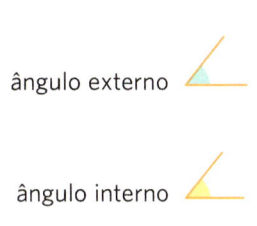

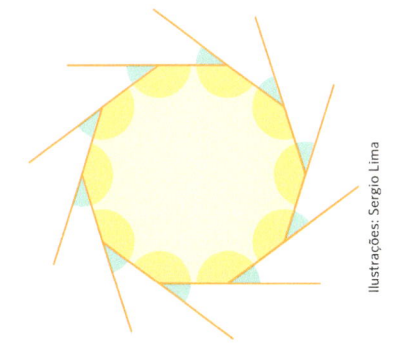

S_i → soma das medidas dos ângulos internos

S_e → soma das medidas dos ângulos externos

$$S_i + S_e = n \cdot 180°$$

Sabemos que $S_i = (n - 2) \cdot 180°$. Assim:

$S_i + S_e = n \cdot 180°$

$S_e = n \cdot 180° - S_i$

$S_e = n \cdot 180° - [(n - 2) \cdot 180°]$

$S_e = n \cdot 180° - [n \cdot 180° - 2 \cdot 180°]$

$S_e = \cancel{n \cdot 180°} - \cancel{n \cdot 180°} + 2 \cdot 180°$

$S_e = 360°$

> A soma das medidas dos ângulos externos de um polígono convexo de n lados é igual a 360°.

2 Qual é a soma das medidas dos ângulos externos de um decágono convexo?

Ângulo interno e ângulo externo de polígonos regulares

Os ângulos externos de um polígono regular são todos congruentes entre si. Cada ângulo externo é o suplementar de um ângulo interno.

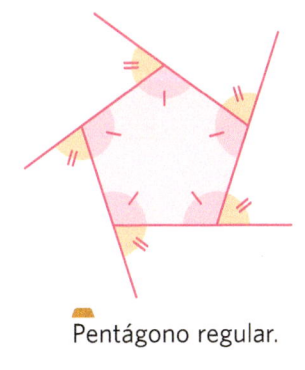

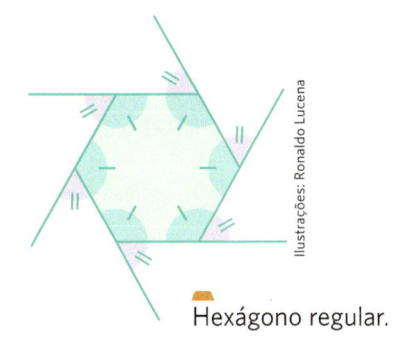

Quadrilátero regular.   Pentágono regular.   Hexágono regular.

Podemos obter a medida de cada ângulo externo de um polígono regular dividindo a soma das medidas desses ângulos, que é 360°, pela quantidade de lados do polígono. No hexágono regular, por exemplo, temos:

$$\underbrace{\frac{360°}{6}}_{\text{quantidade de lados do hexágono}} = 60°$$

(soma das medidas dos ângulos externos de um polígono; medida de cada ângulo externo do hexágono regular)

Logo, cada ângulo externo do hexágono regular mede 60°.

Para obtermos a medida de cada ângulo interno de um polígono regular, calculamos a soma das medidas dos ângulos internos e dividimos o resultado pela quantidade de lados. No caso do decágono regular temos:

$$\frac{\overbrace{(10-2) \cdot 180°}^{\text{soma das medidas dos ângulos internos do decágono}}}{\underbrace{10}_{\text{quantidade de lados do decágono}}} = \frac{1\,440°}{10} = 144°$$

(medida de cada ângulo interno do decágono regular)

Portanto, cada ângulo interno do decágono regular mede 144°.

3 A medida de cada ângulo interno de um dodecágono (polígono de 12 lados) regular é 148°? Justifique sua resposta.

Atividades

22. Determine a quantidade total de diagonais e a soma das medidas dos ângulos internos de cada um dos polígonos a seguir.

A

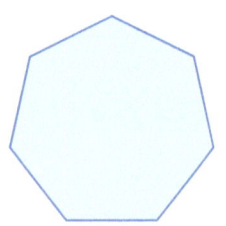

B

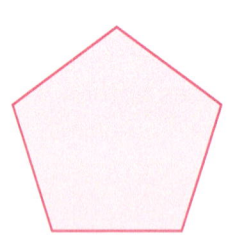

C

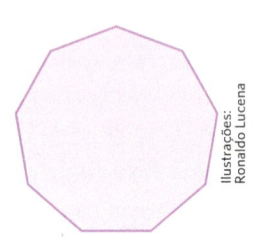

23. Determine o valor de x em cada um dos polígonos a seguir.

A (115°, 122°, 107°, 82°, x)

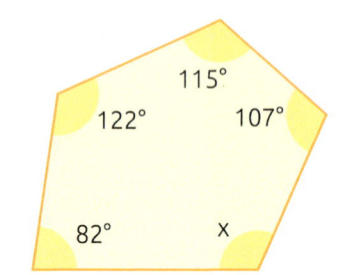

B (x, 48°, 2x+3°)

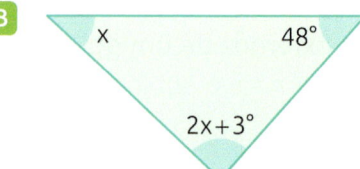

C (x+8°, 137°, 62°, 3x+13°)

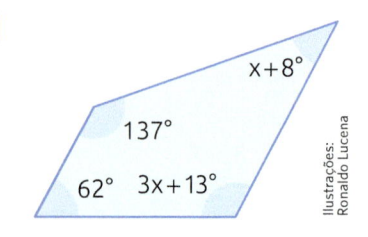

24. Qual é a medida de cada ângulo externo do pentágono a seguir?

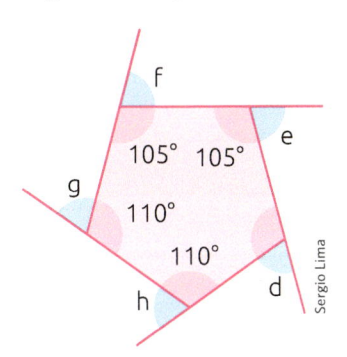

25. A soma dos ângulos internos de um polígono regular é igual a 1440°. Qual é a medida de cada ângulo externo desse polígono?

26. As figuras abaixo representam partes de polígonos regulares. Sem completar o desenho, determine que polígonos são esses e a soma das medidas de seus ângulos internos.

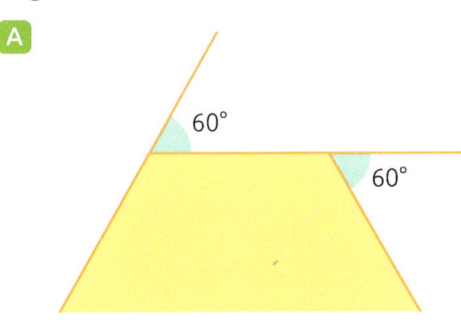

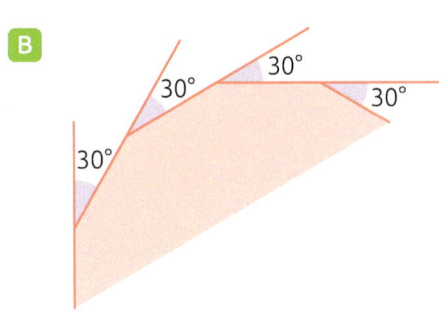

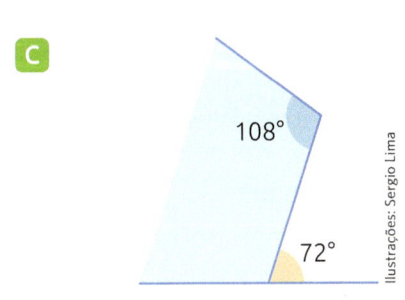

A

B

C

27. Determine a medida de cada ângulo interno no eneágono regular a seguir.

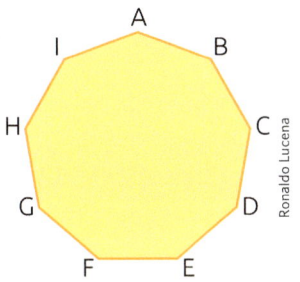

28. Sabendo que o pentágono a seguir é regular, calcule as medidas dos ângulos $\hat{x}$ e $\hat{y}$.

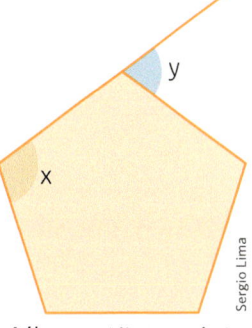

29. Carlos e Albo estão projetando um robô que, automaticamente gira 90° para a direita ao esbarrar em algum obstáculo. Observe a seguir um esquema que representa a trajetória do robô em um tablado retangular de madeira.

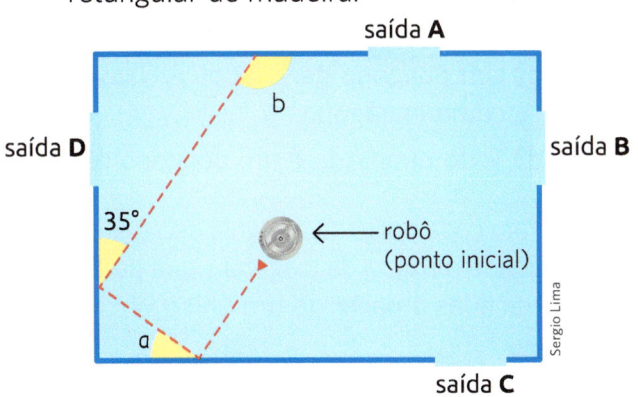

a) Em qual das saídas provavelmente o robô chegará seguindo a trajetória prevista?

b) Se o robô partir do ponto inicial, quantas vezes ele vai esbarrar nas paredes até chegar a uma das saídas?

c) Determine a medida dos ângulos $\hat{a}$ e $\hat{b}$ que estão indicados no esquema.

Vamos relembrar

30. Os ângulos $\hat{c}$ e $\hat{d}$ são complementares. Se multiplicarmos por 2 as medidas desses ângulos, eles serão complementares ou suplementares?

• Agora, atribua medidas para os ângulos $\hat{c}$ e $\hat{d}$, multiplique-as por 2 e verifique se sua resposta está correta.

31. Sabendo que os pontos G, O e D pertencem à mesma reta, calcule as medidas dos ângulos indicados na figura.

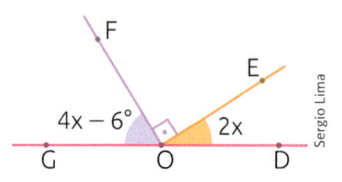

32. Quantas diagonais podem ser traçadas em um polígono convexo de 12 lados?

33. Classifique cada afirmação dos itens em verdadeira ou falsa. Em seguida, reescreva as falsas no caderno, corrigindo-as.

a) Um polígono convexo de 5 vértices possui 5 diagonais.

b) Um polígono convexo com 14 diagonais que partem de um único vértice tem 11 lados.

c) Um polígono de 7 lados é classificado como eneágono.

d) Todo quadrado é um polígono regular.

34. Para cada polígono a seguir, escreva a quantidade máxima de diagonais que podem ser traçadas a partir de um único vértice.

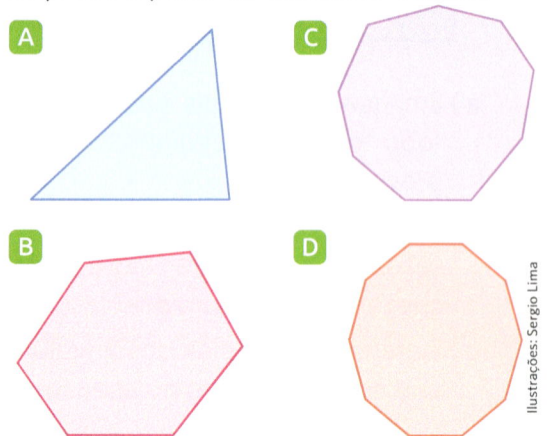

35. Este polígono foi desenhado por Juliano. Note que ele traçou algumas das diagonais desse polígono.

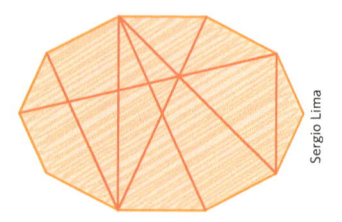

a) Qual o nome desse polígono?

b) Quantas diagonais podem ser traçadas a partir de um único vértice desse polígono?

c) Quantas diagonais falta Juliano traçar nesse polígono para que sejam traçadas todas as diagonais possíveis?

36. Sabendo que a figura a seguir é um octógono regular, determine a medida do ângulo $B\hat{A}C$.

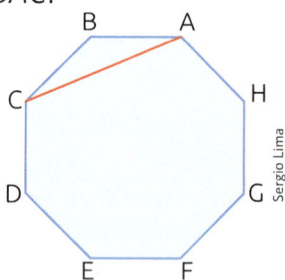

37. A informação apresentada em cada item está relacionada a um polígono regular. Leia as informações e escreva a quantidade de lados de cada um desses polígonos.

a) A soma das medidas dos ângulos internos desse polígono é 6 840°.

b) Um ângulo interno desse polígono mede 168°.

c) Um ângulo externo desse polígono mede 45°.

38. Em qual polígono a medida de um ângulo interno é maior, no octógono regular ou no eneágono regular?

• Se considerarmos polígonos regulares, qual é a relação entre a quantidade de lados e a medida de cada ângulo interno?

39. Utilizando régua e compasso, construa em seu caderno um ângulo que seja complementar ao do item A e um suplementar ao do item B.

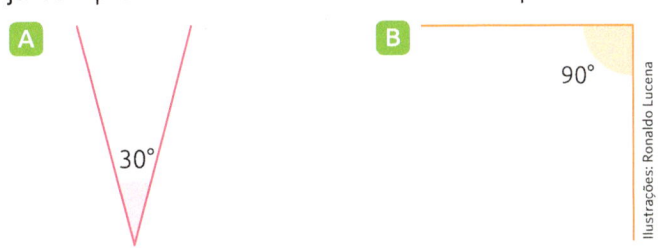

A 30°

B 90°

40. Juliana pretende cobrir o tampo de uma mesa com pedaços de azulejos com o mesmo formato, de maneira que toda a superfície do tampo seja coberta e que não haja sobreposição dos azulejos. Ela optou por pedaços de azulejo com formato de polígonos regulares e, antes de recortá-los, desenhou e recortou alguns possíveis polígonos para verificar quais se encaixavam sem sobreposição e sem que sobrassem espaços vazios. Observe as composições que ela fez.

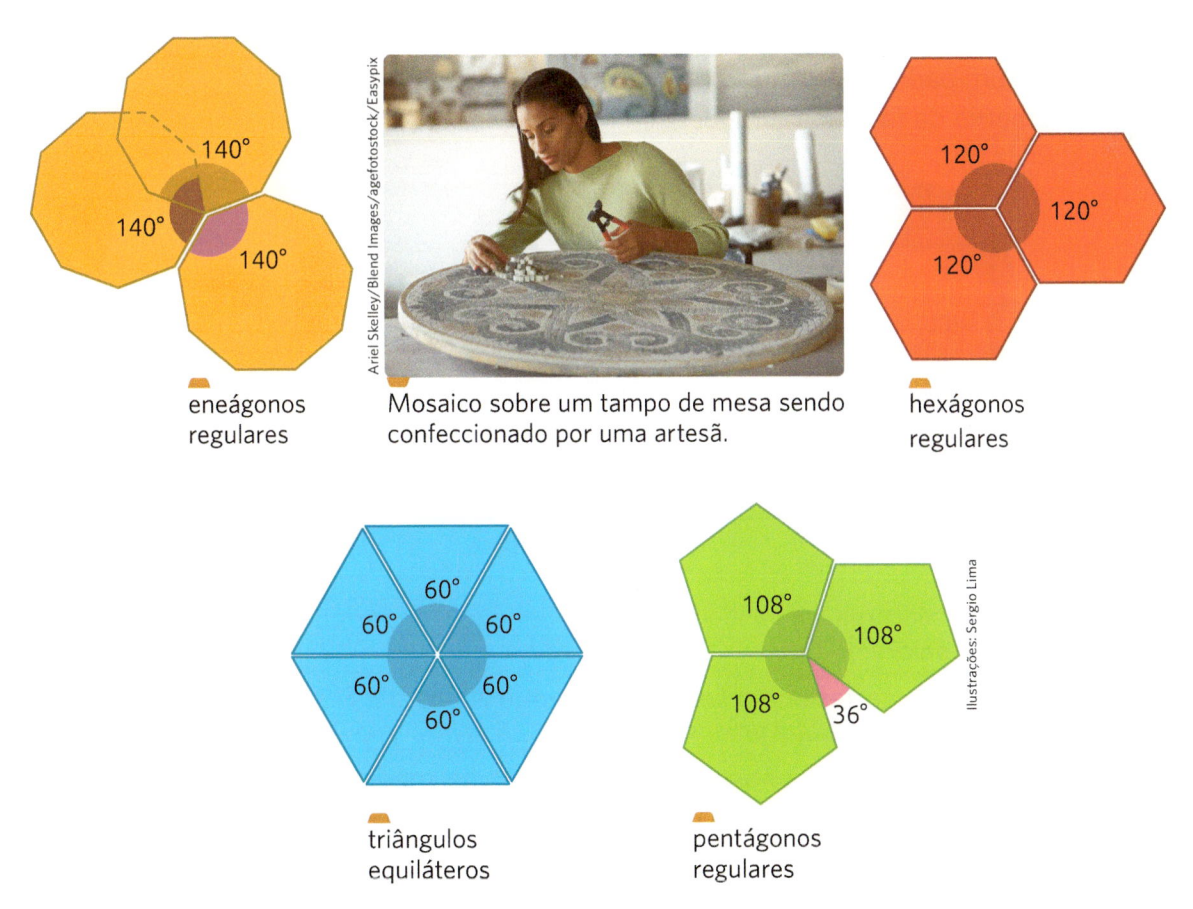

eneágonos regulares (140°, 140°, 140°)

Mosaico sobre um tampo de mesa sendo confeccionado por uma artesã.

hexágonos regulares (120°, 120°, 120°)

triângulos equiláteros (60°, 60°, 60°, 60°, 60°, 60°)

pentágonos regulares (108°, 108°, 108°, 36°)

a) Para cada composição, calcule a soma das medidas dos ângulos internos indicados nos polígonos.

b) Quais polígonos regulares se encaixaram sem que sobrassem espaços vazios ou ocorressem sobreposições?

c) Explique por que alguns polígonos regulares se encaixam corretamente e outros não.

57

CAPÍTULO 4

Transformações geométricas

Nos anos anteriores, você estudou as transformações de **reflexão**, de **rotação** e de **translação**. Agora, vamos retomar esses conceitos e ampliá-los para o estudo da composição de transformações.

▎Reflexão

Podemos perceber a ideia de reflexão em diversas situações, como na natureza, em construções civis e na própria Matemática.

Usando a reflexão de figuras e a fotografia original de um rosto, realizou-se um trabalho no qual esse retrato foi dividido em dois lados e cada parte foi refletida a partir de um eixo. Com isso, formaram-se outros dois retratos de rostos perfeitamente simétricos em relação ao eixo, revelando duas outras faces com base no rosto original. Um dos objetivos desse trabalho é discutir a busca por um padrão de beleza preestabelecido, visto que muitas pessoas associam a simetria da face com um ideal de beleza a ser alcançado.

Fotografia original.   Lado direito refletido.   Lado esquerdo refletido.

> Você concorda com a ideia de que se um rosto for perfeitamente simétrico, será mais belo? Por quê?

No plano cartesiano a seguir, o polígono $A'B'C'D'E'F'$ foi obtido por meio da reflexão do polígono $ABCDEF$ em relação ao eixo y. Note que os vértices correspondentes dos polígonos estão à uma mesma medida de distância do eixo e estão sobre a mesma linha horizontal.

A figura obtida ao aplicarmos uma transformação em uma dada figura chama-se **imagem** da figura inicial. O polígono $A'B'C'D'E'F'$, por exemplo, é a imagem do polígono $ABCDEF$ por meio da transformação de reflexão em relação ao eixo y.

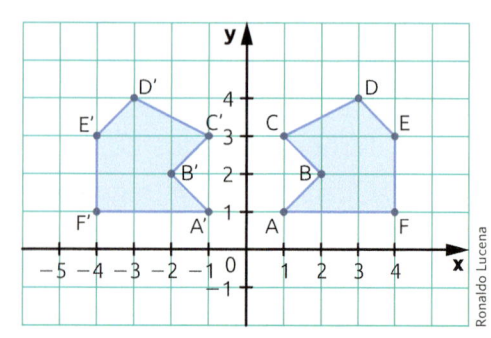

Atividades

1. Construa em uma malha quadriculada um plano cartesiano. Em seguida, represente, nesse plano cartesiano, um triângulo isósceles e um hexágono. Por fim, entregue a um colega e peça a ele que represente a imagem de cada um desses polígonos por reflexão em relação ao eixo y.

2. No plano cartesiano a seguir, para obter a imagem do polígono ABCD por meio da transformação por reflexão em relação ao eixo x, multiplicamos a ordenada de cada vértice desse polígono por −1.

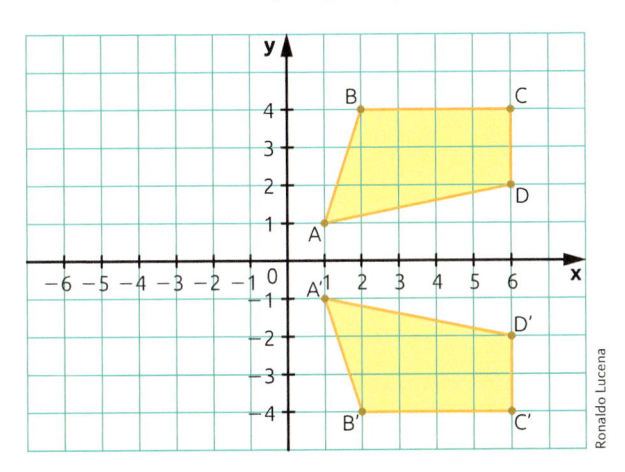

Construa um polígono de seis lados em um plano cartesiano e entregue para um colega construir a imagem desse polígono por meio da transformação de reflexão em relação ao eixo x.

3. Cada item apresenta as coordenadas dos vértices de um quadrilátero. Quais serão as coordenadas dos vértices das imagens de cada um desses quadriláteros por meio da reflexão em relação ao eixo x?

a) $A(-4, -1), B(-3, 7), C(2, 5), D(1, 1)$

b) $E(2, 1), F(4, 1), G(7, 5), H(1, 3)$

4. Veja, na seção **Ferramentas**, na página **264**, como obter a imagem de uma figura por meio da transformação de reflexão em relação a um eixo, utilizando para isso um *software* de geometria dinâmica.

Agora, utilizando esta ferramenta, reproduza cada figura abaixo em um plano cartesiano e obtenha o simétrico de cada uma em relação ao eixo y.

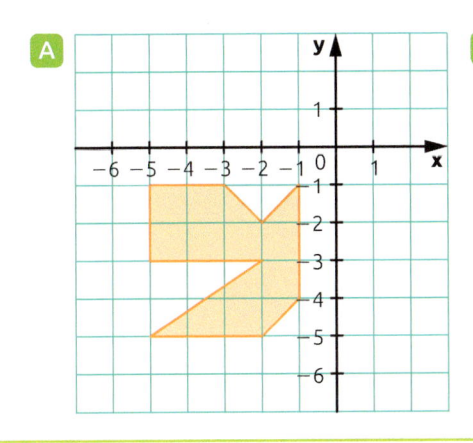

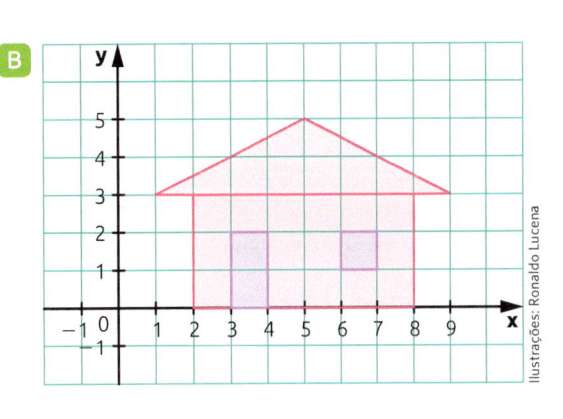

Rotação

Como vimos anteriormente, a **tranformação de rotação** gira determinada figura em torno de um ponto, de acordo com certo ângulo (**ângulo de rotação**).

Observe algumas rotações do pentágono ABCDE em relação ao ponto O.

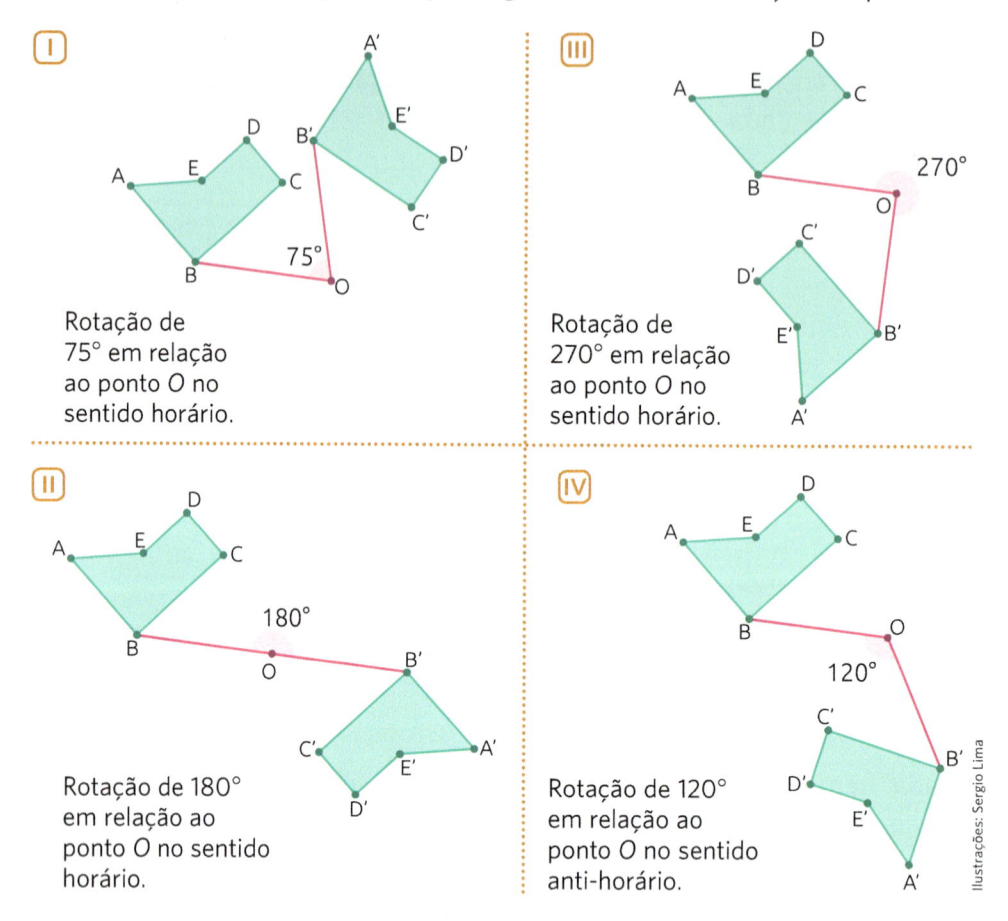

I
Rotação de 75° em relação ao ponto O no sentido horário.

II
Rotação de 180° em relação ao ponto O no sentido horário.

III
Rotação de 270° em relação ao ponto O no sentido horário.

IV
Rotação de 120° em relação ao ponto O no sentido anti-horário.

No plano cartesiano, geralmente definimos a origem, ou seja, o ponto $(0, 0)$, como a referência a partir da qual efetuaremos a rotação, porém é possível definir qualquer outro ponto, assim como o giro é feito de maneira geral, no sentido anti-horário.

No exemplo abaixo, o polígono A'B'C'D'E'F' foi obtido por meio da rotação de 90° do polígono ABCDEF em relação à origem no sentido anti-horário.

O polígono A'B'C'D'E'F' é a imagem do polígono ABCDEF por meio da transformação de rotação de 90° em relação à origem.

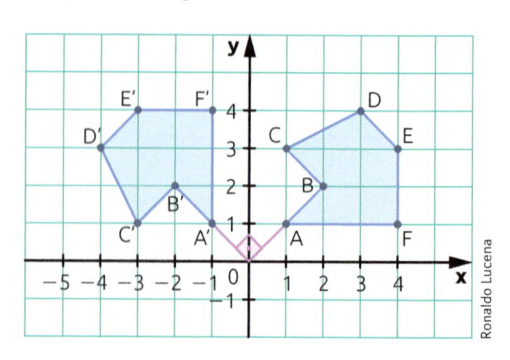

> Se o polígono ABCDEF sofresse uma rotação de 180° em torno da origem do plano cartesiano, em qual quadrante a figura obtida estaria localizada?

Atividades

5. Em um plano cartesiano, reproduza os polígonos apresentados a seguir. Na sequência, obtenha a imagem de cada um desses polígonos por meio da rotação de 180° em relação à origem do plano cartesiano, no sentido anti-horário.

A

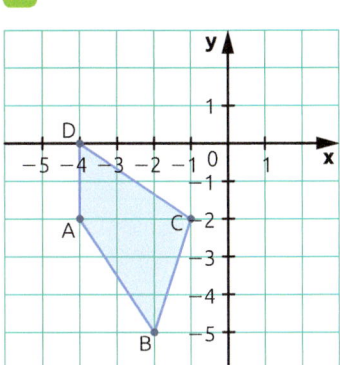

B

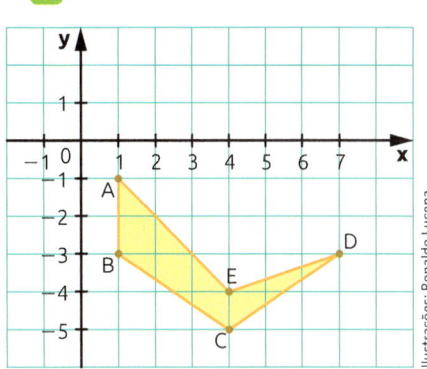

6. Construa um polígono qualquer em um quadrante do plano cartesiano. Em seguida, entregue para um colega construir a imagem desse polígono por meio da rotação de:

- 90° em relação à origem no sentido anti-horário;
- 270° em relação à origem no sentido anti-horário.

7. Em cada item é apresentada uma figura e sua imagem por meio de uma rotação em relação à origem do plano cartesiano no sentido horário.

A

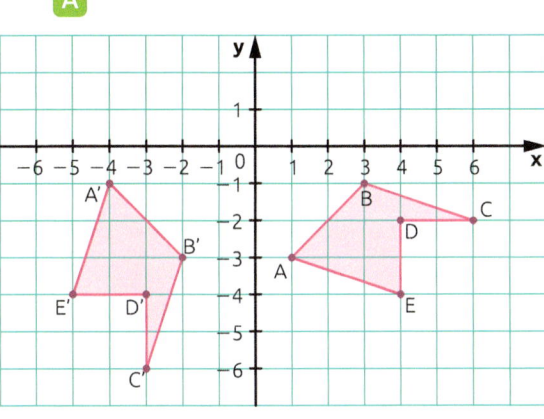

B

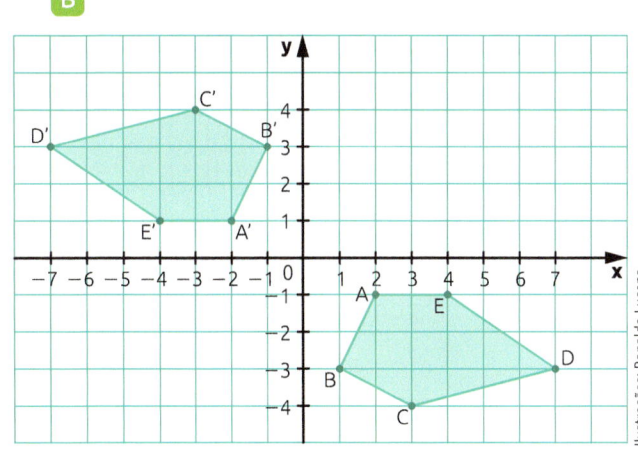

Qual é o ângulo de rotação de cada item?

8. Veja, na seção **Ferramentas**, página **265**, como construir a imagem de uma figura por meio de rotação utilizando um *software* de geometria dinâmica.

Agora, utilizando essa ferramenta, construa uma figura cujas imagens por meio de rotação em relação à origem do plano cartesiano e por meio de reflexão em relação ao eixo *y* coincidam.

Translação

Estudamos em outra oportunidade que **translação** é a transformação na qual cada ponto da figura é deslocado na mesma medida da distância, mesma direção e mesmo sentido. Podemos notar a presença do uso de transformação de translação na decoração de vasos de cerâmica produzidos por habitantes da ilha de Marajó, no estado do Pará.

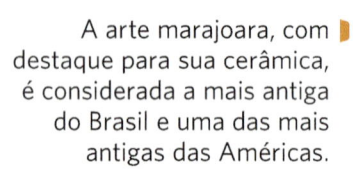

A arte marajoara, com destaque para sua cerâmica, é considerada a mais antiga do Brasil e uma das mais antigas das Américas.

Também podemos pensar nesse tipo de transformação a partir de polígonos construídos no plano cartesiano.

Na figura abaixo, o polígono A'B'C'D'E'F' foi obtido deslocando cada ponto do polígono ABCDEF 5 unidades para a direita, na direção horizontal. Perceba que as ordenadas dos pontos do polígono ABCDEF não sofreram alteração, mas as abscissas foram modificadas.

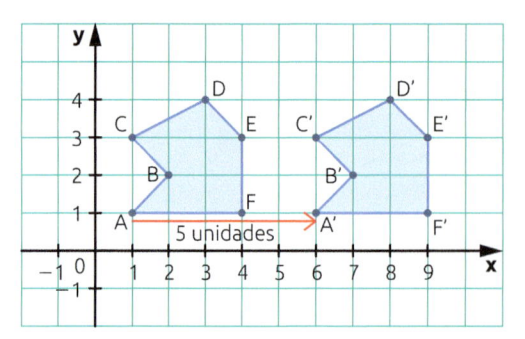

O polígono A'B'C'D'E'F' é a imagem do polígono ABCDEF por meio da transformação aplicada.

Já o polígono A"B"C"D"E"F" foi obtido deslocando cada ponto 4 unidades para cima, na direção vertical. Neste exemplo, as abscissas dos pontos do polígono ABCDEF permaneceram inalteradas, mas as ordenadas mudaram.

O polígono A"B"C"D"E"F" é a imagem do polígono ABCDEF por meio da transformação aplicada.

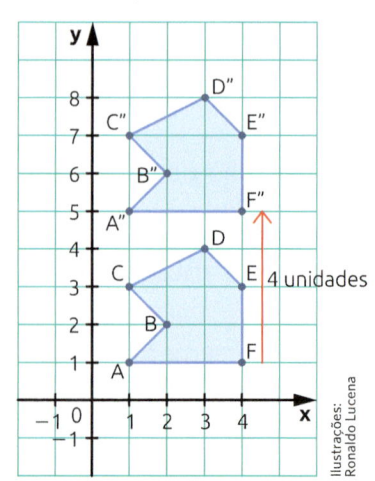

Neste último exemplo, o polígono A'''B'''C'''D'''E'''F''' foi obtido deslocando cada ponto do polígono ABCDEF 3 unidades para cima, na direção vertical e 3 unidades para a direita, na direção horizontal. Aqui, a abscissa e a ordenada dos pontos do polígono ABCDEF foram modificadas.

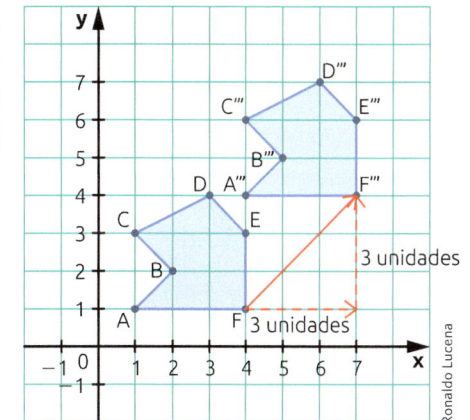

> O polígono A'''B'''C'''D'''E'''F''' é a imagem do polígono ABCDEF por meio da transformação aplicada.

Atividades

9. Observe a figura construída em um plano cartesiano. Construa em seu caderno a imagem dessa figura por translação, deslocando os vértices 3 unidades para a direita, na direção horizontal.

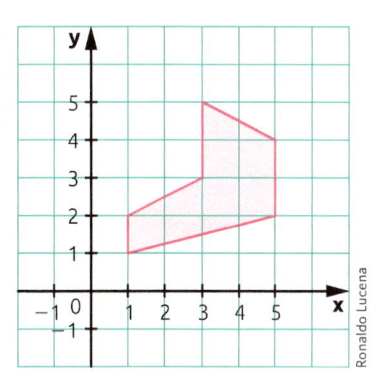

10. Indique a direção, o sentido e em quantas unidades foi transladada a figura do quarto quadrante no plano cartesiano.

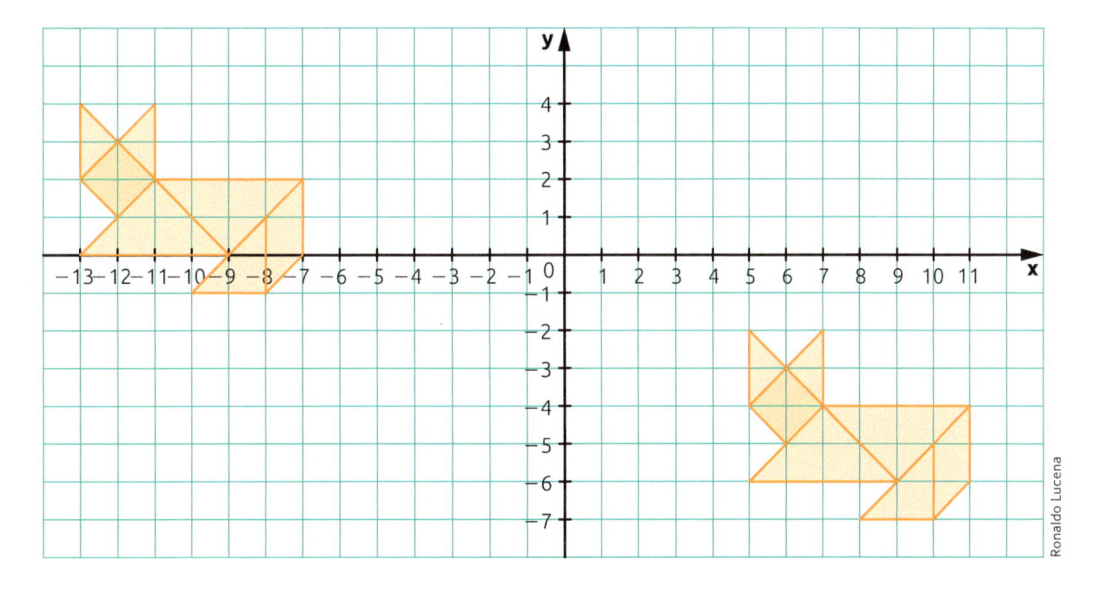

11. Veja na seção **Ferramentas**, na página **261**, como construir a imagem de uma figura por translação utilizando régua e compasso.
Agora, utilizando os mesmos procedimentos, construa em seu caderno a imagem do pentágono ABCDE por translação, de acordo com as características da seta indicada.

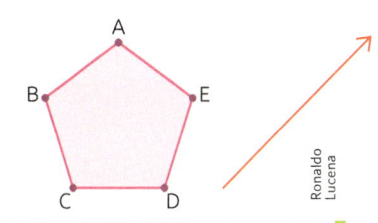

63

Composição de transformações geométricas

Nos tópicos anteriores retomamos as transformações de reflexão, rotação e translação de maneira isolada. Contudo, também podemos pensar na combinação de duas ou mais dessas transformações.

Reflexão e translação

A partir do polígono ABCDEF, fizemos a reflexão em relação ao eixo x. Em seguida, transladamos cada ponto da figura obtida 5 unidades para a esquerda, na direção horizontal. Desse modo, o polígono A'B'C'D'E'F' foi construído compondo as transformações de reflexão e de translação.

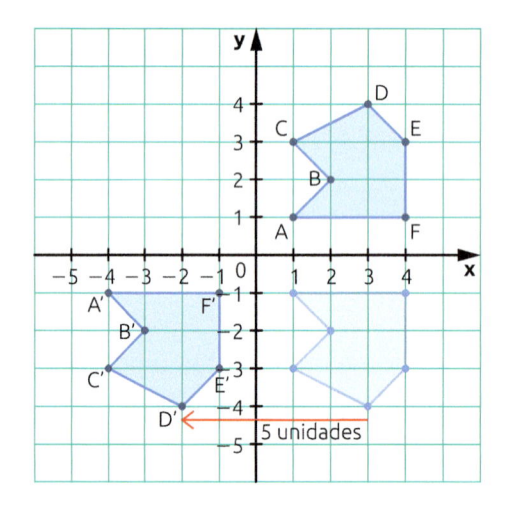

Rotação e reflexão

A partir do polígono ABCDEF, fizemos a rotação de 90° em relação à origem do plano cartesiano, no sentido anti-horário. Em seguida, refletimos a figura obtida em relação ao eixo x. Desse modo, o polígono A"B"C"D"E"F" foi construído compondo as transformações de rotação e de reflexão.

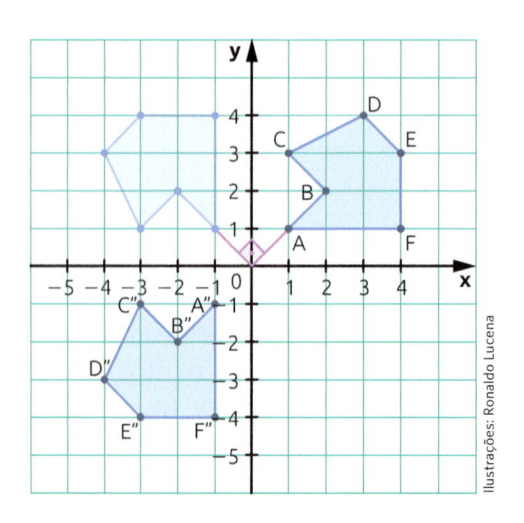

Translação e rotação

A partir do polígono *ABCDEF*, fizemos a translação de 4 unidades para cima, na direção vertical e de 2 unidades para a esquerda, na direção horizontal. Em seguida, rotacionamos 50° a figura obtida em relação à origem do plano cartesiano. Desse modo, o polígono *A'''B'''C'''D'''E'''F'''* foi construído compondo as transformações de translação e de rotação.

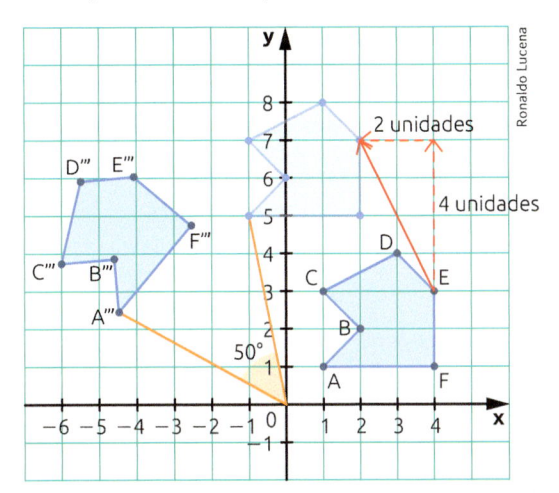

Atividades

12. Utilizando duas transformações diferentes, construa em seu caderno, a imagem da figura dada por essas transformações, cuja localização seja no terceiro quadrante.

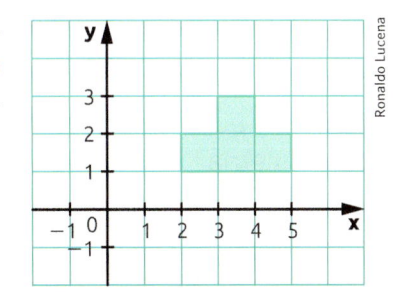

13. Maurits Cornelis Escher foi um artista gráfico holandês famoso por seus trabalhos com ilusão de óptica. Escreva quais transformações (reflexão, rotação ou translação) ou composições dessas transformações podem ser identificadas na obra de arte de Escher.

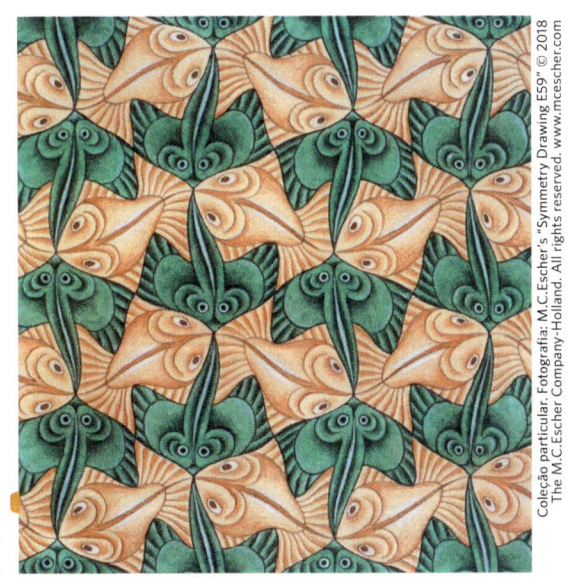

Dois peixes (número 59). Maurits Cornelis Escher. Aquarela. Coleção particular, 1942.

Vamos relembrar

14. Observe a figura e o eixo traçado sobre ela.

Ao refletirmos essa figura em relação a esse eixo, a figura obtida coincidirá com a figura original. Quando isso ocorre, dizemos que esse eixo é um **eixo de simetria**.

I II III IV

a) Quais figuras possuem pelo menos um eixo de simetria?

b) Qual das figuras possui pelo menos dois eixos de simetria?

15. Girando a figura no sentido anti-horário, de modo que a seta se desloque da posição **A** para a posição **B**, o ângulo de rotação será de 90°.

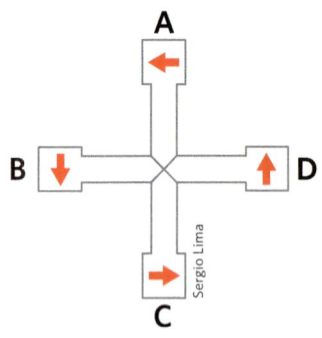

a) Girando a seta da posição **C** até a posição **A** no sentido horário, qual será o ângulo de rotação?

b) Girando a seta da posição **B** até a posição **C**, num ângulo de 90°, qual será o sentido de rotação?

c) Qual será o ângulo de rotação se girarmos a seta da posição **D** no sentido anti-horário até a posição **A**?

d) Qual será o ângulo de rotação se girarmos a seta da posição **B** até a posição **C** no sentido horário?

16. Reproduza a figura a seguir em um plano cartesiano. Em seguida, construa a imagem desse polígono por meio da rotação de 180° em relação à origem do plano cartesiano.

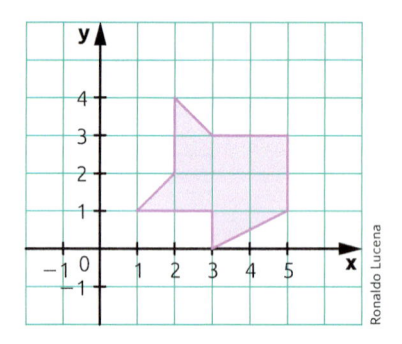

17. Para cada uma das figuras, construa em uma malha quadriculada sua imagem por rotação no sentido anti-horário, em relação ao ponto A, de acordo com o ângulo de rotação dado.

A 90°

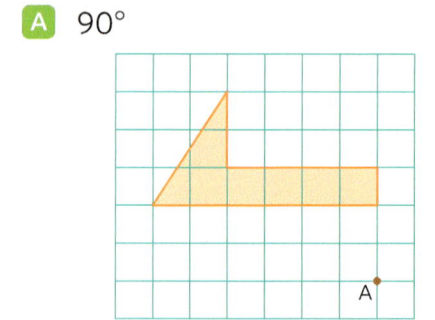

B 180°

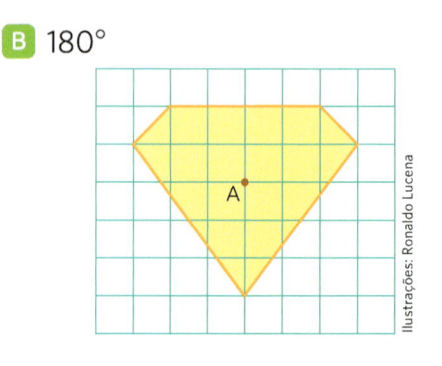

18. Copie o polígono em uma malha quadriculada. Em seguida, construa a imagem desse polígono por translação de acordo com as características da seta indicada.

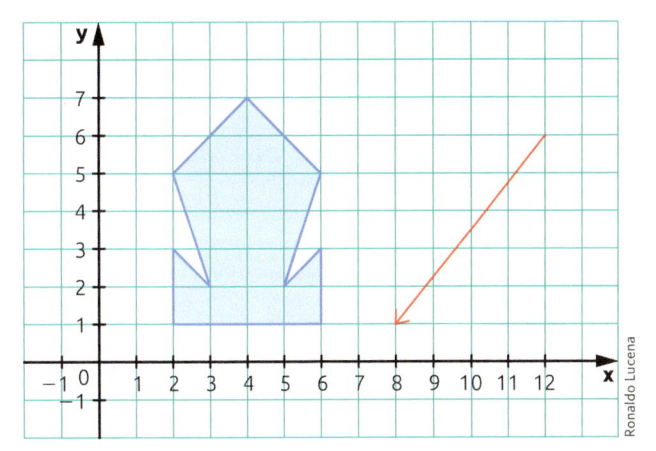

19. Indique, entre as imagens apresentadas, quais possuem eixo de simetria.

A   B   C   D

20. Escreva quais transformações (reflexão, rotação ou translação) ou composição dessas transformações podem ser identificadas na obra de Escher apresentada ao lado.

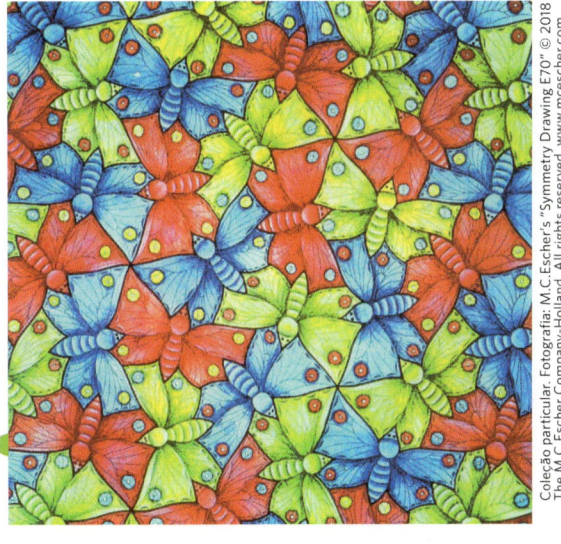

Borboleta (número 70). Maurits Cornelis Escher. Aquarela. Coleção particular, 1948.

21. Copie o polígono em uma malha quadriculada e construa outro polígono utilizando a composição da transformação de translação de 1 unidade para baixo na direção vertical e de rotação de 90° em relação à origem no sentido anti-horário.

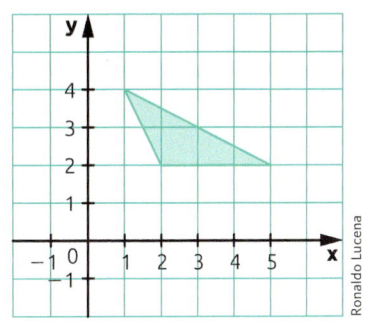

67

Ampliando fronteiras

Acessibilidade: o piso tátil

Imagine caminhar no escuro por um local totalmente desconhecido. Para pessoas com deficiência visual não é necessário imaginar essa situação, pois é uma realidade que elas vivenciam todos os dias.

Pessoas cegas ou com baixa visão enfrentam dificuldades cotidianamente e o direito à acessibilidade surge para possibilitar que essas pessoas tenham uma qualidade de vida melhor. Para facilitar a acessibilidade dessas pessoas no dia a dia são necessárias ações de interferências nas edificações, nos serviços de transporte e nos meios de comunicação.

Entre os direitos sociais conquistados na área da acessibilidade para pessoas cegas ou com baixa visão estão diversas maneiras de sinalização: luminosa, visual, acústica e piso tátil.

Piso tátil direcional
Orientar e direcionar o trajeto.

Piso tátil de alerta
Também conhecido como "piso de bolinha", tem a função de alertar. Deve ser usado para indicar mudanças de direção e de nível. Também é usado em início e término de escadas e rampas, na frente das portas de elevadores e próximo a obstáculos que pessoas cegas não consigam rastrear com a bengala.

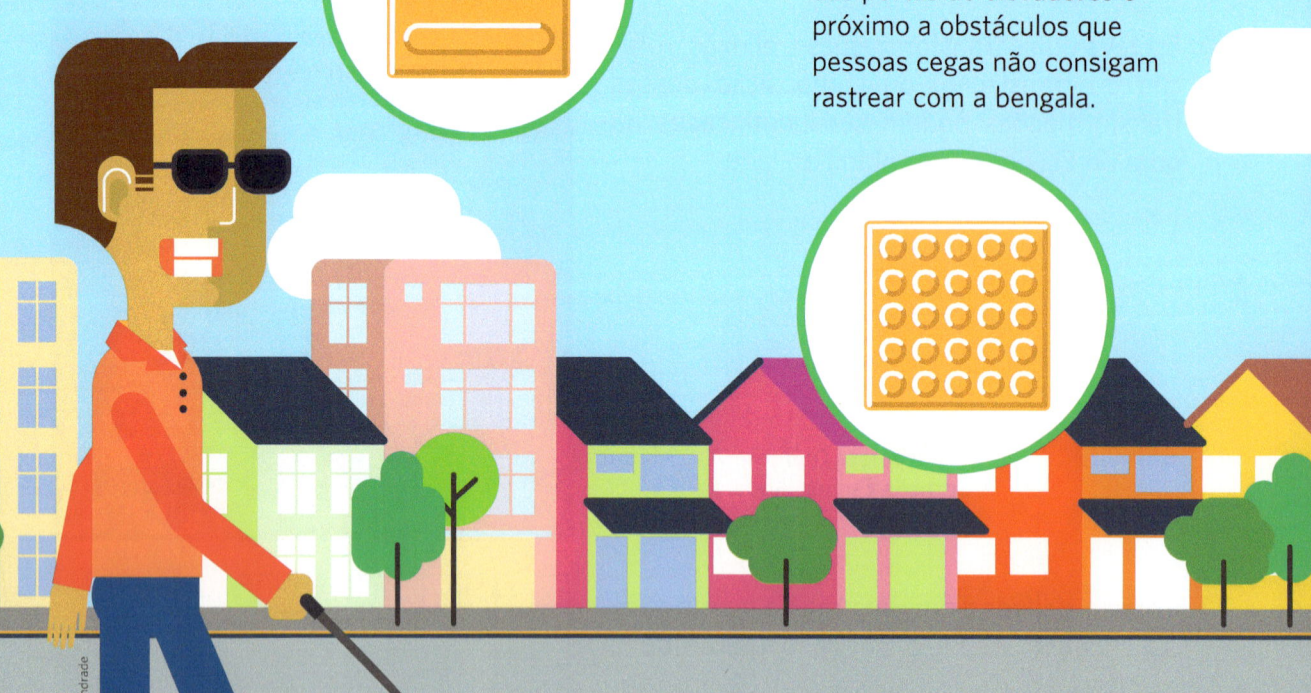

Para colocar o piso tátil de maneira correta, é necessário conhecer suas funções básicas e sua importância para pessoas cegas ou com baixa visão, garantindo a elas o direito de ir e vir com segurança. Assim, a aplicação deve ser feita próximo ao meio da calçada por ser uma área livre de obstáculos e com maior segurança no trajeto.

O encontro de duas faixas na sinalização tátil direcional deve atender a algumas especificações oficiais. Veja os esquemas abaixo.

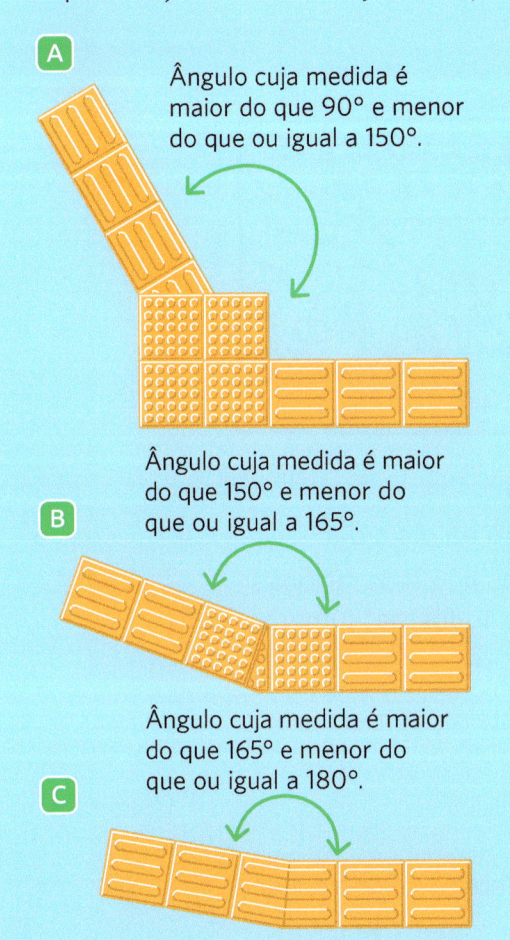

A

Ângulo cuja medida é maior do que 90° e menor do que ou igual a 150°.

Ângulo cuja medida é maior do que 150° e menor do que ou igual a 165°.

B

Ângulo cuja medida é maior do que 165° e menor do que ou igual a 180°.

C

1. Você já conhecia o assunto "acessibilidade"? Além do piso tátil, cite outras melhorias de acessibilidade para as pessoas cegas ou com baixa visão.

2. Cite alguns problemas que ainda são encontrados nos espaços públicos e que limitam o acesso das pessoas com deficiência visual.

3. A escola onde você estuda está equipada para atender pessoas com algum tipo de deficiência física? Caso esteja, cite alguns deles.

4. Combine com o professor um passeio ao redor da escola para verificar se há piso tátil, se ele foi colocado adequadamente e se as calçadas proporcionam acessibilidade aos deficientes visuais. Vocês podem fotografar as calçadas e analisar se elas estão adequadas para o acesso dessas pessoas. Caso não exista o piso tátil ou esteja inadequado, discuta com os colegas atitudes que seriam necessárias para a regularização desse direito.

Verificando rota

Capítulo 1 — Conjuntos numéricos

1. Cite uma situação em que você utiliza:

a) números naturais;   b) números inteiros;   c) números racionais.

2. Leia a tira.

Dik Browne, Chris Browne. *O melhor de Hagar, o horrível*, 6. Porto Alegre: L&PM, 2009. p. 92.

a) Quais números geralmente utilizamos para contagem no dia a dia?

b) Na tira, vemos que o personagem Eddie Sortudo utilizou números racionais para realizar a contagem. É possível que ele conte todos os números racionais entre 0 e 10? Por quê?

3. Quantos números racionais existem entre dois números inteiros consecutivos?

Capítulo 2 — Potências, notação científica e raízes

4. Ao elevar um número diferente de zero a um expoente inteiro negativo, que resultado se obtém?

5. Verifique se a afirmação feita por Otávio é verdadeira ou falsa e, depois, justifique sua resposta por meio de um exemplo.

> Todo número não inteiro elevado a um expoente inteiro diferente de zero resulta em um número não inteiro.

6. Descreva, com suas palavras, um procedimento para determinar a raiz quadrada aproximada de um número natural que não seja um quadrado perfeito, com aproximação de uma casa decimal.

Capítulo 3 — Ângulos e polígonos

7. O que são ângulos complementares e ângulos suplementares?

8. É possível traçar alguma diagonal em um triângulo? Por quê?

9. Por que precisamos dividir por dois a expressão $n \cdot (n - 3)$ para determinar a quantidade de diagonais de um polígono convexo de n lados?

10. Observe como Marcos e Augusto indicaram os ângulos externos de um triângulo.

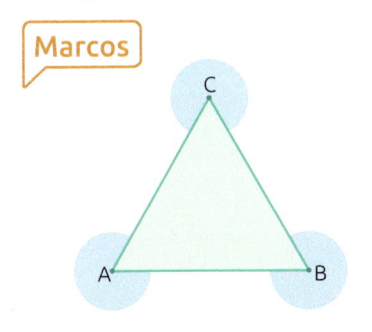

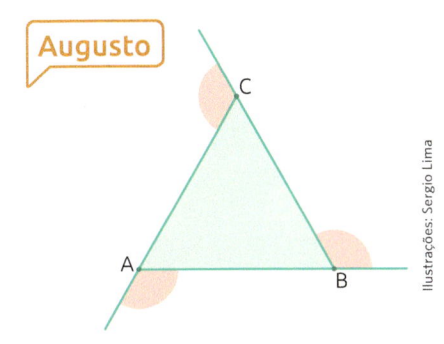

a) Qual dos dois indicou os ângulos externos do triângulo corretamente?

b) Escreva com suas palavras como é formado o ângulo externo de um polígono convexo.

11. Os ângulos externos de um polígono regular são congruentes? Por quê?

12. Em um polígono convexo, a soma das medidas do ângulo interno e do ângulo externo de um mesmo vértice corresponde a quantos graus?

Capítulo 4 — Transformações geométricas

13. É correto afirmar que existem polígonos cuja imagem por translação coincide com a imagem por reflexão em relação a um eixo?

14. A figura a seguir é simétrica em relação ao eixo x? E ao eixo y? O que seria preciso fazer para que ela fosse simétrica em relação a ambos os eixos?

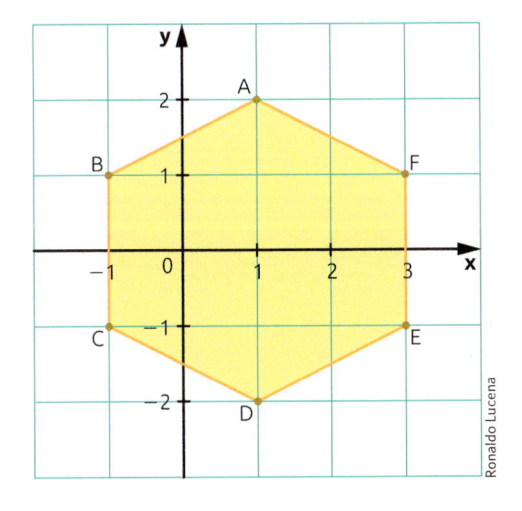

UNIDADE 2

Estatística, probabilidade e triângulos

Índios da etnia pataxó na abertura dos VIII Jogos Indígenas Pataxó, em Porto Seguro (BA), em 2014.

Capítulos desta unidade
- **Capítulo 5** - Frequências, medidas estatísticas e pesquisa amostral
- **Capítulo 6** - Probabilidade
- **Capítulo 7** - Triângulos

Os Jogos dos Povos Indígenas cultuam a tradição da grande variedade de etnias indígenas do Brasil em um evento de competição esportiva. Um dos objetivos de eventos esportivos indígenas é resgatar e manter as tradições desta parte importante dos brasileiros, que tem sido dizimada a cada ano.

Iniciando rota

1. A população indígena está localizada em todas as regiões do Brasil, porém, é na Região Norte onde vive a maioria dessa população.

Municípios brasileiros com maior população indígena, em 2010	
Município (Estado)	População Indígena
São Gabriel da Cachoeira (AM)	29 017
São Paulo de Olivença (AM)	14 974
Tabatinga (AM)	14 855
São Paulo (SP)	12 977
Santa Isabel do Rio Negro (AM)	10 749

Fonte de pesquisa: IBGE. Disponível em: <http://indigenas.ibge.gov.br/graficos-e-tabelas-2>. Acesso em: 3 maio. 2018.

a) De acordo com a tabela, qual estado brasileiro apareceu com maior frequência?

b) Entre os municípios apresentados, quantos possuem população indígena:
- inferior a 10 000?
- de 10 000 a 15 000?
- superior a 15 000?

CAPÍTULO 5
Frequências, medidas estatísticas e pesquisa amostral

Em Estatística, as informações são apresentadas por meio de gráficos e tabelas e com números que caracterizam determinado conjunto de dados.

Neste capítulo vamos utilizar alguns conhecimentos e cálculos para escolher, de um grupo de informações, valores que caracterizem de modo adequado todo o conjunto. Além disso, também estudaremos a respeito da coleta, organização e apresentação de dados por meio de uma pesquisa amostral.

Distribuição de frequências

Veja na tabela o resultado de uma pesquisa realizada para registrar as idades dos alunos de uma escola.

Nessa tabela, a coluna da direita indica a quantidade de alunos, de acordo com as idades apresentadas na coluna da esquerda. Cada uma dessas quantidades corresponde à **frequência absoluta**, ou simplesmente **frequência (f)**.

Idades dos alunos do 6º ano, 7º ano, 8º ano e 9º ano da Escola Estadual Luiz Vieira, em 2020	
Idade	Quantidade de alunos
10 anos	12
11 anos	18
12 anos	36
13 anos	42
14 anos	12
Total	120

Fonte de pesquisa: Direção da Escola Luiz Vieira.

Podemos inserir nessa tabela outras três colunas com outras frequências. São elas:

- **Frequência relativa (fr)**: corresponde à razão entre a quantidade de alunos que possuem determinada idade e o total de alunos. Geralmente, é apresentada em porcentagem e pode ser determinada por $fr = \dfrac{f}{n}$, com $n \neq 0$, em que n é a quantidade total de ocorrências. Por exemplo, para as idades 10, 11 e 12 anos, as frequências relativas são dadas por:

  › 10 anos: $fr = \dfrac{12}{120} = 0{,}1 = 10\%$

  › 11 anos: $fr = \dfrac{18}{120} = 0{,}15 = 15\%$ Lembre-se de que $0{,}1 = \dfrac{10}{100} = 10\%$.

  › 12 anos: $fr = \dfrac{36}{120} = 0{,}3 = 30\%$

1 Sem realizar cálculos por escrito, determine a frequência relativa referente à idade de 14 anos. Como você chegou a esse resultado?

- **Frequência acumulada (fa)**: corresponde à soma das frequências absolutas até determinado valor. Por exemplo, para a idade de 12 anos, temos que a frequência acumulada é dada por:

$$fa = \underbrace{12}_{\text{frequência absoluta (10 anos)}} + \underbrace{18}_{\text{frequência absoluta (11 anos)}} + \underbrace{36}_{\text{frequência absoluta (12 anos)}} = 66$$

- **Frequência acumulada relativa (far)**: é dada pela adição das frequências relativas até determinado valor. Por exemplo, para a idade de 12 anos, temos que a frequência acumulada relativa é dada por:

far = 10% (frequência relativa (10 anos)) + 15% (frequência relativa (11 anos)) + 30% (frequência relativa (12 anos)) = 55%

2 Descreva uma maneira de obter a frequência acumulada relativa sem adicionar as frequências relativas.

Calculando todas as frequências referentes às idades, teremos a seguinte **tabela de distribuição de frequências**:

Idades dos alunos do 6º ano, 7º ano, 8º ano e 9º ano da Escola Estadual Luiz Vieira, em 2020

Idade	Frequência (f)	Frequência relativa (fr)	Frequência acumulada (fa)	Frequência acumulada relativa (far)
10 anos	12	10%	12	10%
11 anos	18	15%	30	25%
12 anos	36	30%	66	55%
13 anos	42	35%	108	90%
14 anos	12	10%	120	100%
Total	120	100%		

Fonte de pesquisa: Direção da Escola Luiz Vieira.

3 Em sua opinião, a frequência relativa referente ao "Total" pode assumir um valor diferente de 100%? Justifique sua resposta.

Na tabela acima, o item "Idade" é chamado **variável estatística**, ou **variável da pesquisa realizada**. A variável "Idade" é expressa por meio de uma quantidade e, em virtude dessa característica, ela é chamada **variável quantitativa**. Outros exemplos de variáveis quantitativas são: a medida da altura de uma pessoa, a medida da massa de uma pessoa, a medida da temperatura ambiente, a quantidade de filhos, a quantidade de irmãos, etc.

Além das variáveis quantitativas, temos as **variáveis qualitativas**, que são caracterizadas por apresentarem um atributo de qualidade, como a cor dos olhos, o tipo sanguíneo, o nível de escolaridade, o sexo, etc.

Atividades

1. Os 250 moradores de um condomínio responderam a uma pesquisa sobre a separação de lixo reciclável. Observe os resultados.

a) No caderno, construa uma tabela de distribuição de frequências (f, fr) com os dados referentes ao resultado da pesquisa.

b) Você acha importante separar o lixo para reciclagem? Por quê?

O símbolo na lixeira indica que devem ser descartados apenas produtos recicláveis.

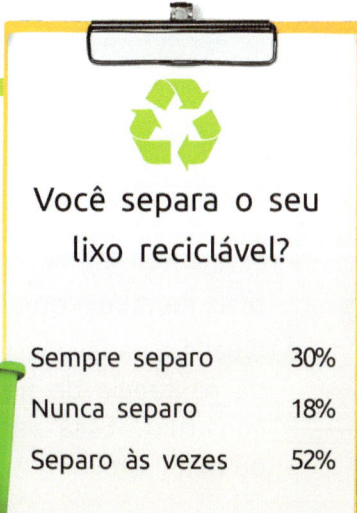

Você separa o seu lixo reciclável?

Sempre separo	30%
Nunca separo	18%
Separo às vezes	52%

2. Em 2019, em certa escola, o projeto de leitura de gibis, proposto pelo professor de Língua Portuguesa, foi criado como opção de incentivo à leitura. Esse gênero literário estimula a curiosidade e o interesse pela leitura.

Cada um dos valores a seguir representa a quantidade de gibis lidos por aluno que participou do projeto.

5	4	3	1
2	3	0	2
3	4	5	1
3	2	4	4
2	1	3	2

a) Ao todo, quantos alunos participaram desse projeto?

b) Construa uma tabela e nela represente as frequências f, fr, fa e far da quantidade de gibis lidos pelos alunos nesse projeto. Veja um modelo.

Quantidade de alunos que participaram do projeto de leitura de gibis em 2019

Quantidade de gibis lidos	f	fr	fa	far
0	1	5%	1	5%
1	3	15%		
2				

Fonte de pesquisa: Direção da escola.

c) O que representam as frequências relativas na tabela que você construiu?

d) Qual é a variável estatística apresentada na tabela de frequência que você construiu? Essa variável é qualitativa ou quantitativa?

3. Olívia e Gabriel preparam bolos com preços que variam de R$ 8,00 a R$ 13,00. Veja no gráfico os cinco sabores de bolo vendidos em maio de 2019.

Bolos vendidos em maio de 2019

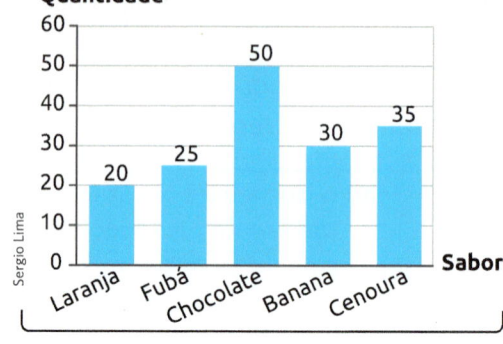

Quantidade: Laranja 20, Fubá 25, Chocolate 50, Banana 30, Cenoura 35

Fonte de pesquisa: Produção de bolos de Olívia e Gabriel.

a) Construa uma tabela de distribuição de frequências e nela represente as frequências f e fr da quantidade de bolos vendidos por sabor, usando os dados do gráfico.

b) Cada bolo de laranja, banana e cenoura custa R$ 10,00, o de fubá, R$ 8,00, e o de chocolate, R$ 13,00. Sabendo disso, qual foi o valor total arrecadado com as vendas desse mês?

4. Uma empresa vai sortear uma viagem entre seus 250 funcionários. Para isso, foi realizada uma enquete sobre o destino da preferência dos funcionários. Veja o resultado dessa enquete.

Enquete: pesquisa de opinião sobre uma questão qualquer.

Preferência dos funcionários da empresa para o destino da viagem a ser sorteada (2018)

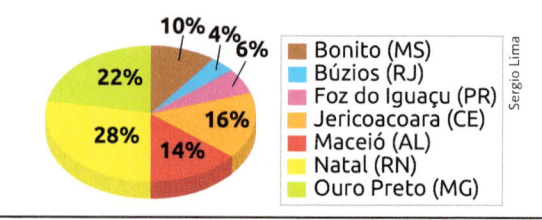

- Bonito (MS): 22%
- Búzios (RJ): 10%
- Foz do Iguaçu (PR): 4%
- Jericoacoara (CE): 6%
- Maceió (AL): 16%
- Natal (RN): 14%
- Ouro Preto (MG): 28%

Fonte de pesquisa: Enquete da empresa.

a) Qual destino foi escolhido pela maioria?

b) Construa uma tabela de distribuição de frequências apresentando as frequências f e fr da preferência dos funcionários para a viagem a ser sorteada.

Intervalos de classes

A bibliotecária de uma escola realizou uma pesquisa para saber a quantidade de livros que os alunos de duas turmas do 8º ano leram durante o ano de 2019. Cada um dos valores do quadro a seguir indica a quantidade de livros que um aluno leu.

24	19	22	20	9	12	13	12	16	19
20	14	11	10	12	14	24	23	13	15
21	19	17	11	11	13	14	16	16	10
9	21	16	17	15	12	10	11	15	17
23	22	18	14	13	12	14	19	14	13

1 Quantos alunos possuem as duas turmas do 8º ano juntas?

Para facilitar a visualização e a compreensão dos dados, podemos organizá-los em ordem crescente ou decrescente. Essa organização é chamada **rol**.

Observe os dados acima organizados em rol.

9	9	10	10	10	11	11	11	11	12	12	12	12	12	13	13	13
13	13	14	14	14	14	14	14	15	15	15	16	16	16	16	17	17
17	18	19	19	19	19	20	20	21	21	22	22	23	23	24	24	

2 Os dados organizados em rol estão em ordem crescente ou decrescente? Justifique sua resposta.

Também podemos organizar os dados em uma tabela de distribuição de frequências com a variável "quantidade de livros lidos", como no início do capítulo. Porém, como há muitos dados diferentes, esta tabela teria muitas linhas e, por isso, é conveniente agrupar esses dados em **intervalos de classe**, diminuindo assim a quantidade de linhas da tabela. Vejamos:

- Primeiro, vamos calcular a diferença entre o maior e o menor valor do rol, chamada **amplitude total**:
$$24 - 9 = 15$$

- Depois, escolhemos convenientemente um valor igual ou maior do que a amplitude total; nesse caso, vamos escolher o 16. Escolhemos também a quantidade de intervalos; nesse caso, vamos escolher 4 intervalos. Então, calculamos a razão entre esses dois valores escolhidos, que é chamada **amplitude do intervalo**.

$$\frac{16}{4} = 4$$

(valor maior do que a amplitude total / quantidade de intervalos = amplitude do intervalo)

Há outras maneiras de escolher a quantidade de intervalos. No entanto, uma grande quantidade não resumiria adequadamente e uma pequena quantidade pode prejudicar a interpretação dos dados.

- Em seguida, vamos definir os intervalos a partir do menor valor.

$9 \vdash 13$ $13 \vdash 17$ $17 \vdash 21$ $21 \vdash 25$
  9 + 4   13 + 4   17 + 4   21 + 4

> A notação $9 \vdash 13$ é utilizada para representar os valores extremos da classe, o que significa que os valores que serão incluídos nessa classe vão de 9 a 13, incluindo o 9 e não incluindo o 13. Se tivéssemos usado a notação $9 \vdash\dashv 13$, os valores incluídos na classe seriam todos de 9 a 13, incluindo o 9 e o 13. E ainda, se usássemos a notação $9 \dashv 13$, os valores incluídos seriam todos os valores de 9 até 13, não incluindo o 9 e incluindo o 13.

- Por fim, vamos construir a tabela de distribuição de frequências utilizando os intervalos determinados.

  Observando os dados organizados em rol podemos verificar, por exemplo, que existem 14 valores maiores do que 9 ou iguais a 9 e menores do que 13, ou seja, a frequência correspondente à classe $9 \vdash 13$ é igual a 14. Procedendo de maneira parecida, completamos as demais classes.

Quantidade de livros lidos pelos alunos de duas turmas do 8º ano da Escola Antônio Souza, em 2019

Quantidade de livros lidos	Frequência (f)	Frequência relativa (fr)	Frequência acumulada (fa)	Frequência acumulada relativa (far)
$9 \vdash 13$	14	28%	14	28%
$13 \vdash 17$	18	36%	32	64%
$17 \vdash 21$	10	20%	42	84%
$21 \vdash 25$	8	16%	50	100%
Total	50	100%		

Fonte de pesquisa: Bibliotecária da escola.

Outra maneira de apresentar os dados da tabela de distribuição de frequências agrupados em intervalos de classes é por meio de um **histograma**, que é um gráfico que representa essas frequências por meio de colunas justapostas.

No eixo vertical são inseridas as frequências relativas ou absolutas e no eixo horizontal, os intervalos de classes.

Veja ao lado como podemos representar, em um histograma, os dados da tabela sobre a quantidade de livros lidos pelos alunos.

Quantidade de livros lidos pelos alunos de duas turmas do 8º ano da Escola Antônio Souza, em 2019

Frequência relativa (%)

- 9 ⊢ 13: 28
- 13 ⊢ 17: 36
- 17 ⊢ 21: 20
- 21 ⊢ 25: 16

Quantidade de livros lidos

Sergio Lima

Fonte de pesquisa: Bibliotecária da escola.

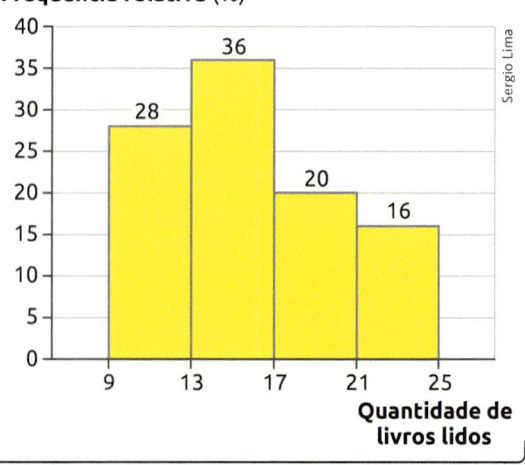

Em um histograma, podemos destacar os seguintes elementos:

- Os vértices das bases dos retângulos devem coincidir com os extremos de cada classe e, consequentemente, os pontos médios dessas bases devem coincidir com os pontos médios dos intervalos de classes.
- As alturas dos retângulos devem ser proporcionais às frequências relativas ou absolutas.

3 No histograma apresentado, os dados referentes a 13 livros lidos estão incluídos na primeira ou na segunda coluna?

Atividades

5. Em certo teste para uma vaga de emprego, o recrutador organizou as notas obtidas pelos candidatos em um quadro, como o indicado abaixo.

4,8	4,1	4,1	3,9	3,8
3,5	3,5	3,5	3,2	3,0
3,0	2,7	2,5	2,4	2,4
2,3	2,1	2,0	2,0	1,7

a) As notas apresentadas estão organizados em um rol?

b) Qual é a amplitude total dos dados?

c) Caso fosse construída uma tabela de distribuição de frequências usando intervalos de classes e a amplitude de cada intervalo fosse 0,8, qual seria, no mínimo, a quantidade de intervalos?

6. Em uma aula de Educação Física do 8º ano, o professor mediu a estatura dos alunos, em metros, e as organizou em um quadro.

1,71	1,50	1,58	1,67	1,50	1,60
1,60	1,59	1,64	1,67	1,53	1,56
1,46	1,60	1,74	1,65	1,75	1,67
1,52	1,58	1,52	1,58	1,62	1,65
1,55	1,69	1,65	1,58	1,52	1,64

a) Distribua os dados em cinco intervalos e construa uma tabela de distribuição de frequências. Indique f, fr, fa e far.

b) Qual intervalo possui maior frequência?

c) Sob a orientação do professor, colete a medida da estatura dos alunos de sua turma e organize-as em uma tabela de frequências similar à construída no item **a**.

7. Uma pesquisa coletou, em 2019, as medidas de comprimento de uma amostra do peixe garoupa-gato e as organizou na tabela a seguir.

Medidas de comprimento de garoupas-gato adultas, em 2019	
Medidas de comprimento (cm)	Frequência (f)
28 ⊢ 31	3
31 ⊢ 34	5
34 ⊢ 37	9
37 ⊢ 40	1
Total	18

Fonte de pesquisa: Laboratório de pesquisas.

a) As medidas de comprimento de quantas garoupas-gato foram coletadas?

b) Em qual intervalo de classes ocorreu a maior frequência?

c) É possível saber qual é a medida do comprimento exato de cada garoupa-gato da amostra por meio da tabela? Justifique sua resposta.

8. Observe, no quadro a seguir, o custo por funcionário para a mensalidade de um plano de saúde empresarial, considerando a variação de preço conforme a faixa etária, de 19 a 58 anos.

Faixa etária (anos)	Companhia A (R$)	Companhia B (R$)
19 a 23	130,00	115,00
24 a 28	140,00	150,00
29 a 33	165,00	160,00
34 a 38	170,00	165,00
39 a 43	225,00	220,00
44 a 48	280,00	290,00
49 a 53	365,00	365,00
54 a 58	480,00	500,00

Uma empresa fez um levantamento para saber a idade dos seus 63 funcionários, pensando em contratar um desses planos.

20	20	23	23	23	23	23	25	26
27	27	27	27	28	28	29	29	30
31	31	31	32	32	33	33	35	35
36	36	37	38	38	38	38	38	38
39	39	40	40	41	42	42	43	43
43	43	43	43	44	44	44	45	45
46	46	47	49	50	53	54	54	54

a) Baseando-se nos dados, construa uma tabela que indique as frequências absolutas, utilizando intervalos de classes. A tabela deverá ter 8 intervalos, cujo primeiro será 19 |— 24.

b) Qual das duas companhias a empresa deve decidir contratar, considerando o valor total a ser gasto?

c) Passado um ano, se a empresa mantiver o plano de saúde, permanecendo com os mesmos funcionários e mantendo os valores oferecidos pelas companhias, qual ela deve contratar, considerando o valor total a ser gasto?

9. Um dos indicadores que refletem a qualidade da água é o potencial hidrogeniônico, também conhecido como pH. A escala do pH varia de 0 até 14, sendo neutra numa solução que possua o pH igual a 7. Observe o esquema.

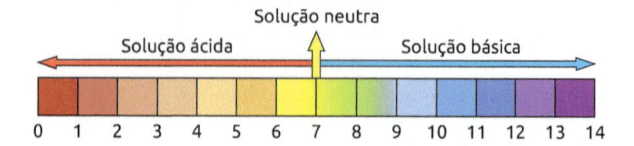

O Ministério da Saúde recomenda que o pH da água distribuída pelos sistemas de distribuição de água potável esteja entre 6,0 e 9,5.

Para verificar se o pH da água distribuída em certa cidade está de acordo com o recomendado, foram analisadas 40 amostras. Veja no histograma a seguir.

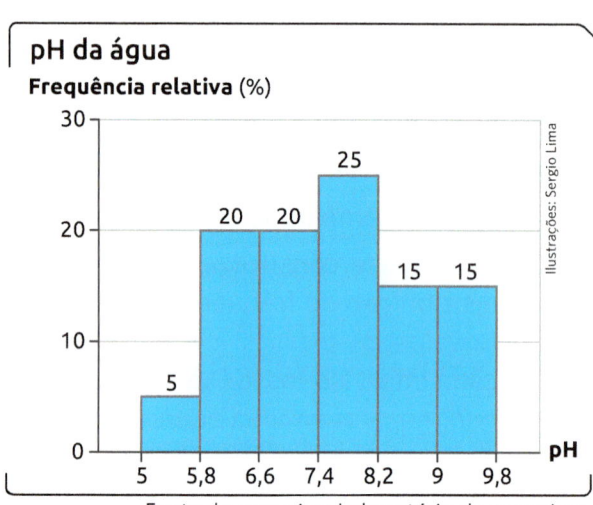

Fonte de pesquisa: Laboratório de pesquisas.

a) Apenas a água como solução neutra pode ser distribuída pelos sistemas de distribuição? Justifique sua resposta.

b) Todas as amostras analisadas estão com o pH de acordo com o que é recomendado? Por quê?

c) No mínimo, quantas amostras estão de acordo com o pH recomendado?

d) É possível afirmar que mais da metade das amostras estão com o pH básico? Justifique sua resposta.

Média aritmética, mediana e moda

Observe as informações apresentadas pelo repórter.

> Em 2017, o Brasil foi campeão pela décima segunda vez do Grand Prix de vôlei feminino. A idade média das jogadoras brasileiras que iniciaram o jogo final dessa competição era pouco mais de 26 anos.

A palavra **média**, na fala do repórter, refere-se a uma medida estatística chamada **média aritmética**, que nesse caso foi utilizada para indicar a idade média das jogadoras de vôlei. Assim como a média aritmética, a **moda** e a **mediana** também são medidas estatísticas utilizadas para "resumir", caracterizar ou representar um conjunto de valores.

> Cite outras situações do dia a dia em que utilizamos a ideia de média aritmética.

Ao lado estão indicadas as idades das atletas brasileiras que iniciaram o jogo da final do Grand Prix, em 2017.

Veja na próxima página como calcular a média aritmética, a moda e a mediana deste conjunto de valores.

Fonte de pesquisa: Federação Internacional de Voleibol. Disponível em: <http://grandprix.cbv.com.br/noticia/23735/brasil-vence-italia-e-e-campeao-pela-12%C2%AA-vez->. Acesso em: 25 jul. 2018.

Idade das atletas que iniciaram o jogo final do Grand Prix de Voleibol, em 2017

Atleta	Idade (anos)
Adenízia	30
Bia	25
Drussyla	21
Natália	28
Roberta	27
Tandara	28

Seleção brasileira feminina de vôlei comemorando a conquista da medalha de ouro, durante o Grand Prix, em 2017.

Média aritmética (Ma)

- Determinamos a média aritmética adicionando a idade de todas as jogadoras e dividindo a soma pela quantidade de jogadoras consideradas.

$$Ma = \frac{30 + 25 + 21 + 28 + 27 + 28}{6} = \frac{159}{6} = 26,5$$

Portanto, a idade média dessas jogadoras de vôlei é 26,5 anos.

Moda (Mo)

- Determinamos a moda identificando o valor que ocorre com maior frequência. Nesse caso, o valor que aparece com maior frequência é 28 anos, com frequência 2.

$$Mo: 28 \text{ anos}$$

Mediana (Md)

- Para determinar a mediana, precisamos inicialmente organizar todo o conjunto de valores em ordem crescente ou decrescente.
Crescente: 21, 25, **27**, **28**, 28, 30.
Decrescente: 30, 28, **28**, **27**, 25, 21.
Como esse conjunto possui uma quantidade par de valores (6), a mediana corresponde à média aritmética entre os dois valores centrais.

$$Md = \frac{27 + 28}{2} = 27,5$$

> Quando o conjunto possui uma quantidade ímpar de valores, a mediana corresponde ao valor central.

Portanto, a mediana da idade dessas jogadoras de vôlei é 27,5 anos.

> Note que, tanto na organização crescente quanto na organização decrescente do conjunto de valores, os dois valores centrais são 27 e 28.

A **média aritmética** (*Ma*), ou simplesmente **média**, é dada pelo quociente entre a soma dos valores atribuídos à variável e a quantidade de valores adicionados.
A **moda** (*Mo*) corresponde ao valor que ocorre com maior frequência no conjunto considerado. Quando um conjunto possui duas modas, ele é chamado **bimodal**; três modas, **trimodal**; e assim por diante. Caso um conjunto não apresente moda, dizemos que esse conjunto é **amodal**.
A **mediana** (*Md*) é o valor central de um conjunto de valores organizados em ordem crescente ou decrescente. Caso o conjunto possua uma quantidade par de valores, a mediana é dada pela média aritmética dos dois valores centrais.

Quanto menor a variação (dispersão) dos dados de um conjunto, melhor as medidas apresentadas (média, moda e mediana) o descrevem. Uma maneira de analisar essa variação é através da amplitude total, ou seja, calculando a diferença entre o maior e o menor valor de um conjunto.

> Quanto menor a amplitude total, mais próximos os dados estarão uns dos outros e mais próximos da média, da moda e da mediana do conjunto de dados.

Atividades

10. A seleção brasileira de futebol participou da vigésima primeira edição da Copa do Mundo da Fifa, em 2018, na Rússia. Veja na tabela algumas informações acerca dos atletas da seleção brasileira de 2018.

Atletas da seleção brasileira de futebol que participaram da Copa do Mundo da Fifa, em 2018			
Atleta	Medida da altura (m)	Idade (anos)	Medida da massa (kg)
Alisson	1,91	25	85
Fred	1,69	25	57
Fagner	1,68	29	58
Neymar	1,74	26	59
Philippe Coutinho	1,71	26	61
Taison	1,72	30	64
Willian	1,74	29	66
Douglas Costa	1,72	27	66
Fernandinho	1,77	33	67
Gabriel Jesus	1,75	21	67
Marcelo	1,74	30	67
Marquinhos	1,83	24	73
Filipe Luis	1,82	32	74
Firmino	1,81	26	74
Danilo	1,84	26	74
Paulinho	1,82	29	75
Thiago Silva	1,83	33	77
Geromel	1,90	32	78
Miranda	1,86	33	78
Renato Augusto	1,86	30	80
Casemiro	1,84	26	81
Ederson	1,86	24	84
Cássio	1,95	31	89

Fonte de pesquisa: ESPN. Disponível em: <http://www.espn.com.br/artigo/_/id/4310177/selecao-brasileira-veja-o-censo-completo-dos-jogadores-que-vao-a-copa>. Acesso em: 26 jul. 2018.

a) Calcule a média aritmética entre a medida da massa dos jogadores da tabela acima.

b) Qual a moda entre as medidas das alturas dos jogadores?

c) Em relação à idade dos jogadores, calcule:
- a mediana.
- a moda.
- a média aritmética.

11. Beatriz é uma aluna de 8º ano que adora leitura. O livro que Beatriz vai começar a ler tem 280 páginas e ela pretende terminar a leitura em duas semanas. Quantas páginas, em média, Beatriz deverá ler por dia, para que termine sua leitura em duas semanas?

12. Para ser aprovada em certo concurso, Roberta deve atingir uma nota média maior do que ou igual a 70, nas quatro provas do concurso. Veja no quadro as notas que Roberta obteve nas três primeiras provas.

Prova	Nota
Conhecimentos básicos	72
Conhecimentos específicos	65
Redação	58
Raciocínio lógico	x

Qual é a menor nota que Roberta pode obter na prova de Raciocínio lógico para que seja aprovada nesse concurso?

13. Na escola em que Lucas estuda é necessário alcançar média 6,0 nos quatro bimestres para ser aprovado. Observe o quadro com as notas dos três primeiros bimestres de Lucas em certa disciplina.

Bimestre	Nota
1º	5,7
2º	6,1
3º	5,1

a) Lucas será aprovado se obtiver nota 7,5 no 4º bimestre?

b) Se a nota de Lucas no 4º semestre for 6,3, ele será aprovado? Nesse caso qual será a média das notas?

c) Para que ele seja aprovado, qual deve ser sua nota no 4º bimestre, no mínimo?

14. Em qual dos itens o conjunto de dados apresenta o mesmo valor para a moda e para a média aritmética?

a) 31, 32, 32, 34
b) 11, 12, 14, 14
c) 19, 20, 20, 21
d) 8, 15, 15, 18

15. Na tabela a seguir estão indicados os nomes dos jogadores com mais gols marcados na história do Campeonato Brasileiro de Futebol, de 1971 até 2017.

Jogadores com mais gols na história do Campeonato Brasileiro de Futebol (1971 – 2017)		
Jogador	Jogos	Quantidade de gols
Roberto Dinamite	328	190
Romário	252	154
Edmundo	316	153
Zico	249	135
Túlio	240	129
Serginho	184	127
Fred	213	126
Washington	201	126
Dario	240	113
Luis Fabiano	201	111

Fonte de pesquisa: UOL. Disponível em: <https://futebolemnumeros.blogosfera.uol.com.br/2016/10/24/fred-7o-maior-artilheiro-do-brasileirao-desde-1971/>. Acesso em: 25 jul. 2018.

Determine a mediana das quantidades de gols marcados pelos dez maiores artilheiros do Campeonato Brasileiro de Futebol de 1971 até 2017.

16. Observe nos quadros as notas de quatro alunos do 8º ano.

A	B	C	D
6 6 6 10	7 8 7 6	4 9 9 6	2 10 10 6

a) Calcule a média, a moda e a mediana das notas de cada um dos alunos.

b) As notas de qual aluno apresentam menor amplitude? Justifique sua resposta.

17. Sociedade Empresária Limitada (Ltda.) é um tipo de empresa cujo negócio tem dois ou mais sócios. A evolução da receita bruta anual de três anos consecutivos de quatro empresas desse tipo, que estão à venda, está disposta no quadro a seguir.

Empresa	Receita bruta anual (em milhões de reais)		
	2017	2018	2019
A	97	112	159
B	98	115	153
C	166	101	100
D	105	109	150

a) Para decidir qual empresa comprar, um investidor calcula a média da receita bruta anual dos últimos três anos (de 2017 até 2019) das quatro empresas e escolhe a empresa que tem a maior média anual. A empresa que este investidor decide comprar é a:

I) empresa **A**.   III) empresa **C**.
II) empresa **B**.   IV) empresa **D**.

b) Qual empresa esse investidor deveria comprar caso o critério de escolha fosse aquele cuja variação da receita bruta anual dos três últimos anos é a menor? Justifique sua resposta.

18. Veja as informações sobre os funcionários de um restaurante no quadro abaixo:

Cargo	Salário	Quantidade de funcionários
Entregador	R$ 1 200,00	8
Operador de caixa	R$ 1 300,00	2
Garçom	R$ 1 800,00	5
Cozinheiro	R$ 4 000,00	1

a) Qual é a média, a moda e a mediana dos salários dos funcionários desse restaurante?

b) A média, a moda e a mediana calculadas representam de maneira adequada os salários dos funcionários? Justifique sua resposta.

19. Luciana pesquisou em um *site* a medida da temperatura mínima registrada para os doze primeiros dias nos meses de maio e junho de 2018 em Caçador (SC).

Medida de temperatura mínima registrada em Caçador (SC) nos doze primeiros dias de maio e junho, em 2018		
Dia do mês	Temperatura mínima (°C)	
	Maio	Junho
1	15	15
2	15	15
3	15	14
4	15	14
5	15	14
6	15	14
7	15	14
8	15	14
9	15	14
10	15	14
11	15	14
12	15	14

Fonte de pesquisa: AccuWeather. Disponível em: <https://www.accuweather.com/pt/br/cacador/41297/month/41297?monyr=5/01/2018>. Acesso em: 19 out. 2018.

Museu do Contestado, na cidade de Caçador (SC), em 2016.

a) Calcule a média e a mediana das medidas das temperaturas registradas nos doze primeiros dias de cada um desses meses.

b) A média e a mediana obtidas no item anterior melhor descrevem as medidas das temperaturas registradas nos doze primeiros dias de qual mês?

Gráficos

Vimos anteriormente diversos tipos de gráficos, cada um com suas características e adequado a representar diferentes tipos de dados obtidos por meio de pesquisas. Nos exemplos a seguir, vamos apresentar um mesmo tema, sob vários aspectos. Você irá perceber que, dependendo da situação, um ou outro gráfico é o mais indicado e verá também que as mesmas informações podem ser representadas em gráficos de tipos diferentes.

Gráfico de colunas e gráfico de barras

Nesses gráficos são utilizados retângulos para representar as informações. As medidas da altura (no gráfico de colunas) ou do comprimento (no gráfico de barras) são proporcionais aos valores representados.

Ao lado temos um gráfico de colunas, no qual os retângulos estão na vertical. Caso os retângulos estivessem na horizontal, teríamos um gráfico de barras.
Observando o gráfico, percebemos que o candidato **B** está em segundo lugar nas intenções de voto.

Intenção de voto para as eleições, na 1ª semana de setembro de 2018

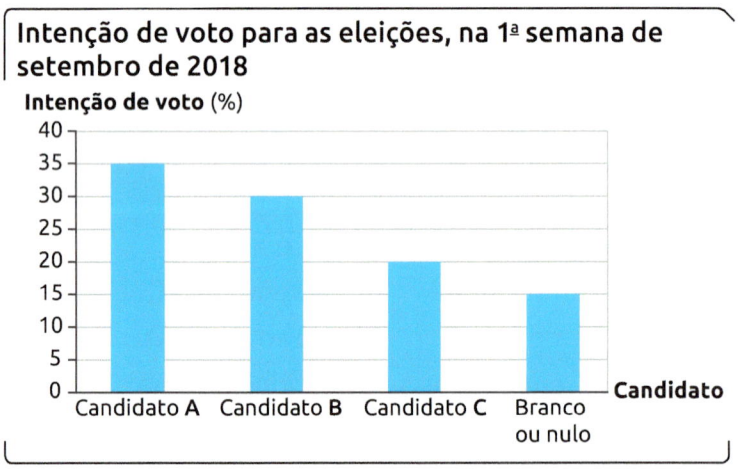

Intenção de voto (%)
- Candidato A: 35
- Candidato B: 30
- Candidato C: 20
- Branco ou nulo: 15

Fonte de pesquisa: Instituto de pesquisa eleitoral.

Gráfico de colunas ou barras múltiplas

Nesses gráficos também são utilizados retângulos para representar as informações, porém essas figuras aparecem agrupadas, mostrando vários valores e informações para uma mesma categoria. Nesse gráfico, o candidato **C** ficou com a mesma porcentagem de votos tanto na 2ª quanto na 3ª semanas.

No gráfico, os retângulos de cada categoria estão na vertical, o que caracteriza um gráfico de colunas múltiplas. Se os retângulos estivessem na horizontal, teríamos um gráfico de barras múltiplas.

Intenção de voto para as eleições, em setembro de 2018

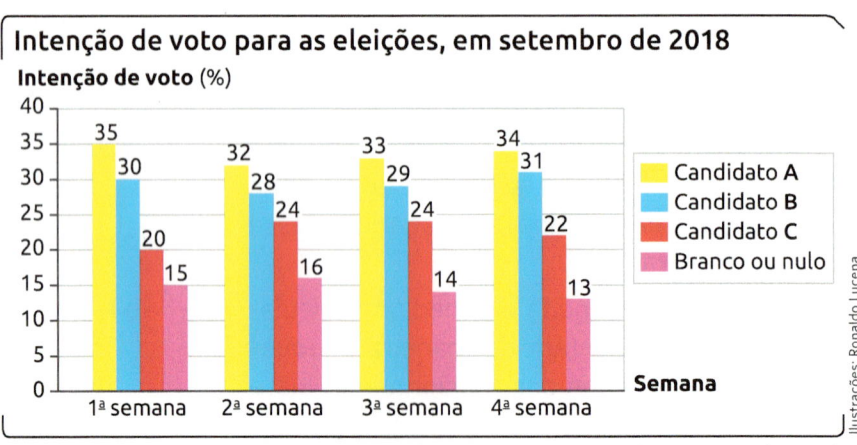

Intenção de voto (%)

Semana	Candidato A	Candidato B	Candidato C	Branco ou nulo
1ª semana	35	30	20	15
2ª semana	32	28	24	16
3ª semana	33	29	24	14
4ª semana	34	31	22	13

Fonte de pesquisa: Instituto de pesquisa eleitoral.

Ilustrações: Ronaldo Lucena

Gráfico de linhas

Geralmente, nesse gráfico são utilizadas linhas para representar a variação de uma grandeza em certo período de tempo. As linhas indicam uma tendência entre dois pontos consecutivos, mostrando de maneira aproximada essa evolução entre as observações.

Intenção de voto para as eleições, em setembro de 2018

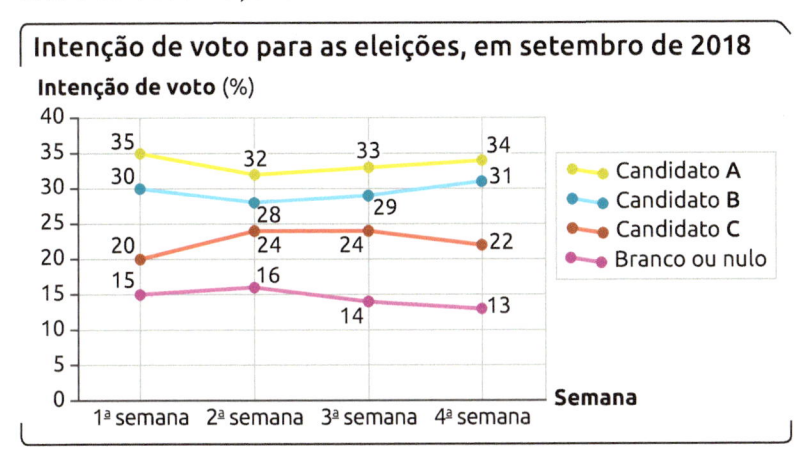

Intenção de voto (%)

Semana	Candidato A	Candidato B	Candidato C	Branco ou nulo
1ª semana	35	30	20	15
2ª semana	32	28	24	16
3ª semana	33	29	24	14
4ª semana	34	31	22	13

Fonte de pesquisa: Instituto de pesquisa eleitoral.

Observando o gráfico, notamos que todos os candidatos nessas quatro semanas permaneceram na mesma colocação em relação às intenções de voto.

Gráfico de setores

Nesse gráfico utiliza-se um círculo dividido em setores para representar a relação entre as partes e o todo.

Intenção de voto para as eleições, na 1ª semana de setembro de 2018

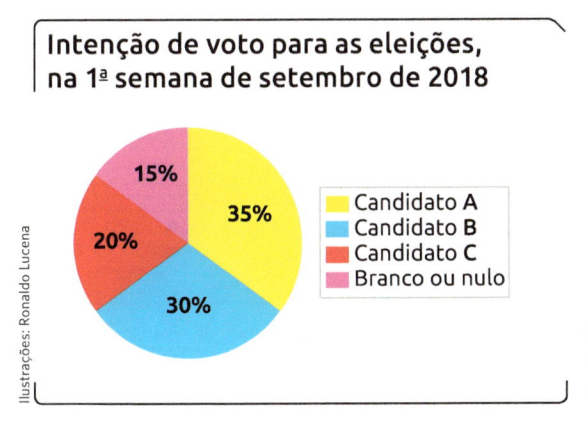

- Candidato A: 35%
- Candidato B: 30%
- Candidato C: 20%
- Branco ou nulo: 15%

Ilustrações: Ronaldo Lucena

Fonte de pesquisa: Instituto de pesquisa eleitoral.

Observando o gráfico, notamos que as intenções de votos para os candidatos **B** e **C** juntos representam 50%, ou seja, metade dos eleitores.

Atividades

20. Dê um exemplo de uma situação em que você possa utilizar:

a) gráfico de barras;

b) gráfico de colunas múltiplas;

c) gráfico de linhas;

d) gráfico de setores.

Depois, explique com suas palavras o porquê da escolha dessa situação para cada gráfico.

21. Observe os temas e escreva qual tipo de gráfico estaria mais adequado para cada um.

I) Variação ano a ano do lucro de uma empresa em milhões de dólares.

II) Porcentagem dos habitantes de uma cidade que são crianças, jovens, adultos ou idosos.

III) Quantidade de medalhas (ouro, prata e bronze) de um país em quatro edições dos Jogos Olímpicos.

22. Encontre as falhas nos gráficos apresentados a seguir e as descreva em seu caderno.

a)

Exames médicos realizados por faixa etária, em agosto de 2018

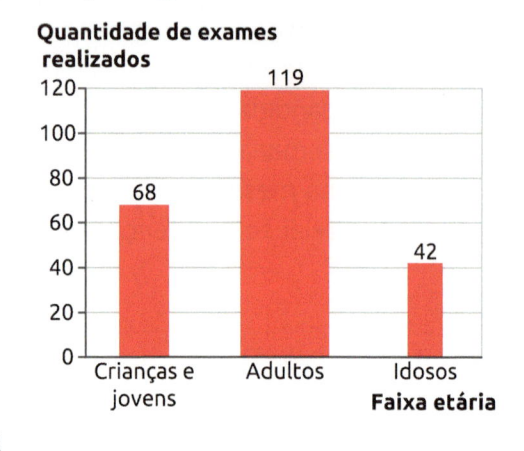

Quantidade de exames realizados

- Crianças e jovens: 68
- Adultos: 119
- Idosos: 42

Faixa etária

Fonte de pesquisa: Clínica de exames.

b)

Pesquisa de votos em uma eleição com sete candidatos

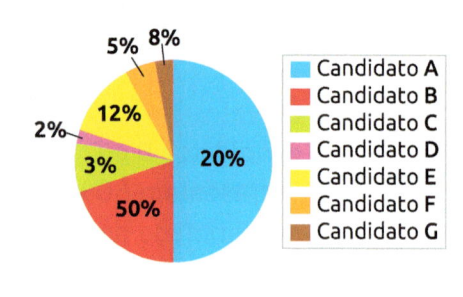

- Candidato A: 20%
- Candidato B: 50%
- Candidato C: 3%
- Candidato D: 2%
- Candidato E: 12%
- Candidato F: 5%
- Candidato G: 8%

Fonte de pesquisa: Instituto de pesquisa eleitoral.

c)

Preferência de marca de sabão em pó

Quantidade de pessoas

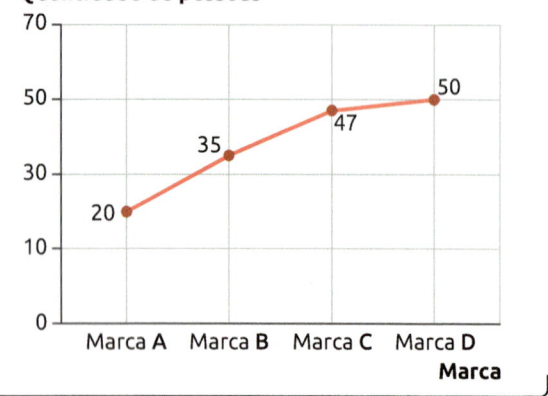

- Marca A: 20
- Marca B: 35
- Marca C: 47
- Marca D: 50

Marca

Fonte de pesquisa: Setor de publicidade da empresa.

23. A escala Richter, utilizada para medir a intensidade de terremotos, foi empregada até 1979, quando foi substituída pela escala de magnitude momentânea. As duas escalas medem a energia liberada pelos terremotos e, na prática, os resultados são aproximadamente iguais. Ambas apresentam sua magnitude entre 2 e 10, conforme a intensidade do tremor. Em média, a cada 20 anos ocorre um tremor de magnitude entre 9.0 e 9.9. O gráfico a seguir apresenta a média anual de tremores em nosso planeta, de magnitudes entre 5.0 e 8.9.

Média anual de tremores no planeta

Média anual de tremores

- 5.0 – 5.9: 1 319
- 6.0 – 6.9: 134
- 7.0 – 7.9: 17
- 8.0 – 8.9: 1

Magnitude

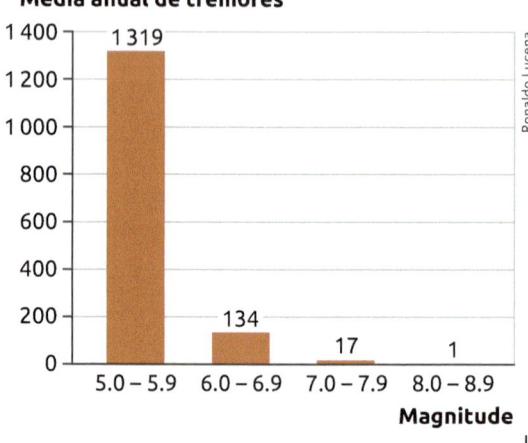

Fonte de pesquisa: Apollo 11.com. Disponível em: <https://www.apolo11.com/perguntas_e_respostas_sobre_terremotos.php?faq=5>. Acesso em: 3 set. 2018.

Com base nas informações apresentadas no gráfico acima, resolva os itens a seguir.

a) Qual intervalo de magnitude tem maior frequência?

b) O que você pode afirmar em relação à média anual de tremores e à magnitude?

c) Escreva algumas considerações que você pode perceber a partir dessas informações, tanto do texto, quanto do gráfico. Se necessário, faça uma pesquisa utilizando livros ou internet.

Pesquisa amostral

Para realizar uma pesquisa, há duas alternativas: entrevistar toda a população que se deseja investigar (**pesquisa censitária**) ou realizar a sondagem apenas com uma parte da população (**pesquisa amostral**), ou seja, com uma **amostra**.

Existem vários motivos que influenciam a escolha de uma ou outra pesquisa. A pesquisa censitária, por exemplo, apresenta exatidão em seus resultados, pois todos os elementos da população são analisados. Uma desvantagem é o tempo necessário para analisar toda a população e o custo decorrente dessa análise.

A pesquisa amostral, por outro lado, é feita de modo mais rápido e com menor custo. Uma desvantagem, porém, é que existe uma margem de erro em sua análise, justamente por não levar em conta todos os elementos da população. Para a realização dessas pesquisas, é necessário estabelecer critérios para selecionar a amostra e dela obter dados. As maneiras que estudaremos são: **casual simples ou aleatória**, **sistemática** e **estratificada**.

Casual simples ou aleatória

Essa seleção é obtida aleatoriamente por meio de um sorteio.

Suponha que em uma população de 30 pessoas deseja-se compor uma amostra com 5 dessas pessoas. Assim, cada pessoa recebe um número de 1 a 30 e é realizado um sorteio de 5 desses números para formar a amostra.

Situações como essa podem ocorrer quando os elementos da população são homogêneos, ou seja, sem grandes variações entre si.

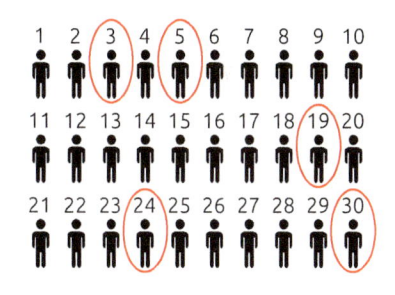

Sistemática

Nessa seleção, os elementos devem ser organizados e dispostos em ordem, e são retirados periodicamente.

Suponha que em uma população de 30 pessoas deseja-se compor uma amostra com 5 dessas pessoas. Uma maneira de estabelecer essa amostra é distribuir um número de 1 a 30 para cada um dos elementos e, em seguida, realizar um sorteio com números de 1 a 5. O número sorteado representa o primeiro elemento da amostra e os demais são selecionados de 6 em 6, a partir desse número.

Estratificada

A seleção de elementos nesse método ocorre quando dentro da população a ser estudada seja razoável supor que existam grupos (estratos) de interesse, de tal maneira que dentro desses estratos os interesses dos elementos sejam homogêneos. Podem ser compostos grupos levando em consideração o sexo, o nível socioeconômico, o nível de escolaridade, a região em que vive, etc.

Suponha uma população de 60 pessoas, na qual existam 30 pessoas que concluíram a Educação Básica, 20 pessoas com diploma de Ensino Superior e outras 10 com certificado de Pós-Graduação.

Para selecionar uma amostra com 6 pessoas, o que equivale a 10% da população, escolhe-se aleatoriamente 10% das pessoas que formam cada um dos estratos. Assim, serão sorteadas 3 pessoas que concluíram a Educação Básica, 2 pessoas com diploma de Ensino Superior e 1 pessoa com certificado de Pós-Graduação, totalizando as 6 pessoas da amostra.

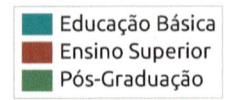

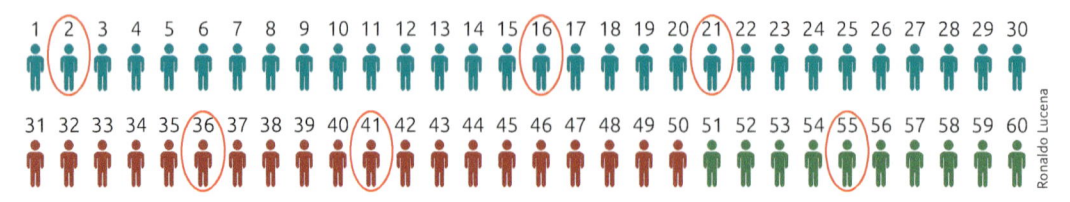

Etapas de uma pesquisa amostral

Uma pesquisa amostral necessita de um bom planejamento antes de ser executada. Com esse planejamento, é possível prever dificuldades na realização do trabalho e se antecipar, buscando soluções.

Planejamento

Para iniciar uma pesquisa amostral, algumas destas perguntas precisam ser respondidas.

- Definição do tema: o que eu quero pesquisar?
- Coleta de dados: que perguntas farão parte do questionário?
- População: de qual grupo de pessoas eu quero obter dados?
- Técnica de amostragem: como e quantas pessoas vou selecionar para fazer parte da pesquisa?
- Custo e tempo: de quais recursos materiais vou precisar e qual é o prazo de entrega da pesquisa?

Execução

Essa etapa é o momento em que você executa a pesquisa, aplicando o questionário ao grupo de pessoas selecionado na definição da população e da técnica de amostragem. Fique atento às respostas dos entrevistados e anote cuidadosamente para que nenhum dado se perca.

Relatório e conclusão

A última etapa é a organização dos dados coletados na pesquisa, seja por meio de tabelas ou de gráficos. Além disso, é importante escrever um relatório com as principais informações, para que posteriormente elas sejam divulgadas de forma clara e precisa.

Atividades

24. Os donos de uma loja gostariam de saber a opinião de seus clientes a respeito de seu negócio. Para isso, realizaram uma pesquisa em que solicitaram a alguns clientes que atribuíssem notas a alguns aspectos da loja. Depois de entrevistarem uma determinada quantidade de pessoas, os donos fizeram a média das notas atribuídas pelos clientes. Esses dados estão no quadro abaixo.

a) Qual gráfico você considera mais adequado para representar as informações obtidas?

b) Calcule a moda, a média e a mediana entre as notas apresentadas.

c) Qual foi o tema dessa pesquisa?

Aspecto do estabelecimento avaliado pelos clientes	Notas (média)
I) Qualidade dos produtos	7
II) Qualidade do atendimento	8
III) Estrutura do ambiente	9
IV) Preço	7
V) Tempo de espera para a entrega	6

d) A pesquisa foi censitária ou amostral? Justifique sua resposta.

e) Com o objetivo de apresentar essa pesquisa, escreva um relatório que contenha o tema, a representação gráfica das informações do quadro, a média, a moda e a mediana do conjunto de dados e suas conclusões a respeito da pesquisa realizada.

25. Em determinado conjunto de escolas de Ensino Médio de uma cidade estudam 500 alunos que pretendem ingressar em uma universidade. O gráfico ao lado representa o resultado de uma pesquisa feita pela reitoria de uma universidade com todos os alunos desse conjunto de escolas acerca da preferência da área de conhecimento.

a) A pesquisa realizada foi censitária ou amostral?

b) Suponha que fosse selecionada uma amostra aleatória com 100 alunos dessas escolas. Qual seria, provavelmente, a quantidade aproximada de alunos que responderia a cada uma das áreas do conhecimento citadas no gráfico?

Escolha profissional de alunos do Ensino Médio que pretendem cursar uma universidade

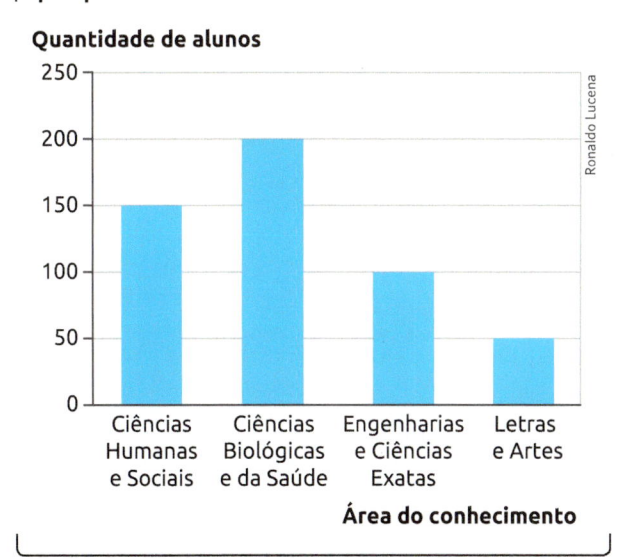

Quantidade de alunos

- Ciências Humanas e Sociais: 150
- Ciências Biológicas e da Saúde: 200
- Engenharias e Ciências Exatas: 100
- Letras e Artes: 50

Área do conhecimento

Fonte de pesquisa: Reitoria de uma universidade.

26. Elabore uma pesquisa amostral juntamente com mais dois ou três colegas. Primeiro, escolha um tema, como a preferência de alimentos no café da manhã ou de raças de cães de estimação, e depois selecione a população que você entrevistará. Para isso siga os passos descritos na página **90**.

Vamos relembrar

27. A turma de Lino, Carla e Helena realizou uma campanha de arrecadação de alimentos não perecíveis para doar a uma creche. Veja a quantidade de pacotes de cada alimento arrecadado por eles.

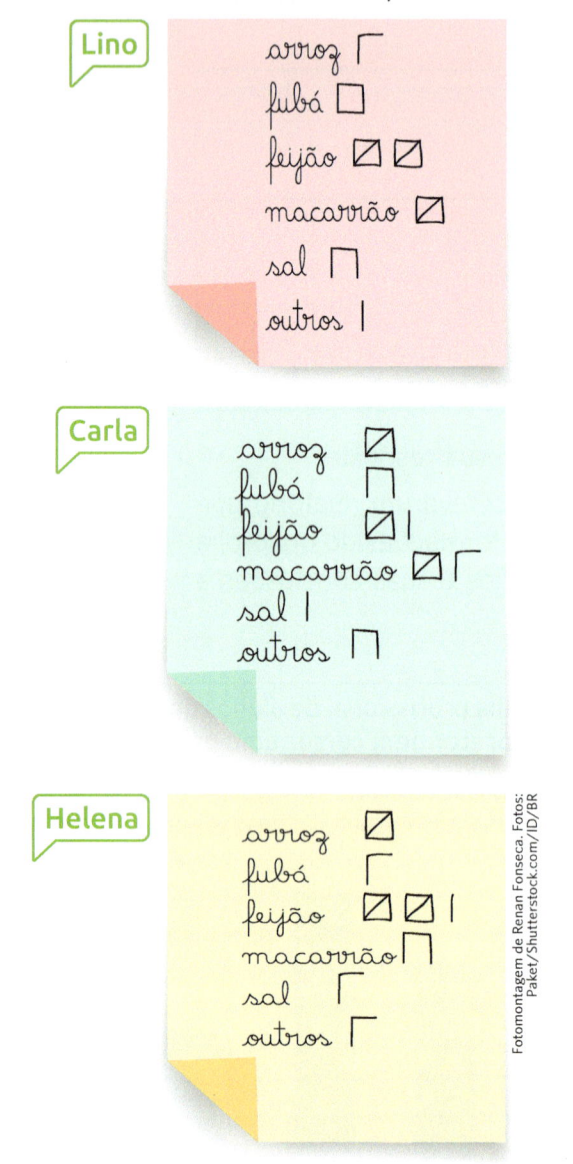

Lino
- arroz |
- fubá □
- feijão ☒ ☒
- macarrão ☒
- sal ⊓
- outros |

Carla
- arroz ☒
- fubá ⊓
- feijão ☒ |
- macarrão ☒ |
- sal |
- outros ⊓

Helena
- arroz ☒
- fubá |
- feijão ☒ ☒ |
- macarrão ⊓
- sal |
- outros |

a) Construa uma tabela apresentando as frequências f e fr da quantidade de pacotes de cada alimento arrecadado por Lino, Carla e Helena, juntos.

b) Qual foi a quantidade total de pacotes de alimentos arrecadados pelos três alunos?

c) Qual alimento teve a maior quantidade de pacotes arrecadados? Que porcentagem do total corresponde à quantidade de pacotes arrecadados desse alimento?

28. Os números a seguir indicam as idades das pessoas que visitaram uma exposição de obras de arte no dia de sua abertura em certo museu. Em seu caderno, organize-as em um rol.

37	42	24	28	50	55	45	45	33	61
41	61	35	47	57	18	68	36	54	17
42	42	68	63	29	30	50	17	50	22
40	50	15	18	22	49	20	38	65	18
46	29	53	48	20	65	30	22	25	48
17	48	35	43	37	60	65	40	53	40

a) Construa uma tabela com oito intervalos de classe apresentando as frequências f, fr, fa e far para as pessoas que visitaram a exposição de obras de arte.

b) Das pessoas que foram à exposição nesse dia, quantas têm entre 15 e 28 anos?

c) Que porcentagem das pessoas que visitaram a exposição nesse dia têm 50 anos ou mais?

d) Que porcentagem das pessoas que foram à exposição nesse dia tem 35 anos ou menos?

e) Elabore outras questões envolvendo os dados da tabela, dê para um colega responder e verifique se suas respostas estão corretas.

29. Elabore uma atividade no caderno com base no histograma abaixo e entregue para um colega resolver. Em seguida, verifique se a resolução está correta.

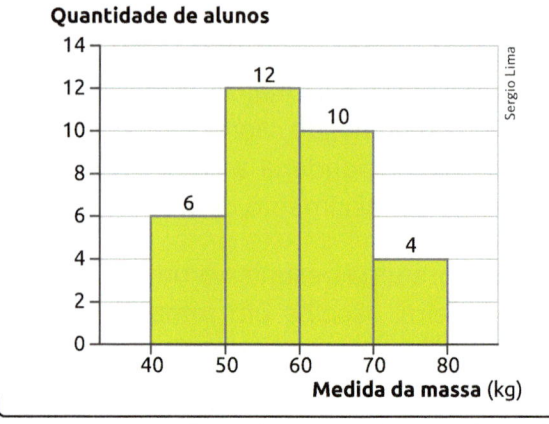

Medida da massa dos alunos do 8º ano

Quantidade de alunos

Medida da massa (kg)	Quantidade de alunos
40–50	6
50–60	12
60–70	10
70–80	4

Fonte de pesquisa: Direção da escola.

30. Felipe fez um levantamento para saber a quantidade de projetos apresentados na Feira de Ciências das escolas do município em que mora e, de acordo com os dados levantados, construiu um histograma. A primeira coluna do histograma, por exemplo, indica que 30% das escolas apresentaram de 10 a 13 projetos na Feira de Ciências.

a) De acordo com o histograma, construa uma tabela com intervalos de classes indicando as frequências *fr* e *far*.

b) Qual é a amplitude de cada intervalo de classe?

c) Você já participou de alguma Feira de Ciências na escola? Conte a um colega como foi essa experiência.

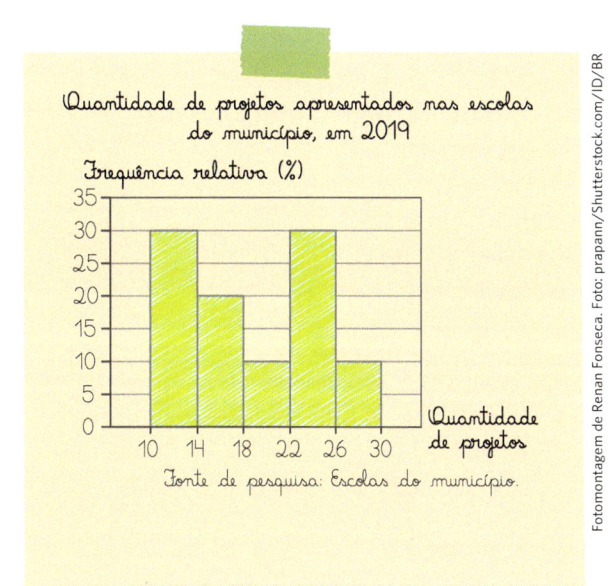

31. Observe na tabela a frequência relativa da quantidade de filhos dos funcionários de uma empresa.

a) Apenas com os dados da tabela, podemos afirmar quantos funcionários dessa empresa têm dois filhos? Justifique sua resposta.

b) Sabendo que essa empresa possuía, no momento da pesquisa, 500 funcionários, determine a quantidade de funcionários que:
- têm mais de três filhos;
- não têm filhos.
- têm menos de quatro filhos;

c) Construa uma tabela apresentando as frequências *f*, *fa* e *far*, da quantidade de funcionários em relação à quantidade de filhos.

Quantidade de filhos dos funcionários de uma empresa	
Quantidade de filhos	Frequência relativa
0	22%
1	18,4%
2	23,6%
3	16,2%
4	14,2%
5 ou mais	5,6%

Fonte de pesquisa: Administração da empresa.

32. Com o objetivo de aprimorar os produtos e serviços oferecidos, uma empresa de telefonia realizou uma pesquisa para verificar a satisfação dos clientes de certa cidade em relação aos seus serviços. O grau de satisfação de cada cliente é medido por uma nota de 0 a 10.

a) Em sua opinião, os clientes que participaram da pesquisa estão, em geral, satisfeitos com os serviços da empresa de telefonia?

b) Qual é a amplitude dos intervalos de classe utilizados para indicar o grau de satisfação?

c) Construa um histograma que represente a porcentagem de pessoas entrevistadas por intervalo de classes.

Pesquisa de satisfação em relação aos serviços prestados por uma empresa de telefonia		
Classificação	Notas	Frequência (*f*)
péssimo	0 ⊢ 2	60
ruim	2 ⊢ 4	80
regular	4 ⊢ 6	30
bom	6 ⊢ 8	50
ótimo	8 ⊢ 10	30

Fonte de pesquisa: Empresa de telefonia.

33. Em qual dos itens abaixo a média aritmética do conjunto de valores é igual a 25? E em qual item a mediana é igual a 32?

a) 18, 19, 23
b) 24, 32, 32, 33, 33
c) 3, 6, 9, 12
d) 45, 46, 47, 48, 49
e) 9, 19, 30, 42

34. Observe a seguir as notas dos 20 alunos de uma sala de 8º ano do Ensino Fundamental em uma avaliação de Matemática.

9	3	8	10	7
7	6	8	8	9
10	2	5	7	7
9	6	8	8	9

a) Escreva as notas dos alunos em ordem crescente.
b) Qual foi a média das notas nessa avaliação?
c) Determine a moda e a mediana das notas nessa avaliação.

35. Débora fez uma pesquisa para saber a medida da massa (em kg) de cada aluno de sua turma. Observe os resultados dessa pesquisa.

62	53	51,5	47	54,9	57	62,6
64	54	54	57,4	53,4	56,1	57,5
53	54,6	58	48	67	69,1	57,5
49,8	62,4	46,5	74,7	59,2	72	52,2
67,5	57,5	45,2	57,3	63,7	52	56,9
54,8	52	48	51,7	52,8		

a) Quantos alunos há na sala de Débora?
b) Quantos alunos têm medida de massa menor do que 60 kg? E quantos têm 65 kg ou mais?
c) Determine a média aritmética, a moda e a mediana desses dados.

36. O quadro abaixo apresenta as medidas das alturas, em metros, dos competidores de uma prova de salto em distância.

1,88	1,66	1,85	1,78	1,77
1,69	1,80	1,84	1,80	

a) Organize os dados em ordem crescente.
b) Determine a moda e a mediana das medidas das alturas dos competidores.

37. O gerente da loja de calçados Alcertes está cadastrando todos os clientes no sistema com alguns dados, incluindo o número do calçado. Já foram cadastradas 108 mulheres e 64 homens. Observe o número do calçado de clientes do sexo feminino.

Número do calçado de clientes cadastrados do sexo feminino da loja Alcertes	
Número do calçado	Quantidade de clientes
33	1
34	5
35	18
36	25
37	28
38	15
39	7
40	3
41	3
42	2
43	1

Fonte de pesquisa: Loja de calçados Alcertes.

a) No caderno, construa um gráfico de colunas com os dados acima, lembrando que um gráfico deve ter título e fonte.
b) Determine a moda e a mediana desses valores.
c) Qual é a importância de calcular a moda no caso dessa loja?

38. Observe as situações a seguir.

  I) Em uma academia de musculação foi realizada uma pesquisa com todos os clientes para descobrir qual o gênero musical preferido durante os exercícios físicos.

  II) Em uma partida de futebol, foram registradas as medidas da distância que cada jogador de uma equipe percorreu.

  Que tipos de gráficos podem ser usados para representar estas situações?

39. Em determinado período do ano foi realizada uma pesquisa a respeito das intenções de voto para uma eleição. Três foram os candidatos ao cargo, e informações sobre os votos brancos e nulos, ou os que não haviam decidido seu voto ou não opinaram, também foram registradas. Os dados obtidos a partir da pesquisa encontram-se no gráfico a seguir.

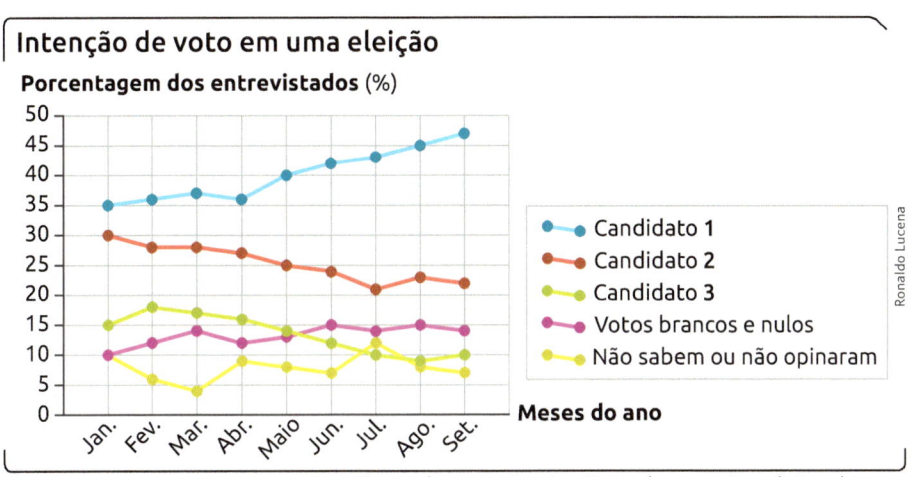

Intenção de voto em uma eleição
Porcentagem dos entrevistados (%)

- Candidato 1
- Candidato 2
- Candidato 3
- Votos brancos e nulos
- Não sabem ou não opinaram

Meses do ano

Fonte de pesquisa: Instituto de pesquisa eleitoral.

Com base nessas informações, responda aos itens abaixo.

a) O que você poderia dizer a respeito da porcentagem das intenções de voto para os candidatos **1**, **2** e **3** ao longo desse período do ano?

b) Em sua opinião, o que ocorreu com relação aos votos para o candidato **3** e aos votos brancos e nulos no final da pesquisa?

40. Um professor de Matemática representou por meio de um gráfico de colunas as notas obtidas pelos seus alunos no último teste.

a) Com base nas informações desse gráfico, calcule a média, mediana e a moda.

b) Escreva um relatório destacando as informações que você julgar mais importantes a respeito do gráfico.

Fonte de pesquisa: Professor de Matemática.

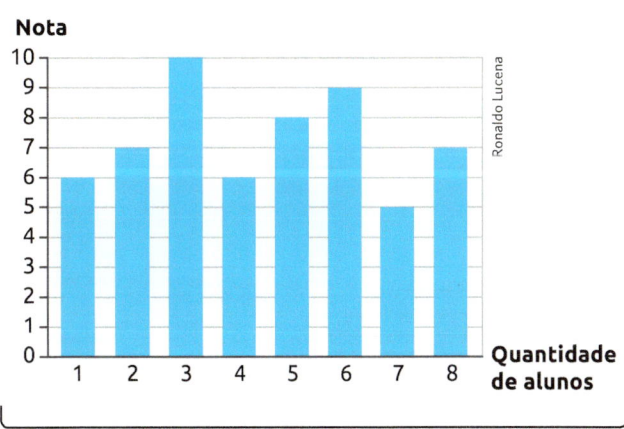

Notas dos alunos em um teste de Matemática

Nota / Quantidade de alunos

CAPÍTULO 6

Probabilidade

Nos anos anteriores, estudamos conceitos envolvendo probabilidade. Agora, vamos continuar esse estudo e ampliar alguns conceitos relacionados com a determinação do total de possibilidades para construir o espaço amostral.

Possibilidades

O time de basquete da escola está escolhendo a camiseta e a bermuda de seu novo uniforme, e para isso eles têm as seguintes opções:

Duas opções de camiseta.

Quatro opções de bermuda.

Cada uniforme é composto de uma opção de camiseta e uma opção de bermuda.

1 Quantos uniformes diferentes podem ser compostos com essas opções?

Veja duas estratégias para obter o total de possibilidades para compor o uniforme:

- 1ª estratégia: construir um **diagrama de árvore** (ou **diagrama de possibilidades**) com todas as possibilidades.

- 2ª estratégia: representar as possibilidades em um quadro.

Analisando essas estratégias, percebemos que o total de possibilidades é:

$$2 \cdot 4 = 8 \leftarrow \text{total de possibilidades}$$

quantidade de opções de camiseta ⎯⎯⏐ ⏐⎯⎯ quantidade de opções de bermuda

Portanto, existem 8 possibilidades diferentes para compor o uniforme.

2 Se em vez de 2 opções de camiseta fossem 3 opções, quantos uniformes diferentes poderiam ser compostos?

> Chamamos **possibilidades** os resultados que podem ocorrer em determinada situação.

Na situação anterior, além das representações por meio do diagrama de árvore e do quadro, também calculamos o total de possibilidades fazendo uma multiplicação entre a quantidade de opções de camiseta e a quantidade de opções de bermuda. Essa multiplicação é chamada **princípio multiplicativo da contagem** e trata-se de uma maneira eficiente de realizar somas de parcelas iguais, constituindo-se uma ferramenta básica para resolver problemas de contagem sem a necessidade de enumerar todos os elementos.

Para exemplificar, vamos analisar a situação em que uma pessoa deseja cadastrar uma nova senha em uma de suas redes sociais. Para isso, ela vai utilizar duas letras maiúsculas do nosso alfabeto e três algarismos, nesta ordem. Desse modo, algumas das senhas possíveis são:

AA111   JM056   ZZ999

Para determinar a quantidade de possibilidades de senhas diferentes por meio do princípio multiplicativo, procedemos da seguinte maneira:

$$\underbrace{26}_{\substack{\text{quantidade de} \\ \text{possibilidades} \\ \text{para a primeira} \\ \text{letra}}} \cdot \underbrace{26}_{\substack{\text{quantidade de} \\ \text{possibilidades} \\ \text{para a segunda} \\ \text{letra}}} \cdot \underbrace{10}_{\substack{\text{quantidade de} \\ \text{possibilidades} \\ \text{para o primeiro} \\ \text{algarismo}}} \cdot \underbrace{10}_{\substack{\text{quantidade de} \\ \text{possibilidades} \\ \text{para o segundo} \\ \text{algarismo}}} \cdot \underbrace{10}_{\substack{\text{quantidade de} \\ \text{possibilidades} \\ \text{para o terceiro} \\ \text{algarismo}}}$$

No caso das letras, temos 26 possibilidades, pois é essa a quantidade de letras do nosso alfabeto. Já para os algarismos, podemos utilizar qualquer um dos 10 existentes: 0, 1, 2, 3, 4, 5, 6, 7, 8 ou 9.

Efetuando a multiplicação, chegamos ao resultado 676 000, ou seja, é possível formar essa quantidade de senhas utilizando duas letras maiúsculas do nosso alfabeto e três algarismos, nesta ordem.

Recomenda-se a atualização regular das senhas nas redes sociais para dificultar o acesso de pessoas não autorizadas. Para aumentar a segurança, a pessoa pode utilizar letras minúsculas e maiúsculas, bem como caracteres especiais, como @, #, $ e &.

Agora, vamos analisar outra situação que envolve o princípio multiplicativo.

Na sala de aula de Lilian será realizado um sorteio para determinar os representantes da turma, ou seja, o presidente e o vice-presidente. Sabendo que a turma tem 25 alunos, quantas são as possibilidades para compor os representantes da turma de Lilian?

Para determinar a quantidade de possibilidades por meio do princípio multiplicativo, procedemos da seguinte maneira:

$\underbrace{25}_{\text{quantidade de possibilidades para presidente}} \cdot \underbrace{24}_{\text{quantidade de possibilidades para vice-presidente}}$

Note que quantidade de possibilidades para vice-presidente diminuiu porque considera-se que um dos alunos já foi sorteado como presidente.

Efetuando a multiplicação, chegamos ao resultado 600, ou seja, há 600 possibilidades para compor os representantes da turma de Lilian.

3 Se além dos cargos de presidente e de vice-presidente também houver um cargo de fiscal, quantas são as possibilidades de compor os representantes da turma de Lilian?

Atividades

1. Joana comprou um telefone celular e quer protegê-lo com uma película na parte frontal e uma capa para cobrir as partes traseira e laterais do aparelho. Uma loja oferece as seguintes opções para o modelo do telefone dela.

Película fosca.   Película transparente.

Capa transparente.   Capa amarela.   Capa azul.

De quantas maneiras diferentes Joana poderá escolher entre uma película e uma capa nessa loja?

2. Marilda quer comprar uma tigela para ração e uma casinha para o cachorro que adotou. Em uma loja há modelos diversos de tigelas e casinhas. Observe.

De quantas maneiras diferentes Marilda pode escolher entre uma casinha e uma tigela nessa loja?

3. Veja parte do cardápio de uma cantina.

MACARRÃO	MOLHO	COMPLEMENTO
ESPAGUETE	BRANCO	AZEITONA
TALHARIM		TOMATE
GRAVATA	VERMELHO	FRANGO DESFIADO
PARAFUSO		LINGUIÇA CALABRESA

Quantos tipos de pratos distintos podem ser formados com:

• um tipo de macarrão e um tipo de molho?

• um tipo de macarrão, um tipo de molho e um tipo de complemento?

4. A casa nova de Sônia terá a numeração 194. Ela comprou três peças de alumínio, cada uma com um algarismo, para indicar a numeração da sua casa. Observe as peças compradas por Sônia.

1 9 4

a) Escreva todos os números de três algarismos que podem ser formados utilizando todas essas peças.

b) Construa no caderno um diagrama de árvore representando essas possibilidades.

5. Márcia foi a uma livraria e pretende comprar três livros. Ao observar os livros, ela ficou em dúvida entre algumas opções.
Veja no quadro essas opções separadas por categoria.

Romance	Ficção científica	Poesia
• A bailarina tudo pode mudar • A vida de Estela • Perto do coração	• Mensagem extraterrestre • A máquina do tempo	• Minhas rimas • Eu, poeta • Poesias escolhidas

De quantas maneiras diferentes Márcia pode escolher os três livros, sabendo que ela pretende comprar um de cada categoria?

6. Um banco utiliza senhas alfabéticas em seu sistema de segurança para as contas de clientes. Cada senha é formada por 4 letras possivelmente repetidas, em ordem arbitrária.

Quantas senhas alfabéticas podem ser formadas com as letras **A**, **C**, **F** e **N**:

• sem repetir letra em uma mesma senha?

• se for possível repetir letras em uma mesma senha?

7. Gustavo foi conhecer uma lanchonete que fica perto de sua casa. Assim que chegou, ele recebeu cópia do cardápio com as seguintes opções, como mostra a imagem abaixo.

Cardápio

Salgados
Misto quente ....R$8,00
Sanduíche natural ...R$9,00
Bauru ....R$10,00

Bebidas
Chá gelado ....R$6,00
Suco ....R$5,00
Água sem gás ....R$4,00

Sobremesas
Gelatina ....R$4,50
Pudim ....R$6,50
Sorvete ....R$5,00
Salada de frutas ......R$6,00

Com base na imagem, elabore um problema e dê para um colega resolver. Depois verifique se o que ele fez está correto.

8. Bento tem lápis nas cores amarela, azul, verde e vermelha e quer colorir a figura que ele desenhou de modo que:

• cada parte da figura deve ser colorida com uma única cor;

• a figura deve ser colorida com cores diferentes, mesmo que as partes não sejam vizinhas.

Observe abaixo a figura que Bento desenhou e uma possível maneira para que ele possa colorir sua figura.

De quantas maneiras diferentes ele pode colorir essa figura?

Probabilidade

Dando continuidade ao estudo da probabilidade, devemos nos lembrar de que, quando todas as possibilidades têm a mesma chance de ocorrer, ela nada mais é do que a razão entre a quantidade de possibilidades favoráveis pela quantidade total de possibilidades.

Para aperfeiçoar esse entendimento, vamos utilizar o exemplo da observação da face voltada para cima no lançamento de um dado de 6 faces, numeradas de 1 a 6. O **espaço amostral** desse experimento é $\Omega = \{1, 2, 3, 4, 5, 6\}$, isto é, essas são todas as possibilidades de resultado ao se lançar esse dado.

> Cada possibilidade de resultado de um espaço amostral chama-se **elemento** desse espaço amostral.

Nesse experimento, podemos imaginar diversas situações, chamadas **eventos**, como lançar o dado e obter um número par, obter um número ímpar ou um número maior do que 3.

Os resultados para os quais ocorre o evento "lançar o dado e obter um número ímpar" são 1, 3 e 5. Podemos representar esse evento por $A = \{1, 3, 5\}$. Assim, para calcular a probabilidade de o evento **A** ocorrer, calculamos a razão entre a quantidade de elementos de **A**, que é 3, pela quantidade de elementos de Ω, que é 6.

$$\underbrace{P(A)}_{\text{probabilidade do evento A}} = \frac{\overbrace{n(A)}^{\text{quantidade de elementos do evento A}}}{\underbrace{n(\Omega)}_{\text{quantidade de elementos do espaço amostral}}} = \frac{3}{6} = \frac{1}{2}$$

Assim, a probabilidade de o evento **A** ocorrer é $\frac{1}{2}$, 50% ou 0,5.

> Qual é a probabilidade de o evento **A** não ocorrer?

Agora, considere um experimento aleatório no qual é sorteada uma bolinha de uma caixa com 10 bolinhas iguais, numeradas de 1 a 10. O espaço amostral desse experimento é: $\Omega = \{1, 2, 3, 4, 5, 6, 7, 8, 9, 10\}$.

A probabilidade de sortear cada um dos elementos do espaço amostral é $\frac{1}{10}$.

Com $n(\Omega) = 10$, temos que a soma das probabilidades de todos os elementos do espaço amostral é 1.

$$10 \cdot \frac{1}{10} = \frac{10}{10} = 1$$

Atividades

9. Fernanda tem cinco cartões pretos numerados de 1 a 5 e cinco cartões brancos, também numerados de 1 a 5. Os cartões brancos estão em uma urna e os pretos em outra.

   a) Fernanda sorteou um cartão preto. Qual é a probabilidade de obter um cartão com um número ímpar?

   b) Em seguida, da outra urna, ela sorteou um cartão branco. Qual é a probabilidade de se obter um cartão com um número par?

10. Em uma urna foram colocadas 50 bolinhas iguais, numeradas de 1 a 50. Havendo três sorteios, e considerando que as bolinhas sorteadas não voltarão para a urna, responda às questões.

   a) Qual é a probabilidade de se sortear uma bolinha com um divisor de 12 no primeiro sorteio?

   b) Qual é a probabilidade de no segundo sorteio sair uma bolinha com um número primo, sabendo que no primeiro sorteio saiu a bolinha com o número 2?

   c) Qual é a probabilidade de no terceiro sorteio sair uma bolinha com um múltiplo de 7, sabendo que no primeiro sorteio saiu a bolinha com o número 2 e no segundo, a bolinha com o número 49?

11. O dono de uma loja de *video game* fez uma pesquisa com seus clientes para saber quais gêneros de jogos eles preferem. Os clientes poderiam opinar entre: Ação, Esporte ou Estratégia. Ao final de uma semana, o dono registrou 300 opiniões. O gráfico a seguir apresenta o resultado da pesquisa.

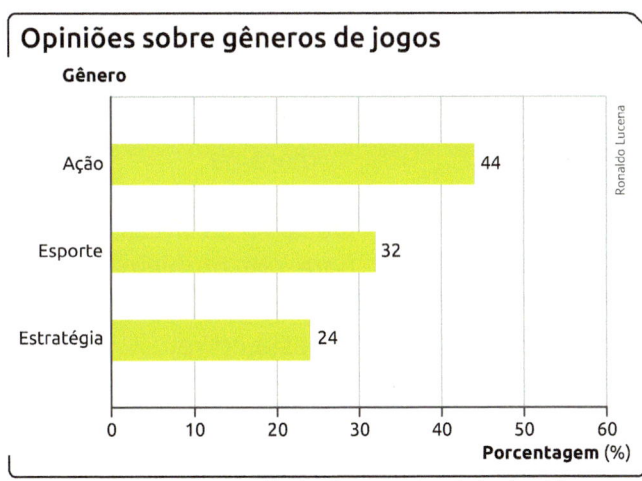

Opiniões sobre gêneros de jogos

Gênero	Porcentagem (%)
Ação	44
Esporte	32
Estratégia	24

Fonte de pesquisa: Loja de *video game*.

O dono da loja irá sortear um cliente entre os que participaram da pesquisa. Sabendo que nenhum dos clientes votou mais de uma vez, a probabilidade de o cliente sorteado estar entre os que opinaram pelo gênero de Estratégia é de:

a) $\dfrac{11}{75}$ b) $\dfrac{6}{25}$ c) $\dfrac{8}{75}$ d) $\dfrac{4}{25}$ e) $\dfrac{12}{25}$

12. O espaço amostral do lançamento de dois dados coloridos é composto pelos seguintes pares de resultados:

> (1,1); (1,2); (1,3); (1,4); (1,5); (1,6)
> (2,1); (2,2); (2,3); (2,4); (2,5); (2,6)
> (3,1); (3,2); (3,3); (3,4); (3,5); (3,6)
> (4,1); (4,2); (4,3); (4,4); (4,5); (4,6)
> (5,1); (5,2); (5,3); (5,4); (5,5); (5,6)
> (6,1); (6,2); (6,3); (6,4); (6,5); (6,6).

a) Qual é a probabilidade de as duas faces superiores apresentarem um número menor do que cinco?

b) Qual é a probabilidade de saírem números ímpares nos dois dados?

c) Qual é a probabilidade de saírem números iguais no lançamento dos dois dados?

13. Edson, Jaqueline, Nicole e Reginaldo foram ao cinema e sentaram-se juntos na mesma fila escolhendo seus lugares ao acaso.

a) De quantas maneiras diferentes eles podem ocupar esses quatro lugares?

b) Qual é a probabilidade de Reginaldo sentar-se ao lado de Jaqueline e de Edson, de modo que fique entre eles?

14. Das cinco alternativas de resposta em uma pesquisa, o entrevistado escolhe sua resposta ao acaso.

Qual é a probabilidade de cada alternativa ser a escolhida pelo entrevistado?

15. Flávia possui fichas numeradas de 1 a 10. Qual é a probabilidade de Flávia sortear um número:

• ímpar?   • par?

Qual é a soma dessas probabilidades?

16. Observe os pontos que indicam valores numéricos das peças de dominó abaixo.

Júlia e Isabela colocaram essas peças de dominó sobre uma mesa com os pontos voltados para baixo e as embaralharam. Depois, elas escolheram uma dessas peças e calcularam a soma dos pontos que apareceram.

Qual é a probabilidade de a soma desses pontos ser:

a) par?   c) primo?

b) ímpar?   d) menor do que 6?

17. Uma moeda e um dado são lançados simultaneamente. Considerando C e K as faces cara e coroa, respectivamente, determine:

a) o espaço amostral desse experimento.

b) a probabilidade de sair cara e um número ímpar.

c) a probabilidade de sair coroa e um número par.

18. Observe as imagens abaixo. Depois elabore um problema e dê para um colega resolver. Em seguida verifique se o que ele fez está correto.

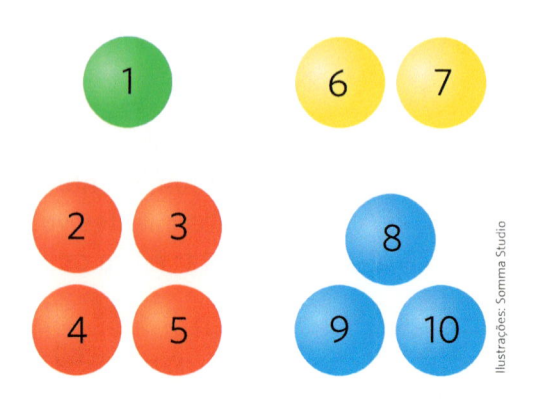

Vamos relembrar

19. Laís está decidindo como se vestir para ir a uma festa de aniversário. Ela possui três opções de cores de camiseta (vermelha, amarela e verde) e duas opções de cores de calça (preta e branca). Construa em seu caderno um quadro representando todas as possibilidades de escolha que Laís tem para se vestir.

20. Em uma caixa há 24 bolinhas iguais, numeradas de 10 a 33. Qual é a probabilidade de sortear uma bola da caixa e ela conter:

a) um número par?

b) um número ímpar?

c) um múltiplo de 10?

d) um número maior do que 9?

21. Leia a tira abaixo:

A SENHA

POR WILLIAN RAPHAEL SILVA

AH, DESCOBRI SUA SENHA, BUGIO. JÁ ERA!

AGORA EU SÓ PRECISO ACHAR AS BOLINHAS PRETAS NO TECLADO.

Willian Raphael Silva. A senha. *Humor com ciência.* 11 set. 2015. Disponível em: <https://www.humorcomciencia.com/tirinhas/a-senha/>. Acesso em: 2 ago. 2018.

Suponha que a senha do personagem Bugio seja composta por 5 algarismos que podem se repetir.

a) Quantas são as possibilidades de senhas com essa característica?

b) Se a senha foi escolhida ao acaso por um programa de computador de modo que todas as senhas possíveis tenham a mesma chance de ser escolhidas, qual é a probabilidade de alguém, ao acaso, acertar essa senha na primeira tentativa?

c) Qual é a probabilidade de essa senha ser formada por um número com todos os algarismos iguais?

22. Na escola onde José estuda, foram ofertadas 100 vagas no contraturno para os alunos frequentarem os cursos de Inglês, Alemão e Japonês. Todas as vagas foram preenchidas e cada aluno poderia escolher apenas um entre os três cursos ofertados. O gráfico ao lado mostra a relação de escolha dos alunos da escola de José.

Qual é a probabilidade de sortear aleatoriamente um desses alunos e ele ter escolhido o curso de Alemão?

a) $\dfrac{9}{20}$

b) $\dfrac{19}{100}$

c) $\dfrac{9}{25}$

d) $\dfrac{4}{5}$

e) $\dfrac{19}{20}$

Preferência entre os cursos ofertados na escola de José

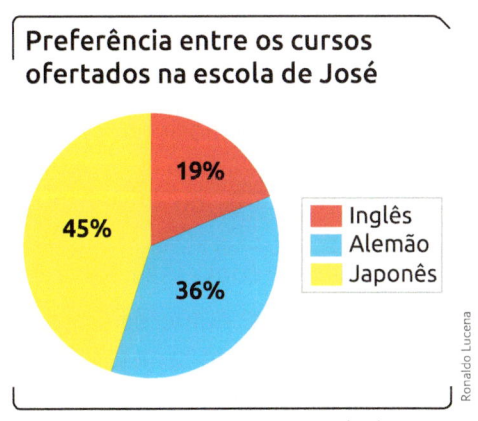

- Inglês: 19%
- Alemão: 36%
- Japonês: 45%

Fonte de pesquisa: Escola de José.

23. Roberto fez o lançamento de duas moedas simultaneamente. Considere C e K as faces cara e coroa, respectivamente.

a) Escreva o espaço amostral desse lançamento.

b) Qual é a probabilidade de se obter duas caras?

c) Qual é a probabilidade de se obter duas coroas?

d) Qual é a probabilidade de se obter uma cara e uma coroa?

e) Qual é a soma das probabilidades obtidas nos itens anteriores.

24. A senha para acessar a biblioteca *on-line* da escola de Paulo deve ser composta de uma letra e um algarismo, nessa ordem.

a) Quantas são as possibilidades de senhas?

b) Se o amigo de Paulo sabe apenas a letra da senha dele, quantas tentativas, no máximo, esse amigo precisará fazer para acertar a senha?

c) Qual é a probabilidade de outra pessoa acertar a senha de Paulo na primeira tentativa?

25. Observe as fichas apresentadas a seguir.

[8] [5] [1] [,]

Com essas fichas, por exemplo, é possível formar o número

[5] [,] [1] [8]

mas não composições do tipo

[,] [1] [8] [5]   ou   [1] [8] [5] [,].

De acordo com essa informação, responda.

a) Quantos números é possível formar utilizando todas essas fichas?

b) Qual é o menor número possível de ser formado? E qual é o maior número?

26. Em um jogo de tabuleiro cada participante deve percorrer um caminho. Para isso, o jogador coloca a sua peça na primeira casa do tabuleiro e avança as casas de acordo com a quantidade de pontos obtidos ao lançar dois dados. Segundo as regras do jogo, quando a soma dos pontos dos dados for par, o jogador avança duas casas, e quando for ímpar, avança uma casa. Vence o jogo quem chegar à última casa do tabuleiro ou ultrapassá-la. Veja a seguir as possibilidades de pontuação que um participante pode obter.

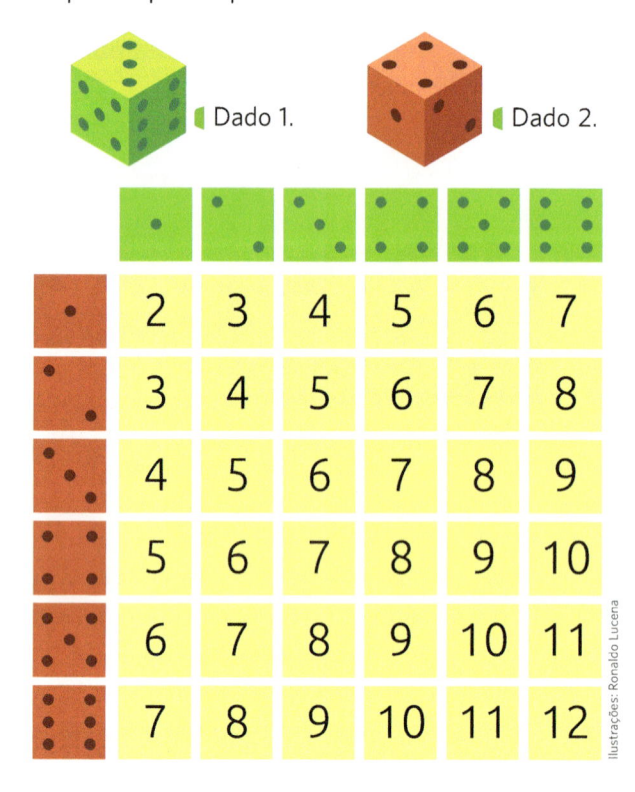

Dado 1. Dado 2.

	1	2	3	4	5	6
1	2	3	4	5	6	7
2	3	4	5	6	7	8
3	4	5	6	7	8	9
4	5	6	7	8	9	10
5	6	7	8	9	10	11
6	7	8	9	10	11	12

a) Ao lançar os dados, quantas possibilidades um participante tem para avançar duas casas?

b) Qual é a probabilidade de um participante avançar uma casa em sua vez de jogar?

c) Em certo momento da partida, faltam seis casas para um dos participantes chegar à última casa do tabuleiro. Sabendo que ele venceu a partida em mais três jogadas, escreva três possibilidades de pontuação nessas jogadas.

CAPÍTULO

7

Triângulos

Neste capítulo, vamos estudar as características dos triângulos. Também veremos algumas propriedades dessa figura geométrica e seus pontos notáveis.

Os triângulos

Já estudamos que o triângulo é um polígono de três lados em que podemos destacar os seguintes elementos:

- 3 lados: $\overline{DE}$, $\overline{EF}$ e $\overline{DF}$;
- 3 vértices: D, E e F;
- 3 ângulos internos: $\hat{D}$, $\hat{E}$ e $\hat{F}$.

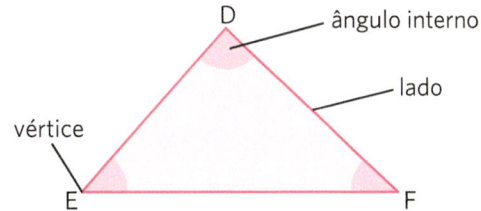

Podemos classificar os triângulos de acordo com a medida do comprimento de seus lados e de acordo com a medida de seus ângulos internos.

Classificação de acordo com a medida do comprimento de seus lados

Triângulo isósceles

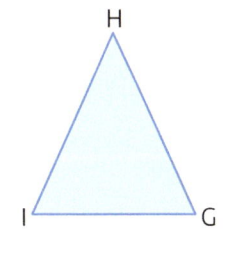

Possui pelo menos dois lados com medidas de comprimento iguais. Neste caso, GH = HI.

Em um triângulo isósceles, os ângulos internos opostos aos lados com medidas de comprimento iguais possuem medidas iguais.

Triângulo escaleno

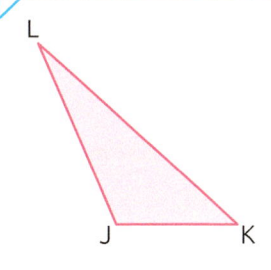

Possui os três lados com medidas de comprimento diferentes. Neste caso
JK ≠ KL,
JK ≠ JL
KL ≠ JL.

Em um triângulo escaleno, os ângulos internos possuem medidas diferentes.

Triângulo equilátero

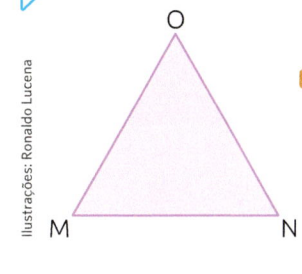

Possui os três lados com medidas de comprimento iguais. Neste caso
MN = NO = MO.

Em um triângulo equilátero, os ângulos internos possuem medidas iguais.

Classificação de acordo com a medida de seus ângulos internos

Triângulo retângulo
Possui um ângulo interno reto.

Triângulo obtusângulo
Possui um ângulo interno obtuso.

Triângulo acutângulo
Possui os três ângulos internos agudos.

Atividades

1. Classifique os triângulos em equilátero, isósceles ou escaleno.

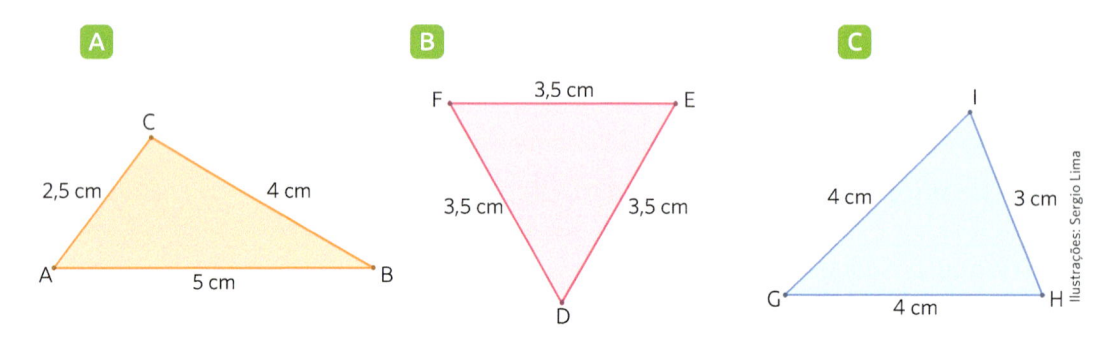

A — Triângulo ABC: AC = 2,5 cm; CB = 4 cm; AB = 5 cm.

B — Triângulo FED: FE = 3,5 cm; FD = 3,5 cm; ED = 3,5 cm.

C — Triângulo IGH: IG = 4 cm; IH = 3 cm; GH = 4 cm.

2. Classifique os triângulos em acutângulo, retângulo ou obtusângulo.

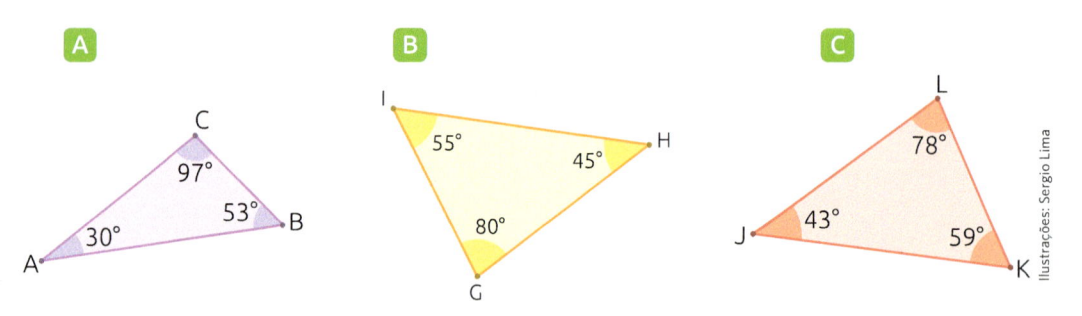

A — Triângulo ABC: A = 30°, C = 97°, B = 53°.

B — Triângulo IHG: I = 55°, H = 45°, G = 80°.

C — Triângulo JLK: L = 78°, J = 43°, K = 59°.

3. Um triângulo equilátero também pode ser classificado como triângulo isósceles? Justifique sua resposta.

4. Copie as frases, substituindo cada ■ pelas palavras acutângulo, retângulo ou obtusângulo.

   a) As medidas dos ângulos internos de um triângulo são 30°, 30° e 120°. Esse triângulo é ■.

   b) O triângulo ■ possui um ângulo reto.

   c) Um triângulo que tem os três ângulos internos agudos é chamado ■.

   d) Chamamos ■ o triângulo que possui um ângulo obtuso.

   e) Um ângulo interno de certo triângulo mede 90°. Esse triângulo é ■.

Soma das medidas dos ângulos internos de um triângulo

Vimos no ano anterior algumas propriedades dos ângulos.

Agora, vamos utilizar algumas dessas propriedades para demonstrar que a soma das medidas dos ângulos internos de um triângulo qualquer é 180°.

1º Considere um triângulo ABC qualquer e seus ângulos internos $\hat{a}$, $\hat{b}$ e $\hat{c}$ indicados.

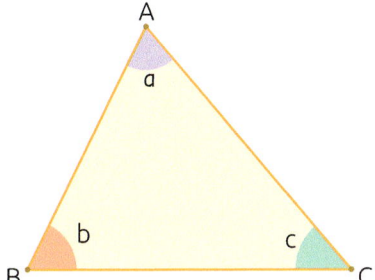

2º Traçamos uma reta t paralela ao lado $\overline{BC}$, passando pelo vértice A. A reta t irá formar os ângulos $\hat{x}$ e $\hat{y}$.

Sabemos que:
- $c = y$, pois são ângulos alternos internos;
- $b = x$, pois também são ângulos alternos internos.

Observe que, $x + a + y = 180°$.

Substituindo x por b e y por c temos:

$$x + a + y = 180°$$
$$b + a + c = 180° \quad \text{ou} \quad a + b + c = 180°$$

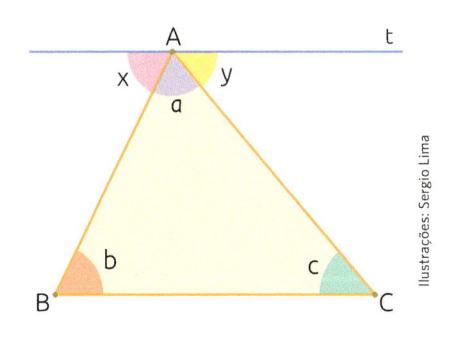

Dessa maneira, mostramos que a propriedade vale sempre e concluímos que a soma das medidas dos ângulos internos de qualquer triângulo é 180°.

Podemos mostrar essa relação experimentalmente. Observe.

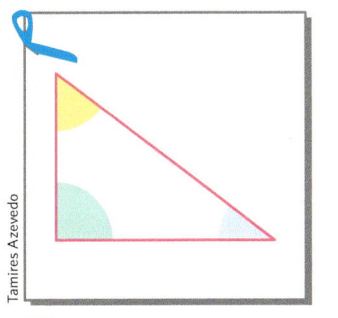

1º Em uma folha de papel construímos um triângulo qualquer.

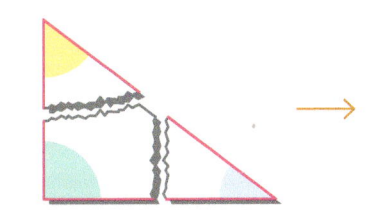

2º Depois recortamos o triângulo em três partes e separamos cada um dos seus ângulos internos.

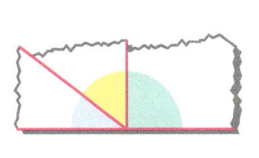

3º Encaixamos as partes recortadas lado a lado e observamos que os três ângulos internos formam um ângulo de 180°.

Atividades

5. Determine a medida dos ângulos internos de cada triângulo a seguir baseando-se nas informações dadas.

a) $a + b = 90°$
   $a = b$

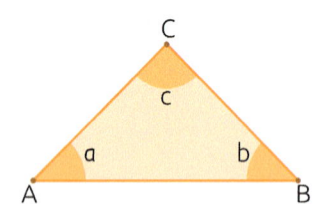

b) $d = 30°$
   $e - f = 50°$

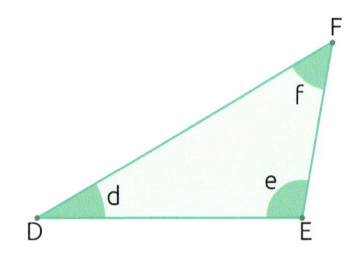

c) $g + h = 95°$
   $g - h = 35°$

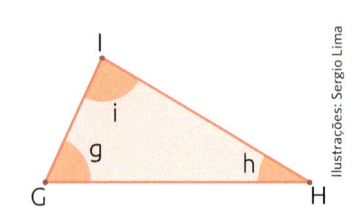

6. Determine a medida dos ângulos $\hat{a}$, $\hat{b}$, $\hat{c}$ e $\hat{d}$ indicados na figura abaixo sabendo que as retas r e s são paralelas.

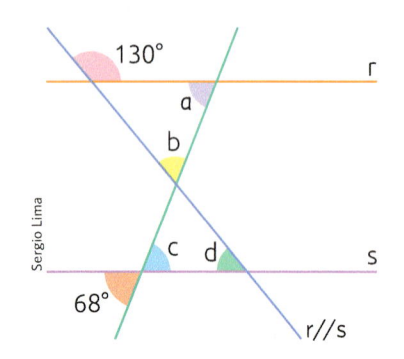

7. Determine a medida de cada ângulo interno dos triângulos a seguir.

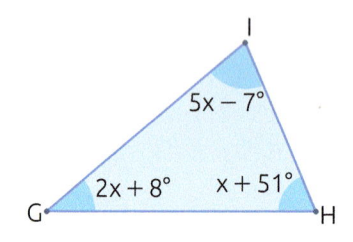

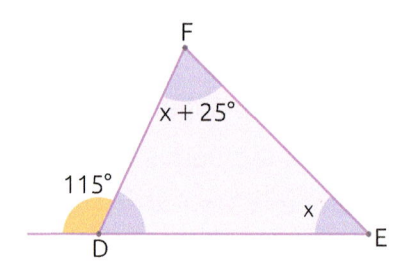

A) Triângulo ABC com ângulos $2x$ em A, $2x$ em C, x em B.

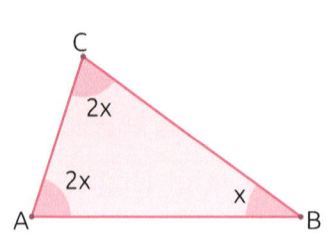

B) Triângulo GHI com ângulos $2x + 8°$ em G, $x + 51°$ em H, $5x - 7°$ em I.

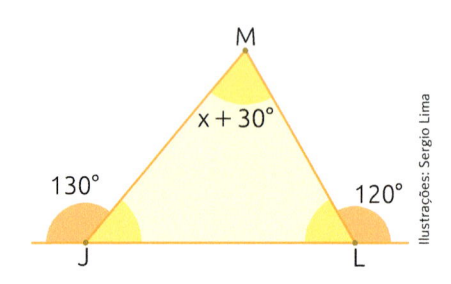

C) Triângulo com ângulo externo $115°$ em D, $x + 25°$ em F, x em E.

D) Triângulo JLM com ângulos externos $130°$ em J, $120°$ em L, e $x + 30°$ em M.

8. Sabendo que o segmento MN é paralelo ao segmento PQ, determine a medida de $\hat{x}$.

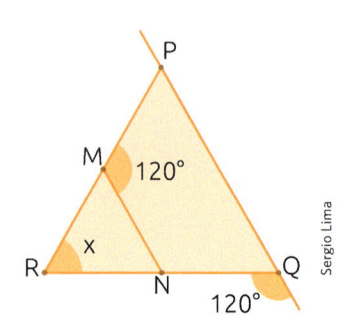

Ângulos nos triângulos

Vimos que a soma das medidas dos ângulos internos de um triângulo é 180° e você já estudou, em anos anteriores, que a soma das medidas dos ângulos externos de um polígono convexo é 360°, o que vale também para os triângulos. Agora, veja outra relação entre as medidas dos ângulos internos e externos de um triângulo.

No triângulo abaixo estão indicados os seus ângulos internos e os externos.

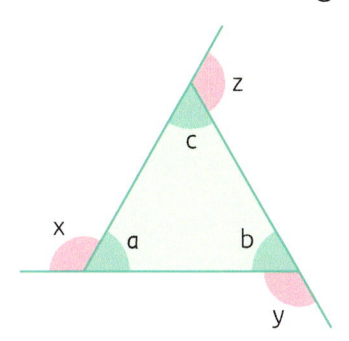

Em cada vértice, os ângulos interno e externo são suplementares, ou seja:

- $x + a = 180°$
- $y + b = 180°$
- $z + c = 180°$

Agora, vamos demonstrar que:

$$x = b + c$$

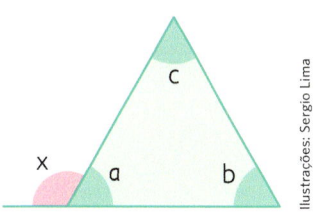

Sabemos que a soma das medidas dos ângulos internos de um triângulo é 180°, logo:

$$a + b + c = 180°$$

Sabemos também que $x + a = 180°$.

Assim, temos:

$$\overbrace{x + a}^{180°} = \overbrace{a + b + c}^{180°}$$
$$x + a - a = a + b + c - a$$
$$x = b + c$$

De maneira semelhante, podemos demonstrar que $y = a + c$ e que $z = a + b$.

$$\overbrace{y + b}^{180°} = \overbrace{a + b + c}^{180°} \qquad \overbrace{z + c}^{180°} = \overbrace{a + b + c}^{180°}$$
$$y + b - b = a + b + c - b \qquad z + c - c = a + b + c - c$$
$$y = a + c \qquad\qquad\qquad z = a + b$$

> Em um triângulo, a medida de um ângulo externo é igual à soma das medidas dos ângulos internos não adjacentes a ele.

Atividades

9. Determine o valor de x em cada um dos triângulos abaixo.

A

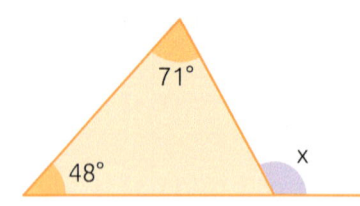

71°, 48°, x

B

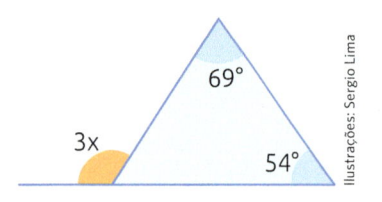

69°, 3x, 54°

10. Determine a medida dos ângulos internos nos triângulos abaixo.

A

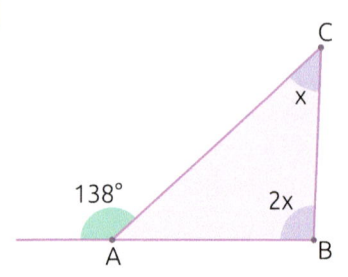

C (x), 138° em A, 2x em B

B

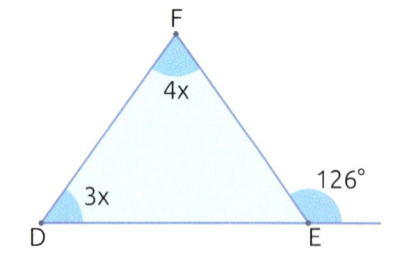

F (4x), 3x em D, 126° em E

C

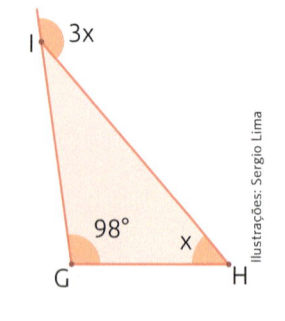

I (3x), 98° em G, x em H

11. Observe a figura abaixo e determine o valor de x e y.

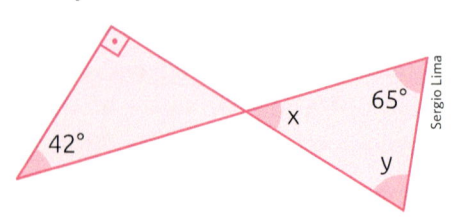

42°, ângulo reto, x, 65°, y

12. Calcule a medida dos ângulos internos de um triângulo ABC, sabendo que:

- med$(\hat{B})$ = 70°
- med$(\hat{A})$ = med$(\hat{C})$

Agora, classifique esse triângulo de acordo com a medida de seus ângulos internos.

13. Determine o valor de x e y na figura abaixo, sabendo que as retas r e s são paralelas.

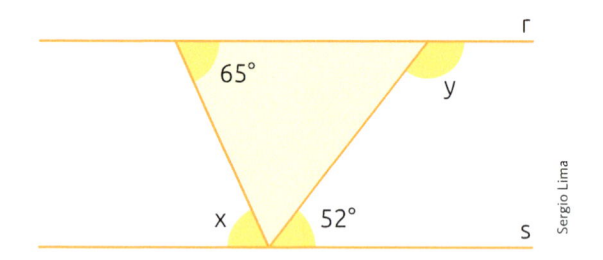

65°, y, r, x, 52°, s

14. Em cada item, calcule a medida dos ângulos internos dos triângulos ABD e BCD.

A

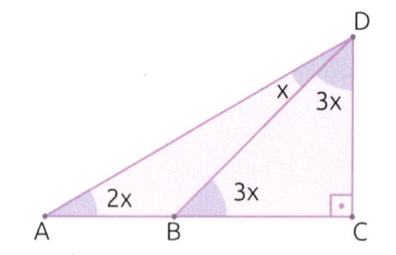

D (x, 3x), 2x em A, 3x em B, ângulo reto em C

B

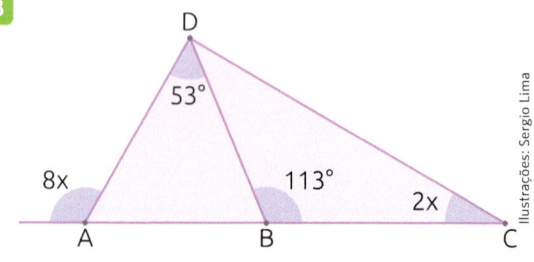

D (53°), 8x em A, 113° em B, 2x em C

Congruência de figuras

Daniele comprou um tapete de EVA composto de quatro peças que formam um jogo de quebra-cabeça.

Ao desmontar o tapete e começar a empilhar as peças, Daniele percebeu que duas dessas peças possuíam formatos iguais e tamanhos iguais.

EVA: sigla de Espuma Vinílica Acetinada.

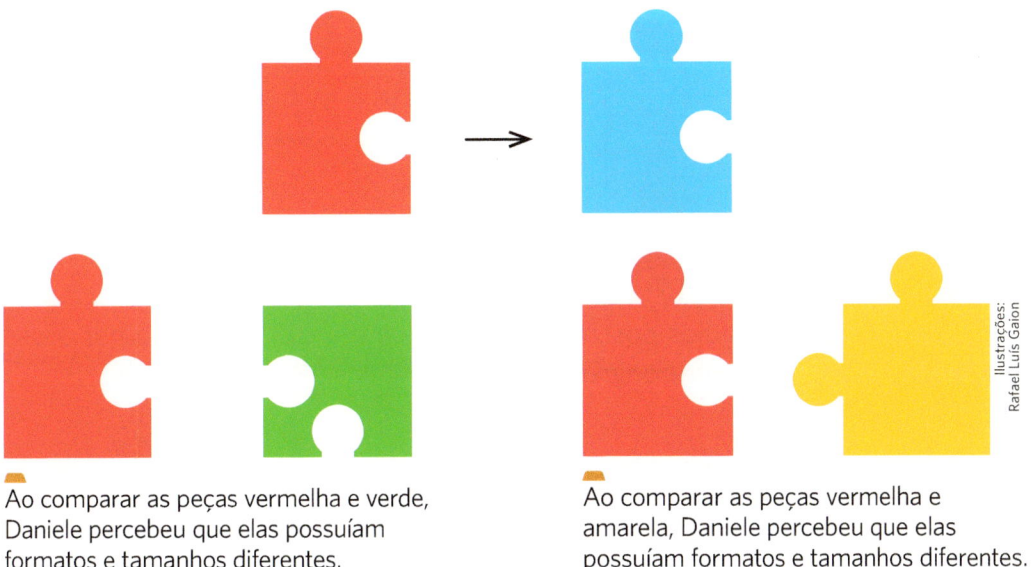

Ao comparar as peças vermelha e verde, Daniele percebeu que elas possuíam formatos e tamanhos diferentes.

Ao comparar as peças vermelha e amarela, Daniele percebeu que elas possuíam formatos e tamanhos diferentes.

Dizemos que as figuras geométricas que representam as peças com formatos iguais e tamanhos iguais são **congruentes** entre si.

Podemos estender essa ideia para os polígonos, mas para isso devemos lembrar que:

- segmentos de retas congruentes possuem medidas de comprimento iguais;
- ângulos congruentes possuem medidas iguais.

Para que dois polígonos sejam congruentes, é necessário que os lados correspondentes sejam congruentes e que os ângulos internos correspondentes sejam congruentes. Por exemplo, os quadriláteros ABCD e EFGH são congruentes.

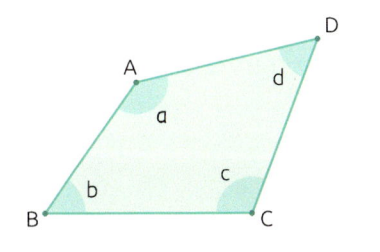

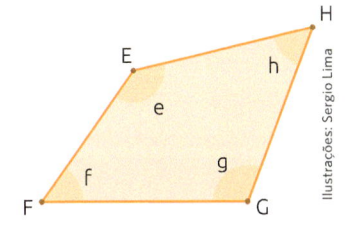

O símbolo $\equiv$ indica congruência.

Lados: $\overline{AB} \equiv \overline{EF}$, $\overline{BC} \equiv \overline{FG}$, $\overline{CD} \equiv \overline{GH}$ e $\overline{AD} \equiv \overline{EH}$.
Ângulos internos: $\hat{a} \equiv \hat{e}$, $\hat{b} \equiv \hat{f}$, $\hat{c} \equiv \hat{g}$ e $\hat{d} \equiv \hat{h}$.

1 Podemos afirmar que dois pentágonos cujos lados correspondentes possuem medidas de comprimento iguais são congruentes?

Congruência de triângulos

No caso dos triângulos, não é necessário analisar a medida do comprimento dos três lados e dos três ângulos internos correspondentes para verificar se dois triângulos são congruentes; basta analisar três dessas medidas, de acordo com os seguintes casos de congruência:

- lado, lado, lado (LLL)

    Quando dois triângulos possuem os três lados respectivamente congruentes, os triângulos são congruentes.

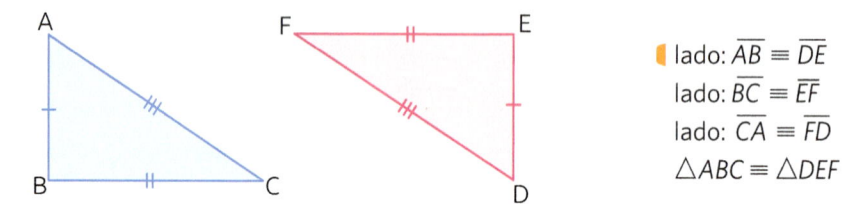

    lado: $\overline{AB} \equiv \overline{DE}$
    lado: $\overline{BC} \equiv \overline{EF}$
    lado: $\overline{CA} \equiv \overline{FD}$
    $\triangle ABC \equiv \triangle DEF$

- lado, ângulo, lado (LAL)

    Quando dois triângulos possuem dois lados e o ângulo formado por esses lados respectivamente congruentes, os triângulos são congruentes.

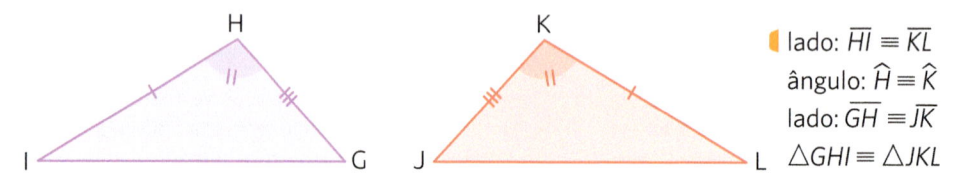

    lado: $\overline{HI} \equiv \overline{KL}$
    ângulo: $\hat{H} \equiv \hat{K}$
    lado: $\overline{GH} \equiv \overline{JK}$
    $\triangle GHI \equiv \triangle JKL$

- ângulo, lado, ângulo (ALA)

    Quando dois triângulos possuem dois ângulos e o lado adjacente a esses ângulos respectivamente congruentes, os triângulos são congruentes.

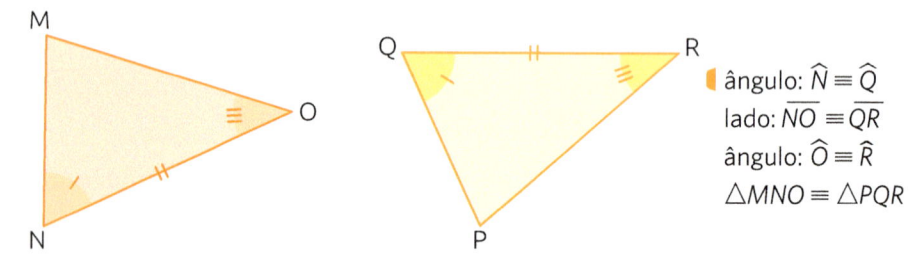

    ângulo: $\hat{N} \equiv \hat{Q}$
    lado: $\overline{NO} \equiv \overline{QR}$
    ângulo: $\hat{O} \equiv \hat{R}$
    $\triangle MNO \equiv \triangle PQR$

- lado, ângulo, ângulo oposto (LAA$_o$)

    Quando dois triângulos possuem um lado, um ângulo adjacente a esse lado e um ângulo oposto a esse lado respectivamente congruentes, os triângulos são congruentes.

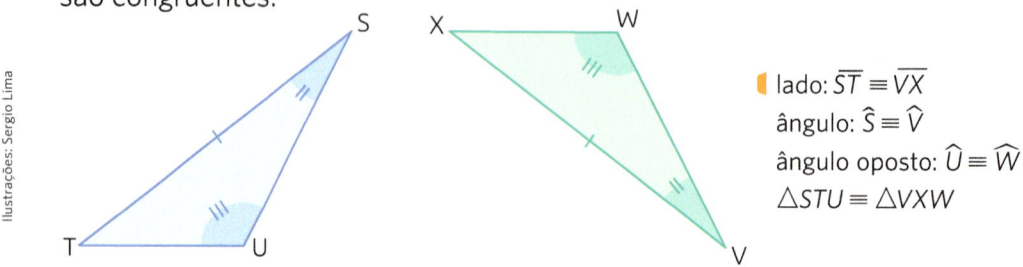

    lado: $\overline{ST} \equiv \overline{VX}$
    ângulo: $\hat{S} \equiv \hat{V}$
    ângulo oposto: $\hat{U} \equiv \hat{W}$
    $\triangle STU \equiv \triangle VXW$

2 Podemos concluir que dois triângulos são congruentes sabendo apenas que as medidas de seus respectivos ângulos internos são iguais? Por quê?

Atividades

15. Utilizando régua e transferidor, indique quais dos polígonos abaixo são congruentes.

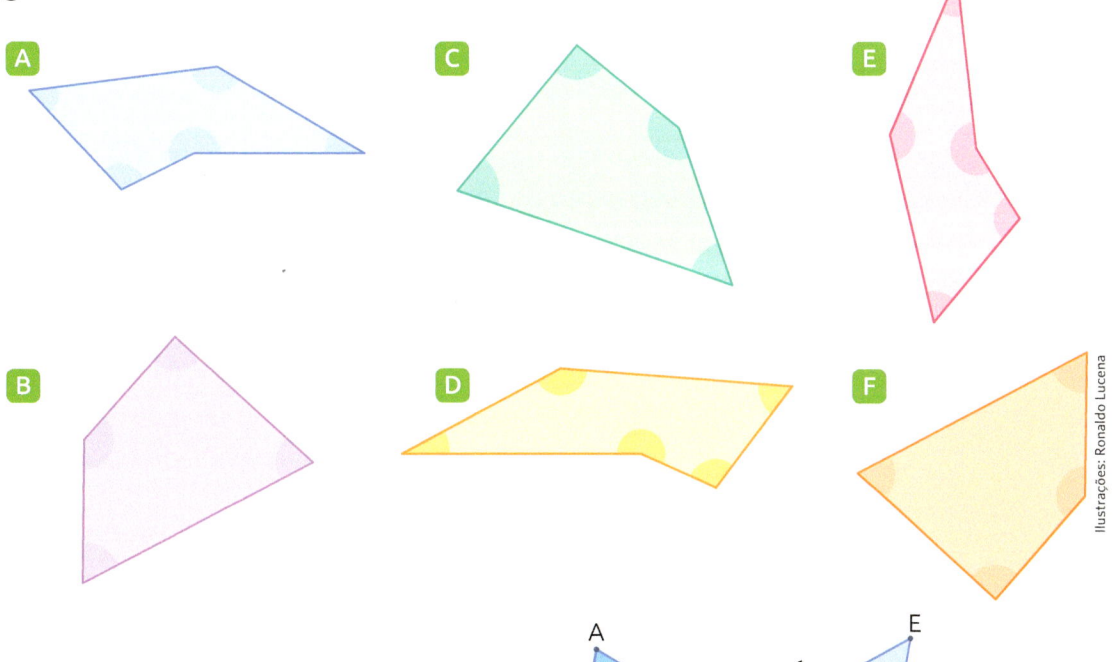

A C E

B D F

16. Na figura, $\overline{AB}$ e $\overline{DE}$ são paralelos. Determine a medida de $\overline{BC}$ e $\overline{CD}$.

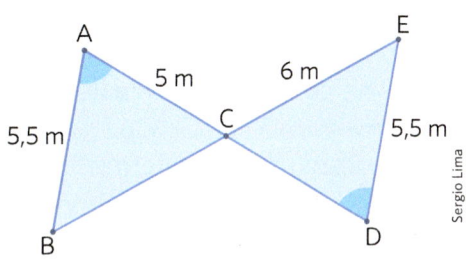

5 m, 6 m, 5,5 m, 5,5 m

17. Determine um caso que garanta a congruência entre os triângulos representados nos itens a seguir.

a) △ABC e △CDA

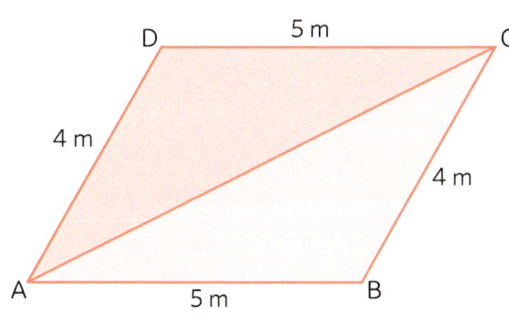

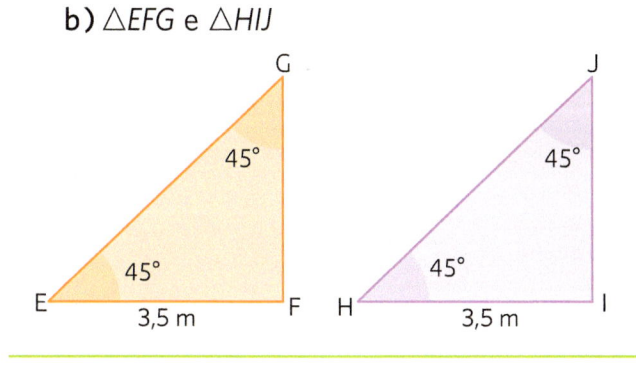

b) △EFG e △HIJ

c) △LON e △MON

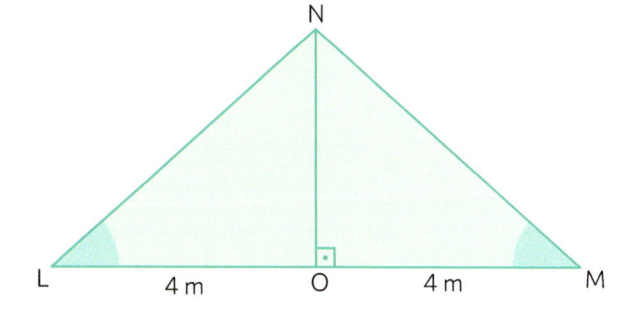

d) △ABC e △CDE

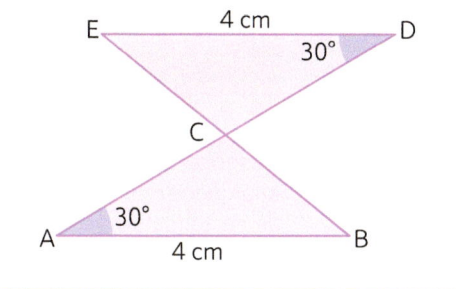

113

Pontos notáveis de um triângulo

Vamos estudar outros elementos importantes relacionados aos triângulos.

Medianas e baricentro do triângulo

No triângulo ABC destacamos o ponto M_A, que é o ponto médio do lado $\overline{BC}$, oposto ao vértice A. O segmento de reta em que uma extremidade é o vértice A e a outra extremidade é o ponto M_A chama-se **mediana** em relação ao vértice A.

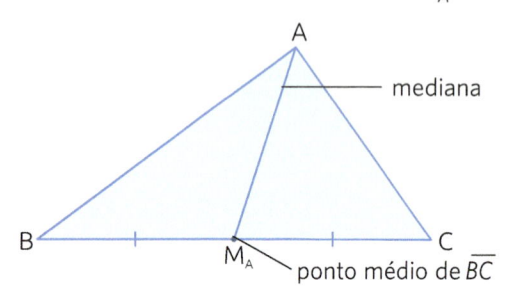

> Em um triângulo, mediana é um segmento de reta que liga um vértice do triângulo ao ponto médio de seu lado oposto.

> O ponto médio M divide $\overline{AB}$ em duas partes de medidas de comprimento iguais.

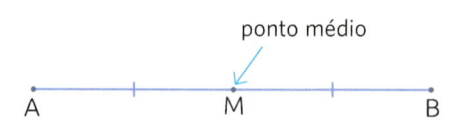

Do mesmo modo, determinamos as demais medianas do triângulo ABC. As três medianas de um triângulo sempre se encontram em um único ponto. Este ponto notável é chamado **baricentro** do triângulo.

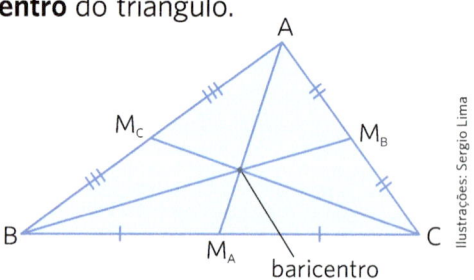

O baricentro corresponde ao ponto de equilíbrio de um triângulo. Podemos observar essa característica do baricentro, na prática, da seguinte maneira.

- Desenhe um triângulo qualquer em um pedaço de cartolina ou de papelão. Em seguida, determine o baricentro do triângulo.
- Recorte o triângulo. 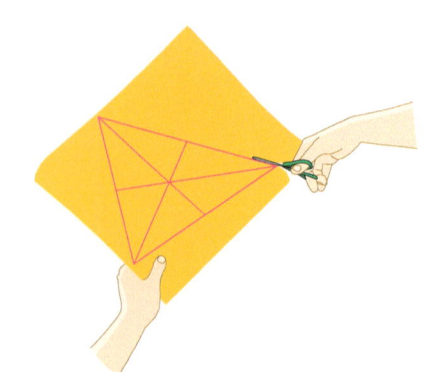
- Utilize um pedaço de barbante e passe-o pelo baricentro. Segure o barbante e deixe o triângulo em equilíbrio.

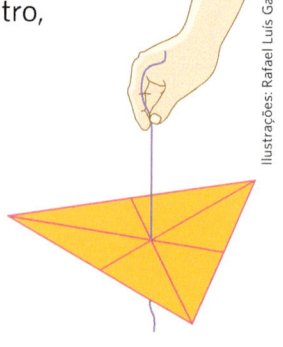

Mediatrizes e circuncentro do triângulo

Na imagem ao lado, a reta r cruza o segmento de reta AB em seu ponto médio M, perpendicularmente. Dizemos que a reta r é **mediatriz** de $\overline{AB}$.

Vamos demonstrar que dado um ponto qualquer sobre a mediatriz de um segmento, esse ponto é equidistante dos extremos desse segmento.

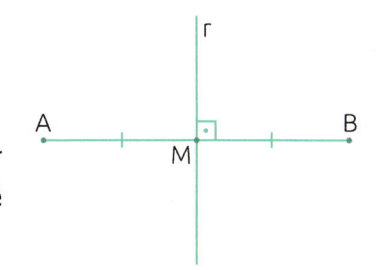

> **Equidistante:** a uma mesma medida de distância de dois ou mais objetos.

> A distância entre dois pontos é o comprimento do segmento de reta que os une.

Demonstração: Considere um ponto P qualquer sobre a mediatriz de $\overline{AB}$. Vamos analisar dois casos.

1º Suponha que P esteja sobre $\overline{AB}$. Assim, P é ponto médio de $\overline{AB}$ e, consequentemente, $\overline{AP} \equiv \overline{BP}$. Logo, P equidista dos extremos de $\overline{AB}$.

2º Suponha agora que P não esteja sobre $\overline{AB}$. Vamos mostrar que ao traçarmos os segmentos AP e BP obtemos dois triângulos congruentes, $\triangle AMP$ e $\triangle BMP$. Como r é a mediatriz de $\overline{AB}$, temos que $A\widehat{M}P \equiv B\widehat{M}P$ e $\overline{AM} \equiv \overline{BM}$. Além disso, como $\overline{PM}$ é um lado comum aos dois triângulos, então, pelo caso LAL de congruência de triângulos, $\triangle AMP \equiv \triangle BMP$. Desse modo, $\overline{AP} \equiv \overline{BP}$ e, consequentemente, o ponto P equidista dos extremos de $\overline{AB}$.

Portanto, qualquer que seja o ponto sobre a mediatriz de um segmento, esse ponto equidista dos extremos desse segmento. Apenas os pontos da mediatriz possuem essa propriedade, ou seja, nenhum outro ponto do plano equidista dos extremos desse segmento.

> O lugar geométrico dos pontos do plano que equidistam de dois pontos A e B dados é a mediatriz do segmento AB.

> **Lugar geométrico:** é o conjunto de todos os pontos que possuem uma determinada propriedade.

Observe agora, as mediatrizes de cada um dos lados do triângulo DEF. Em um triângulo, as mediatrizes dos seus lados sempre se encontram em um único ponto. Esse ponto notável é chamado **circuncentro**.

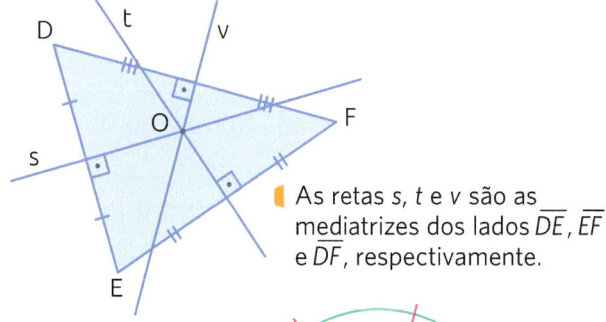

> As retas s, t e v são as mediatrizes dos lados $\overline{DE}$, $\overline{EF}$ e $\overline{DF}$, respectivamente.

O circuncentro de um triângulo é equidistante de seus vértices. Dessa maneira, podemos traçar uma circunferência que passa pelos 3 vértices do triângulo. O circuncentro é o centro dessa circunferência e a medida do raio é igual à medida da distância entre o circuncentro e qualquer um dos vértices do triângulo. Dizemos que essa circunferência está **circunscrita** ao triângulo.

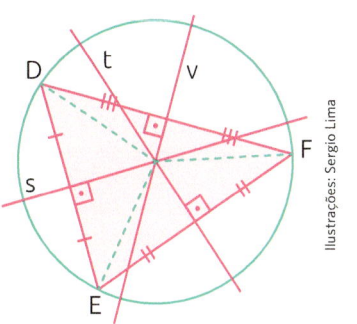

Bissetrizes e incentro do triângulo

Na imagem ao lado, a semirreta OP divide o ângulo AÔB em dois ângulos congruentes. Dizemos que a semirreta OP é a **bissetriz** de AÔB.

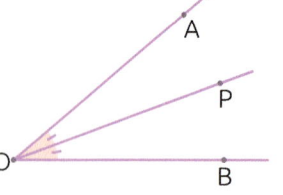

Vamos demonstrar que dado qualquer ponto sobre a bissetriz de um ângulo, esse ponto é equidistante dos lados desse ângulo.

> A distância de um ponto P a uma reta r é o comprimento do segmento perpendicular a r que tem extremidades em P e em um ponto de r.

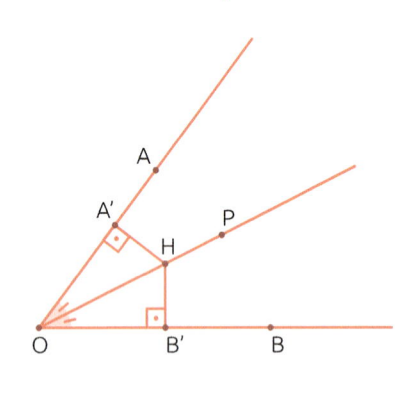

Demonstração:

Considere um ponto H qualquer sobre a bissetriz de AÔB. Vamos mostrar que ao traçarmos os segmentos HA' e HB' obteremos dois triângulos congruentes, $\triangle OA'H$ e $\triangle OB'H$. Como a semirreta OP é bissetriz de AÔB, temos que A'ÔH ≡ B'ÔH. Além disso, HÂ'O ≡ HB̂'O e $\overline{OH}$ é um lado comum aos dois triângulos, então, pelo caso LAA_o de congruência de triângulos, $\triangle OA'H \equiv \triangle OB'H$. Desse modo, $\overline{HA'} \equiv \overline{HB'}$ e, consequentemente, o ponto H equidista dos lados do ângulo AÔB.

Portanto, qualquer que seja o ponto sobre a bissetriz de um ângulo, esse ponto equidista dos lados desse ângulo. Apenas os pontos da bissetriz possuem essa propriedade, ou seja, nenhum outro ponto do plano equidista dos lados desse ângulo.

> O lugar geométrico dos pontos do plano que equidistam de duas semirretas OA e OB de mesma origem é a bissetriz do ângulo AÔB.

Em um triângulo, a bissetriz é um segmento de reta que divide um ângulo interno em dois ângulos congruentes. Esse segmento de reta tem uma extremidade no vértice desse ângulo e a outra extremidade no lado oposto a esse vértice.

Observe agora, as bissetrizes do triângulo EFG. As três bissetrizes de um triângulo sempre se encontram em um único ponto. Esse ponto notável é chamado **incentro**.

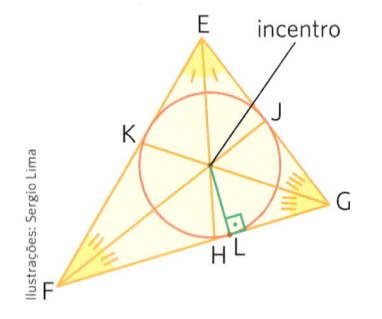

$\overline{EH}$, $\overline{FJ}$ e $\overline{GK}$ são as bissetrizes dos ângulos Ê, F̂ e Ĝ, respectivamente.

O incentro de um triângulo é equidistante de seus lados. Dessa maneira, podemos traçar uma circunferência com centro no incentro cujo raio tem medida igual à medida da distância entre o incentro e qualquer um dos lados do triângulo. Dizemos que essa circunferência está **inscrita** no triângulo.

Alturas e ortocentro do triângulo

No triângulo ABC, o segmento de reta BD forma um ângulo reto com o lado $\overline{AC}$. Chamamos $\overline{BD}$ a **altura** do triângulo em relação a $\overline{AC}$.

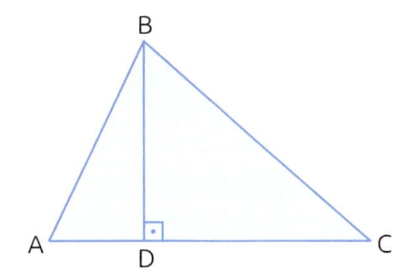

A palavra "altura" é utilizada em nosso dia a dia para indicar comprimentos verticais, como a altura de uma pessoa. Nos triângulos, a altura é um segmento de reta.

Já no triângulo GHI, a seguir, foi necessário fazer um prolongamento do lado $\overline{GI}$ para determinar a altura em relação a esse lado. A altura do triângulo GHI em relação a $\overline{GI}$ é a $\overline{HJ}$.

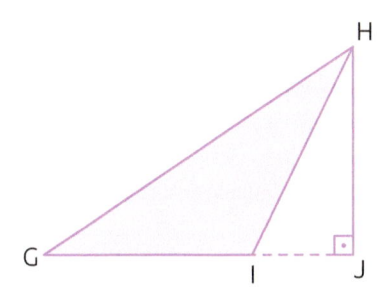

Em um triângulo, uma altura é um segmento de reta com uma extremidade em um vértice e a outra no seu lado oposto ou prolongamento, formando com este um ângulo reto.

As três alturas de um triângulo sempre se encontram em um único ponto. Esse ponto notável é chamado **ortocentro**. Em alguns casos, é preciso prolongar as alturas para determinar o ortocentro do triângulo.

Observe o ortocentro indicado em cada um dos triângulos a seguir.

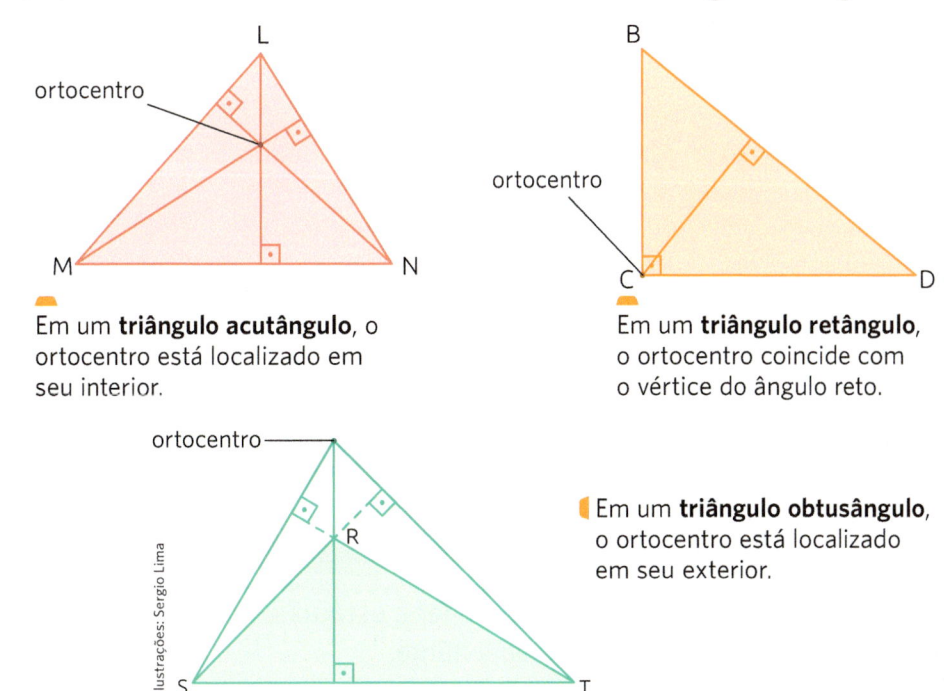

Em um **triângulo acutângulo**, o ortocentro está localizado em seu interior.

Em um **triângulo retângulo**, o ortocentro coincide com o vértice do ângulo reto.

Em um **triângulo obtusângulo**, o ortocentro está localizado em seu exterior.

Atividades

18. Determine o valor de x no triângulo ABC, sabendo que o segmento AD é bissetriz do ângulo Â.

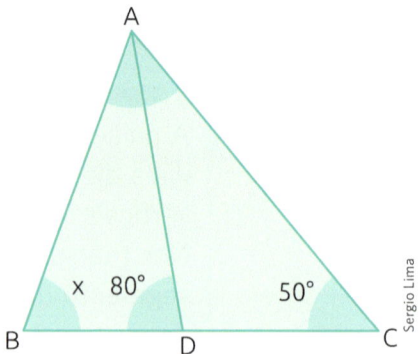

Agora, veja na seção **Ferramentas**, na página **266** como construir uma bissetriz de um triângulo utilizando um *software*. Em seguida, construa um triângulo e as bissetrizes dos três ângulos desse triângulo utilizando também um *software*.

19. A imagem ao lado mostra a localização do terreno que João está vendendo. Para anunciar essa venda, ele vai colocar no interior do terreno uma placa de vende-se, de modo que ela fique a uma mesma medida de distância das ruas Paraná e Mato Grosso. Escreva em seu caderno como João deve proceder para colocar essa placa respeitando essas condições.

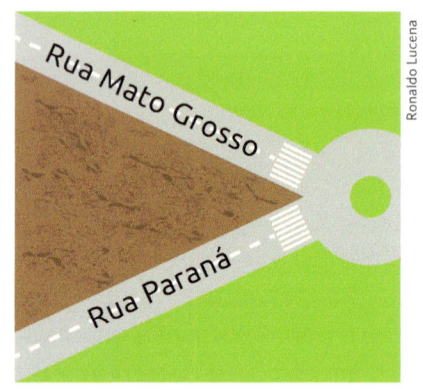

20. Um arquiteto quer colocar uma estátua em uma praça da cidade de maneira que ela fique a uma mesma medida de distância dos postes existentes na praça.

Explique como você faria para posicionar a estátua de modo que os postes fiquem a uma mesma distância da estátua.

21. Em cada item, o segmento azul corresponde a uma mediana, a uma altura ou a uma bissetriz do triângulo representado?

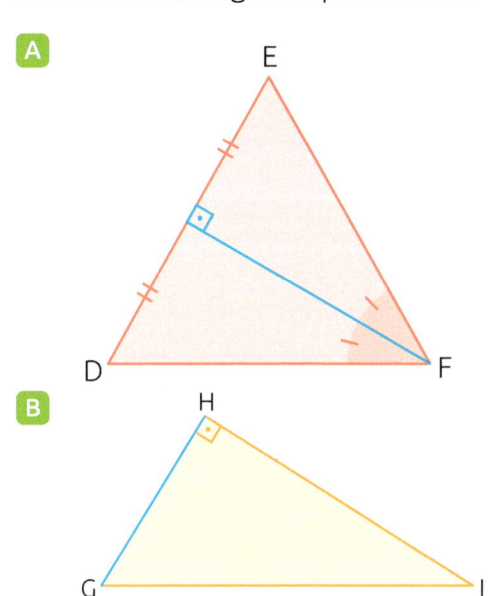

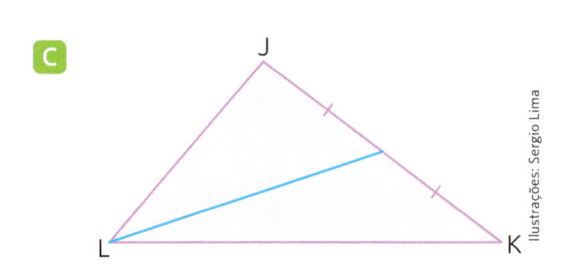

A

B

C

22. Considerando os pontos notáveis de um triângulo, responda aos itens.

a) Quais dos pontos notáveis podem ser apenas internos ao triângulo?

b) Qual dos pontos notáveis de um triângulo é centro de uma circunferência inscrita ao triângulo?

c) Qual ponto notável pode coincidir com um dos vértices do triângulo?

23. Veja na seção **Ferramentas**, na página **256**, como construir a bissetriz de um ângulo utilizando régua e compasso. Depois, retome esta atividade e, utilizando os mesmos procedimentos construa um ângulo cuja medida é:

• 30°
• 45°

24. Identifique qual ponto notável do triângulo corresponde ao ponto O nos itens a seguir.

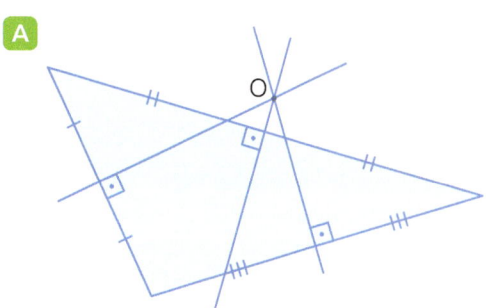

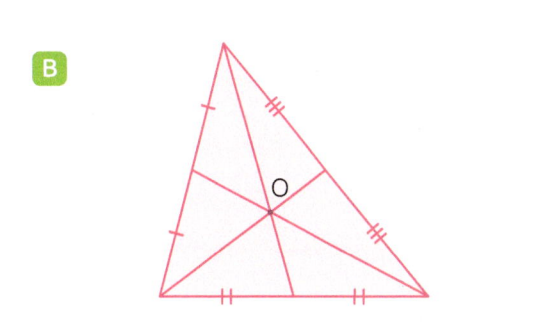

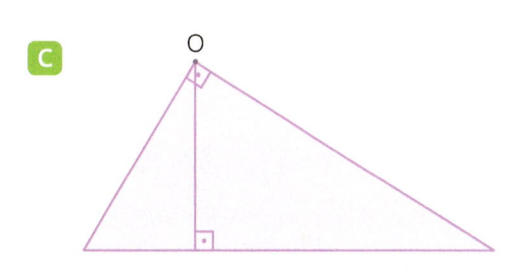

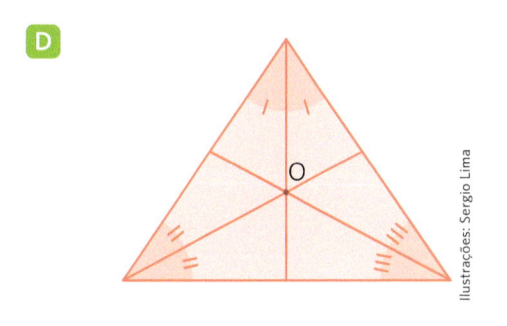

A

B

C

D

Veja na seção **Ferramentas**, nas páginas **257** a **260**, como localizar os pontos notáveis em triângulos utilizando régua e compasso.

Em seguida, construa em seu caderno quatro triângulos e indique os pontos notáveis (circuncentro, baricentro, ortocentro e incentro) em cada triângulo.

25. Sabendo que $\overline{AH}$ é a altura do triângulo em relação ao lado $\overline{BC}$, determine o valor de x e y.

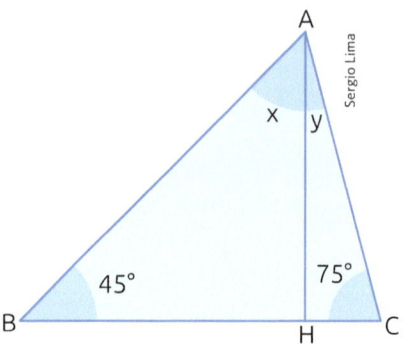

26. Observe os triângulos de base $\overline{BC}$, cujos vértices estão contidos nas retas paralelas r e s que distam 4 cm entre si.

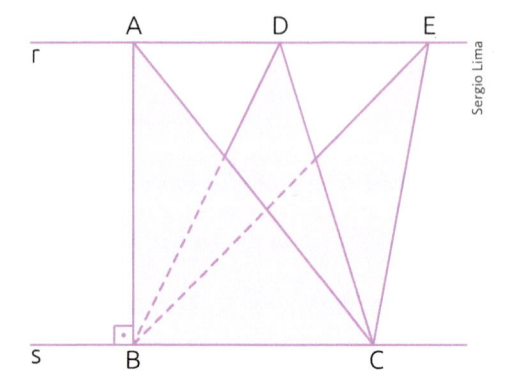

a) Em relação a $\overline{BC}$, qual é a medida do comprimento da altura desses triângulos?

b) Em qual triângulo o ortocentro está localizado em um de seus vértices? E em qual triângulo o ortocentro está localizado em seu exterior?

27. Determine a medida do perímetro do triângulo ABC, sabendo que o ponto O é o baricentro desse triângulo.

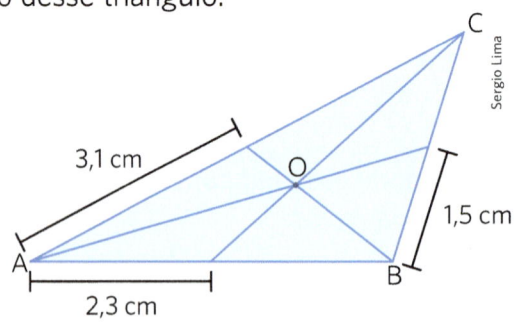

28. Veja na seção **Ferramentas**, na página **256**, como construir um triângulo utilizando régua e compasso. Agora, utilizando os mesmos procedimentos, construa em seu caderno um triângulo equilátero.

a) No triângulo construído por você, indique os quatro pontos notáveis.

b) O que podemos dizer sobre os quatro pontos notáveis construídos?

Vamos relembrar

29. Calcule as medidas dos ângulos $\hat{a}$ e $\hat{b}$ do triângulo abaixo, sabendo-se que:
- $AC = BC$
- $c = 50°$

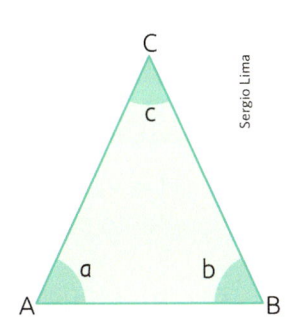

30. Determine, em graus, a medida dos ângulos externos indicada nos triângulos abaixo.

A

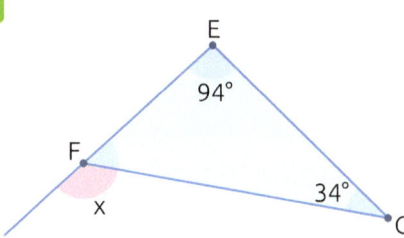

B

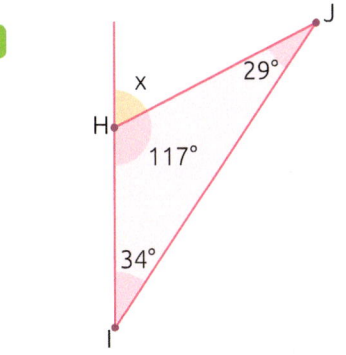

C
- $x + \text{med}(L\hat{M}N) = 90°$

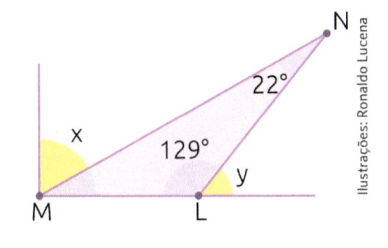

31. Os polígonos a seguir podem ser agrupados em pares de polígonos congruentes. Indique quais são esses pares, escrevendo as letras correspondentes.

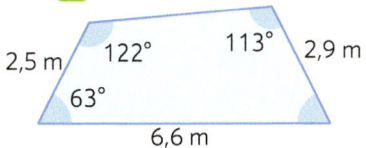

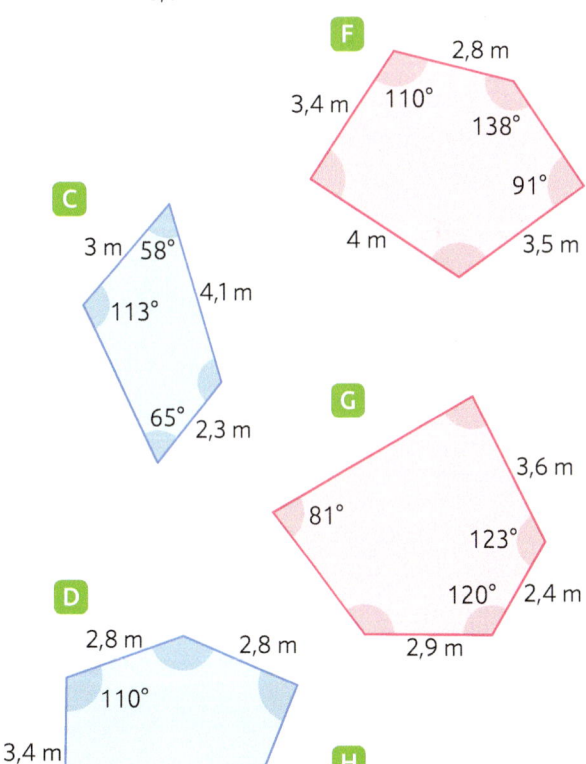

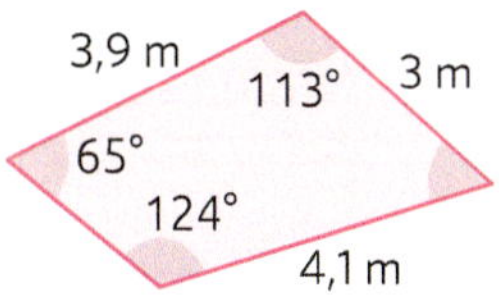

A, B, C, D, E, F, G, H

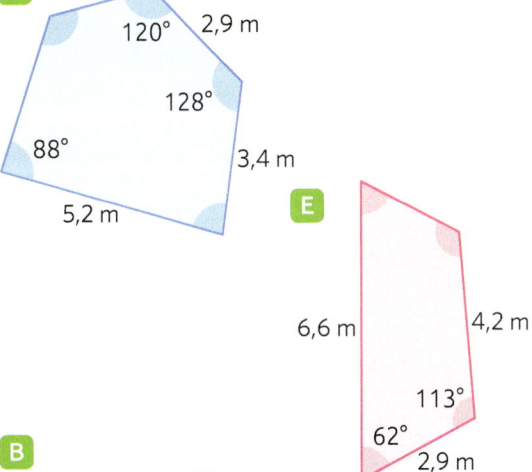

32. Nos itens a seguir, indique quais são os pares de triângulos congruentes e o caso de congruência entre eles.

a)

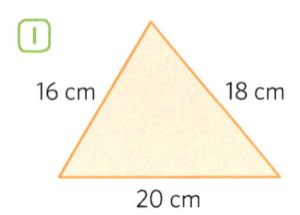

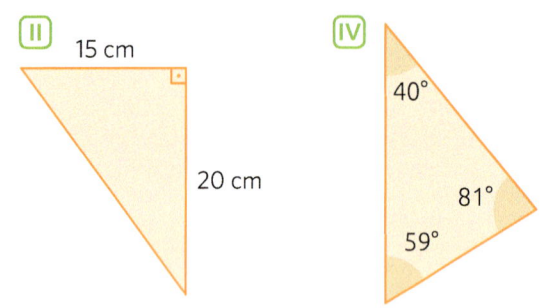

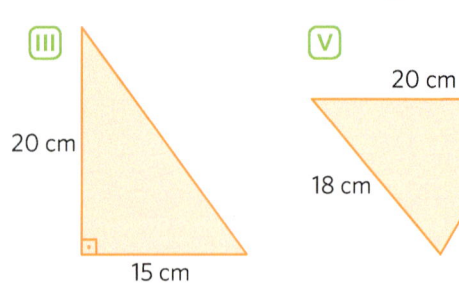

I — 16 cm, 18 cm, 20 cm

II — 15 cm, 20 cm (ângulo reto)

IV — 40°, 81°, 59°

III — 20 cm, 15 cm (ângulo reto)

V — 20 cm, 18 cm, 16 cm

b)

I — 4 m, 62°, 40°

IV — 50°, 65°, 3 m

III — 3 m, 65°, 50°

II — 40°, 4 m, 62°

V — 62°, 4 m (ângulo reto)

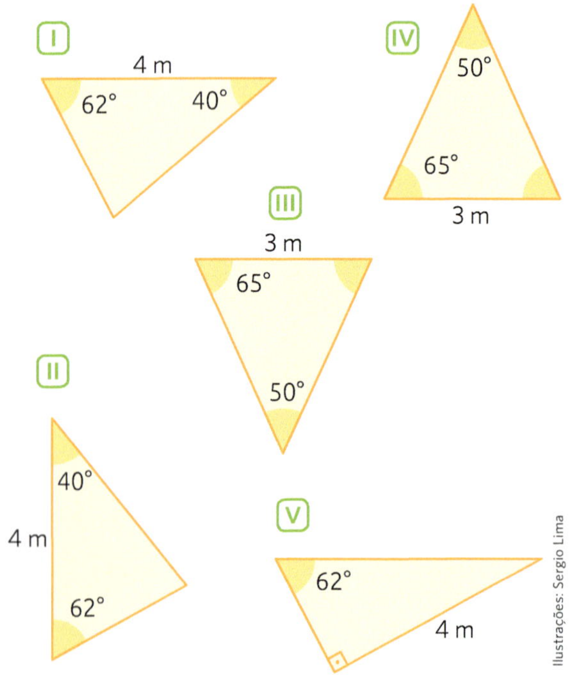

33. Observe o triângulo abaixo, em que $\overline{HM}$ é uma mediana, e responda às questões.

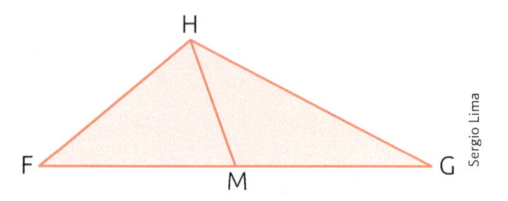

a) Quantas medianas há em um triângulo?

b) Sabendo que FM = 4,5 cm, qual é a medida do comprimento de $\overline{FG}$?

34. Utilizando régua e compasso, faça em seu caderno as construções solicitadas.

- Construa um triângulo isósceles.
- Construa um triângulo equilátero.
- Indique, em cada triângulo, os quatro pontos notáveis.

Agora, observe as construções feitas e classifique em **V** (verdadeira) ou **F** (falsa) cada afirmação a seguir:

a) No triângulo isósceles o baricentro, o ortocentro, o incentro e o circuncentro pertencem a uma mesma reta.

b) No triângulo equilátero o circuncentro e o ortocentro ficam na região interna.

c) As mediatrizes dos lados de um triângulo sempre se encontram em um único ponto, que é chamado baricentro.

35. Copie as frases substituindo cada ■ pela palavra **baricentro**, **circuncentro** ou **incentro** de acordo com a figura.

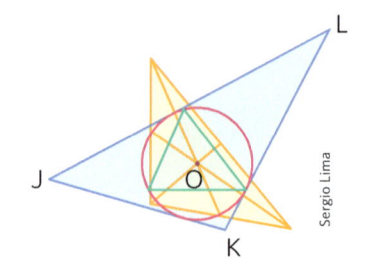

a) O ponto O é o ■ do triângulo verde.

b) No triângulo JKL o ponto O é o ■.

36. Determine o valor de y, sabendo que $\overline{BO}$ é bissetriz de $A\hat{B}C$.

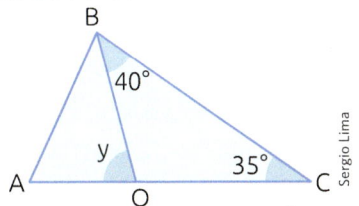

37. Considerando que o ângulo $\hat{C}$ mede 70° e o ponto I é o incentro do triângulo CDE, determine o valor de x.

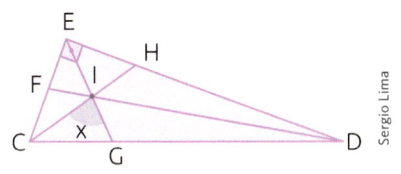

38. Considerando $\overline{BM}$ a altura do △ABC em relação ao lado $\overline{AC}$, calcule a medida do ângulo $\hat{A}$, em graus.

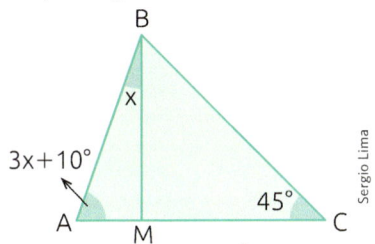

39. Calcule a medida de $M\hat{N}I$ sabendo que N é o ortocentro do △GHI e med$(\hat{G})$ = 51°.

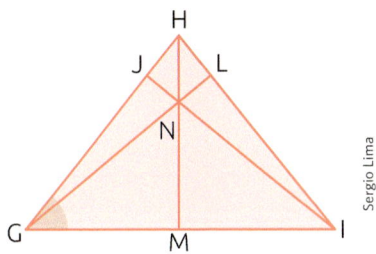

40. Fátima desenhou o triângulo a seguir em uma folha de papel e o recortou. Veja o que ela fez a seguir.

1º Com o triângulo ABC já recortado, ela fez uma dobra de maneira que o lado $\overline{AB}$ coincidisse com uma parte do lado $\overline{AC}$.

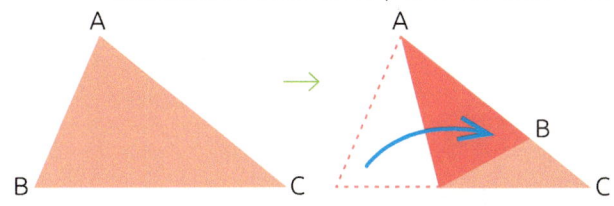

2º Em seguida, ela o desdobrou, obtendo a bissetriz do ângulo $\hat{A}$.

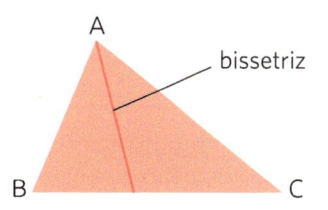

3º Repetindo o mesmo procedimento para os lados $\overline{AB}$ e $\overline{BC}$ e os lados $\overline{CA}$ e $\overline{CB}$, Fátima obteve as demais bissetrizes do triângulo.

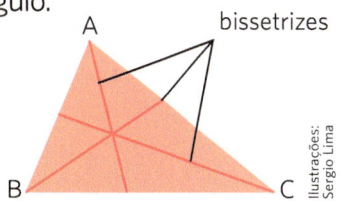

a) Com a dobradura realizada, qual ponto notável do triângulo Fátima obteve?

b) Recorte um triângulo qualquer e, utilizando o mesmo procedimento de Fátima, obtenha as bissetrizes.

41. Em uma prova da gincana escolar, três competidores tinham de encher uma jarra com água cada um, utilizando um copo. A água ficava numa bacia a uma mesma medida de distância de cada competidor. Observe a posição dos competidores e responda:

• Em que local a bacia com água deve ser colocada para que todos os competidores fiquem a uma mesma medida de distância dela?

123

Ampliando fronteiras

Prudência no consumo de água

Você já parou para pensar que poderíamos sobreviver sem eletricidade, sem internet e sem gás de cozinha? Seria muito difícil viver sem esses inventos, porém, sem água não sobreviveríamos e não haveria vida em nosso planeta, pois ela é fundamental para a manutenção da vida de todos os seres vivos que habitam a Terra.

A água é um recurso natural renovável, mas ela não é infinita. Atualmente enfrentamos uma crise de abastecimento desse recurso tão fundamental para a nossa sobrevivência. De acordo com estimativas do Instituto Internacional de Pesquisa de Política Alimentar, até 2050 aproximadamente 4,8 bilhões de pessoas estarão em situação de estresse hídrico. Caso essas estimativas se confirmem, com o aumento da população mundial e os avanços industriais e tecnológicos, se não tivermos prudência no consumo da água, aumentarão os conflitos pelo acesso a ela.

Segundo a Organização das Nações Unidas (ONU) cada pessoa necessita de cerca de 110 litros de água por dia para atender às necessidades de consumo e higiene.

Estresse hídrico: momento em que a procura de água excede a quantidade disponível.

Observe no gráfico o consumo médio diário de água, por pessoa, em cada região brasileira, em 2016.

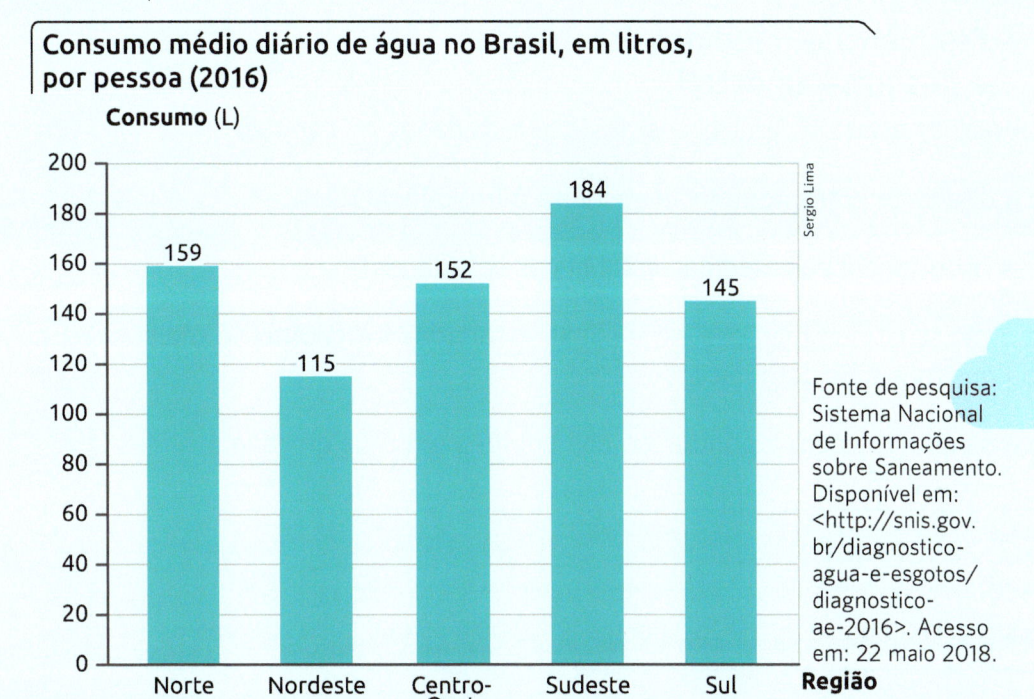

Consumo médio diário de água no Brasil, em litros, por pessoa (2016)

- Norte: 159
- Nordeste: 115
- Centro-Oeste: 152
- Sudeste: 184
- Sul: 145

Fonte de pesquisa: Sistema Nacional de Informações sobre Saneamento. Disponível em: <http://snis.gov.br/diagnostico-agua-e-esgotos/diagnostico-ae-2016>. Acesso em: 22 maio 2018.

Todos devemos ajudar a economizar água, começando pelas mudanças de hábitos. A água não é um bem de consumo, é um recurso natural essencial para a vida e deve ser utilizado de maneira consciente. Diante disso, é mais do que fundamental reduzir o consumo de água. A ideia não é deixar de usar a água, mas sim ter consciência de que é importante poupá-la. Para tanto, é preciso adotar soluções para um consumo consciente.

1. Em sua opinião, por que a água é tão importante?
2. Você já vivenciou alguma situação em que não havia água disponível para o seu consumo e o de sua família? Em caso afirmativo, conte para os colegas.
3. Em grupo, indique quais práticas devemos adotar para se ter um consumo consciente da água.
4. Em qual região brasileira o consumo médio diário de água, por pessoa, mais se aproxima da quantidade diária necessária para consumo e higiene, de acordo com a ONU?

Verificando rota

Capítulo 5 — Frequências, medidas estatísticas e pesquisa amostral

1. Quais foram os tipos de variáveis estatísticas estudadas no capítulo?

2. Qual é a diferença entre frequência absoluta e frequência relativa?

3. Qual é a importância das medidas estatísticas estudadas?

4. No dia a dia, qual das medidas estatísticas estudadas no capítulo é mais utilizada nos meios de comunicação?

5. Observe os quadros com a pontuação das equipes em uma gincana.

Equipe A	Equipe B	Equipe C	Equipe D	Equipe E
1200 pontos	1800 pontos	1200 pontos	2000 pontos	1200 pontos

Explique os procedimentos utilizados por você para calcular a média aritmética da pontuação das equipes nessa gincana.

6. No campeonato de basquetebol da escola, Maurício obteve uma média de 18 pontos por partida. É possível afirmar que ele tenha feito a mesma quantidade de pontos em todas as partidas? Justifique sua resposta.

7. Em qual caso utilizamos o conceito de média aritmética para determinar o valor da mediana?

8. Você já ouviu as expressões "acima da média" ou "abaixo da média"? Em sua opinião, qual é o significado dessas expressões?

9. Em Estatística, a população faz parte da amostra ou a amostra faz parte da população?

10. Qual é o objetivo de organizar um conjunto de dados em um rol?

11. Na tabela de distribuição de frequências, em qual situação é recomendado agrupar os dados em intervalos de classes?

12. Como é determinada a amplitude total de um conjunto de dados?

Capítulo 6 — Probabilidade

13. Que estratégias podemos utilizar para obter a quantidade total de possibilidades de alguma situação?

14. Em um estojo há 7 fichas numeradas de 1 a 7. Qual é a probabilidade de retirarmos ao acaso uma ficha que contenha um número ímpar?

15. No lançamento de um dado, qual é a probabilidade de que o resultado seja um número primo?

16. Escreva o espaço amostral do lançamento de duas moedas.

Capítulo 7 — Triângulos

17. O que são polígonos congruentes?

18. Meire concluiu que os triângulos ABC e DEF são congruentes pelo caso de congruência LAL. Você concorda com ela? Justifique sua resposta.

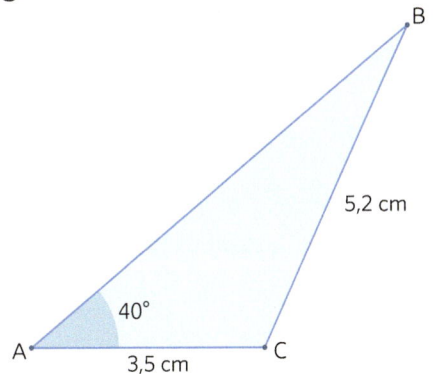

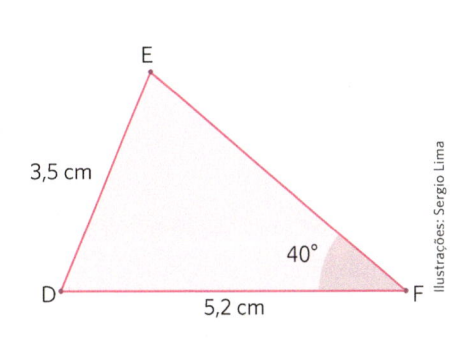

19. Determine a medida dos ângulos internos dos triângulos ABC e EFG, sabendo que:
- $\overline{CD}$ é a altura do triângulo em relação ao lado $\overline{AB}$.
- $\overline{EH}$ é a bissetriz do ângulo $\hat{E}$.

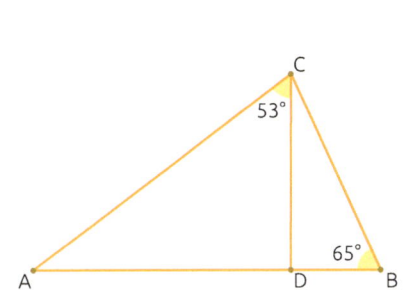

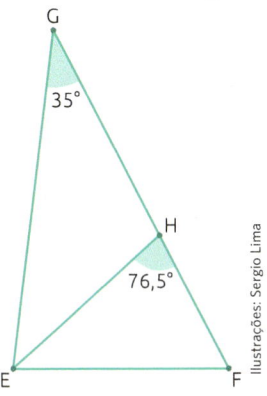

20. Dado o incentro de um triângulo, é possível traçar uma circunferência inscrita ou circunscrita a ele?

Autoavaliação

- Respeitei o professor, os colegas e as pessoas que trabalham na escola?
- Estive presente em todas as aulas?
- Esforcei-me ao máximo para compreender as explicações apresentadas?
- Esforcei-me ao máximo para resolver as tarefas propostas?
- Realizei todas as tarefas propostas para casa?

UNIDADE 3

Quadriláteros, cálculo algébrico, círculo e circunferência

O *Réveillon* de Copacabana, na cidade do Rio de Janeiro (RJ), transformou-se em um dos eventos mais importantes do Brasil e reúne, além de moradores da cidade, turistas de todo o Brasil e do mundo. Os *shows* e a queima de fogos são as atrações principais.

Capítulos desta unidade
- **Capítulo 8** - Quadriláteros e área de figuras planas
- **Capítulo 9** - Cálculo algébrico
- **Capítulo 10** - Círculo e circunferência

Réveillon em Copacabana no Rio de Janeiro em 2016.

Iniciando rota

1. Em eventos abertos ao público, em que não há catracas para a contagem de participantes, são utilizados alguns métodos para estimar quantas pessoas estão presentes. Um desses métodos é contar a quantidade média de pessoas por metro quadrado e multiplicar pela medida da área total ocupada por elas. No caso do *Réveillon* de Copacabana, qual seria o público do evento, considerando que a área ocupada mede aproximadamente 400 000 m² e estimando as seguintes quantidades de pessoas por metro quadrado?

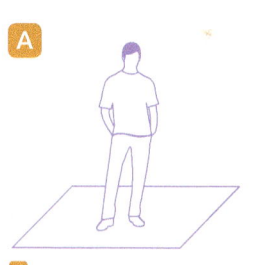

A 1 pessoa por metro quadrado.

C 5 pessoas por metro quadrado.

B 3 pessoas por metro quadrado.

D 7 pessoas por metro quadrado (considerado máximo nesse tipo de situação).

CAPÍTULO 8

Quadriláteros e área de figuras planas

Olhando ao nosso redor, notamos que muitos objetos dos ambientes lembram polígonos, como utensílios domésticos, placas de carros e de sinalização, azulejos, etc. Neste capítulo, vamos retomar o estudo dos polígonos para conhecer características e propriedades dos quadriláteros, além de calcular a medida da área de algumas dessas figuras geométricas.

Os quadriláteros

Os quadriláteros são polígonos que possuem quatro vértices, quatro lados, quatro ângulos internos, quatro ângulos externos e duas diagonais, quando convexos. Veja os elementos do quadrilátero convexo ABCD.

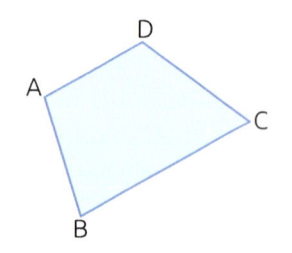

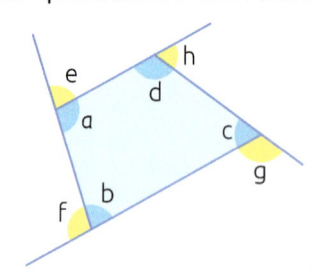

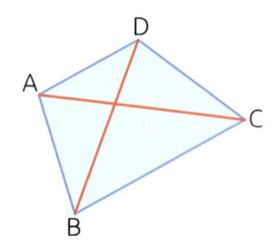

- vértices: A, B, C e D
- lados: $\overline{AB}$, $\overline{BC}$, $\overline{CD}$ e $\overline{AD}$
- ângulos internos: $\hat{a}$, $\hat{b}$, $\hat{c}$ e $\hat{d}$
- ângulos externos: $\hat{e}$, $\hat{f}$, $\hat{g}$ e $\hat{h}$
- diagonais: $\overline{AC}$ e $\overline{BD}$

É importante lembrar que tanto a soma das medidas dos ângulos internos quanto a soma das medidas dos quatro ângulos externos de um quadrilátero convexo é igual a 360°.

Classificação dos quadriláteros

Alguns quadriláteros podem ser classificados em paralelogramos ou trapézios, de acordo com certas características de seus lados.

Paralelogramo: quadrilátero que possui dois pares de lados opostos paralelos.

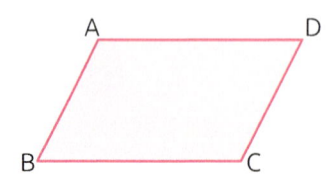

No paralelogramo ABCD, o lado $\overline{AB}$ é paralelo ao lado $\overline{CD}$ ($\overline{AB}//\overline{CD}$) e o lado $\overline{BC}$ é paralelo ao lado $\overline{AD}$ ($\overline{BC}//\overline{AD}$).

Trapézio: quadrilátero que possui apenas um par de lados opostos paralelos.

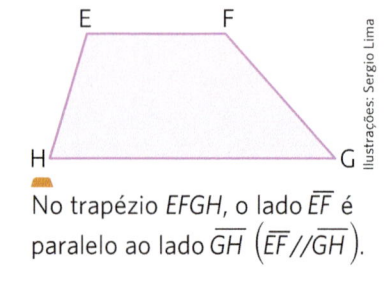

No trapézio EFGH, o lado $\overline{EF}$ é paralelo ao lado $\overline{GH}$ ($\overline{EF}//\overline{GH}$).

Ilustrações: Sergio Lima

> O retângulo é um quadrilátero que pode ser classificado como paralelogramo? Justifique sua resposta.

Há quadriláteros que não podem ser classificados como paralelogramos ou como trapézios. Veja alguns exemplos:

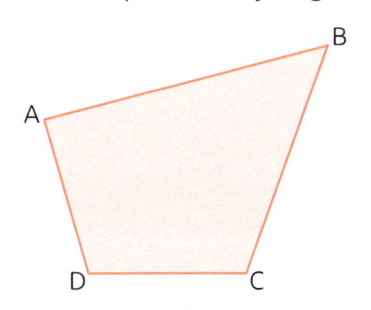

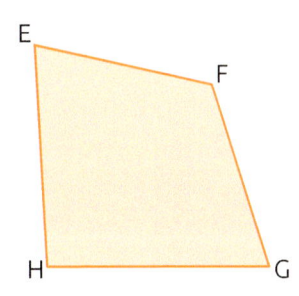

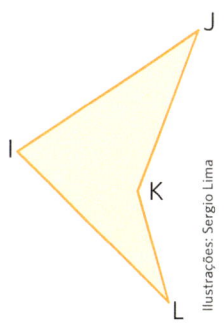

Atividades

1. Considere as figuras geométricas a seguir.

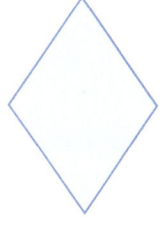

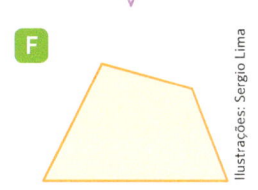

a) Quais dessas figuras são polígonos?

b) Quais desses polígonos são quadriláteros?

2. Observe os quadriláteros a seguir e identifique no caderno os lados, vértices, ângulos internos e ângulos externos.

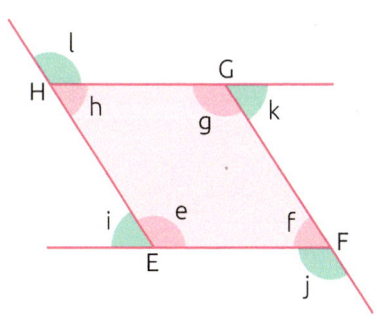

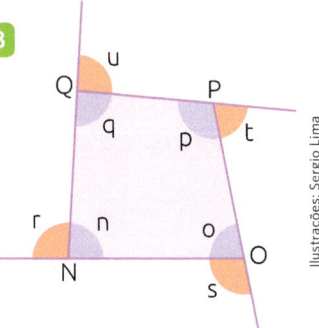

3. Dado o quadrilátero EFHG ao lado, resolva os itens a seguir no caderno.

a) Esse quadrilátero pode ser classificado como um paralelogramo ou um trapézio? Justifique sua resposta.

b) Quantos lados tem esse polígono? E quantas diagonais podem ser traçadas?

c) Indique quais são os lados e as possíveis diagonais desse polígono.

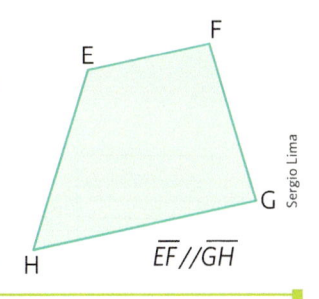

$\overline{EF} // \overline{GH}$

Paralelogramo

Observe alguns paralelogramos.

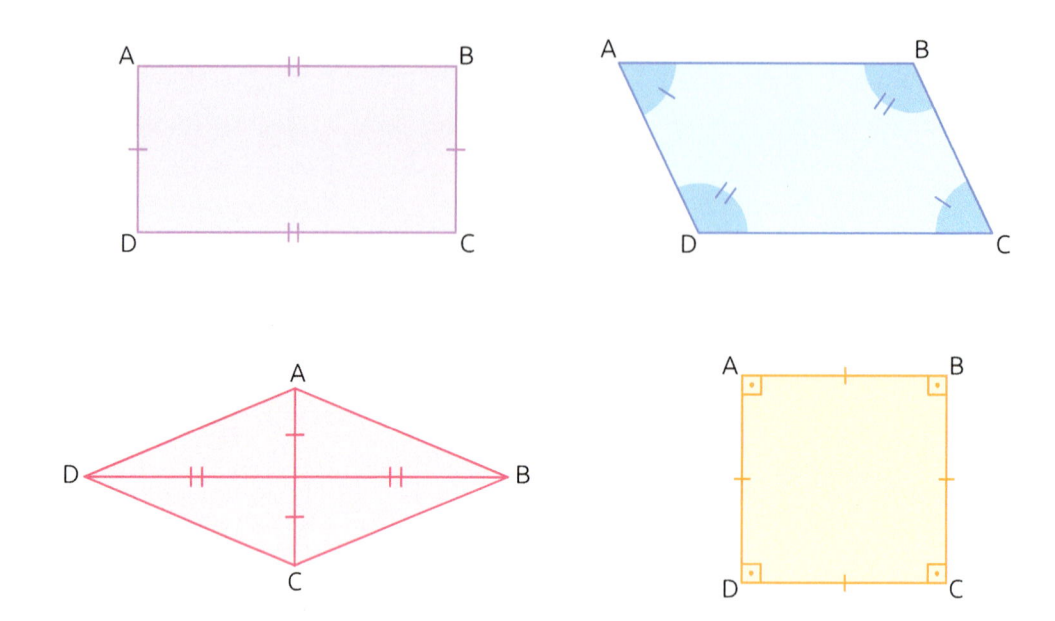

Em qualquer paralelogramo, temos as seguintes três propriedades.

1ª propriedade

As medidas do comprimento dos lados opostos são iguais, ou seja, os lados opostos são congruentes.

Demonstração: Para demonstrar essa propriedade, vamos considerar o paralelogramo *ABCD* abaixo. Vamos mostrar que, ao traçar a diagonal $\overline{AC}$, obtemos dois triângulos congruentes, △*ABC* e △*CDA*. Como $\overline{AB}$ e $\overline{CD}$ são paralelos, então $B\hat{A}C$ e $D\hat{C}A$ são congruentes, pois são ângulos alternos internos. Da mesma maneira, como $\overline{AD}$ e $\overline{BC}$ são paralelos, então $D\hat{A}C$ e $B\hat{C}A$ são congruentes, pois são ângulos alternos internos.

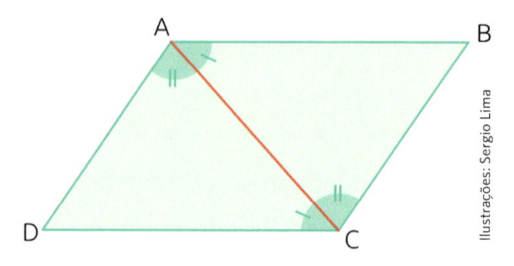

Além disso, como $\overline{AC}$ é um lado comum aos dois triângulos, então, pelo caso ALA de congruência de triângulos, △*ABC* ≡ △*CDA*.

Logo, $\overline{AB} \equiv \overline{CD}$ e $\overline{BC} \equiv \overline{AD}$, como queríamos demonstrar.

2ª propriedade

As medidas dos ângulos opostos são iguais, ou seja, os ângulos opostos são congruentes.

Demonstração: De acordo com a 1ª propriedade, uma diagonal do paralelogramo decompõe esse quadrilátero em dois triângulos congruentes. No paralelogramo ABCD abaixo temos $\triangle ABC \equiv \triangle CDA$; assim, estão indicados os respectivos ângulos congruentes nesses triângulos.

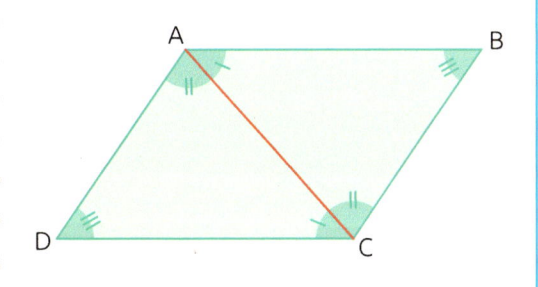

Então, no paralelogramo ABCD, $\hat{B} \equiv \hat{D}$ e $B\hat{A}D \equiv B\hat{C}D$, pois:

$$\text{med}(B\hat{A}D) = \text{med}(B\hat{A}C) + \text{med}(D\hat{A}C) = \text{med}(D\hat{C}A) + \text{med}(B\hat{C}A) = \text{med}(B\hat{C}D)$$

3ª propriedade

As diagonais se cruzam em seus respectivos pontos médios.

Demonstração: Na figura a seguir, o ponto E é a intersecção das diagonais $\overline{AC}$ e $\overline{BD}$ do paralelogramo ABCD.

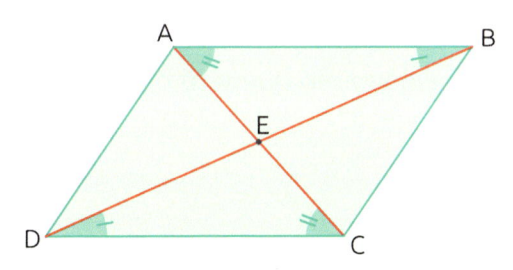

Por serem pares de ângulos alternos internos, $A\hat{B}E \equiv C\hat{D}E$ e $E\hat{A}B \equiv E\hat{C}D$. Pela 1ª propriedade, os lados $\overline{AB}$ e $\overline{CD}$ são congruentes. Logo, pelo caso ALA de congruência de triângulos, temos que $\triangle ABE \equiv \triangle CDE$. Logo, como $\overline{AE} \equiv \overline{CE}$, o ponto E é ponto médio da diagonal $\overline{AC}$ e, como $\overline{BE} \equiv \overline{DE}$, o ponto E é ponto médio da diagonal $\overline{BD}$, como queríamos demonstrar.

Podemos classificar um paralelogramo de acordo com a medida do comprimento de seus lados ou a medida de seus ângulos internos.

Um **retângulo** é um paralelogramo que possui os quatro ângulos internos retos, isto é, medindo 90°.

As diagonais de um retângulo são congruentes.

Demonstração: Considere o retângulo ABCD com suas diagonais $\overline{AC}$ e $\overline{BD}$ traçadas como na figura a seguir.

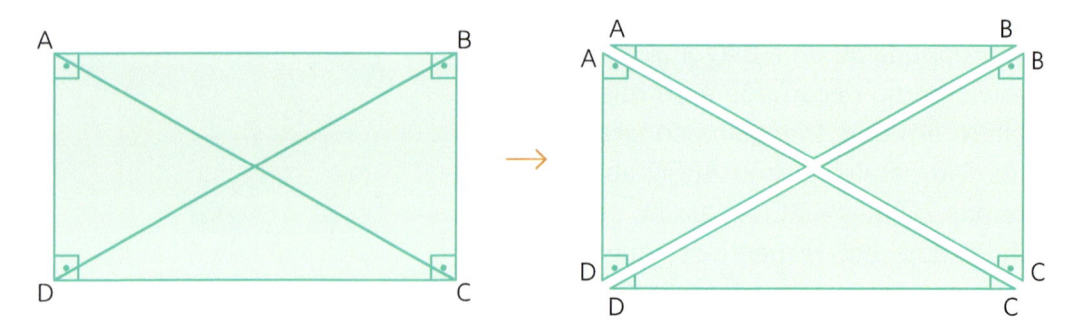

Observe que os triângulos ACD e BDC são tais que:

- os lados $\overline{AD}$ e $\overline{BC}$ são congruentes, pois são lados opostos de um paralelogramo.
- os ângulos $A\hat{D}C$ e $B\hat{C}D$ são congruentes, pois ambos medem 90°.
- o segmento CD é um lado comum aos dois triângulos.

Logo, pelo caso LAL de congruência de triângulos, $\triangle ACD \equiv \triangle BDC$. Assim, os lados $\overline{AC}$ e $\overline{BD}$ dos triângulos, que são as diagonais do retângulo, são congruentes.

Um **losango** é um paralelogramo que tem os quatro lados com medidas de comprimento iguais.

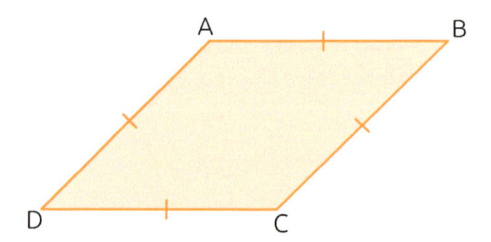

As diagonais de um losango estão contidas nas bissetrizes de seus ângulos internos e são perpendiculares entre si.

Demonstração: O losango tem os quatro lados com medidas de comprimento iguais e suas diagonais se cruzam nos respectivos pontos médios, pois o losango é um paralelogramo. Observe a representação de um losango ABCD com suas diagonais traçadas e com as indicações de congruência entre alguns segmentos da figura.

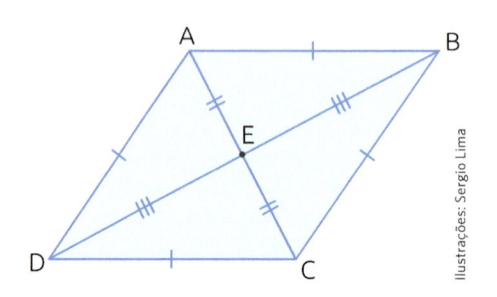

Note que as diagonais do losango decompõem esse quadrilátero em 4 triângulos e, pelo caso LLL de congruência de triângulos, temos:
△ABE ≡ △CBE ≡ △CDE ≡ △ADE. Observe as indicações dos ângulos internos desses triângulos e as congruências entre eles na figura a seguir.

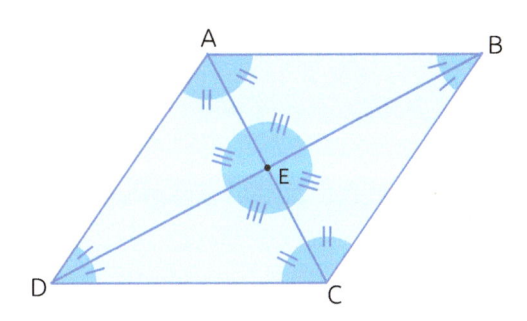

As diagonais estão contidas nas bissetrizes dos ângulos internos do losango, pois, graças às congruências entre os quatro triângulos, temos $B\hat{A}E \equiv D\hat{A}E$, $C\hat{B}E \equiv A\hat{B}E$, $D\hat{C}E \equiv B\hat{C}E$ e $A\hat{D}E \equiv C\hat{D}E$. Além disso, como os quatro ângulos com vértice no ponto E possuem a mesma medida, então cada um mede $\frac{360°}{4} = 90°$, ou seja, as duas diagonais são perpendiculares entre si.

Um **quadrado** é um paralelogramo que possui os quatro lados com medidas de comprimento iguais e os quatro ângulos internos retos.

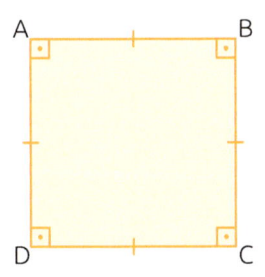

As diagonais de um quadrado são congruentes, estão contidas nas bissetrizes de seus ângulos internos e são perpendiculares entre si.

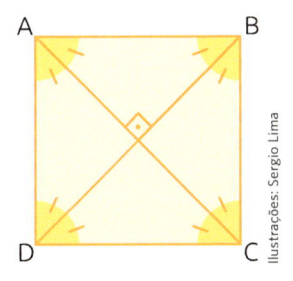

Demonstração: Esse resultado é consequência dos dois anteriores, pois, como todo quadrado é um retângulo, então suas diagonais são congruentes, e como todo quadrado é também um losango, então suas diagonais estão contidas nas bissetrizes de seus ângulos internos e são perpendiculares entre si.

Existem paralelogramos que não podem ser classificados como retângulo, losango ou quadrado de acordo com a medida de seus lados ou a medida de seus ângulos. Veja, por exemplo, o paralelogramo a seguir:

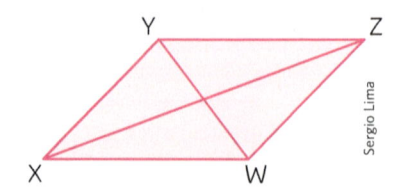

Com relação às diagonais desse paralelogramo, temos:
- não são congruentes;
- não são perpendiculares entre si;
- $\overline{YW}$ não está contida na bissetriz dos ângulos $X\hat{Y}Z$ e $X\hat{W}Z$;
- $\overline{XZ}$ não está contida na bissetriz dos ângulos $Y\hat{Z}W$ e $Y\hat{X}W$.

Atividades

4. Determine a medida do ângulo indicado em alaranjado em cada paralelogramo a seguir.

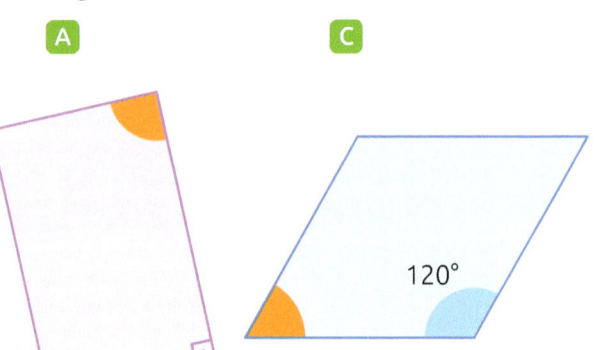

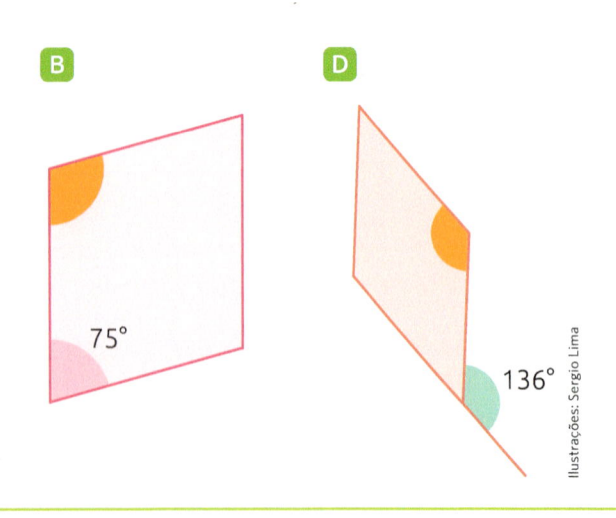

A

B 75°

C 120°

D 136°

5. Sabendo que a medida do perímetro do retângulo a seguir é 28 m, determine a medida do comprimento da diagonal.

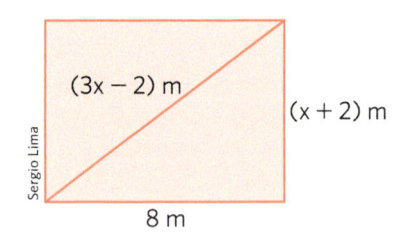

(3x − 2) m
(x + 2) m
8 m

6. De acordo com a medida do ângulo indicado no losango abaixo, determine a medida de cada um de seus ângulos internos e anote-as em seu caderno.

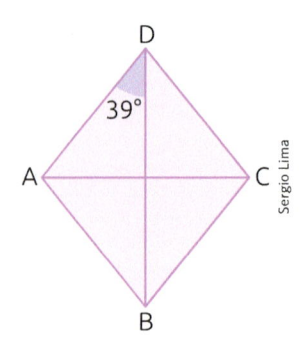

D 39°
A
C
B

7. Determine a medida dos ângulos $\hat{M}$ e $\hat{O}$ de um paralelogramo MNOP, sabendo que med$(\hat{N})$ + med$(\hat{P})$ = 152° e que $\overline{MP} // \overline{NO}$.

8. Na página **135**, vimos que as diagonais de um quadrado são congruentes, estão contidas nas bissetrizes dos seus ângulos internos e são perpendiculares entre si. Agora, usando a congruência de triângulos, mostre que as diagonais do quadrado *ABCD* são congruentes.

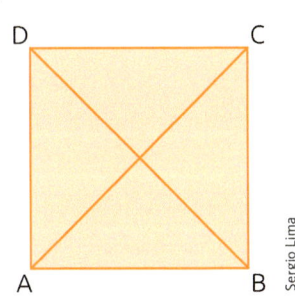

9. A seguir são apresentados três paralelogramos: um losango, um retângulo e um quadrado. Utilizando régua e transferidor, meça o comprimento dos lados e os ângulos internos de cada um dos paralelogramos e escreva essas medidas no caderno. Em seguida, identifique o retângulo, o quadrado e o losango.

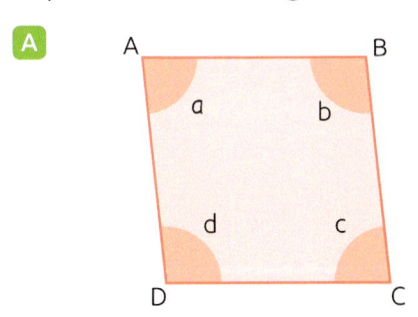

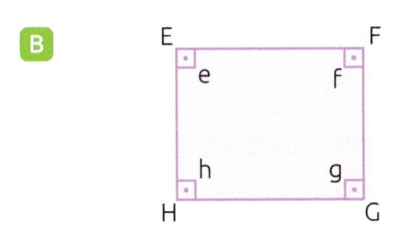

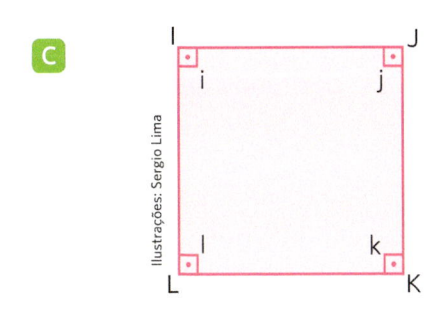

A

B

C

10. Classifique, quando possível, cada um dos paralelogramos abaixo em retângulo, quadrado ou losango. Em seguida, calcule a medida do perímetro de cada paralelogramo.

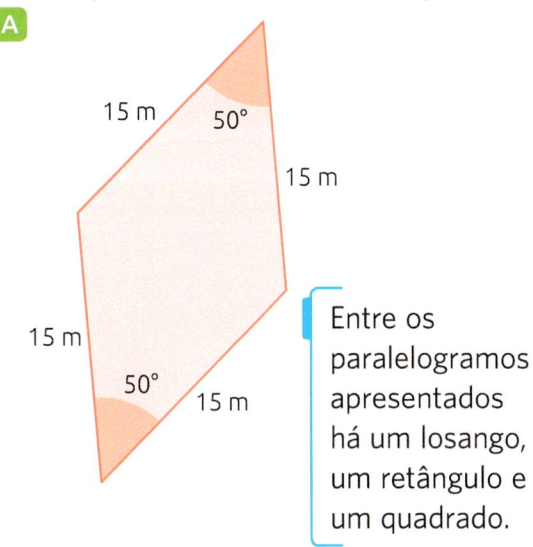

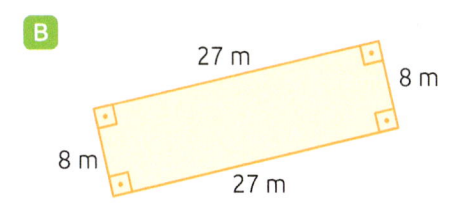

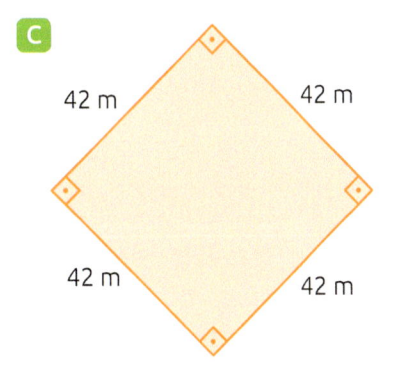

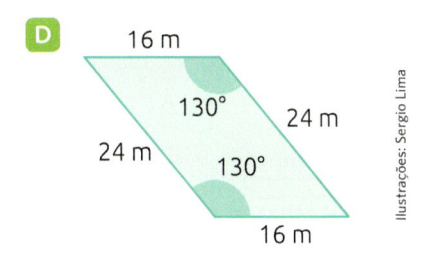

A

Entre os paralelogramos apresentados há um losango, um retângulo e um quadrado.

B

C

D

Trapézio

Vimos anteriormente que o trapézio é um quadrilátero que possui apenas um par de lados opostos paralelos. Esses lados paralelos são chamados **bases** do trapézio.

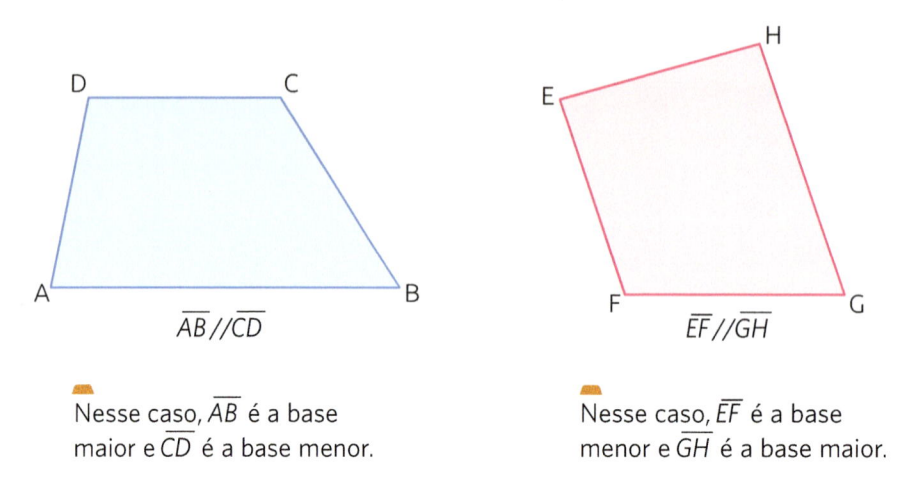

$\overline{AB} // \overline{CD}$

Nesse caso, $\overline{AB}$ é a base maior e $\overline{CD}$ é a base menor.

$\overline{EF} // \overline{GH}$

Nesse caso, $\overline{EF}$ é a base menor e $\overline{GH}$ é a base maior.

Os trapézios podem ser classificados de acordo com algumas características.

- **Trapézio escaleno**: possui os lados não paralelos com medidas de comprimento diferentes.

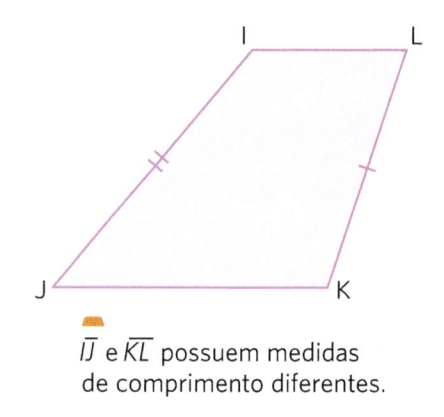

$\overline{IJ}$ e $\overline{KL}$ possuem medidas de comprimento diferentes.

- **Trapézio retângulo**: possui um dos lados não paralelos perpendicular às bases, ou seja, formando ângulos de 90° com as bases.

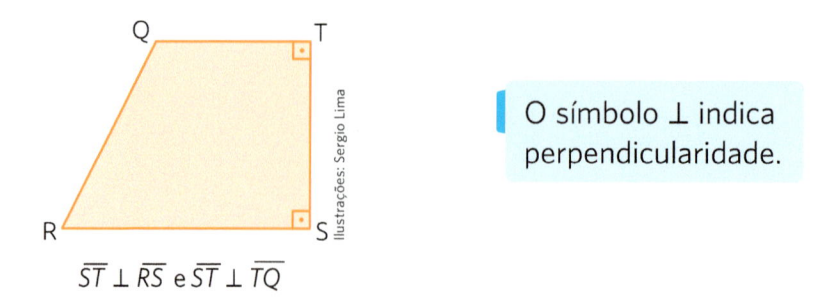

$\overline{ST} \perp \overline{RS}$ e $\overline{ST} \perp \overline{TQ}$

> O símbolo $\perp$ indica perpendicularidade.

1 Um trapézio retângulo também pode ser classificado como trapézio escaleno? Justifique sua resposta.

- **Trapézio isósceles**: possui os lados não paralelos com medidas de comprimento iguais.

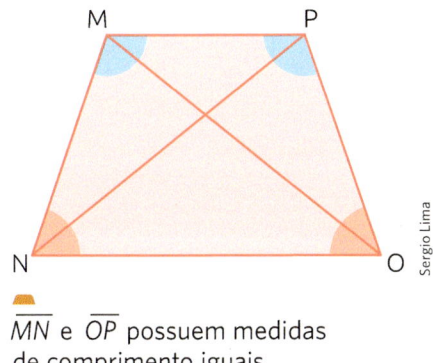

$\overline{MN}$ e $\overline{OP}$ possuem medidas de comprimento iguais.

Observe agora, duas propriedades do trapézio isósceles.

1ª propriedade

Em um trapézio isósceles, os ângulos internos correspondentes aos vértices da mesma base são congruentes.

Demonstração: Considere um trapézio isósceles MNOP, com $\overline{MP}//\overline{NO}$. Trace um segmento de reta paralelo a $\overline{MN}$ com uma extremidade em P e outra em um ponto Q pertencente a $\overline{NO}$. Observe que o quadrilátero MNQP obtido é um paralelogramo, logo, MN = PQ e, como MNOP é um trapézio isósceles, MN = PO. Assim, PQ = PO, ou seja, o triângulo OPQ é isósceles e, portanto, $P\hat{O}Q \equiv P\hat{Q}O$. Além disso, como $\overline{MN}$ é paralelo a $\overline{PQ}$, os ângulos $P\hat{Q}O$ e $M\hat{N}Q$ são congruentes, pois são ângulos correspondentes. Segue que $\hat{N}$ e $\hat{O}$ são congruentes.

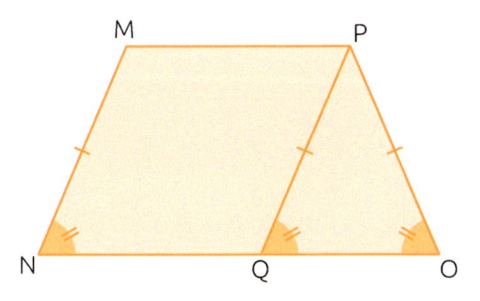

Agora, vamos provar que $\hat{M}$ e $\hat{P}$ são congruentes. Observe que $\hat{M}$ e $\hat{N}$ são ângulos colaterais internos e são, portanto, suplementares. Do mesmo modo, $\hat{P}$ e $\hat{O}$ são suplementares, pois são ângulos colaterais internos.

Assim:

$\text{med}(\hat{M}) = 180° - \text{med}(\hat{N})$

$\text{med}(\hat{P}) = 180° - \text{med}(\hat{O})$

Como $\hat{N}$ e $\hat{O}$ são congruentes, temos:

$\text{med}(\hat{M}) = \text{med}(\hat{P}) = 180° - \text{med}(\hat{N})$

Portanto, $\hat{M}$ e $\hat{P}$ são congruentes, o que conclui a demonstração.

2ª propriedade

As diagonais de um trapézio isósceles são congruentes.

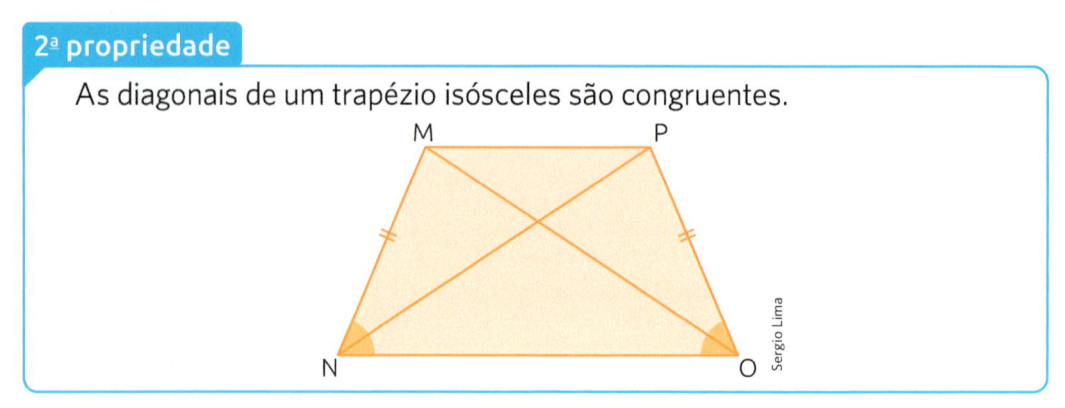

2 Utilizando a congruência de triângulos, mostre que as diagonais do trapézio isósceles MNOP são congruentes.

Atividades

11. Associe cada quadrilátero a uma de suas características, escrevendo no caderno a letra e o símbolo romano correspondentes.

- **A** Trapézio retângulo.
- **B** Losango.
- **C** Retângulo.
- **D** Trapézio isósceles.

- **I** Possui diagonais perpendiculares.
- **II** Dois de seus ângulos internos são retos e possui ângulos internos opostos não congruentes.
- **III** Cada lado é congruente ao lado oposto e suas diagonais não são perpendiculares, necessariamente.
- **IV** Cada ângulo interno é congruente a outro ângulo interno formado pela mesma base.

12. Observe alguns pontos indicados na malha quadriculada.

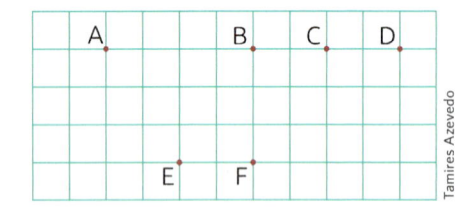

Determine quatro desses pontos que correspondem aos vértices de um trapézio:

a) isósceles.
b) retângulo.
c) escaleno.

13. Considere o triângulo abaixo.

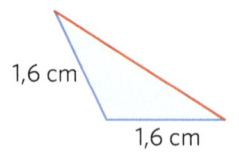

Ao unir esse triângulo aos triângulos dos itens a seguir pelos respectivos lados em vermelho, que possuem medidas de comprimento iguais, obtêm-se trapézios. Classifique cada trapézio obtido em isósceles, escaleno ou retângulo.

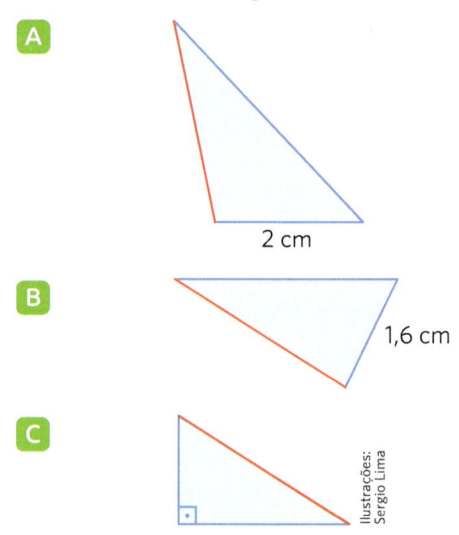

A

B

C

14. Um trapézio isósceles tem três lados cujos comprimentos medem 25 cm, 18 cm e 16 cm, respectivamente. Qual é o maior valor possível da medida do perímetro desse trapézio?

Área de polígonos

Nos anos anteriores, estudamos como calcular determinadas medidas de áreas e as unidades de medidas usadas para expressá-las.

Conceitos relacionados à área já eram utilizados há milhares de anos por vários povos da Antiguidade.

Neste tópico, vamos estudar como calcular a medida da área de alguns polígonos.

Área do paralelogramo

Ana construiu um paralelogramo em uma malha quadriculada. Cada quadradinho da malha que ela utilizou tem área medindo 1 cm².

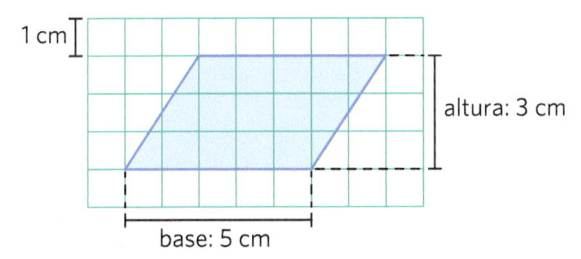

Veja como ela fez para calcular a medida da área desse paralelogramo.

- Inicialmente, ela decompôs o paralelogramo e, em seguida, nomeou cada uma das partes obtidas em **A** e **B**. Com essas figuras, ela compôs um retângulo.

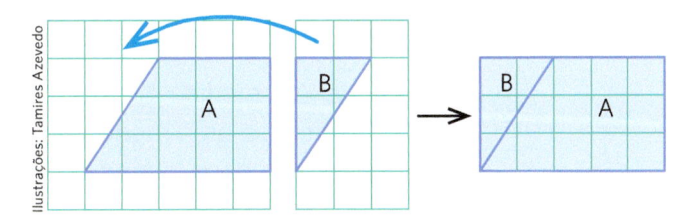

Ela verificou que nesse retângulo cabem 15 quadradinhos cuja área mede 1 cm², ou seja, a medida da área desse retângulo é 15 cm². Portanto, a medida da área do paralelogramo também é 15 cm².

Assim, Ana percebeu que, a medida da área do paralelogramo pode ser obtida do mesmo modo que a medida da área do retângulo, ou seja, multiplicando a medida do comprimento da base pela da altura.

Para calcular a medida da área de um paralelogramo, multiplicamos a medida do comprimento de sua base pela medida de sua altura.

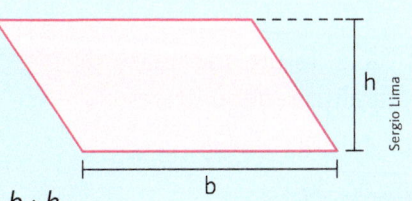

Medida da área do paralelogramo: $A = b \cdot h$

Qualquer lado de um paralelogramo pode ser tomado como base.

> Substitua na fórmula acima as medidas do paralelogramo construído por Ana e verifique se a medida da área que ela obteve está correta.

Atividades

15. Sabendo que a área de um paralelogramo mede 36 cm² e metade de sua altura mede 10 cm, qual é a medida do comprimento de sua base?

16. Calcule a medida do comprimento da base dos paralelogramos abaixo sabendo que sua área mede 8 m².

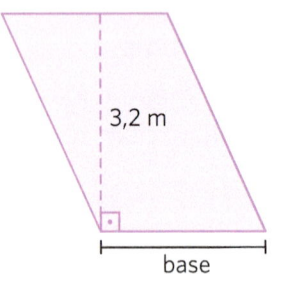

A) 4 m (altura), base

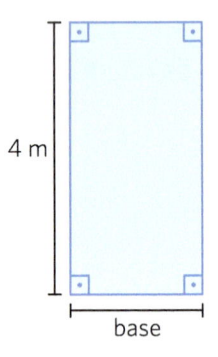

B) 3,2 m (altura), base

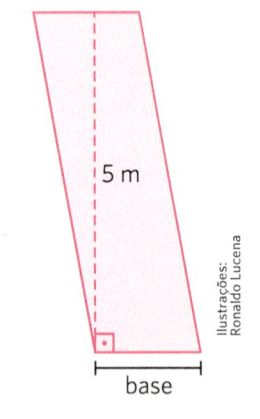

C) 5 m (altura), base

17. O comprimento da base de um paralelogramo mede 6 cm e a altura mede 3x cm.

a) Calcule a medida da área desse paralelogramo em função de x.

b) Para que valor de x a medida da área do paralelogramo é 12 cm²?

18. A figura a seguir, que representa um terreno, é formada pela união de dois paralelogramos.

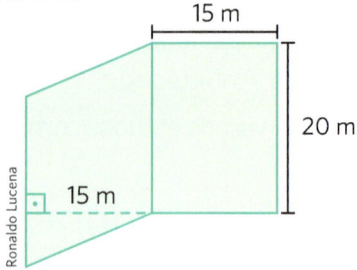

15 m; 20 m; 15 m

Determine a medida da área desse terreno.

19. Escreva, em função de x, y e z, a medida da área do paralelogramo ABCD.

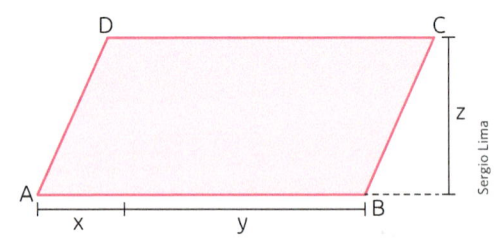

- Agora calcule, em metros quadrados, a medida da área desse paralelogramo, sabendo que z é igual 9 m, x é $\frac{1}{3}$ de z mais 2 m e y é o dobro de x mais 4 m.

20. Qual é a medida da altura de um paralelogramo cuja área mede 150 cm² e o comprimento da base mede 12 cm?

21. A soma das medidas do comprimento dos lados do retângulo e do quadrado abaixo são iguais e a área do quadrado mede 49 cm².

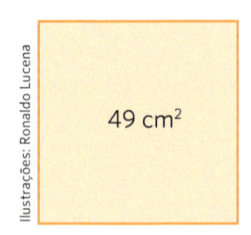

49 cm² ; 5 cm

Considerando que o quadrado e o retângulo apresentados representem terrenos, elabore um problema envolvendo medida de área e entregue para um colega resolver. Depois, verifique se o que ele fez está correto.

Área do triângulo

O triângulo abaixo foi construído em uma malha quadriculada. Cada quadradinho da malha tem área medindo 1 cm².

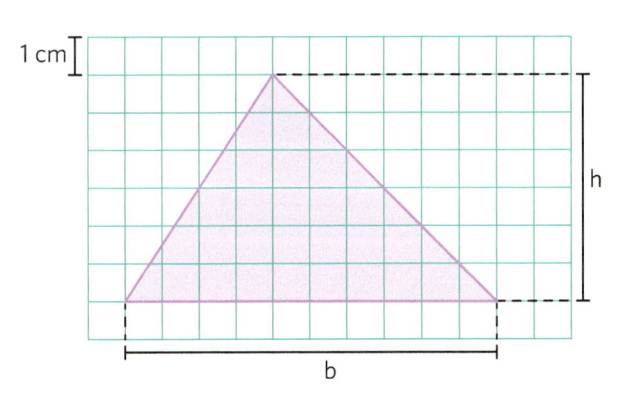

No triângulo, *b* é a medida do comprimento da base e *h* é a medida do comprimento da altura.

Agora veja como podemos obter a fórmula para calcular a medida da área do triângulo.

- Inicialmente chamamos T_1 o triângulo desenhado na malha acima e desenhamos outro triângulo congruente a ele, ao qual chamamos T_2. Na sequência, recortamos os triângulos e os encaixamos a fim de obter um paralelogramo.

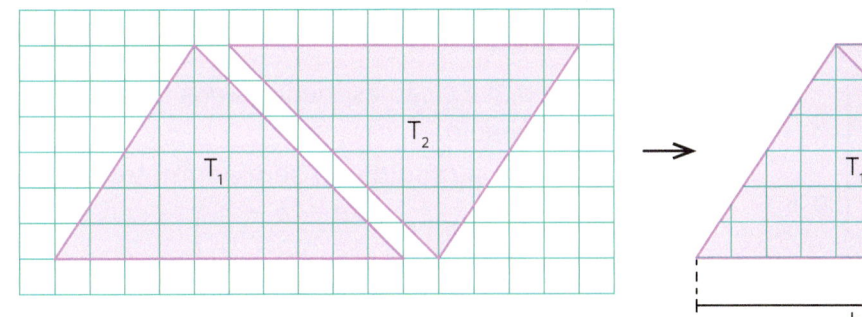

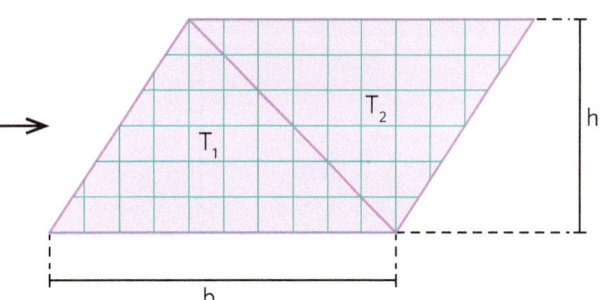

Na imagem, podemos perceber que a medida da área do triângulo T_1 é igual à metade da medida da área do paralelogramo obtido. Assim, podemos calcular a medida da área do triângulo original dividindo a medida da área do paralelogramo por dois.

> Utilizando a fórmula, calcule a medida da área do triângulo T_1.

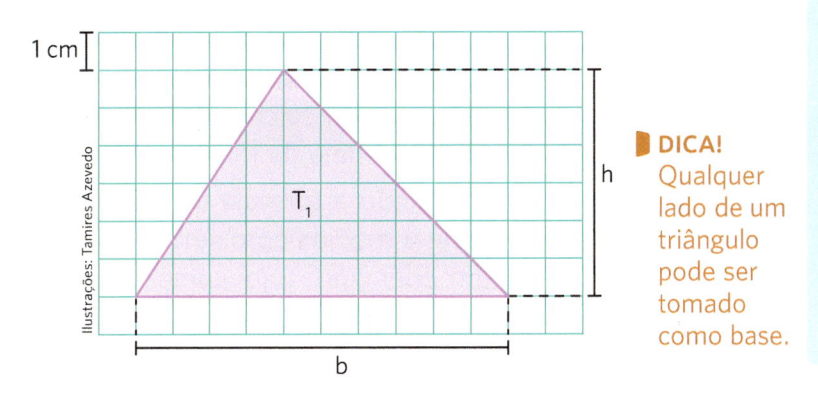

DICA! Qualquer lado de um triângulo pode ser tomado como base.

Para calcular a medida da área de um triângulo, dividimos por dois o produto da medida do comprimento de sua base pela medida do comprimento de sua altura.

Medida de área do triângulo:
$$A = \frac{b \cdot h}{2}$$

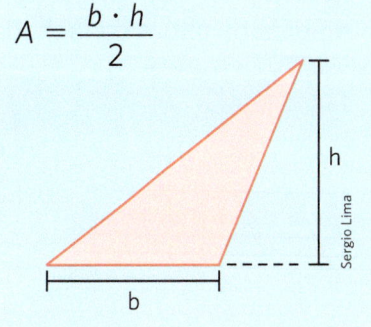

Atividades

22. Calcule a medida da área de cada triângulo.

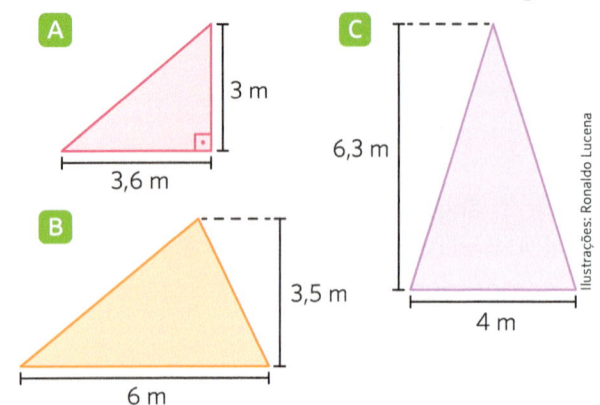

A — triângulo retângulo com catetos 3,6 m e 3 m.

B — triângulo com base 6 m e altura 3,5 m.

C — triângulo com base 4 m e altura 6,3 m.

23. No esquema, o retângulo FGHI representa um terreno. A região em azul indica a área destinada à construção de uma represa e J é o ponto médio de $\overline{FG}$. De acordo com o esquema, elabore um problema envolvendo área de triângulos e entregue para um colega resolver. Depois, verifique se o que ele fez está correto.

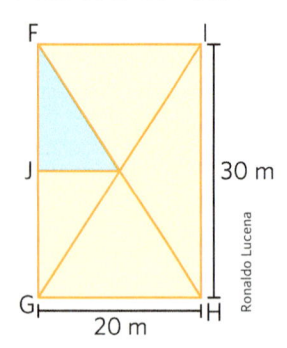

(Retângulo FGHI com FG = IH (lado vertical) = 30 m e GH = 20 m; J ponto médio de FG.)

24. Gustavo vai construir um chalé. Para auxiliar em seu planejamento, ele desenhou o projeto da construção, apresentado abaixo. A fachada do chalé terá o formato de um triângulo equilátero. Metade do comprimento da base do triângulo mede 2,5 m e a área da parte da frente da construção mede aproximadamente 10,9 m². Qual é a medida da altura da fachada desse chalé?

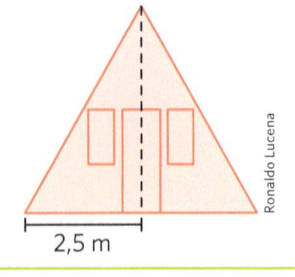

Fachada: o lado da frente de uma construção ou qualquer um dos lados de um prédio.

25. A sacada de um apartamento tem medida de área igual a 5,25 m², e a medida do comprimento de um de seus lados é 7 m. Quanto mede o comprimento do lado destacado em vermelho?

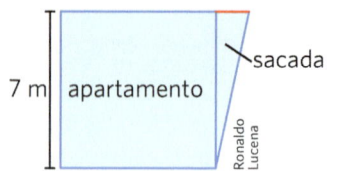

26. Herão de Alexandria viveu em algum período que varia entre 150 a.C. e 250 d.C. Ele ficou conhecido em virtude de uma fórmula para o cálculo da medida da área do triângulo. Conhecendo a medida dos três lados de um triângulo, podemos calcular a medida da área desse triângulo por meio da fórmula de Herão.

$$A = \sqrt{p \cdot (p-a) \cdot (p-b) \cdot (p-c)}$$

em que:

- a, b e c são as medidas dos lados do triângulo;
- p é a medida do semiperímetro do triângulo $\left(p = \dfrac{a+b+c}{2}\right)$.

Observe como calcular a medida da área de um triângulo cujo comprimento dos lados mede 3 m, 6 m e 5 m, por meio da fórmula.

$$p = \frac{5+3+6}{2} = \frac{14}{2} = 7$$

$$A = \sqrt{7 \cdot (7-5) \cdot (7-3) \cdot (7-6)} =$$
$$= \sqrt{7 \cdot 2 \cdot 4 \cdot 1} = \sqrt{56} \approx 7,48$$

Portanto, a área do triângulo mede aproximadamente 7,48 m².

a) Quais informações a respeito de um triângulo é preciso conhecer para que seja possível calcular a medida de sua área por meio da fórmula de Herão?

b) Utilizando a fórmula de Herão, determine a medida aproximada da área de um triângulo cujo comprimento dos lados mede: 5 dm, 7 dm e 9 dm.

Área do trapézio

No trapézio ao lado, B é a medida do comprimento da base maior, b é a medida do comprimento da base menor e h é a medida da altura.

Considerando um trapézio congruente ao trapézio original, compomos um paralelogramo com medida da altura igual à medida da altura do trapézio original e medida do comprimento da base igual à soma das medidas do comprimento das bases do trapézio original $(B + b)$.

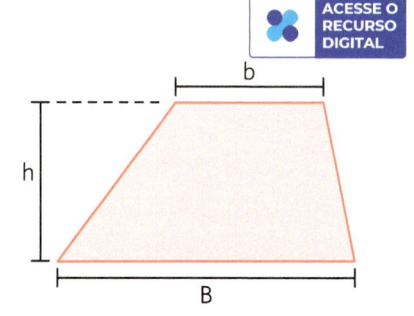

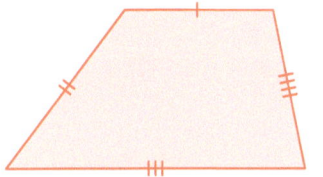

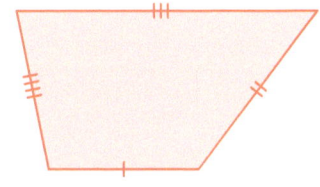

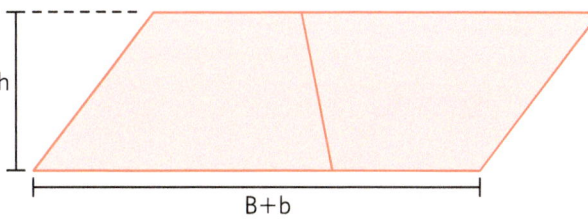

A medida da área do trapézio original é igual à metade da medida da área do paralelogramo obtido. Assim, podemos calcular a medida da área do trapézio original dividindo a medida da área do paralelogramo, dada por $(B + b) \cdot h$, por dois.

> Para calcular a medida da área de um trapézio, dividimos por dois o produto da soma das medidas do comprimento de suas bases pela de sua altura.
>
> Medida da área do trapézio: $A = \dfrac{(B + b) \cdot h}{2}$

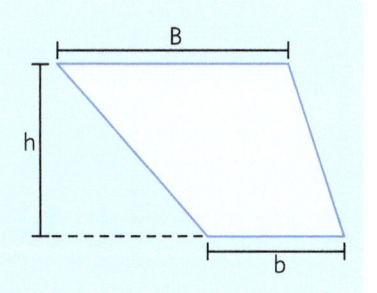

Utilizando essa fórmula, vamos calcular a medida da área do seguinte trapézio:

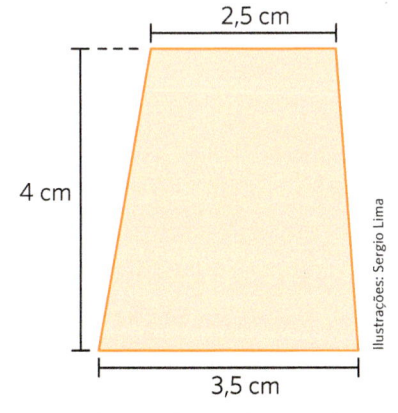

Substituindo as medidas na fórmula e efetuando os cálculos, temos:

$$A = \frac{(B + b) \cdot h}{2} = \frac{(3,5 + 2,5) \cdot 4}{2} = \frac{6 \cdot 4}{2} = 12$$

Portanto, a medida da área desse trapézio é 12 cm².

Atividades

27. Calcule a medida da área de cada trapézio.

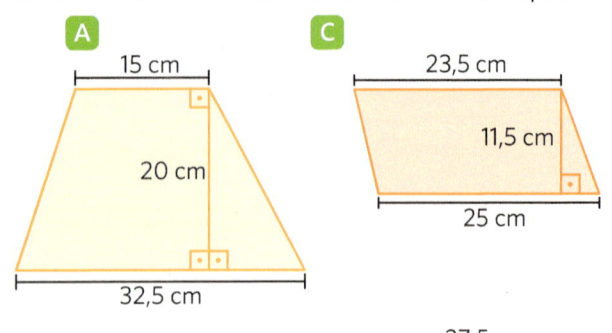

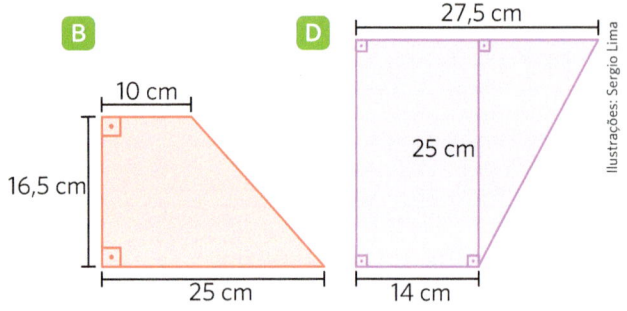

A — 15 cm (base menor), 20 cm (altura), 32,5 cm (base maior)

C — 23,5 cm (base menor), 11,5 cm (altura), 25 cm (base maior)

B — 10 cm (base menor), 16,5 cm (altura), 25 cm (base maior)

D — 27,5 cm (base maior), 25 cm (altura), 14 cm (base menor)

28. Determine a medida da área do trapézio BCEF sabendo que a medida da área do retângulo ABCD é 30 m².

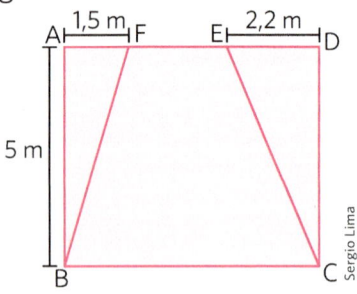

(Figura: AF = 1,5 m; ED = 2,2 m; altura = 5 m)

29. A medida da área de certo trapézio é 18,15 cm², e as medidas do comprimento de suas bases são 3 cm e 8 cm. Qual é a medida da altura desse trapézio?

30. Orlando fez um quadro com as seguintes figuras geométricas: triângulos, paralelogramos e quadrados. Para a construção do quadro ele utilizou:

- 22 triângulos cuja medida do comprimento da base e da altura é 20 cm;
- 6 paralelogramos cujo comprimento da base mede 20 cm e a altura 20 cm;
- 11 quadrados cujo comprimento da base mede 20 cm.

Qual é, em centímetros quadrados, a medida da área total desse quadro?

31. A figura abaixo representa o terreno do sítio que Luciano comprou.

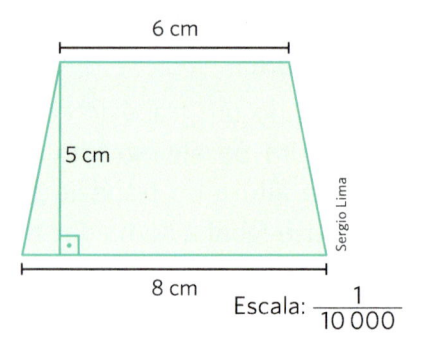

(Figura: base menor 6 cm; altura 5 cm; base maior 8 cm. Escala: $\frac{1}{10\,000}$)

a) Encontre, em metros, as dimensões reais do sítio.

b) Qual é a medida da área desse sítio em metros quadrados?

c) Quanto Luciano pagou pelo sítio se o preço do hectare é R$ 3 500,00?

> **Hectare:** unidade de medida para superfícies agrárias correspondente a 10 000 m².

d) De acordo com a figura que representa o sítio que Luciano comprou, elabore uma questão envolvendo área e entregue para um colega resolver. Depois, verifique se o que ele fez está correto.

32. O trapézio representado abaixo tem 24 cm² de medida de área.

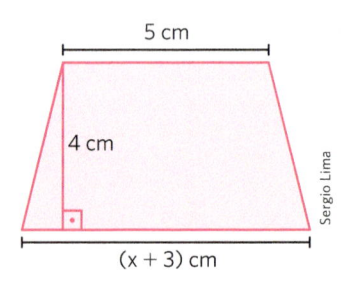

(Figura: base menor 5 cm; altura 4 cm; base maior $(x + 3)$ cm)

a) Determine o valor de x.

b) Qual é a medida do comprimento da base maior desse trapézio?

33. A medida do comprimento da base menor de um trapézio é 4 cm e a medida do comprimento de sua base maior é o dobro dessa medida. Qual é a medida da altura desse trapézio, sabendo que sua área mede 27 cm²?

Área do losango

No losango ao lado, D é a medida do comprimento da diagonal maior e d, da diagonal menor.

Podemos construir um retângulo com lados passando pelos vértices do losango, de modo que sua base tenha medida de comprimento igual à da diagonal maior do losango e sua altura tenha medida igual à do comprimento da diagonal menor do losango.

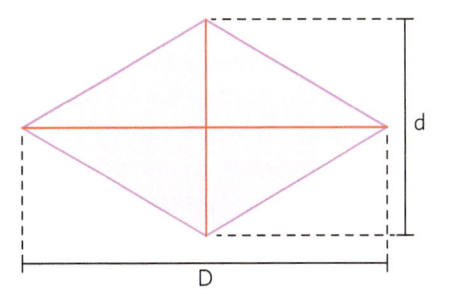

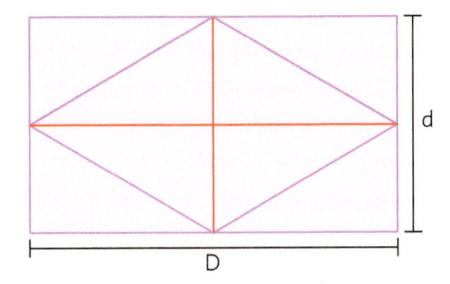

O retângulo obtido é composto por oito triângulos congruentes; o losango é composto de quatro desses triângulos, isto é, a metade dos triângulos. Assim, podemos calcular a medida da área do losango dividindo por dois a medida da área do retângulo, dada por $D \cdot d$.

> Para calcular a medida da área de um losango, dividimos o produto da medida do comprimento de suas diagonais por dois.
>
> Medida da área do losango: $A = \dfrac{D \cdot d}{2}$

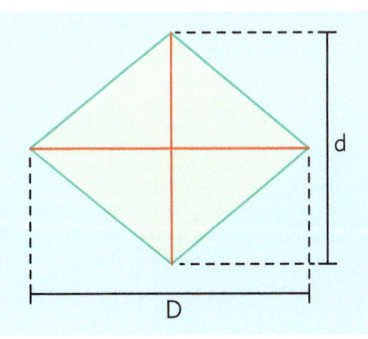

Utilizando essa fórmula, vamos calcular a medida da área do seguinte losango:

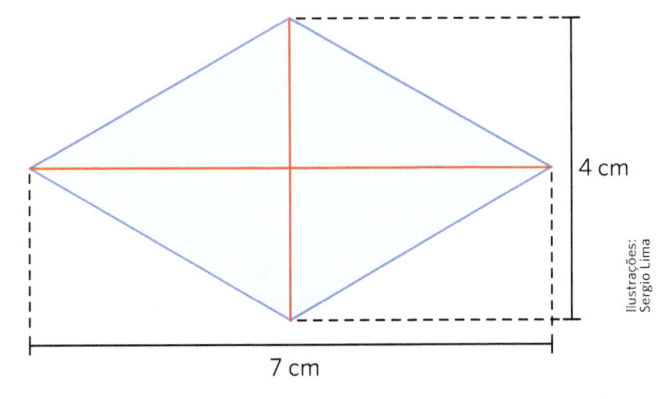

Substituindo as medidas na fórmula e efetuando os cálculos, temos:

$$A = \frac{D \cdot d}{2} = \frac{7 \cdot 4}{2} = 14$$

Portanto, a medida da área desse losango é 14 cm².

Atividades

34. Calcule a medida da área de cada losango a seguir.

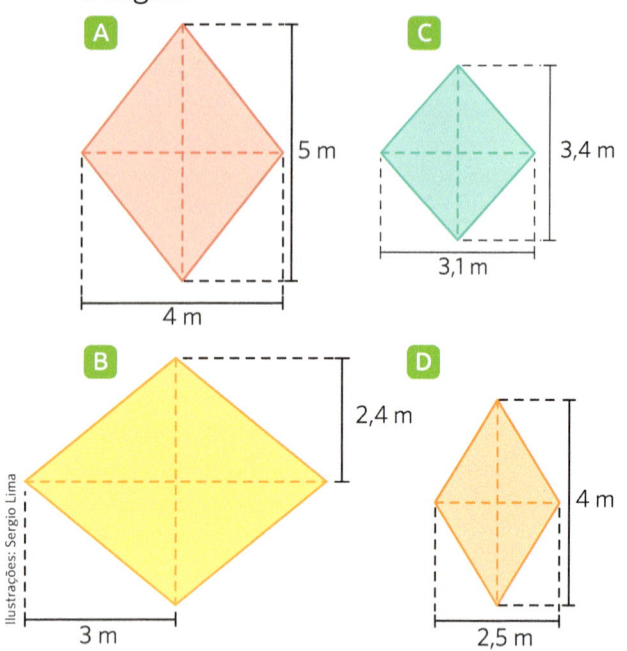

A 5 m / 4 m

C 3,4 m / 3,1 m

B 2,4 m / 3 m (largura da diagonal maior não indicada — veja imagem)

D 4 m / 2,5 m

35. No mosaico construído por Joana sobre uma malha quadriculada, a parte de cor vermelha representa um losango. Qual é a medida da área da parte em verde desse mosaico?

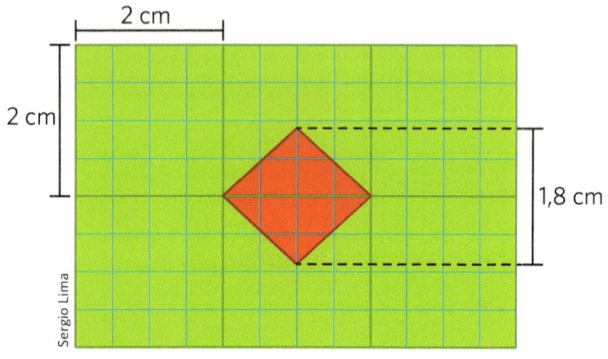

(2 cm; 2 cm; 1,8 cm)

36. Qual é a medida da área do polígono a seguir?

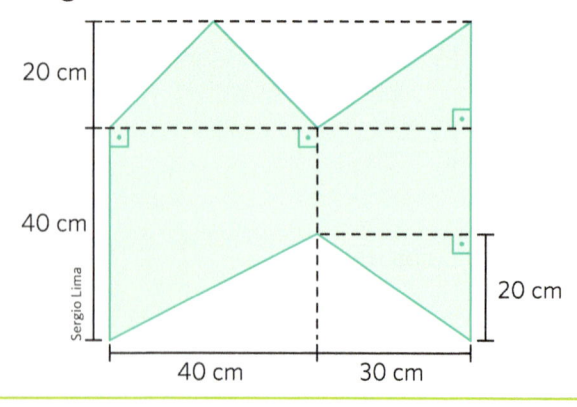

(20 cm; 40 cm; 40 cm; 30 cm; 20 cm)

37. Os comprimentos das diagonais do losango de contorno vermelho medem, respectivamente, o dobro das medidas dos comprimentos das diagonais do losango de contorno verde.

(4 m; 3 m)

Calcule a medida da área do losango de contorno vermelho e do losango de contorno verde.

38. Observe o losango abaixo.

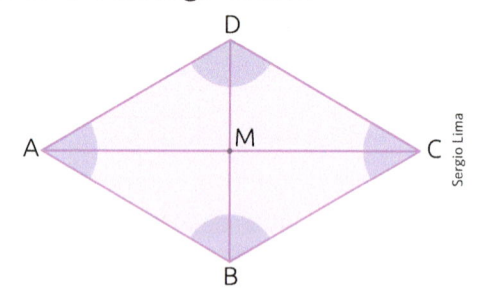

a) Se $AB = 8,5$ m, qual é a medida do perímetro desse losango?

b) A medida de $\hat{D}$ é 120°. Qual é a medida dos outros ângulos?

c) Se $DM = 4$ m e $CM = 7,5$ m, qual é a medida da área desse losango?

d) De acordo com o losango $ABCD$, elabore uma questão envolvendo área e entregue para um colega resolver. Depois, verifique se o que ele fez está correto.

39. Que porcentagem da medida da área do retângulo a seguir representa a medida da área do losango?

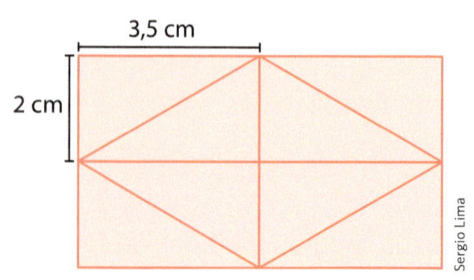

(3,5 cm; 2 cm)

Agora, observe as medidas indicadas e calcule a medida da área desse losango.

148

Vamos relembrar

40. Observe o fluxograma a seguir. Ele nos possibilita classificar um quadrilátero.

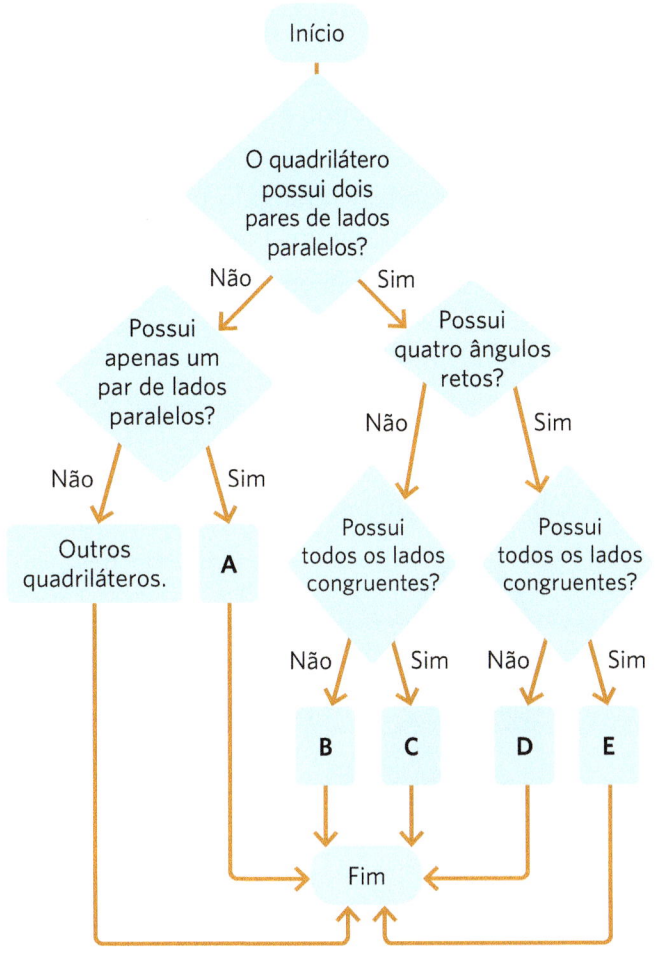

Início
→ O quadrilátero possui dois pares de lados paralelos?
- Não → Possui apenas um par de lados paralelos?
  - Não → Outros quadriláteros.
  - Sim → **A**
- Sim → Possui quatro ângulos retos?
  - Não → Possui todos os lados congruentes?
    - Não → **B**
    - Sim → **C**
  - Sim → Possui todos os lados congruentes?
    - Não → **D**
    - Sim → **E**

Fim

Escreva no caderno a qual quadrilátero corresponde cada letra (de **A** até **E**).

41. Identifique os segmentos de reta que são as diagonais dos quadriláteros abaixo e nomeie no caderno.

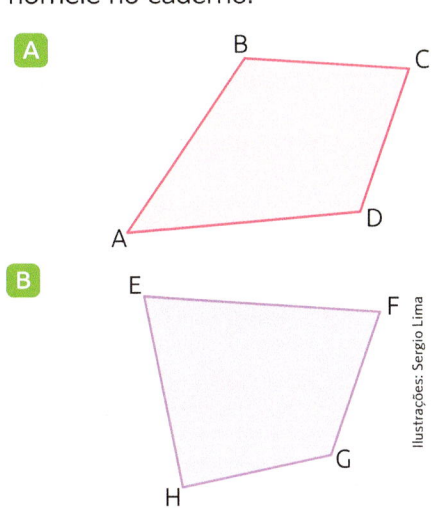

A — ABCD
B — EFGH

42. No capítulo **3**, vimos como obter a soma das medidas dos ângulos internos de um polígono convexo decompondo-o em triângulos. Quando esse polígono é um quadrilátero convexo, podemos decompô-lo em dois triângulos. Observe.

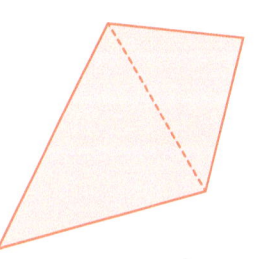

Assim, a soma das medidas dos ângulos internos de um quadrilátero convexo é:

$$2 \cdot 180° = 360°$$

Calcule a medida do ângulo indicado em azul de cada quadrilátero a seguir.

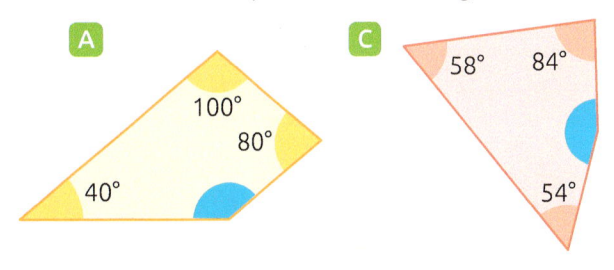

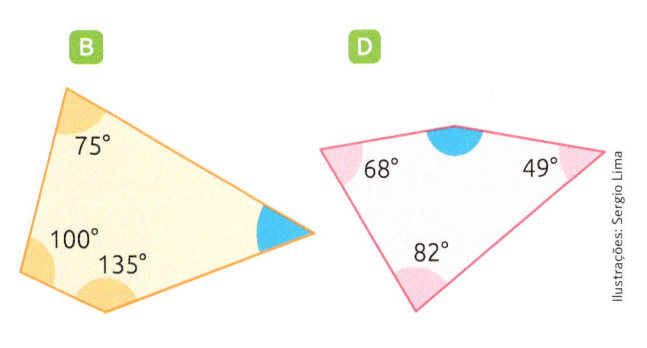

A 40°, 100°, 80°

C 58°, 84°, 54°

B 75°, 100°, 135°

D 68°, 49°, 82°

43. Determine a medida do ângulo indicado na figura a seguir, sabendo que ela é constituída por 5 trapézios isósceles congruentes.

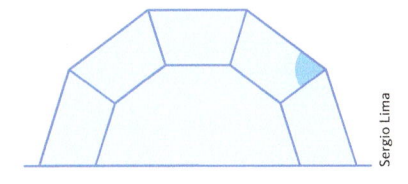

44. Na malha quadriculada, Ivana traçou um caminho formado por segmentos de reta, começando pelo ponto A e terminando nesse mesmo ponto, obtendo um quadrilátero. Esse caminho é indicado pela sequência de letras ACGDA, correspondente à ordem dos pontos.

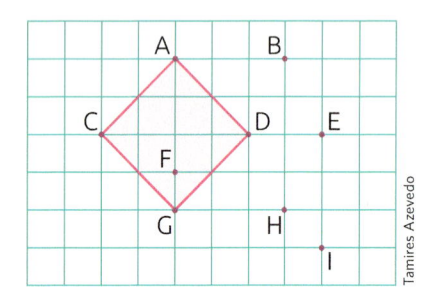

a) Qual é o nome do quadrilátero obtido por Ivana?

b) Os caminhos a seguir correspondem a quais quadriláteros?
- ABHGA
- FHBAF
- BDHEB

c) No caderno, escreva um caminho indicado pela sequência de letras que represente um:
- trapézio isósceles.
- trapézio escaleno.
- quadrilátero que não é trapézio, nem paralelogramo.

45. Junte-se a um colega para responder à questão a seguir.

Quantos paralelogramos e quantos trapézios vocês conseguem identificar na figura a seguir, sabendo que $\overline{AG}//\overline{BF}//\overline{CE}$ e $\overline{AB}//\overline{HC}//\overline{GD}$?

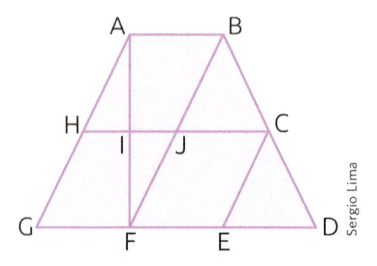

46. Classifique cada afirmativa em verdadeira ou falsa. Depois, copie no caderno as afirmativas falsas, corrigindo-as.

a) Todo retângulo é um paralelogramo.

b) Um paralelogramo é classificado sempre como retângulo, quadrado ou losango.

c) Todo trapézio retângulo possui exatamente dois ângulos internos retos.

d) Existem quadriláteros que não são classificados nem como paralelogramos nem como trapézios.

e) Um trapézio isósceles qualquer possui exatamente dois lados congruentes.

47. Observe o que Suelen está dizendo.

Quando traçamos as diagonais de um retângulo, este é decomposto em quatro triângulos isósceles.

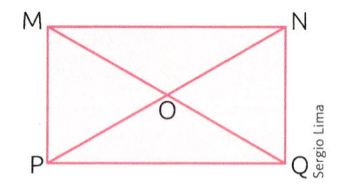

a) A afirmação de Suelen está correta? Explique.

b) Em qual situação os quatro triângulos obtidos ao decompor o retângulo serão todos congruentes entre si?

48. Determine a medida da área do quadrilátero BFCE.

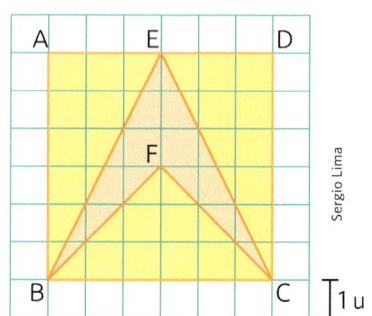

49. Calcule a medida da área dos paralelogramos a seguir.

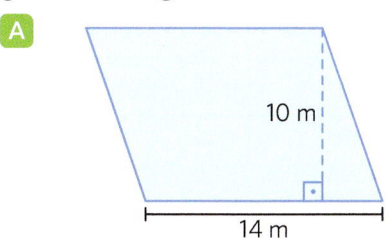

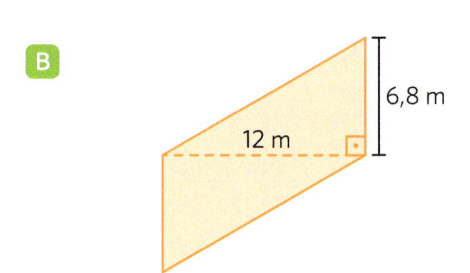

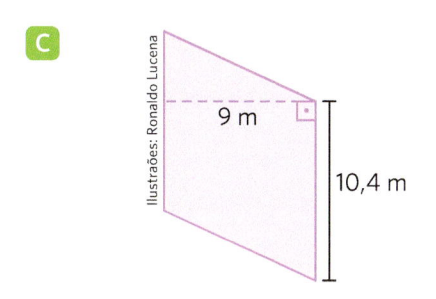

A
10 m
14 m

B
6,8 m
12 m

C
9 m
10,4 m

50. O mosaico a seguir foi construído com peças em forma de triângulo e quadrado. Observe.

a) Sabendo que as peças triangulares possuem o comprimento da base $30\sqrt{2}$ cm e o da altura medindo $15\sqrt{2}$ cm, calcule a medida da área de uma delas.

b) Calcule a medida da área de uma peça quadrada sabendo que o comprimento de seu lado mede 30 cm.

c) Determine, em centímetros quadrados, a medida da área desse mosaico.

51. A medida da área da superfície de um poliedro consiste na soma das medidas das áreas de suas faces. Utilizando a fórmula de Herão, vista na atividade **26**, determine a medida da área da superfície do tetraedro regular a seguir, cujo comprimento da aresta mede 6 cm.

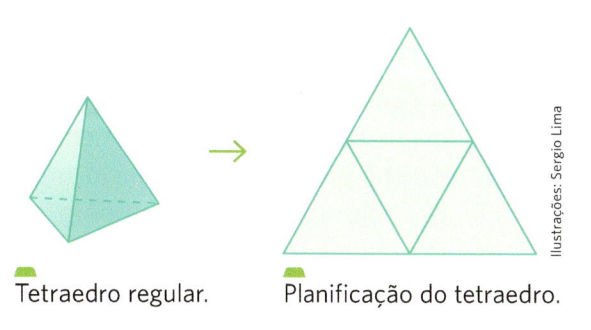

Tetraedro regular.   Planificação do tetraedro.

> Lembre-se de que um tetraedro regular é composto de quatro triângulos equiláteros congruentes.

52. Calcule a medida da área do quadrado em destaque.

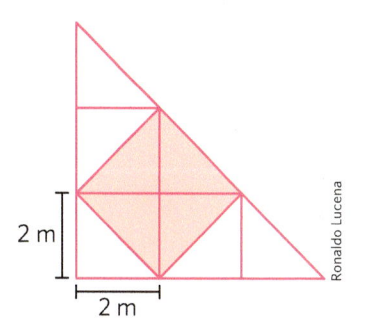

2 m
2 m

53. Se a área do triângulo mede 379,5 cm², qual é a medida da área de cada uma das outras figuras que compõem a representação a seguir?

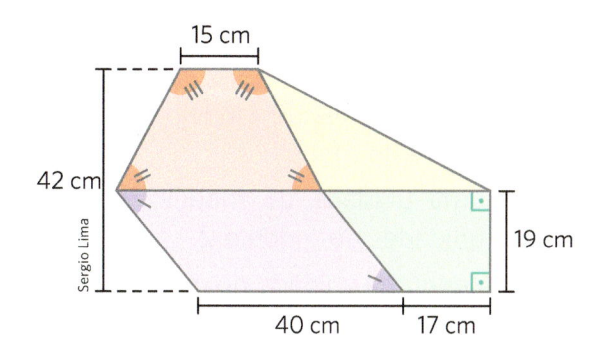

15 cm
42 cm
40 cm
17 cm
19 cm

54. André quer instalar aparelhos de ar-condicionado em sua empresa para melhorar o conforto de seus empregados no verão. Ele estuda a compra de dois tipos de aparelho: modelo **1**, com 9 000 BTUs, ou modelo **2**, que possui 12 000 BTUs. O fabricante indica 600 BTUs por metro quadrado. Sendo assim, a escolha dos modelos deve estar relacionada às medidas das áreas dos ambientes em que André planeja instalar os aparelhos. A capacidade correta trará como benefício um ambiente mais agradável e também maior economia de energia elétrica. Observe os cômodos da empresa de André onde ele quer instalar os aparelhos.

> **BTU:** sigla de *British Thermal Unit*, que significa unidade térmica britânica, usada para medir a energia necessária à elevação de temperatura.

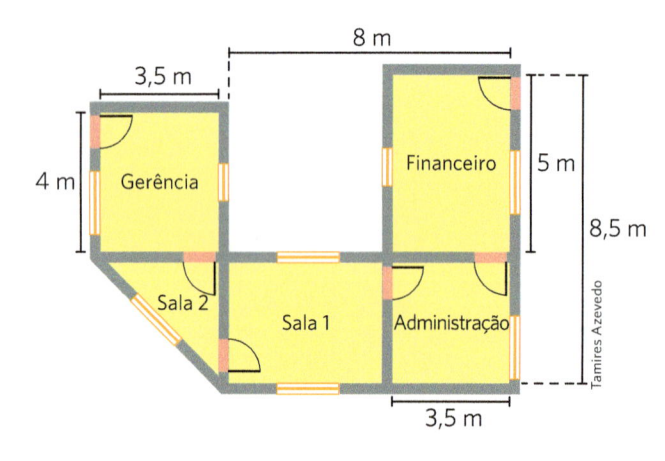

Avaliando todas as informações, serão necessárias:

a) duas unidades do modelo **1** e três unidades do modelo **2**.

b) quatro unidades do modelo **2** e uma unidade do modelo **1**.

c) três unidades do modelo **1** e duas unidades do modelo **2**.

d) uma unidade do modelo **1** e quatro unidades do modelo **2**.

e) nenhuma unidade do modelo **2** e cinco unidades do modelo **1**.

55. Determine o valor das letras **X**, **Y** e **Z** do quadro a seguir, sabendo que as informações são referentes a trapézios.

Trapézio	T_1	T_2	T_3
Medida do comprimento da base maior (cm)	6	Y	15,3
Medida do comprimento da base menor (cm)	2,5	9	Z
Medida da altura (cm)	3,6	20	8
Medida da área (cm²)	X	230	87,2

56. Calcule, a medida da área da figura.

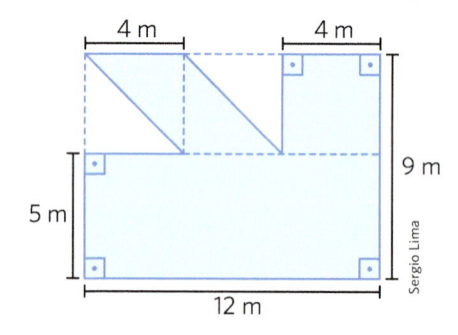

57. Observe a imagem.

Agora, obtenha a medida da área:

a) do losango.

b) total da figura.

c) da região azul.

58. Um losango é formado pela união de quatro triângulos retângulos congruentes.

a) Escreva uma expressão para representar a medida da área desse losango, sabendo que o lado menor e o lado médio de cada triângulo medem, respectivamente, 5 cm e $(2x + 1)$ cm de comprimento.

b) Calcule a medida da área desse losango, em centímetros quadrados, para $x = 4{,}5$ cm.

Cálculo algébrico

CAPÍTULO 9

Com as ferramentas da Álgebra, podemos escrever fórmulas matemáticas para representar situações-problema e resolvê-las por meio de cálculos. Neste capítulo, vamos aprender a reconhecer em uma fórmula matemática o que é um monômio e um polinômio e a realizar operações com essas ferramentas, além de utilizá-las para representar problemas que pretendemos solucionar.

Monômio

No início da aula de Matemática, a professora pediu aos alunos que determinassem a medida da área do retângulo a seguir. Veja como Leandro determinou a medida da área desse retângulo:

$A = b \cdot h$
$A = 2x \cdot 3$
$A = 6x$

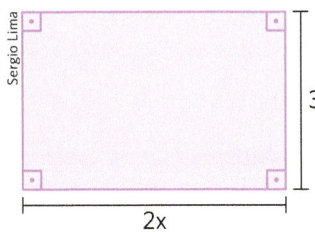

Portanto, a medida da área do retângulo pode ser representada por $6x$.

Para representar a medida da área do retângulo, Leandro obteve uma **expressão algébrica**, ou seja, uma expressão composta de letras e números. Em uma expressão algébrica, as letras podem assumir diversos valores e são chamadas **variáveis**. As expressões algébricas do tipo que Leandro obteve recebem o nome de **monômio**.

> Monômio é toda expressão algébrica composta de um único termo, que pode ser um número, uma variável ou o produto de um número por uma ou mais variáveis que apresentem apenas expoentes naturais. Em geral, um monômio é composto de um número, chamado **coeficiente**, e por uma ou mais variáveis, chamadas **parte literal**.
>
> $-7zw^2$
> coeficiente — parte literal

Veja outros exemplos de monômios:

- $2a^2bc^3$
- pq
- $4x^4y$
- $-\dfrac{1}{2}x^4y$
- $12k$
- 19

Qualquer número real é um monômio. O zero (0) é chamado monômio nulo.

Note que os monômios $4x^4y$ e $-\dfrac{1}{2}x^4y$ possuem a mesma parte literal; quando isso ocorre, dizemos que esses monômios são **semelhantes**.

$4x^4y \qquad -\dfrac{1}{2}x^4y$
mesma parte literal

Definimos o **grau de um monômio** de coeficiente não nulo adicionando os expoentes das variáveis. Por exemplo, o monômio $2a^2bc^3$ tem grau 6, porque $2 + 1 + 3 = 6$.

$2a^2b^1c^3 \qquad 2 + 1 + 3 = 6$

em geral, não escrevemos o expoente 1

grau do monômio

> Qual é o coeficiente e o grau do monômio mn?

Atividades

1. Justifique, em cada item, o fato de as expressões algébricas não serem monômios.

a) $2a + 3$ b) $2xy^{-1}$ c) $2\sqrt{4x}$

2. Determine o coeficiente e o grau de cada um dos monômios.

a) $3xy$

b) $\dfrac{p^3b^2}{7}$

c) $\sqrt{5}ab^3$

d) $-\dfrac{xyz^3}{4}$

3. Em cada item, determine se os monômios são semelhantes.

a) $7x$ e $12x$

b) $25\,x^2y^3b^2$ e $25\,x^2y^3$

c) $\dfrac{1}{7}x^2b^2$ e $21x^2b^2$

d) $\sqrt{5}\,x^2$ e $\dfrac{1}{7}x^2$

e) $-3y^5z$ e $\dfrac{12}{5}y^4z^2$

f) xyz^2 e $7x^2yz$

g) $\dfrac{3ab^2}{5}$ e $-ab^2$

h) $35x\,y^2h$ e $-y^2xh$

4. Escreva um monômio que represente a informação de cada frase.

a) O quíntuplo de x multiplicado pelo quadrado de y.

b) O produto de um terço de x pelo cubo de y.

c) O quadrado do produto de a por b.

d) A quinta parte do produto do cubo de n pelo quadrado de m.

5. A vendedora de uma loja anotou o valor de alguns tipos de tecidos de renda de acordo com as medidas mais vendidas.

Tecido de renda / Medida (m)	Tipo A	Tipo B	Tipo C
0,5	R$ 7,50	R$ 9,75	R$ 21,50
1	R$ 15,00	R$ 19,50	R$ 43,00
1,5	R$ 22,50	R$ 29,25	R$ 64,50
2	R$ 30,00	R$ 39,00	R$ 86,00
2,5	R$ 37,50	R$ 48,75	R$ 107,50
3	R$ 45,00	R$ 58,50	R$ 129,00

a) Quais dos tecidos de renda tem o maior preço por metro?

b) Quanto um comprador vai pagar por quatro metros de tecido de renda de cada tipo?

c) Considerando r a quantidade de tecido de renda vendido, em metros, podemos escrever o monômio $15r$ para determinar o valor de venda do tecido do tipo **A**. De maneira parecida, escreva um monômio que determine o valor de venda do tecido:

• do tipo **B**. • do tipo **C**.

6. Para pagamento à vista, certa loja oferece 10% de desconto no valor total da compra.

a) Considerando pagamento à vista, determine quantos reais serão oferecidos de desconto em uma compra de R$ 450,00.

b) Escreva um monômio que determine, em reais, o valor do desconto de uma compra à vista nessa loja cujo valor total tenha sido c reais.

Adição e subtração de monômios

A seguir, vamos estudar os procedimentos para realizar simplificações e cálculos com monômios, utilizando algumas propriedades já vistas nas operações com números inteiros. Veja a seguir uma situação.

A professora pediu aos alunos que determinassem a medida do perímetro do seguinte quadrilátero:

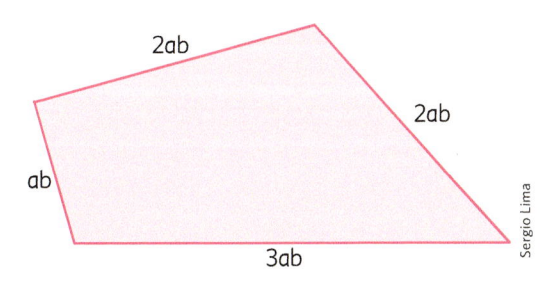

Veja a resolução de Leandro:

$$\begin{array}{r} a\ b \\ 3\ a\ b \\ 2\ a\ b \\ +\ 2\ a\ b \\ \hline 8\ a\ b \end{array}$$

> Como os monômios são semelhantes, Leandro adicionou os coeficientes e manteve a parte literal.

Portanto, a medida do perímetro do quadrilátero acima pode ser representada por 8*ab*.

Essa adição pode ser realizada de outra maneira.

$$ab + 3ab + 2ab + 2ab = (1 + 3 + 2 + 2)ab = 8ab$$

> Para simplificar uma expressão algébrica que possui monômios semelhantes, adicionamos ou subtraímos os coeficientes e preservamos a parte literal.

Exemplos:

- $-3s^2t^3 + 6s^2t^3 - 5s^2t^3 = (-3 + 6 - 5)s^2t^3 = -2s^2t^3$
- $4xy^4 - xy^4 - 8xy^4 + 2xy^4 = (4 - 1 - 8 + 2)xy^4 = -3xy^4$
- $2k + 3{,}4k - 1{,}6k + 0{,}7k - 1{,}9k = (2 + 3{,}4 - 1{,}6 + 0{,}7 - 1{,}9)k = 2{,}6k$

Essas expressões resultaram em monômios, porque em cada caso as parcelas são monômios semelhantes; caso contrário, o resultado não seria um monômio.

> Escreva uma adição ou uma subtração de monômios que resulte em $2xy^3z^5$.

Atividades

7. As figuras a seguir representam terrenos. Escreva o monômio que representa a medida da área de cada um deles.

> Os monômios indicados nas figuras representam a área de suas partes, em uma mesma unidade de medida de área.

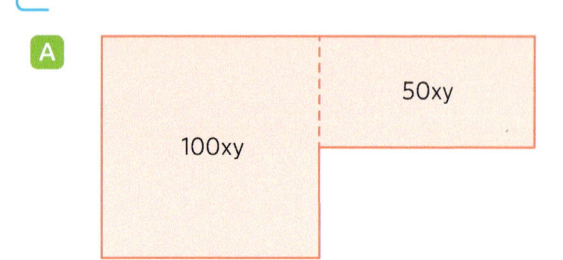

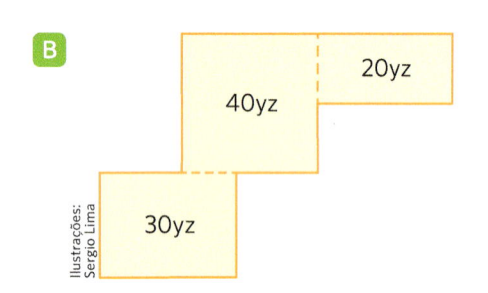

A 100xy, 50xy

B 40yz, 20yz, 30yz

C (dimensões: 3,5x; 2; 4x; 1; x; 4)

8. Determine o monômio que representa a medida da área total de cada uma das figuras a seguir.

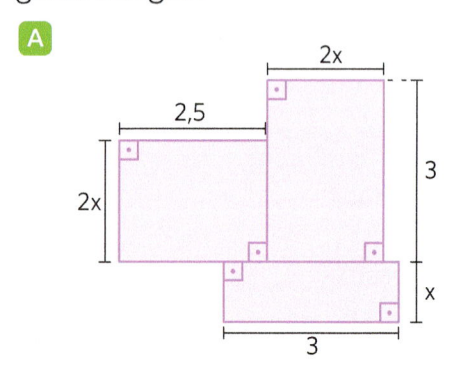

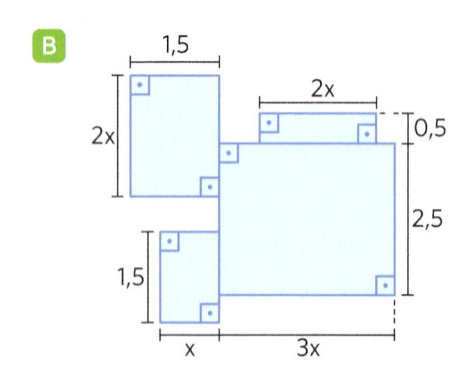

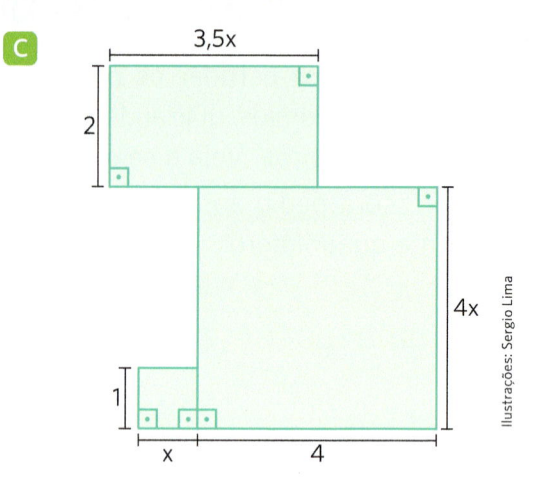

A (dimensões: 2,5; 2x; 2x; 3; x; 3)

B (dimensões: 1,5; 2x; 2x; 0,5; 2,5; 1,5; x; 3x)

9. Simplifique cada expressão algébrica até obter um monômio.

a) $4y^2 + 16y^2 - 6y^2 - 5y^2$

b) $5x^2y - 3x^2y + x^2y$

c) $10xy - 6xy + \dfrac{1}{2}xy$

d) $\dfrac{3ab}{4} + ab - \dfrac{1}{2}ab$

e) $5mp^2n^3 - mp^2n^3 + \dfrac{mp^2n^3}{3}$

f) $-3x^4y^2z - \dfrac{x^4y^2z}{3} + \dfrac{x^4y^2z}{2}$

10. As figuras a seguir foram construídas em uma malha retangular. Escreva um monômio que represente a medida da área de cada figura.

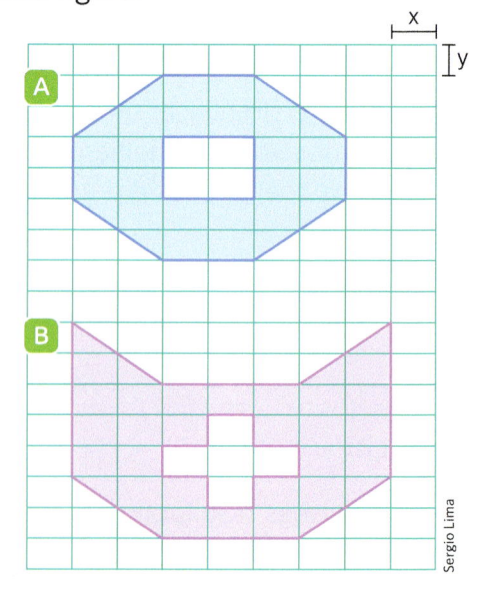

A

B

Multiplicação e divisão de monômios

Nas páginas anteriores, estudamos a adição e a subtração de monômios. A seguir, vamos efetuar multiplicação e divisão de monômios.

Multiplicação de monômios

A professora pediu aos alunos que realizassem o seguinte cálculo:

$$4x \cdot 3x^2$$

Veja como Leandro resolveu esse cálculo:

$$4x \cdot 3x^2 = 4 \cdot 3 \cdot x \cdot x^2 = 12x^{1+2} = 12x^3$$

O produto de $4x \cdot 3x^2$ é igual a $12x^3$.

> Para efetuar o cálculo, Leandro utilizou a propriedade comutativa da multiplicação e a propriedade da multiplicação de potências de mesma base.

> Para obter o produto de monômios, primeiro multiplicamos os coeficientes e, depois, multiplicamos as variáveis da parte literal.

Exemplos:
- $2y^2 \cdot 5y^3 = 2 \cdot 5 \cdot y^2 \cdot y^3 = 10y^5$
- $3xw^5 \cdot 5x^3w = 3 \cdot 5 \cdot x \cdot x^3 \cdot w^5 \cdot w = 15x^4w^6$
- $4rs \cdot 3r^2s \cdot 2s^4 = 4 \cdot 3 \cdot 2 \cdot r \cdot r^2 \cdot s \cdot s \cdot s^4 = 24r^3s^6$
- $\dfrac{4}{3}kz \cdot 6kz^2v = \dfrac{4}{3} \cdot 6 \cdot k \cdot k \cdot z \cdot z^2 \cdot v = 8k^2z^3v$

Divisão de monômios

A professora sugeriu aos alunos que realizassem o seguinte cálculo:

$12x^2y^5 : 3xy^2$, com $3xy^2$ diferente de zero, que indicamos por $3xy^2 \neq 0$.

Veja como Leandro o resolveu:

$$\dfrac{12x^2y^5}{3xy^2} = \dfrac{12}{3} \cdot \dfrac{x^2y^5}{xy^2} = 4x^{2-1}y^{5-2} = 4xy^3$$

> Para efetuar o cálculo, Leandro utilizou a propriedade da divisão de potências de mesma base.

O quociente de $12x^2y^5 : 3xy^2$ é igual a $4xy^3$.

> Para obter o quociente de monômios, dividimos os coeficientes e, depois, dividimos as variáveis da parte literal. Na divisão de monômios temos de considerar o denominador não nulo, ou seja, diferente de zero.

Exemplos:

- $10u^4 : 5u = \dfrac{10}{5} \cdot \dfrac{u^4}{u} = 2u^{4-1} = 2u^3$, com $5u \neq 0$.

- $9p^2q : 3p = \dfrac{9}{3} \cdot \dfrac{p^2q}{p} = 3p^{2-1}q = 3pq$, com $3p \neq 0$.

- $8wh^2 : 6 = \dfrac{8^{:2}}{6^{:2}} \cdot wh^2 = \dfrac{4}{3}wh^2$

Atividades

11. Efetue as multiplicações de monômios.

a) $3a^2b \cdot 5ab^2$

b) $4x^3 \cdot 2x^2y^3$

c) $2mp \cdot \dfrac{5}{3}am$

d) $\dfrac{5a^2b}{4} \cdot \dfrac{4}{5}ab^3$

e) $-4mp^3 \cdot 6m^3n$

f) $-\dfrac{wy^3}{4} \cdot \dfrac{x^2w^3}{3}$

12. As figuras abaixo são formadas por paralelepípedos retos retângulos. Escreva o monômio que representa a medida do volume de cada figura.

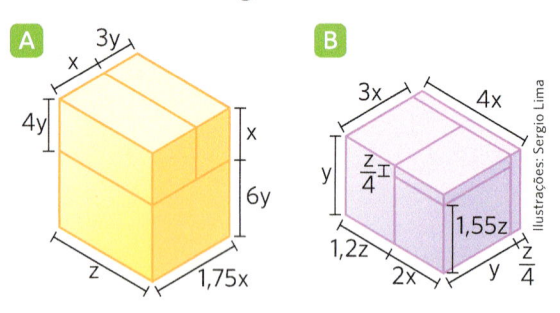

A — dimensões: $3y$, x, $4y$, x, $6y$, z, $1,75x$

B — dimensões: $3x$, $4x$, y, $\dfrac{z}{4}$, $1,55z$, $1,2z$, $2x$, y, $\dfrac{z}{4}$

13. Efetue as divisões de monômios por monômios.

a) $\dfrac{x^3y^2z}{2} : 2xy^2$, com $2xy^2 \neq 0$

b) $4,5a^2bc^4 : 1,5ac^3$, com $1,5ac^3 \neq 0$

c) $5mpn : 2mpn$, com $2mpn \neq 0$

d) $16a^4 : 5$

e) $6x^4y^2z^4 : 4x^3z^4$, com $4x^3z^4 \neq 0$

14. No esquema, determine o monômio que cada ■ representa.

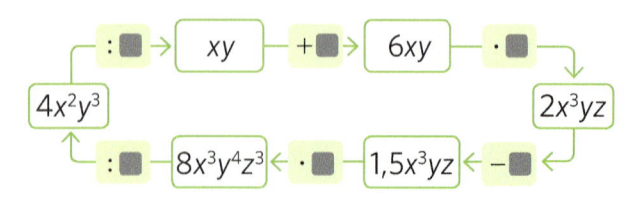

$4x^2y^3 \to : \blacksquare \to xy \to +\blacksquare \to 6xy \to \cdot\blacksquare \to 2x^3yz$

$\to : \blacksquare \to 8x^3y^4z^3 \leftarrow \cdot\blacksquare \leftarrow 1,5x^3yz \leftarrow -\blacksquare \leftarrow$

15. Para cada monômio, escreva uma multiplicação e uma divisão de dois monômios tais que o resultado seja esse monômio apresentado.

$9y$	$24z^2$	$90xy$	$62xz$
$3y^4z^3$	$15xy$	$18y^2z$	$11xy^3$

16. Observe o cubo e a caixa em formato de paralelepípedo reto retângulo.

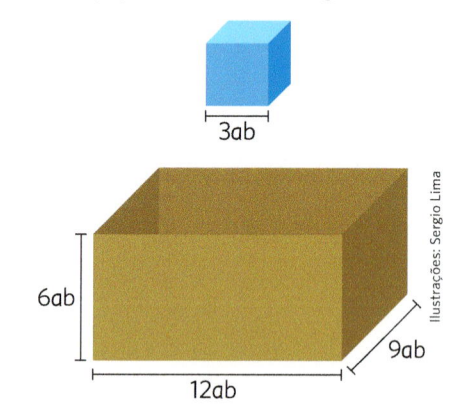

Cubo: aresta $3ab$.

Caixa: $6ab$, $12ab$, $9ab$.

No máximo, quantos cubos iguais ao apresentado cabem nessa caixa?

17. A expressão que representa a medida do volume de determinado paralelepípedo reto retângulo com base em formato de quadrado é $12x^2y^3$ e a que representa a medida do comprimento das arestas de sua base é $2xy$.

a) Que expressão representa a medida da área da base desse paralelepípedo?

b) Escreva uma expressão que represente a medida da altura desse paralelepípedo.

Polinômio

De uma chapa metálica com formato retangular foi retirada uma peça, também com formato retangular, e o restante foi divido em três partes, como mostra o esquema.

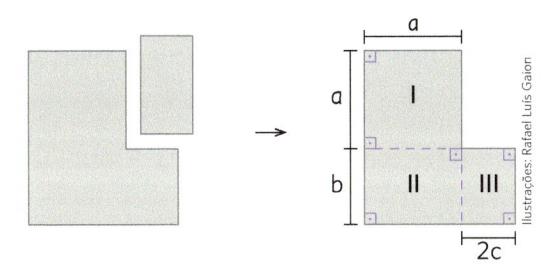

De acordo com as medidas indicadas no esquema, podemos representar a medida da área restante da chapa metálica calculando a medida da área de cada uma das três partes e adicionando-as em seguida. Desse modo, temos:

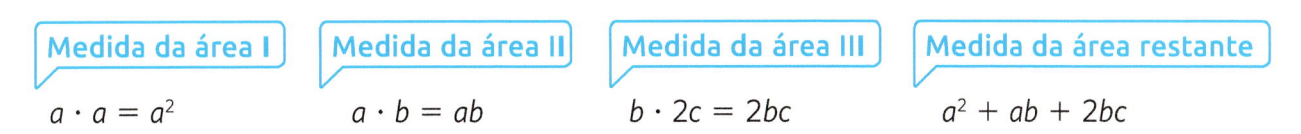

Medida da área I	Medida da área II	Medida da área III	Medida da área restante
$a \cdot a = a^2$	$a \cdot b = ab$	$b \cdot 2c = 2bc$	$a^2 + ab + 2bc$

A expressão algébrica que representa a medida da área restante da chapa metálica é chamada **polinômio**.

> Polinômio é uma adição algébrica de monômios, e cada um desses monômios é um **termo** do polinômio.

Veja alguns exemplos de polinômios:

- $\frac{4}{7}w^3$
- $6y^5 + y^2 - 5$
- $3p - q + r - 2s$
- $2a + 5b$
- $x^4 + 5x^3z^2 - 2x^2z - x + z$

Os polinômios podem ter uma ou mais variáveis. O polinômio $6y^5 + y^2 - 5$ é um exemplo de polinômio que possui apenas uma variável, no caso, y. Nos polinômios de uma variável, em geral os termos são escritos do maior para o menor grau da variável.

Dependendo da quantidade de termos do polinômio, ele pode receber um nome particular.

> Polinômios compostos de um único termo são chamados **monômios**, aqueles compostos de dois termos, **binômios**, e aqueles compostos de três termos, **trinômios**. Já os polinômios compostos de quatro termos ou mais não recebem nomes particulares.
>
> - $-2x^2y \leftarrow$ monômio
> - $a^3bc^2 - a^2c \leftarrow$ binômio
> - $z^2 + 2zn + n^2 \leftarrow$ trinômio

Simplificação de polinômios

Em alguns casos, quando um polinômio apresenta monômios semelhantes em sua escrita, podemos simplificá-lo. Veja, por exemplo, como podemos simplificar o polinômio $xy + 4(x - y) - 2x + 3xy + 4y$.

- Inicialmente, eliminamos os parênteses do polinômio. Nesse caso, utilizamos a propriedade distributiva da multiplicação em relação à subtração.

$$xy + 4(x - y) - 2x + 3xy + 4y = xy + 4x - 4y - 2x + 3xy + 4y$$

- Depois, organizamos os monômios semelhantes lado a lado e efetuamos as adições ou subtrações dos coeficientes, mantendo a parte literal.

$$xy + 3xy + 4x - 2x - 4y + 4y = (1 + 3)xy + (4 - 2)x + (-4 + 4)y =$$
$$= 4xy + 2x + 0y = 4xy + 2x$$

Após essa simplificação, o polinômio $4xy + 2x$ ficou na **forma reduzida**. Veja abaixo como simplificar esse mesmo polinômio de maneira prática:

$$xy + 4(x - y) - 2x + 3xy + 4y$$
$$xy + 4x - 4y - 2x + 3xy + 4y$$
$$4xy + 2x$$

Note que os procedimentos utilizados foram os mesmos, ou seja, eliminamos primeiro os parênteses e depois adicionamos ou subtraímos os termos semelhantes.

Grau de um polinômio

Assim como nos monômios, também podemos definir o grau de um polinômio. Veja, por exemplo, como definir o grau de $a^4 - 6a^2b + ab^4 + 7$, que está escrito na forma reduzida.

Inicialmente, indicamos o grau de cada um dos termos do polinômio.

- a^4: grau 4
- $-6a^2b$: grau 3, pois $2 + 1 = 3$
- ab^4: grau 5, pois $1 + 4 = 5$
- 7: grau zero

> Para definir o grau de um polinômio, certifique-se de que ele está escrito na forma reduzida.

Depois, verificamos o termo que possui o maior grau; no caso, o termo ab^4, que tem grau 5. Assim, esse polinômio possui grau 5, ou seja, é do 5º grau.

> O grau de um polinômio de coeficientes não nulos escrito na forma reduzida é dado pelo seu termo de maior grau.

Veja outros exempos.

$$2x^3y + x^4y^3 + 3xy^4 - 1$$

grau 4 (3 + 1), grau 7 (4 + 3), grau 5 (1 + 4), grau 0

O polinômio é do 7º grau.

$$-18r^5 - \frac{3}{5}rst + r^2t^4$$

grau 5, grau 3 (1 + 1 + 1), grau 6 (2 + 4)

O polinômio é do 6º grau.

> Os polinômios estão escritos na forma reduzida.

> Qual é o grau do polinômio $x^2y + 8(x^2 - 2y^4)$?

> O grau de um polinômio nulo não está definido.

Adição e subtração de polinômios

As operações com polinômios são realizadas com procedimentos parecidos aos cálculos com monômios. Vamos estudar algumas características e propriedades relacionadas a essas operações. Inicialmente, veremos como efetuar adição e subtração de polinômios.

Adição de polinômios

A professora escreveu na lousa três polinômios.

Em seguida, ela pediu aos alunos que calculassem o resultado da adição dos polinômios **A** e **B**.

A: $4xy + 5x + 2y$
B: $3xy + 6y$
C: $-2xy + 2x + 5$

Veja como Luciana fez esse cálculo:

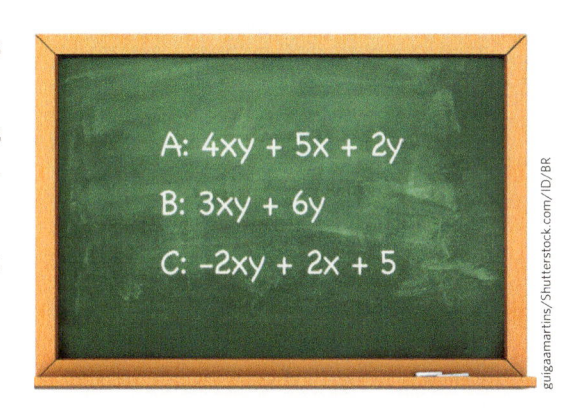

$$\underbrace{(4xy + 5x + 2y)}_{A} + \underbrace{(3xy + 6y)}_{B}$$

Assim como na simplificação de polinômios, primeiro ela eliminou os parênteses, organizou os termos semelhantes lado a lado e depois adicionou-os.

$$4xy + 5x + 2y + 3xy + 6y = 4xy + 3xy + 5x + 2y + 6y =$$
$$= (4 + 3)xy + 5x + (2 + 6)y = 7xy + 5x + 8y$$

Portanto, o resultado da adição dos polinômios **A** e **B** escritos na lousa é o polinômio $7xy + 5x + 8y$.

> Qual é o resultado da adição dos polinômios **A** e **C**?

Polinômio oposto

Dois polinômios são chamados **opostos** quando, ao adicioná-los, obtemos um polinômio nulo como resultado. De maneira prática, para obter um polinômio oposto a outro, basta reescrevê-lo trocando o sinal de cada um de seus termos. Por exemplo, o oposto de $a^3 + 2a^2b^2 - 9b$ é o polinômio $-a^3 - 2a^2b^2 + 9b$, pois:

$$-(a^3 + 2a^2b^2 - 9b) = -a^3 - 2a^2b^2 + 9b$$

Ao adicionarmos $a^3 + 2a^2b^2 - 9b$ a seu oposto, obtemos o polinômio nulo. Observe:

$$(a^3 + 2a^2b^2 - 9b) + (-a^3 - 2a^2b^2 + 9b) = a^3 + 2a^2b^2 - 9b - a^3 - 2a^2b^2 + 9b =$$
$$= a^3 - a^3 + 2a^2b^2 - 2a^2b^2 - 9b + 9b = (1-1)a^3 + (2-2)a^2b^2 + (-9+9)b =$$
$$= 0a^3 + 0a^2b^2 + 0b = 0$$

Subtração de polinômios

Para realizar a subtração $(3z^4w + 7zw^2 - 6) - (-z^4w + zw^2 + 2)$, adicionamos o 1º polinômio ao oposto do 2º polinômio.

$$(3z^4w + 7zw^2 - 6) - (-z^4w + zw^2 + 2) = (3z^4w + 7zw^2 - 6) + \underbrace{(z^4w - zw^2 - 2)}_{\text{oposto de } -z^4w + zw^2 + 2} =$$
$$= 3z^4w + 7zw^2 - 6 + z^4w - zw^2 - 2 = 3z^4w + z^4w + 7zw^2 - zw^2 - 6 - 2 =$$
$$= (3+1)z^4w + (7-1)zw^2 + (-6-2) = 4z^4w + 6zw^2 - 8$$

Atividades

18. Nos itens a seguir, identifique os que apresentam um polinômio.

a) $6a^2 - 4a - 1$
b) w^4
c) $2y^{-1} + 66$
d) $-8xy$
e) $3ab^{-2}c$
f) $-\dfrac{3}{5}x - y + 4$

19. Mônica vende bananas, maçãs e laranjas na feira. O preço por quilograma da banana é R$ 2,79, da maçã, R$ 4,50, e da laranja, R$ 1,99. Escreva um polinômio que represente quantos reais Mônica arrecadará em um dia vendendo **B** quilogramas de banana, **M** quilogramas de maçã e **L** quilogramas de laranja.

20. Classifique as adições algébricas de acordo com a quantidade de termos.

a) $19b^4 - 52c$
b) y^2
c) $-7xy + 3x - 4y^3$
d) $w + x - 21y + 3z^5$
e) $x^2 + 6x + 9$

21. Escreva um polinômio que represente a medida da área da região em destaque de cada uma das figuras a seguir.

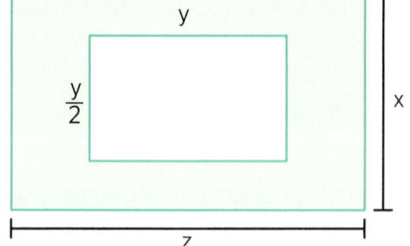

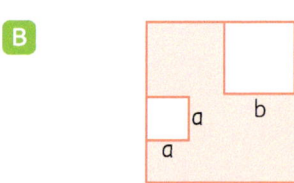

A

B

22. Escreva cada polinômio na forma reduzida.

a) $5y^3 - y + 2 + y^2 - 3y^3 + 10 - 4y - y^2$
b) $x^5 + 6x^2 + 6x - x^4 - 3x^2 - 2x - 3x^2 - 4x$
c) $xy + 2xy - xyz - 4xy - 3xyz$
d) $x^2 + 20x - 15x^2 - 2x$
e) $-7y^3 - 3y^2 - 18y + 6y^2 + 4y^3 + 8y^2$

23. Indique o grau de cada polinômio.

a) $3y^3 - 2y + 23$

b) $-\dfrac{2}{5}x + 21y$

c) $-9,8y^5 + 4,2y^4 + 1,86$

d) $5xy - 9$

e) $2xyz^2 + 5xy$

24. Quando substituímos as variáveis de um polinômio por números e realizamos os cálculos, estamos determinando um valor numérico do polinômio. Veja, por exemplo, como calculamos o valor numérico do polinômio $7x^2 + 2y - 5$, para $x = 3$ e $y = -4$.

$$7x^2 + 2y - 5$$
$$7 \cdot 3^2 + 2 \cdot (-4) - 5 = 7 \cdot 9 - 8 - 5 = 63 - 13 = 50$$

Calcule o valor numérico do polinômio indicado em cada item.

a) $-2y^2 + y - 3$, para $y = 11$.

b) $4a + 2 - 6a^3 + 5a$, para $a = 3$.

c) $x^2(2x^2 - 3) + x^2$, para $x = 2$.

d) $a^2b - 4ab + 3a - 5ab^2$, para $a = 2$ e $b = 10$.

> **DICA!**
> Agora, resolva os itens acima usando uma calculadora. Para isso veja na seção **Ferramentas**, na página **253**, como calcular o valor numérico de expressões algébricas.

25. Observe os esquemas abaixo e, para cada um deles, escreva um polinômio que represente a medida do comprimento do segmento BC. Depois, de acordo com os valores de x, y e z, calcule a medida do comprimento do segmento BC.

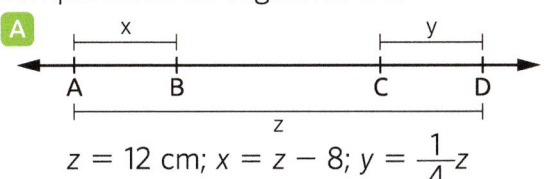

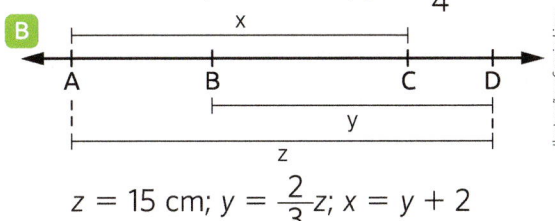

A

$z = 12$ cm; $x = z - 8$; $y = \dfrac{1}{4}z$

B

$z = 15$ cm; $y = \dfrac{2}{3}z$; $x = y + 2$

26. Escreva, na forma reduzida, um polinômio que represente a medida do perímetro de cada uma das figuras abaixo.

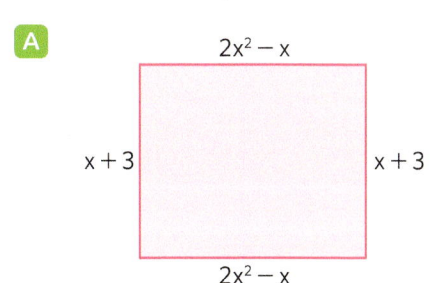

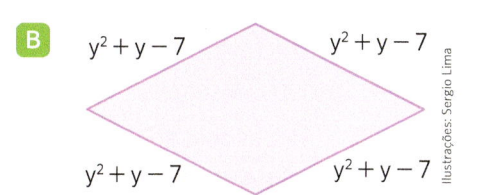

A

Quadrado com lados $2x^2 - x$ (topo e base) e $x + 3$ (laterais).

B

Losango com lados $y^2 + y - 7$.

27. Efetue os cálculos necessários e simplifique os polinômios para deixá-los na forma reduzida.

a) $(-x + 8xy^2 - 52xy) + (14x + 38xy)$

b) $(5p - 6p^2q + 7pq^2 - 11) +$
   $+ (-6p + 11p^2q + 2pq^2)$

c) $(a^3 + 23a^2 + 4a) + (2a^3 - 17a^2 + a)$

d) $(xy + x^2 - 2y + 5y^2) +$
   $+ (-4y^2 - 2x^2 - 3y + 2)$

e) $(-8x + 32x^2 + 4) - (9x^2 - 6 - 2x)$

28. Na figura a seguir estão indicadas as medidas do comprimento de cada um de seus lados.

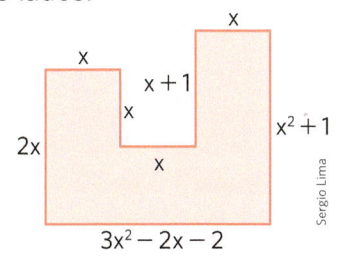

Figura com lados: x, x, $x+1$, x, x^2+1, x, $3x^2 - 2x - 2$, $2x$.

De acordo com esta figura, elabore um problema envolvendo polinômios e entregue para um colega resolver. Depois, verifique se o que ele fez está correto.

Multiplicação de polinômios

Observe o retângulo NOPQ cuja medida do comprimento é $y + 7$ e da largura é $y + 3$.

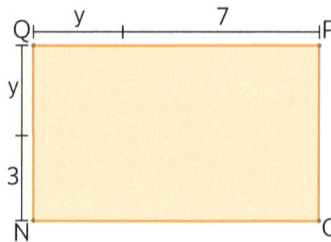

Veja uma maneira de determinar um polinômio que represente a medida da área desse retângulo.

Inicialmente, dividimos o retângulo em quatro retângulos menores, como mostra a figura.

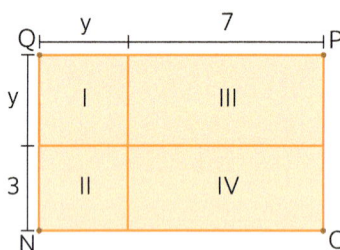

A expressão que representa a medida da área de cada retângulo menor é:

$A_I = y \cdot y = y^2$
$A_{II} = 3y$
$A_{III} = 7y$
$A_{IV} = 7 \cdot 3 = 21$

A medida da área A do retângulo NOPQ é igual à soma das medidas das áreas dos quatro retângulos menores. Assim:

$$A = A_I + A_{II} + A_{III} + A_{IV}$$
$$A = y^2 + 3y + 7y + 21$$
$$A = y^2 + 10y + 21$$

Outra maneira de determinar um polinômio que represente a medida da área do retângulo NOPQ é multiplicando a medida do comprimento $(y + 7)$ pela medida da largura $(y + 3)$.

$$A = \underbrace{(y + 7)}_{\text{medida do comprimento}} \cdot \underbrace{(y + 3)}_{\text{medida da largura}}$$

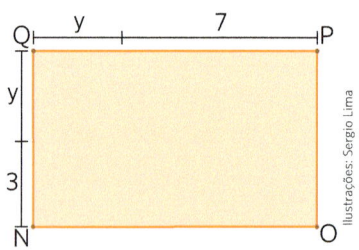

Aplicando a propriedade distributiva da multiplicação em relação à adição, temos:

$$A = (y + 7) \cdot (y + 3) = y(y + 3) + 7(y + 3)$$
$$= y^2 + 3y + 7y + 21$$
$$= y^2 + 10y + 21$$

Note que, nas duas maneiras apresentadas, foi obtido o mesmo resultado. Portanto, um polinômio que representa a medida da área do retângulo é $y^2 + 10y + 21$.

Para obter o produto de dois polinômios, utilizamos a propriedade distributiva da multiplicação, multiplicando cada termo de um dos polinômios por todos os termos do outro polinômio, e depois adicionamos os termos semelhantes.

Veja alguns exemplos:

- $2k(k^2 - 5) = 2k^3 - 10k$
- $(3 + x)(x^2 + x - 3) = 3x^2 + 3x - 9 + x^3 + x^2 - 3x = x^3 + 4x^2 - 9$

Para calcular o produto de mais de dois polinômios, podemos mutiplicar dois deles e, em seguida, multiplicar o produto obtido pelo outro polinômio e assim sucessivamente. Veja alguns exemplos:

- $\dfrac{w}{2}(2w - 4)(3 - w) = (w^2 - 2w)(3 - w) = 3w^2 - w^3 - 6w + 2w^2 =$
  $= -w^3 + 5w^2 - 6w$
- $(y - z)(y + z)(y^2 + z^2) = (y^2 + yz - zy - z^2)(y^2 + z^2) = (y^2 - z^2)(y^2 + z^2) =$
  $= y^4 + y^2z^2 - z^2y^2 - z^4 = y^4 - z^4$

Atividades

29. Efetue os cálculos necessários em cada item e simplifique os polinômios.

a) $xy(-2x + 6)$

b) $5(y^4 - 2y^2)$

c) $a(ab^2 - 3a^2 + 14)$

d) $-x^2(3x^3 - 4x^2 + 2x^2y^2)$

e) $3xy^2(2x + 5x^2y - 8y^3)$

f) $(-t + 2)(-3t + t^2)$

g) $(r + s^2)(2r - 8s^3 + s)$

30. Escreva um polinômio que represente a medida da área de cada retângulo.

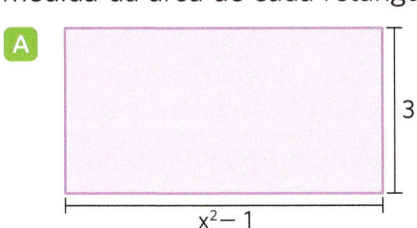

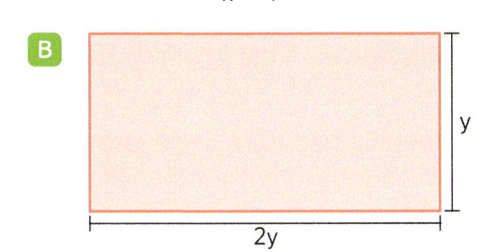

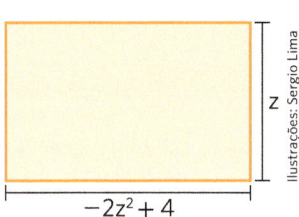

A

3 ; $x^2 - 1$

B

y ; 2y

C

$-2z^2 + 4$; z

31. O retângulo ABCD foi dividido em quatro retângulos menores.

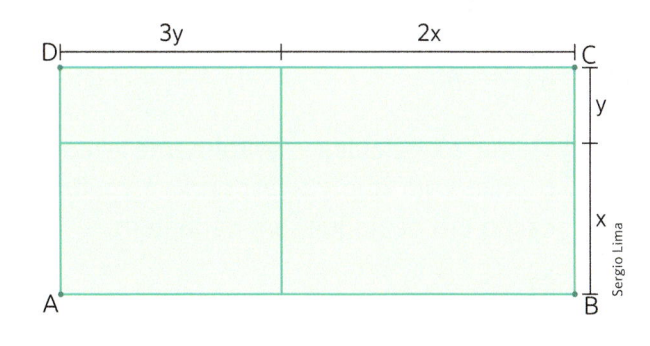

D — 3y — 2x — C
y
x
A — B

a) Escreva uma multiplicação e uma adição que representem a medida da área do retângulo ABCD.

b) Dê valores, em metros, para x e y e calcule a medida da área do retângulo ABCD utilizando a multiplicação e a adição de polinômios que você escreveu.

32. Observe o paralelepípedo reto retângulo a seguir.

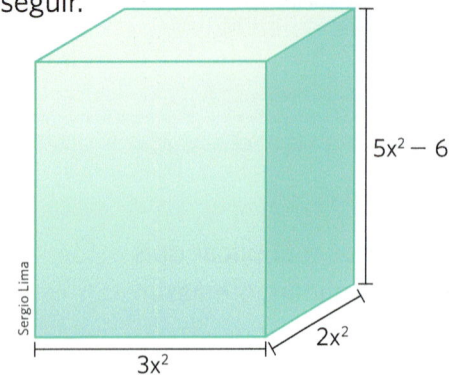

Dimensões: $3x^2$, $2x^2$, $5x^2 - 6$

De acordo com essa figura, elabore um problema envolvendo polinômios e entregue para um colega resolver. Depois, verifique se o que ele fez está correto.

33. Considerando $x = 2$ cm, qual é a medida do volume do paralelepípedo da atividade anterior?

34. Considere os polinômios a seguir.

$A = 2x^4 - 3xy + x$

$C = x^2 + 2x + 10$

$B = -4x^4 + 4xy - 2x$

$D = 2xy - x$

Agora, resolva as operações escrevendo o polinômio obtido na forma reduzida.

a) $A + D$
b) $D - B$
c) $5 \cdot C$
d) $A + \dfrac{1}{2} \cdot B$

35. Efetue os cálculos mentalmente e copie o polinômio que corresponde à multiplicação em destaque, em cada item.

a) $(2x + 1)(x - 2)$

- $2x^2 + 4x + x - 2 = 2x^2 + 5x - 2$
- $2x^2 - 4x + x - 2 = 2x^2 - 3x - 2$
- $2x^2 + 4x + x - 2x = 2x^2 - 5x$

b) $(3x - 1)(2x + 5)$

- $6x^2 + 15x - 2x - 5 = 6x^2 + 17x - 5$
- $6x^2 + 15x - 2x + 5 = 6x^2 + 13x + 5$
- $6x^2 + 15x - 2x - 5 = 6x^2 + 13x - 5$

c) $(x + 7)(4x - 1)$

- $4x^2 - x + 28x - 7 = 4x^2 + 27x - 7$
- $4x^2 + x + 28x - 7 = 4x^2 + 29x - 7$
- $4x^2 - x + 28 + 7 = 4x^2 + 27x + 7$

36. As figuras a seguir são compostas de paralelepípedos retos retângulos.

Escreva um polinômio que represente a medida do volume de cada uma dessas figuras.

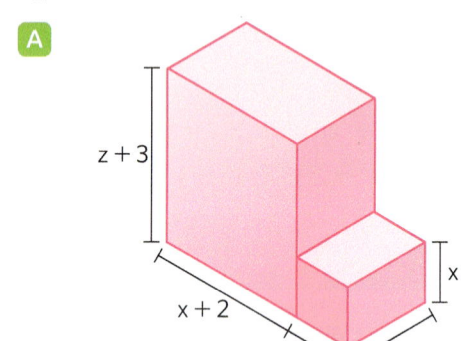

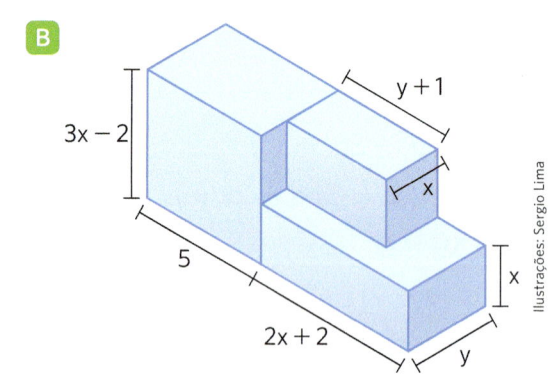

A

Dimensões: $z + 3$, $x + 2$, x, y

B

Dimensões: $3x - 2$, $y + 1$, 5, $2x + 2$, x, y

37. Escreva um polinômio na forma reduzida que represente a sentença de cada item.

a) A medida da área de uma quadra de vôlei cujo comprimento dos lados mede $3x$ e $2x - 3$.

b) A medida do perímetro de uma quadra de vôlei cujo comprimento dos lados mede $3x$ e $2x - 3$.

c) A medida da área de um quadrado cujo comprimento do lado mede $4x^3 + x^2$.

d) A medida do perímetro de um triângulo cujo comprimento dos lados mede x^3, $4x^2 - 1$ e $x^2 - 4$.

Divisão de polinômio por monômio

Sabendo que o polinômio $6c^5 + 3c^4 - 15c^2$ representa a medida da área do paralelogramo abaixo, qual polinômio representa a medida do comprimento de sua base?

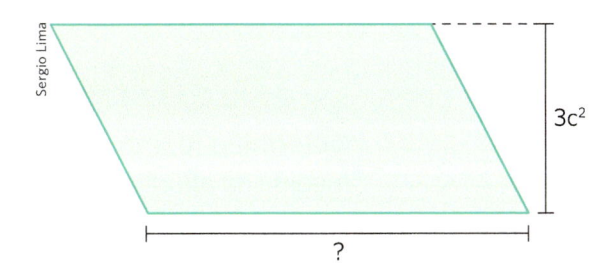

Para responder a essa pergunta, podemos realizar a divisão entre o polinômio que representa a medida da área do paralelogramo e o monômio que representa a medida de sua altura $(3c^2)$.

Uma maneira de realizar essa operação é utilizando o processo longo da divisão.

Desse modo, o polinômio $2c^3 + c^2 - 5$ representa a medida da base do paralelogramo.

$$\begin{array}{r|l} 6c^5 + 3c^4 - 15c^2 & \underline{3c^2} \\ \underline{-6c^5} & 2c^3 + c^2 - 5 \\ 0 + 3c^4 & \\ \underline{ - 3c^4} & \\ 0 - 15c^2 & \\ \underline{ + 15c^2} & \\ 0 & \end{array}$$

Outra maneira de realizar esse cálculo é escrever a expressão em forma de fração e dividir cada um dos termos pelo monômio.

$$\frac{6c^5 + 3c^4 - 15c^2}{3c^2} = \frac{6c^5}{3c^2} + \frac{3c^4}{3c^2} - \frac{15c^2}{3c^2} = 2c^3 + c^2 - 5$$

Nas duas maneiras, cada termo do polinômio foi dividido pelo monômio, ou seja, para cada termo realizamos uma divisão de monômios, como estudado anteriormente.

> Para obter o quociente entre um polinômio e um monômio não nulo, dividimos cada termo do polinômio pelo monômio.

Veja alguns exemplos:

- $(4r^5 + 6r^3) : 2r^2 = \dfrac{4r^5}{2r^2} + \dfrac{6r^3}{2r^2} = 2r^3 + 3r$ ou

  $(4r^5 + 6r^3) : 2r^2 = 4r^5 : 2r^2 + 6r^3 : 2r^2 = 2r^3 + 3r$

- $(12x^2y + 2xy^2 + 8xy) : 4xy = \dfrac{12x^2y}{4xy} + \dfrac{2xy^2}{4xy} + \dfrac{8xy}{4xy} = 3x + \dfrac{y}{2} + 2$ ou

  $(12x^2y + 2xy^2 + 8xy) : 4xy = 12x^2y : 4xy + 2xy^2 : 4xy + 8xy : 4xy = 3x + \dfrac{y}{2} + 2$

Atividades

38. Em cada um dos retângulos abaixo estão indicados os polinômios que representam a medida da área e a medida do comprimento de um dos lados. Efetue os cálculos e determine o polinômio que representa a medida do comprimento do outro lado.

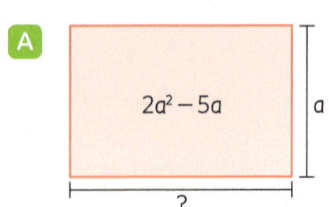

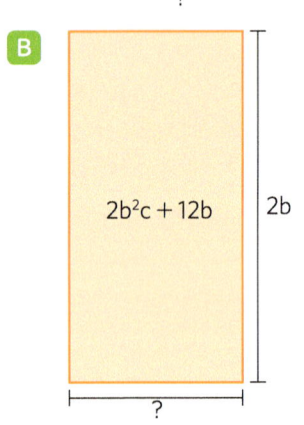

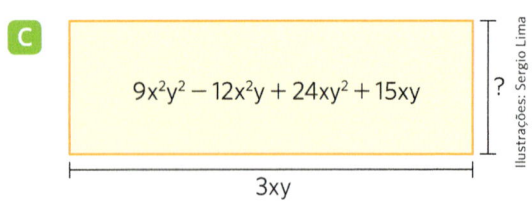

A — Área: $2a^2 - 5a$; lado: a; outro lado: ?

B — Área: $2b^2c + 12b$; lado: $2b$; outro lado: ?

C — Área: $9x^2y^2 - 12x^2y + 24xy^2 + 15xy$; lado: $3xy$; outro lado: ?

39. Qual polinômio, ao ser multiplicado por b^2, resulta no polinômio $2a^2b^2 + 3ab^3 - b^3$?

40. Em cada uma das figuras a seguir está indicado o polinômio que representa a medida de seu volume.

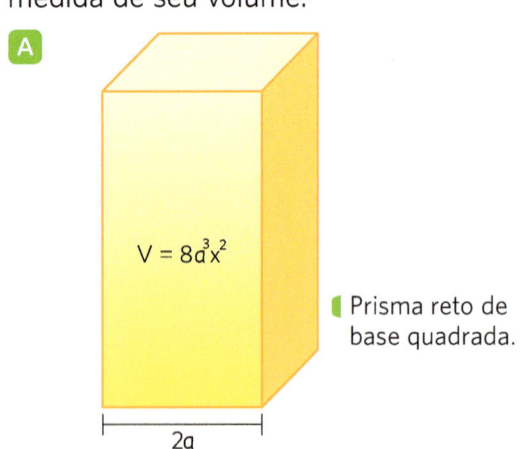

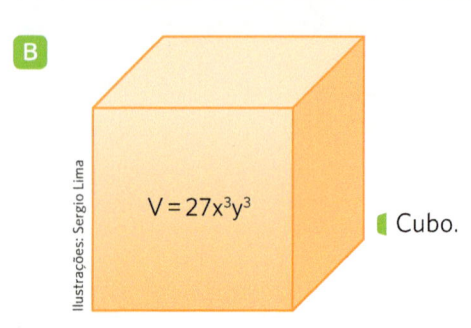

A — $V = 8a^3x^2$ — Prisma reto de base quadrada, lado da base $2a$.

B — $V = 27x^3y^3$ — Cubo.

Determine o monômio que expressa a medida da altura de cada um desses sólidos.

41. Determine o quociente da divisão do polinômio $16x^6 - 20x^5 + 4x^4$ por:

a) x^2 c) $4x^4$

b) 4 d) $2x^3$

42. O resultado de uma divisão de monômios nem sempre é um monômio. Por exemplo, ao dividirmos $8xy$ por $4x^2y$, obtemos $\dfrac{2}{x}$, que não é um monômio.

a) Explique por que o resultado da divisão acima não é um monômio.

b) Escreva outras duas divisões de monômios em que o resultado não é um monômio.

43. Associe cada cálculo a seu resultado, escrevendo a letra e o símbolo romano correspondentes.

A $(3t^2 - 6t) : t$
B $(t^5 - t^2 + 2t) : t$
C $(-15t^6 - 5t^5s) : 5t^2$
D $(12t^4 - 8t^2 + 4t) : 2t$
E $(6t^2s + 2ts^2 + 10ts) : 2ts$

I $6t^3 - 4t + 2$
II $3t - 6$
III $3t + s + 5$
IV $-3t^4 - t^3s$
V $t^4 - t + 2$

Sequências

Observe a tarefa que o professor de Victor propôs aos alunos do 8º ano.

A partir de 1582, com a criação do calendário Gregoriano, foram estabelecidas algumas regras necessárias para determinar quais anos seriam bissextos, ou seja, em quais anos fevereiro teria 29 dias. Um ano é bissexto se ele for múltiplo de 400 ou se ele for múltiplo de 4 e não for múltiplo de 100.

Como podemos elaborar um fluxograma para determinar se um ano é bissexto ou não?

Veja o fluxograma que Victor elaborou em seu caderno para resolver a situação.

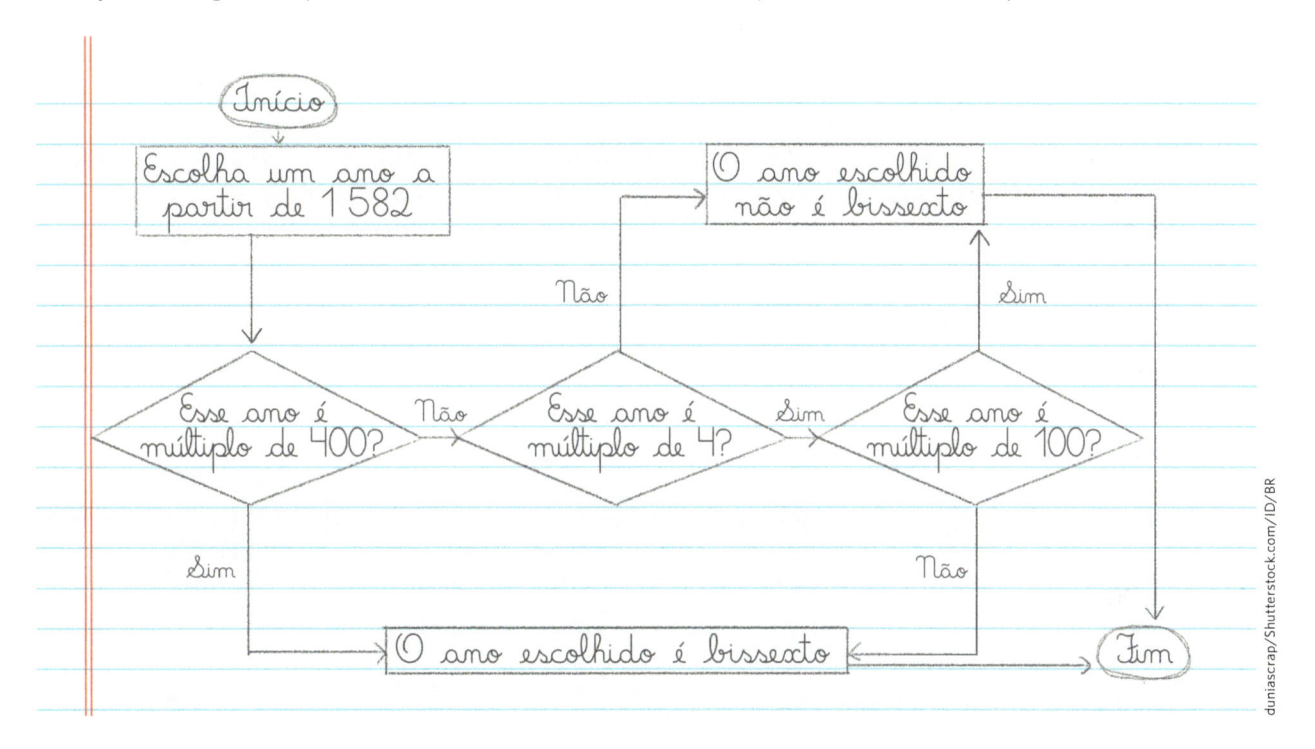

(Fluxograma)

Início → Escolha um ano a partir de 1582 → Esse ano é múltiplo de 400?
- Sim → O ano escolhido é bissexto → Fim
- Não → Esse ano é múltiplo de 4?
  - Não → O ano escolhido não é bissexto → Fim
  - Sim → Esse ano é múltiplo de 100?
    - Sim → O ano escolhido não é bissexto → Fim
    - Não → O ano escolhido é bissexto → Fim

Veja a pergunta que o professor de Victor propôs à turma e tente respondê-la.

Para responder à pergunta feita pelo professor, Victor usou o fluxograma que elaborou para determinar quais anos, a partir de 1582, foram considerados bissextos. Observe como Victor verificou se 1582 e 1588 foram bissextos.

> Quais são os dez primeiros anos a partir de 1582 que foram considerados bissextos?

- Ao escolher o ano de 1582, ele verificou que esse ano não é múltiplo de 400, depois ele verificou que também não é múltiplo de 4, então o ano de 1582 não foi bissexto.
- Ao escolher o ano de 1588, verificou que esse ano não é múltiplo de 400, depois verificou que esse ano é múltiplo de 4, mas não é múltiplo de 100, então 1588 foi bissexto.

Após determinar os dez primeiros anos a partir de 1582 que foram bissextos, Victor escreveu-os em uma **sequência**.

(1584, 1588, 1592, 1596, 1600, 1604, 1608, 1612, 1616, 1620, …)

1 Utilizando o fluxograma que Victor elaborou, verifique se o ano de 1692 e o ano de 1700 foram anos bissextos. Justifique sua resposta.

Você já estudou no 7º ano que uma sequência é uma lista ordenada de elementos (letras, números, figuras, etc.) e que esses elementos são chamados termos.

Além disso, cada termo de uma sequência pode ser representado por uma letra e um número, sendo o primeiro termo representado por a_1 (lê-se: a, índice 1), o segundo termo por a_2 e assim sucessivamente. Para representar o enésimo termo escrevemos a_n (lê-se: a, índice n), para qualquer n natural não nulo. Assim, na sequência dos anos bissextos temos que:

- $a_1 = 1584$
- $a_2 = 1588$
- …
- $a_{10} = 1620$

Veja agora outros exemplos de sequências.

a) A sequência (3, 3, 3, 3, 3, 3, 3, 3, …) cujos termos são todos iguais a 3 é um exemplo de **sequência constante**.

b) A sequência em que $a_1 = 1$, $a_2 = 3$, $a_3 = 5$, …, $a_n = 2n - 1$ é a sequência dos números ímpares positivos.

c) Se definirmos $a_1 = 18$ e $a_n = a_{n-1} + 6$, para $n \geqslant 2$ obtemos uma sequência em que os oito primeiros termos são:

- $a_1 = 18$
- $a_2 = 18 + 6 = 24$
- $a_3 = 24 + 6 = 30$
- $a_4 = 30 + 6 = 36$
- $a_5 = 36 + 6 = 42$
- $a_6 = 42 + 6 = 48$
- $a_7 = 48 + 6 = 54$
- $a_8 = 54 + 6 = 60$

Na sequência dos itens **b** e **c** é possível escrever qualquer termo por uma regra ou fórmula apenas conhecendo sua posição n. Essa fórmula é chamada de **termo geral** da sequência. Além disso, quando em uma sequência é possível calcular qualquer termo a partir dos termos anteriores, temos uma sequência definida recursivamente, como no caso da sequência do item **c**.

2 É possível definir a sequência dos números ímpares positivos por recorrência? Justifique sua resposta.

3 É possível definir a sequência constante do item **a**, por recorrência? Justifique sua resposta.

Atividades

44. Para cada item, escreva os seis primeiros termos da sequência, dado o termo geral em n que é um número natural não nulo.

a) $a_n = 3n + 1$ b) $b_n = 1{,}5n - 1$ c) $c_n = 4n^2$ d) $d_n = 5n - 3$

45. Para cada sequência determine o termo geral.

a) (5, 10, 15, 20, …) c) (x, 2x, 3x, 4x, …) e) $\left(\dfrac{2}{x}, \dfrac{3}{2x^2}, \dfrac{4}{3x^3}, \dfrac{5}{4x^4}, \ldots\right)$

b) (13, 22, 31, 40, …) d) $(3x, 3x^2, 3x^3, 3x^4, \ldots)$

46. Considere a sequência (2, 4, 6, 8, ...). Determine:

a) o termo geral da sequência.

b) o centésimo termo.

47. Observe a sequência abaixo.

•	• • •	• • • • • •	• • • • • • • • • •	...
1	3	6	10	...

Com base na quantidade de pontos dessas imagens, podemos formar a sequência (1, 3, 6, 10, ...).

Das alternativas abaixo, qual termo geral permite calcular os termos dessa sequência?

a) $a_n = n(n + 2)$

b) $a_n = n(n + 1)$

c) $a_n = \dfrac{n(n - 1)}{2}$

d) $a_n = \dfrac{n(n + 1)}{2}$

e) $a_n = (n + 1)^2$

48. Volte à atividade anterior e responda aos itens a seguir.

a) Qual é o 10º termo dessa sequência.

b) Escreva os dez primeiros termos dessa sequência.

49. Apenas três figuras diferentes formam a sequência abaixo.

Considere uma sequência que repete as figuras acima infinitamente e na mesma ordem dos seus elementos. Uma sequência de três figuras formadas pela 9ª, 13ª e 21ª figuras dessa sequência é:

A

B

C

50. O professor de Matemática escreveu uma sequência na lousa. Para isso, inicialmente, ele escolheu um número natural maior do que 1 para ser o 1º termo, nesse caso o 5. Como este número não é par, ele o multiplicou por 3 e adicionou 1 ao resultado, obtendo o número 16, que é o 2º termo. Em seguida, como 16 é par, ele o dividiu por 2, obtendo o número 8, que é o 3º termo. Ele repetiu sucessivas vezes esse procedimento até obter o número 1, que é o último termo da sequência.

> Note que, para obter um termo dessa sequência, a partir do segundo, o professor analisa se o termo anterior é par ou ímpar. Se o termo for par, ele o divide por 2; caso contrário, ele o multiplica por 3 e adiciona 1 ao resultado.

a) Qual foi a sequência escrita pelo professor?

b) Escreva um passo a passo com o procedimento utilizado pelo professor para escrever essa sequência.

c) Elabore um fluxograma com o passo a passo escrito por você no item anterior.

d) Utilizando o fluxograma elaborado por você, escreva a sequência obtida pelo professor, caso ele tivesse escolhido o número 6 para ser o 1º termo da sequência.

Vamos relembrar

51. Neuza faz doces para vender. Com meia lata de leite condensado ela fabrica n doces do mesmo tipo. Veja o quadro que podemos construir com base nessa informação.

Leite condensado (lata)	Quantidade de doces
0,5	n
1	$2n$
1,5	$3n$
2	$4n$
2,5	$5n$
3	$6n$

De acordo com os dados desse quadro, escreva um monômio que represente a quantidade de doces que Neuza pode fabricar com x latas.

52. Observe os pares de monômios apresentados em cada item e determine o valor de a para que eles sejam semelhantes.

a) $7xy^4$; $-2xy^a$

b) $-2x^2y^{3a-4}$; $-4x^2y^{11}$

c) xy^8; $8xy^{a-1}$

d) $-17xy^6z^{2a+1}$; $15xy^6z^5$

e) $5x^3y^az^9$; $12x^3y^6z^{a+3}$

53. Para cada item, escreva uma expressão envolvendo multiplicação de dois ou mais fatores cujo resultado seja o monômio indicado. Para escrever as expressões, utilize os monômios indicados nas fichas.

a) $20x^3y^2$ c) $40xy^4$

b) $60x^2y$ d) $180x^3y^5$

| $11xy^3$ | $15x^2$ | $2y^3$ | $4x^2y^2$ |
| $10xy$ | $9x^2y$ | $5x$ | $4y$ |

54. O resultado da adição de dois polinômios de 2º grau pode ser um polinômio de 1º grau? Justifique com um exemplo.

55. Determine o grau do polinômio correspondente ao produto de $2mn + 1$ por $4m^2n^2 - 2nm$.

56. Escreva o polinômio que representa a medida do perímetro de cada figura a seguir.

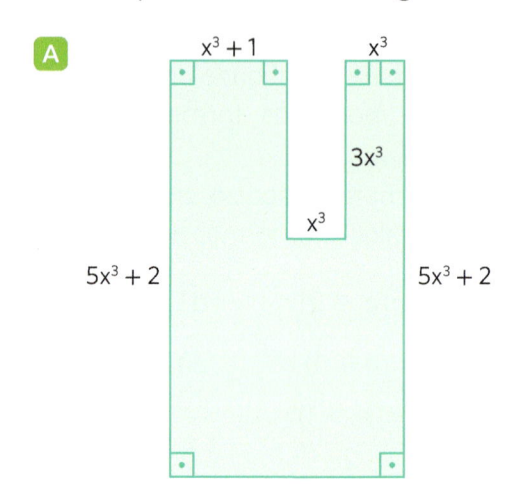

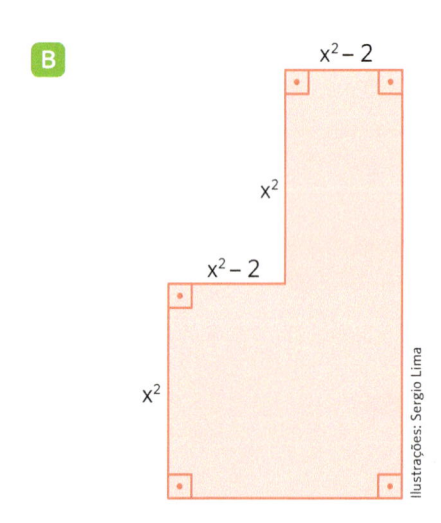

A — com medidas $x^3 + 1$, x^3, $3x^3$, x^3, $5x^3 + 2$, $5x^3 + 2$.

B — com medidas $x^2 - 2$, x^2, $x^2 - 2$, x^2.

57. Volte à atividade anterior e escreva o polinômio que representa a medida da área de cada uma das figuras.

58. Ao efetuar o cálculo $(4ax^3 + 6a^3x) : (2x)$ em uma prova, Eduardo obteve, por engano, como resultado o polinômio $2ax + 3a^3x$. Indique os erros cometidos por ele nesse cálculo e determine a resposta correta.

59. Considerando as imagens, que representam dois aquários com medidas diferentes, escreva um problema relacionado ao conteúdo de polinômios e entregue para um colega resolver. Em seguida, verifique se a resolução do colega está correta.

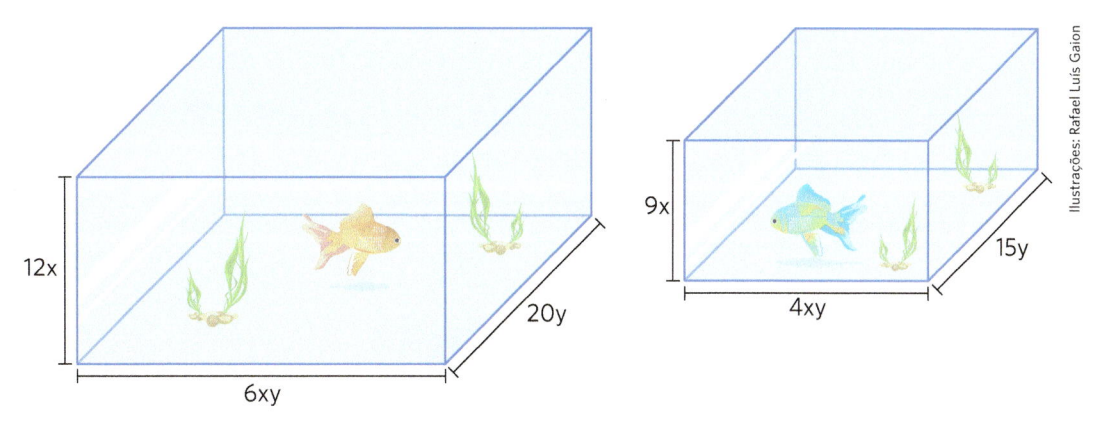

60. Fernanda, ao comprar um tecido retangular, foi informada de que o tecido encolherá após a primeira lavagem, porém mantendo o formato retangular. A figura a seguir mostra as medidas originais do tecido e o tamanho do encolhimento (x) na medida do comprimento e (y) na medida da largura. A expressão algébrica que representa a medida da área do tecido após ser lavado é $(5 - x)(3 - y)$.

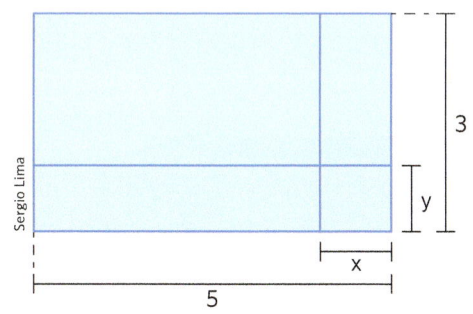

Nessas condições, qual é a medida da área perdida do tecido, após a primeira lavagem?

61. Escreva no caderno os cinco primeiros termos da sequência, cujo termo geral é:

a) $a_n = n + 1$ b) $a_n = 2n - 1$ c) $a_n = 2^n + 3$ d) $a_n = \dfrac{1}{3^n}$

62. Observe a sequência.

$$(8, 14, 20, 26, 32, 38, ...)$$

a) Entre as alternativas abaixo, qual termo geral possibilita calcular os termos dessa sequência?

I) $a_n = 6n$ II) $a_n = 8n$ III) $a_n = 6n + 2$ IV) $a_n = 8n + 2$

b) Elabore um fluxograma com o passo a passo que possibilita determinar os termos dessa sequência.

c) Qual é o 28º termo dessa sequência?

Educação financeira

Como se "ganha" dinheiro?

Utilizamos com frequência a expressão "ganhar dinheiro" quando nos referimos a alguma fonte de renda, como salário, aluguel de imóveis, aposentadorias, etc. Contudo, este não é um termo apropriado, pois, em geral, associamos o significado de "ganhar" a receber algo sem um esforço envolvido, como "ganhar na loteria", o que não é o caso, quando nos referimos às fontes de renda citadas.

Acho que encontrei uma oportunidade única: trabalhar em casa, poucas horas ao dia, ganhando muito dinheiro pela internet em uma loja virtual. Dá até para deixar meu emprego!

Calma, as coisas não são tão simples assim! Para ganhar dinheiro pela internet você precisará estudar e trabalhar bastante para conquistar seu "espaço".

Você tem razão. Posso reservar parte do meu tempo livre para estudar e trabalhar na internet, assim posso conciliar com meu emprego e ainda conseguir ganhar um dinheiro extra!

Poderíamos definir o início da vida financeira quando recebemos dinheiro por algum trabalho realizado. É comum que esta fase comece no início da vida adulta ou no final da adolescência, momento em que, geralmente, estamos empolgados com a independência financeira: ter o próprio dinheiro, sem ajuda dos pais ou responsáveis.

Em geral, a principal fonte de renda provém de um trabalho profissional assalariado e, por isso, o momento de decidir qual profissão seguir é tão importante. Esta escolha depende não apenas da expectativa salarial, mas também da combinação de outros fatores, como habilidades, interesses, oferta de trabalho, entre outros.

Independentemente da escolha, precisamos ter clareza de que, para um profissional ser considerado completo, formação e experiência devem caminhar juntas, o que exige estudo e dedicação. Isso é válido para não cairmos em falsas promessas de "ganhar dinheiro fácil", especialmente pela internet, como na cena apresentada. Assim como outro trabalho convencional, fazer publicidade ou vender produtos pela internet, por exemplo, exige conhecimento e empenho. Uma pessoa que tem um emprego fixo e estável, a fim de não correr o risco de fracassar trabalhando em uma loja virtual, pode fazer como o personagem: utilizar a internet como fonte de renda secundária.

> **Loja virtual:** site que faz da internet um canal de negociação, com o objetivo de venda de produtos e serviços a clientes on-line.
> *Pen drive:* dispositivo portátil de armazenamento de dados de computador.
> **GB:** abreviação de gigabaite, múltiplo do baite, que é a unidade de informação que um dispositivo pode armazenar.

1. O lucro da venda de um produto pode ser definido pela diferença entre o preço de venda e o preço de custo. Se, por exemplo, o comerciante paga R$ 10,00 por um produto e o vende por R$ 15,00, então seu lucro é R$ 5,00.
   Uma loja virtual vende *pen drives* personalizados com diferentes capacidades. Observe os preços de custo e de venda de alguns destes produtos.

Capacidade do *pen drive*	Preço de custo	Preço de venda
Pen drive 4 GB	R$ 9,99	R$ 13,99
Pen drive 8 GB	R$ 11,72	R$ 22,23
Pen drive 16 GB	R$ 15,76	R$ 32,36

   Em qual dos produtos apresentados a loja tem maior lucro, em reais? De quanto é esse lucro?

2. Se em determinada semana a loja vendeu 25 *pen drives* de 4 GB, 22 de 8 GB e 15 de 16 GB, calcule o lucro da venda desses produtos.

3. Em seu emprego fixo, o personagem da cena recebe R$ 3 500,00 de salário mensal. Se ele fosse o dono da loja virtual, você acredita que seria possível ter um recebimento igual ou superior ao seu salário somente com a venda dos *pen drives*? Justifique sua resposta.

4. Você já pensou ou escolheu qual será a sua profissão e como será quando se tornar independente financeiramente? Explique.

CAPÍTULO 10
Círculo e circunferência

As formas circulares estão presentes no dia a dia em objetos domésticos, no formato das rodas de automóveis, nas construções e em muitos outros lugares.

Você já estudou em anos anteriores as características e os elementos que definem uma figura geométrica plana circular como círculo ou circunferência. Agora vamos relembrar essas características e avançar nos estudos desses conceitos.

Elementos da circunferência e do círculo

Você já assistiu a alguma modalidade esportiva disputada nos Jogos Olímpicos? Em algumas delas podemos identificar formas circulares que lembram circunferências e círculos.

O principal símbolo dos Jogos Olímpicos é composto de cinco aros interligados, representando a união dos continentes. Esses aros lembram circunferências.

Veja alguns exemplos.

No alvo do tiro com arco.

No arco da ginástica rítmica feminina.

Na argola da ginástica artística masculina.

Na roda de bicicleta de uma prova de pista.

Circunferência é uma linha fechada em um plano, em que todos os pontos estão a uma mesma medida de distância de um ponto fixo, chamado **centro**.

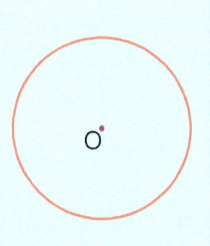

Círculo é formado pela união da circunferência com todos os pontos que estão em seu interior.

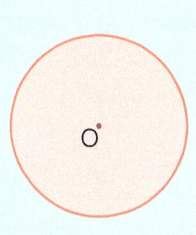

Podemos destacar alguns elementos na circunferência ao lado.

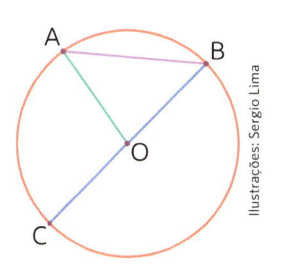

- Os pontos *A*, *B* e *C* são **pontos** da circunferência.
- O ponto *O* é o **centro** da circunferência.
- O segmento de reta que une o centro de uma circunferência a qualquer ponto dela é chamado **raio**. Na imagem ao lado, o segmento de reta *AO* é um exemplo de raio.
- O segmento de reta que une dois pontos quaisquer de uma circunferência é chamado **corda**. Assim, o segmento de reta *AB* é um exemplo de corda.
- A corda que passa pelo centro de uma circunferência tem medida de comprimento máxima e é chamada **diâmetro**. A corda *BC* é um exemplo de diâmetro na imagem ao lado.
- **Qual é a relação entre a medida do comprimento do raio e a do diâmetro de uma circunferência?**

Atividades

1. As imagens abaixo lembram um círculo e uma circunferência.

Vista superior de uma lata com formato cilíndrico.

Bambolê.

Cite outros objetos que lembram:

a) o círculo;   b) a circunferência.

2. Na circunferência de centro *O* a seguir, identifique:
a) os diâmetros.
b) os raios.
c) as cordas.
O triângulo *SOP* é escaleno? Justifique sua resposta.

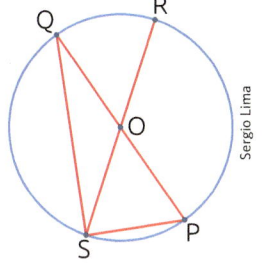

3. Observe a circunferência e resolva os itens a seguir.

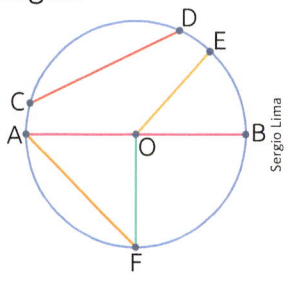

a) O segmento *OE* é raio, diâmetro ou corda da circunferência?
b) Quais segmentos são cordas dessa circunferência?
c) Identifique qual das cordas do item **b** tem medida do comprimento igual à de dois raios.
d) Quais são os elementos da circunferência que os segmentos *OA*, *OB*, *OE* e *OF* representam?

4. Veja como Adriana construiu, utilizando régua e compasso, uma circunferência de centro O e raio com 3 cm de medida de comprimento.

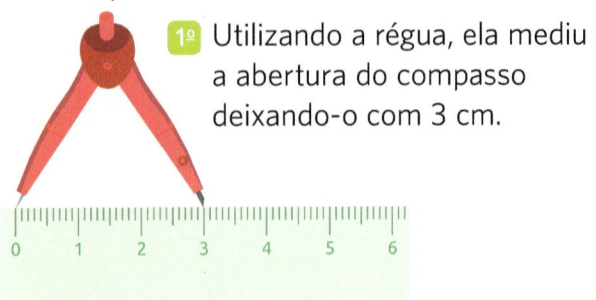

1º Utilizando a régua, ela mediu a abertura do compasso deixando-o com 3 cm.

2º Ela marcou o ponto O e, com a ponta seca do compasso em O e abertura medindo 3 cm, traçou a circunferência.

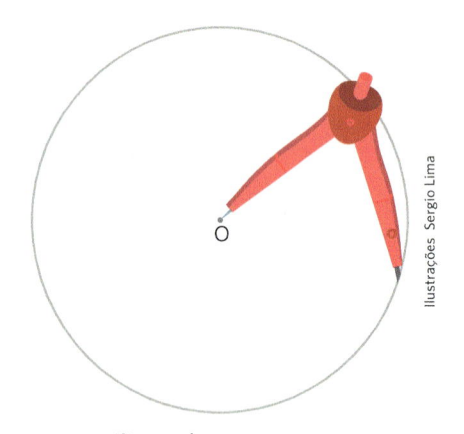

Agora, utilizando os mesmos procedimentos de Adriana, construa uma circunferência cuja medida do comprimento do raio é 2,5 cm e indique nela o centro O, uma corda $\overline{PQ}$ e um diâmetro $\overline{PR}$.

5. A circunferência a seguir foi construída em uma malha quadriculada.

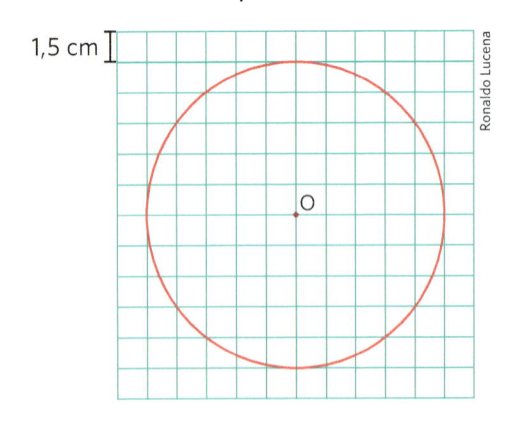

De acordo com essa imagem determine a medida do comprimento:

a) do raio da circunferência;

b) do diâmetro da circunferência.

6. Na figura a seguir, M é o ponto médio do segmento AC. Sabendo que o comprimento do raio da circunferência mede 5 m, qual é a medida do comprimento de $\overline{AC}$?

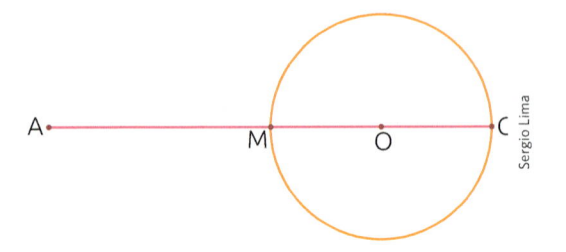

7. Determine a medida do comprimento do raio e da corda $\overline{FH}$ da circunferência a seguir, sabendo que a medida do comprimento do diâmetro dessa circunferência é 6,8 m, GH = 3,2 m e que a medida do perímetro do triângulo FGH é 16 m.

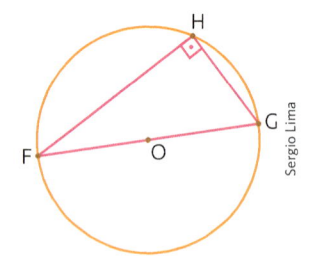

8. Observe a lata de milho e a caixa onde estão organizadas seis dessas latas.

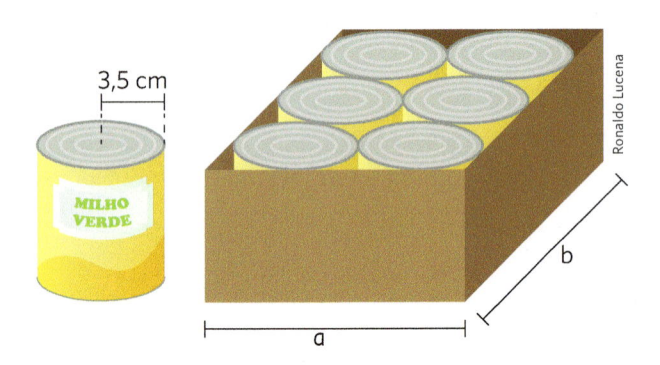

Quais são os menores valores possíveis de a e b?

Ângulo central

Observando um relógio de ponteiros que marcava quatro horas, Nicole construiu o esquema matemático a seguir.

Inicialmente, ela construiu uma circunferência de centro O e marcou os pontos A e B correspondentes aos números 12 e 4 do relógio, respectivamente.

Assim, ela dividiu a circunferência em duas partes, que recebem o nome de **arco de circunferência**. O menor desses arcos, em vermelho, pode ser indicado por $\widehat{AB}$, e os pontos A e B são suas extremidades.

Em seguida, Nicole traçou as semirretas OA e OB a partir do centro da circunferência, obtendo o ângulo de vértice em O indicado por $A\hat{O}B$, chamado **ângulo central**.

> O ângulo central possui vértice no centro de uma circunferência.

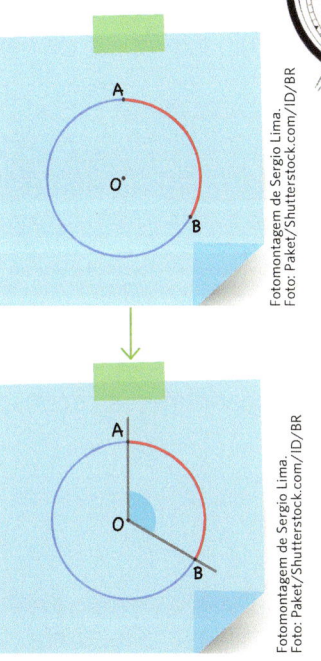

A medida em graus de um arco é definida como sendo igual à medida do ângulo central correspondente. No caso da construção de Nicole, temos que:

$$\text{med}(\widehat{AB}) = \text{med}(A\hat{O}B)$$

Atividades

9. Em cada circunferência de centro C a seguir, determine o valor de x.

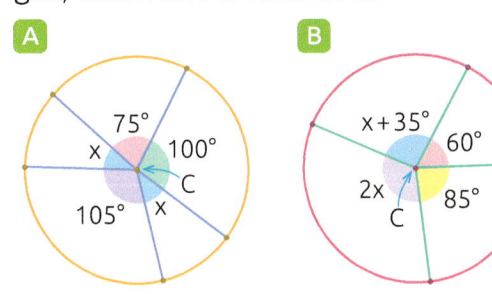

A 75°, x, 100°, 105°, x

B x + 35°, 60°, 2x, 85°

10. Escreva a medida em graus do arco maior em função do arco menor a.

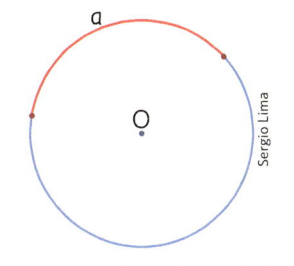

11. Os pontos A e B dividem a circunferência de centro C em dois arcos de medidas iguais. Esses arcos são denominados **semicircunferências**. Qual é a medida, em graus, de cada um desses arcos?

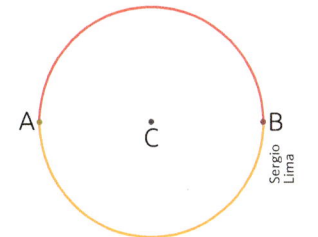

12. Determine a medida de cada ângulo formado a partir dos ponteiros do relógio.

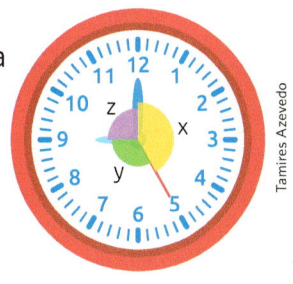

Polígonos inscritos e circunscritos

Os **polígonos inscritos** em uma circunferência são polígonos em que cada um de seus vértices coincide com um ponto da circunferência. Observe, a seguir, exemplos de hexágonos inscritos.

Hexágono regular inscrito em uma circunferência.

Hexágono não regular inscrito em uma circunferência.

Os **polígonos circunscritos** a uma circunferência são polígonos em que cada um de seus lados tangencia a circunferência. Observe a seguir exemplos de quadriláteros circunscritos.

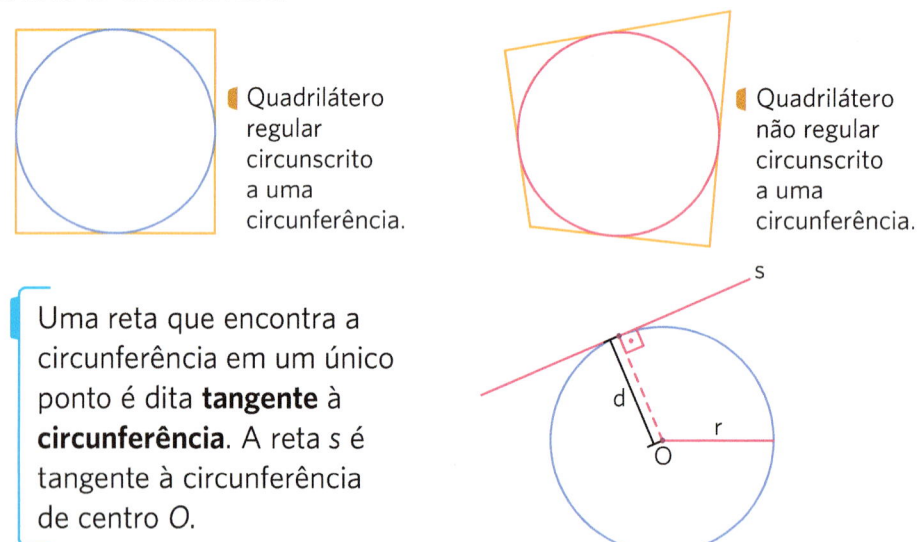

Quadrilátero regular circunscrito a uma circunferência.

Quadrilátero não regular circunscrito a uma circunferência.

Uma reta que encontra a circunferência em um único ponto é dita **tangente** à **circunferência**. A reta s é tangente à circunferência de centro O.

Quando uma figura está **inscrita** em outra, essa outra figura está **circunscrita** à primeira. Por exemplo:
- se um hexágono está inscrito em uma circunferência, a circunferência circunscreve ou está circunscrita ao hexágono;
- se um quadrilátero está circunscrito a uma circunferência, a circunferência inscreve ou está inscrita no quadrilátero.

Uma das propriedades dos polígonos regulares é que sempre podemos traçar uma circunferência que passa por todos os seus vértices. Assim, todo polígono regular pode ser inscrito em uma circunferência. Veja alguns polígonos regulares inscritos em uma circunferência.

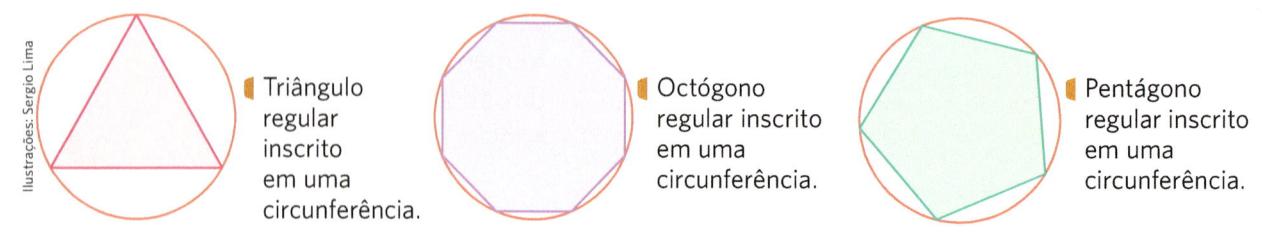

Triângulo regular inscrito em uma circunferência.

Octógono regular inscrito em uma circunferência.

Pentágono regular inscrito em uma circunferência.

Atividades

13. O ângulo central de um polígono regular é o ângulo cujo vértice é o centro comum da circunferência inscrita e da circunferência circunscrita ao polígono e cujos lados contêm vértices consecutivos do polígono. No octógono regular ao lado, por exemplo, α é o ângulo central.

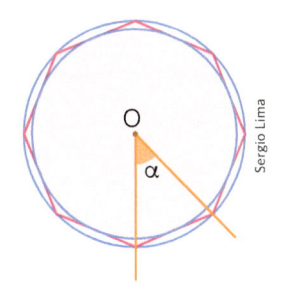

a) Determine a medida, em graus, do ângulo central de cada um dos polígonos indicados a seguir.
- Triângulo equilátero.
- Quadrado.
- Hexágono regular.
- Octógono regular.

b) Explique para um colega os procedimentos utilizados por você para calcular a medida do ângulo central de cada um dos polígonos no item anterior.

14. Observe como Lilian fez para construir um hexágono regular usando compasso e esquadro.

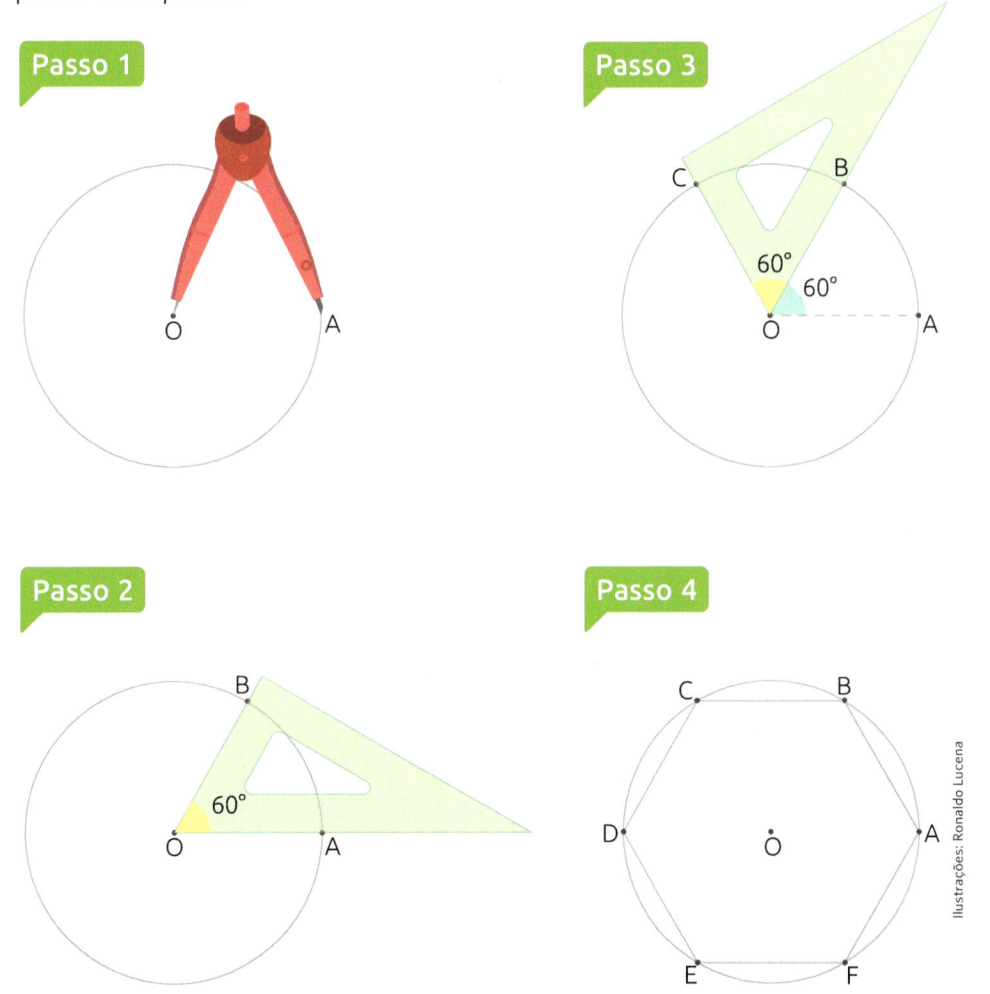

Passo 1

Passo 2

Passo 3

Passo 4

A partir dos passos realizados por Lilian, escreva um passo a passo, explicando os procedimentos necessários para construir um hexágono regular utilizando compasso e esquadro. Em seguida, organize-os em um fluxograma.

15. Para construir um quadrado, utilizando régua e compasso, Horácio seguiu o seguinte passo a passo.

Passo a passo

1º Construa o ângulo $A\hat{C}B$ cuja medida é igual à medida do ângulo central de um quadrado, ou seja, 90°.

2º Trace uma circunferência de centro C e raio $\overline{AC}$. Em seguida, marque o ponto D na intersecção entre a semirreta CB e a circunferência.

3º Com a ponta seca do compasso em D e abertura igual a AD, marque, sobre a circunferência, o ponto E. Da mesma maneira, marque o ponto F.

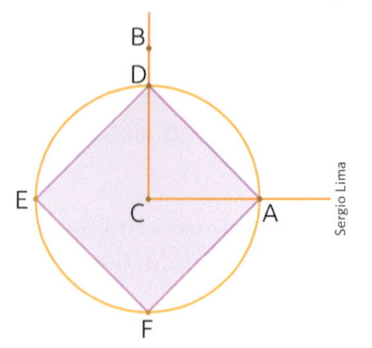

Figura obtida por Horácio.

4º Por fim, trace os segmentos AD, DE, EF e AF, obtendo assim o quadrado ADEF.

a) A figura obtida por Horácio é um quadrado? Justifique sua resposta.

b) Utilizando o passo a passo apresentado, construa um quadrado.

c) Construa um hexágono regular utilizando régua e compasso.

d) Escreva um passo a passo que possibilite construir um triângulo equilátero. Em seguida, entregue-o para um colega a fim de que ele construa o triângulo. Por fim, verifique se a construção realizada por ele está correta.

16. O retângulo ABCD está inscrito em uma circunferência cuja medida do comprimento do diâmetro é 20 cm.

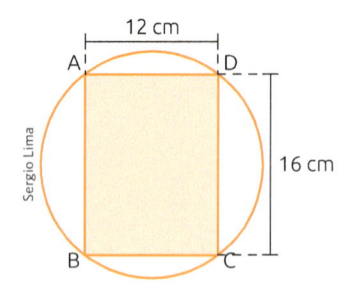

a) Qual é a medida da área desse retângulo?

b) Qual é a medida do comprimento do raio dessa circunferência?

c) Qual é a medida do comprimento dessa circunferência?

Medida da área do círculo

Em algumas situações é necessário determinar a medida da área de um círculo cuja medida do comprimento do raio é r. Veja a seguir como obter a fórmula que permite calcular a medida da área de um círculo. Para isso, vamos aproximar a medida da área de um círculo pela medida da área de um retângulo.

- Decompomos um círculo em 8 setores circulares congruentes.

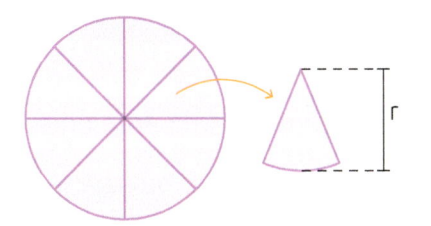

Um setor circular é uma região do círculo determinada por um ângulo central.

- Dividimos um dos setores circulares ao meio e os organizamos lado a lado com os demais setores, como indicado na imagem.

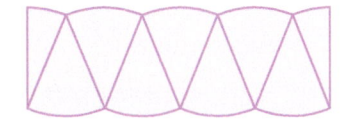

A figura obtida ao organizar os setores lado a lado lembra um retângulo. Caso o círculo fosse decomposto em 16 setores circulares congruentes, a figura se aproximaria ainda mais de um retângulo; com a decomposição em 32 setores, a figura ficaria ainda mais próxima de um retângulo. Ao continuar realizando esse processo indefinidamente, a figura obtida fica cada vez mais próxima de um retângulo cuja medida da área é igual à medida da área do círculo.

Esse retângulo teria a medida do comprimento da base igual à metade da medida do comprimento da circunferência $\left(\dfrac{C}{2}\right)$ e a medida da altura igual à medida do comprimento do raio da circunferência (r).

Sabendo que a medida da área de um retângulo é dada pelo produto da medida do comprimento de sua base pela de sua altura, e que a medida da área desse retângulo é igual à medida da área do círculo, calculamos a medida da área do círculo da seguinte maneira:

$$A = \dfrac{C}{2} \cdot r = \dfrac{2\pi r}{2} \cdot r = \pi r^2$$

$$A = \pi r^2$$

Lembre-se de que a medida do comprimento de uma circunferência é determinada por $C = 2\pi r$ e que π é aproximadamente 3,14.

Veja como calcular a medida da área de um círculo cuja medida do comprimento do raio é 6 cm, por exemplo.

$$A = \pi r^2 = 3{,}14 \cdot 6^2 = 113{,}04$$

Portanto, a medida da área de um círculo cujo raio mede 6 cm é aproximadamente 113,04 cm².

Agora, vamos calcular a medida da área do setor circular destacado no círculo de centro O.

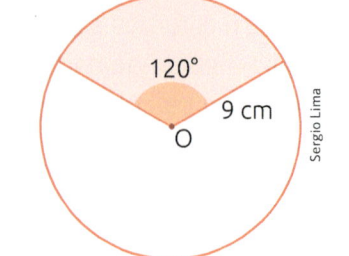

1º Calculamos a medida da área (A) do círculo em centímetros quadrados.

$$A = \pi r^2 = 3{,}14 \cdot 9^2 = 254{,}34$$

2º Como 120° equivale a $\frac{1}{3}$ de 360°, a medida da área do setor circular (A_s) é igual a $\frac{1}{3}$ da medida da área do círculo, ou seja:

$$A_s = \frac{1}{3} A$$

Assim, temos:

$$A_s = \frac{1}{3} A$$

$$A_s = \frac{1}{3} \cdot 254{,}32 = 84{,}78$$

Note que $\frac{120}{360} = \frac{1}{3}$.

Portanto, a medida da área do setor circular destacado em vermelho é aproximadamente 84,78 cm².

Atividades

Na resolução das atividades, considere $\pi = 3{,}14$.

17. Calcule a medida aproximada da área de cada um dos círculos.

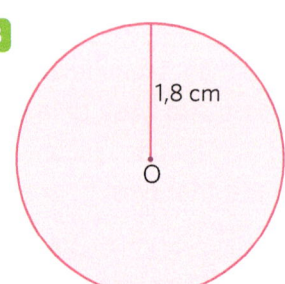

A) 1,5 cm

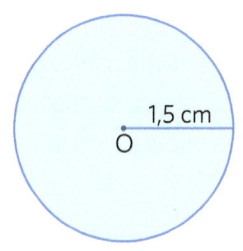

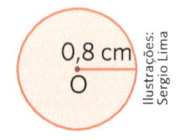

B) 1,8 cm

C) 0,8 cm

18. Abaixo de cada círculo está indicada a medida do comprimento de sua circunferência. De acordo com essa medida, determine a medida aproximada da área de cada círculo.

A) 6,91 cm

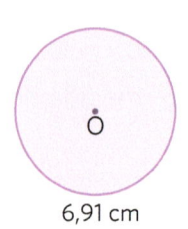

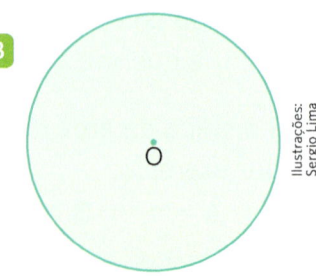

B) 10,68 cm

19. Michele tem 720 m de comprimento em arame e vai construir um cercado para suas ovelhas. A cerca que Michele pretende fazer terá quatro fios de arame, porém, ela ainda está em dúvida entre fazer um cercado com formato quadrado ou circular. Sabendo que ela pretende construir o cercado com a maior medida de área possível e usando todo o arame, responda aos itens a seguir.

   a) O formato do cercado será quadrado ou circular?

   b) Qual será a medida da área do cercado?

20. Na imagem está representada a frente de um relógio confeccionada em madeira. Essa frente foi obtida a partir de uma peça retangular, na qual foi realizado um corte circular, formando um arco de 180° de medida na parte superior do seu contorno.

Qual é a medida da área da parte da peça em madeira que pode ser vista na imagem?

21. Calcule a medida aproximada da área do setor circular.

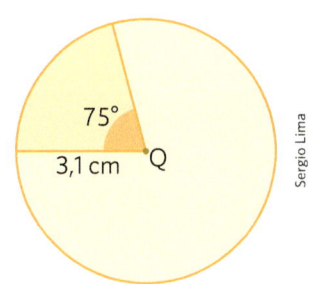

22. Calcule a medida da área de um setor circular cuja medida do comprimento do raio é 9 cm e cujo ângulo central mede 150°.

23. Aroldo gasta 2 h para pintar um painel circular **A** cuja medida do comprimento do raio é 3 m. Nas mesmas condições, ele gastará mais ou menos do que 4 h para pintar um painel circular **B** cuja medida do comprimento do raio é 6 m? Justifique sua resposta.

24. De acordo com o esquema, elabore um problema envolvendo medida de área e entregue para um colega resolver. Em seguida, verifique se o que ele fez está correto.

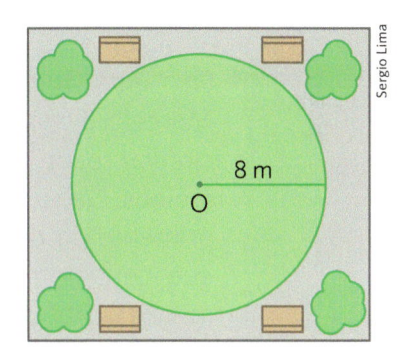

25. Júlia vai construir um jardim com formato de setor circular em um terreno retangular, como mostra o esquema.

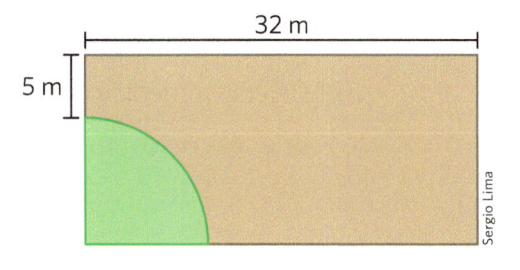

Sabendo que a área do terreno mede 480 m², determine a medida da área do jardim que Júlia vai construir.

26. Determine a expressão que representa a medida da área de um setor circular cuja medida do comprimento do raio é r e a medida, em graus, do ângulo central é α.

27. Calcule a medida da área da figura em azul.

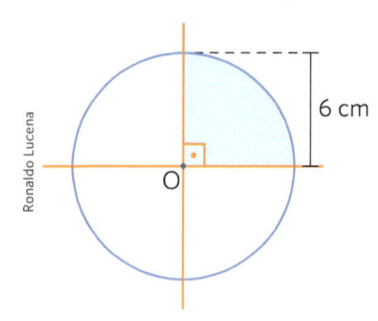

28. Em um quadrado com medida do perímetro igual a 20 cm, há uma circunferência inscrita, como na figura ao lado. Determine a medida aproximada da área, indicada em vermelho na figura.

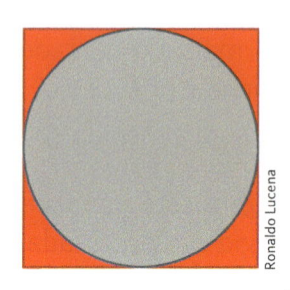

29. Em uma mesa de formato quadrado, Marcelo dispôs alguns pratos de formato circular para servir um jantar aos seus amigos. Sabendo que a medida do comprimento do raio de cada prato é 12 cm e que couberam em cima da mesa exatamente 9 pratos, conforme mostra a figura, responda às questões.

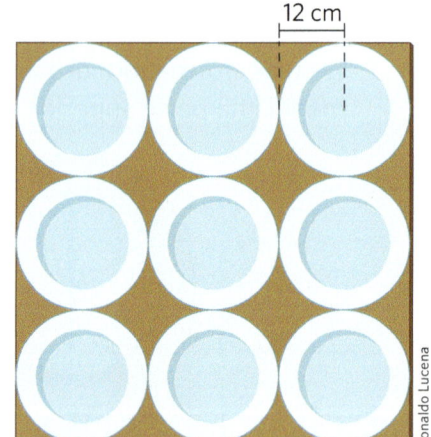

a) Qual é a medida da área da mesa?

b) Qual é a medida da área ocupada pelos pratos?

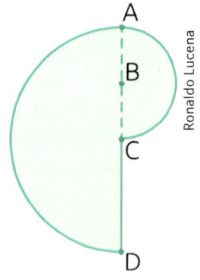

30. Calcule a medida da área da figura sabendo que $AD = 16$ cm, que $AC = \dfrac{AD}{2}$ e que $AB = 4$ cm.

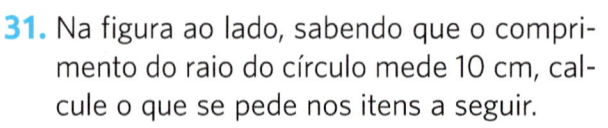

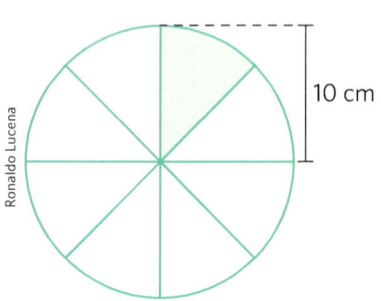

31. Na figura ao lado, sabendo que o comprimento do raio do círculo mede 10 cm, calcule o que se pede nos itens a seguir.

a) A que fração do círculo corresponde a região destacada em verde?

b) Qual é a medida da área da região destacada em verde?

Vamos relembrar

32. Explique qual é a diferença entre círculo e circunferência.

33. Considerando a circunferência de centro O abaixo, identifique e defina:
- o diâmetro;
- os raios;
- as cordas.

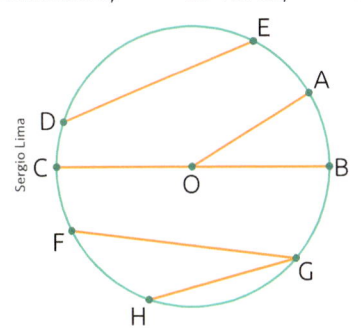

34. Observe a figura.

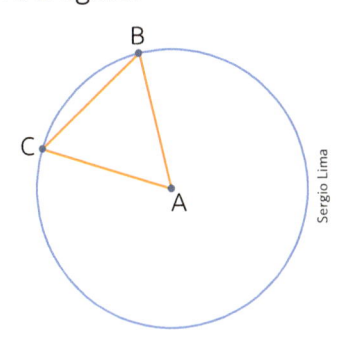

Sabendo que A é o centro da circunferência, que o triângulo ABC é equilátero e que a medida do seu perímetro é 40,2 cm, calcule:

a) as medidas do comprimento dos lados do triângulo.

b) a medida do comprimento do raio da circunferência.

c) a medida do comprimento do diâmetro da circunferência.

35. Túlio construiu uma porta com as características da figura a seguir. Sabendo que a medida do comprimento do acabamento da porta é de 6,312 m, determine a medida da altura dessa porta.

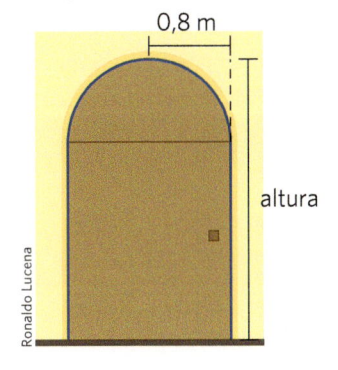

36. Sabendo que a área do semicírculo destacado em azul na figura mede 39,25 cm², determine a medida da área do quadrado.

37. A figura a seguir é formada por um setor circular de $\frac{1}{4}$ de volta sobreposto por um semicírculo. Calcule a medida da área da parte destacada em vermelho.

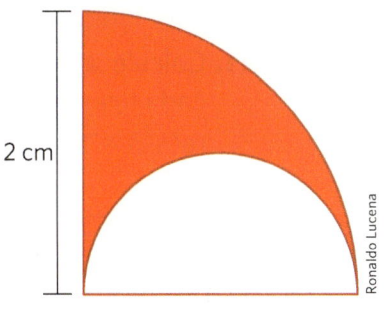

38. O quadrado ABCD está circunscrito à circunferência de centro Q.

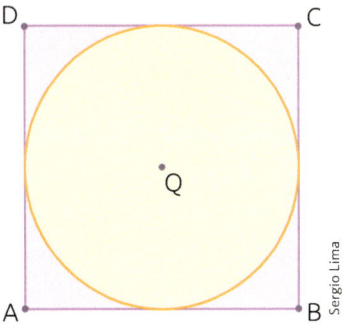

Sabendo que esse quadrado tem lados cujo comprimento mede 3,6 cm, calcule a medida:

a) do comprimento do raio da circunferência.

b) do comprimento da circunferência.

c) da área do círculo.

39. Uma bola rola em linha reta sobre uma mesa de acordo com a figura a seguir. Quantas voltas completas a bola realiza, considerando que o comprimento do seu raio mede 10 cm?

Representação sem proporção de tamanho.

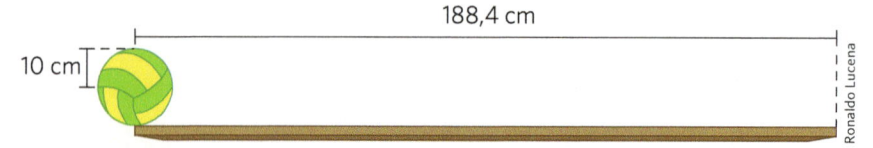

188,4 cm
10 cm

40. Helena construiu um hexágono regular com um compasso. Para marcar os vértices do polígono sobre a circunferência que desenhou, ela usou o compasso com uma abertura de 6 cm. Qual é a medida das área do círculo desenhado por Helena?

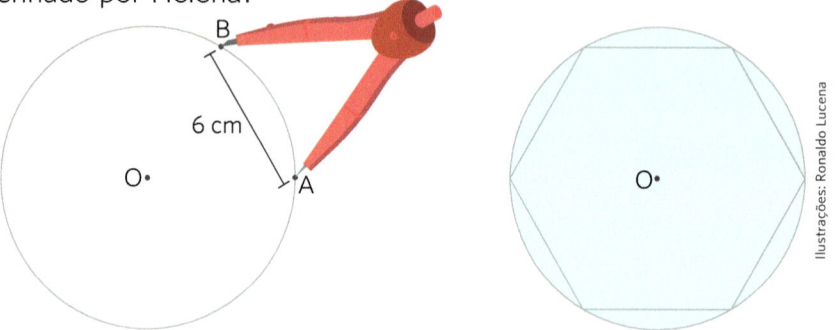

41. Calcule a medida aproximada da área da parte colorida de vermelho de cada figura, sendo O, P, M, N, Q e R os centros das circunferências. Considere $\sqrt{3} = 1{,}73$.

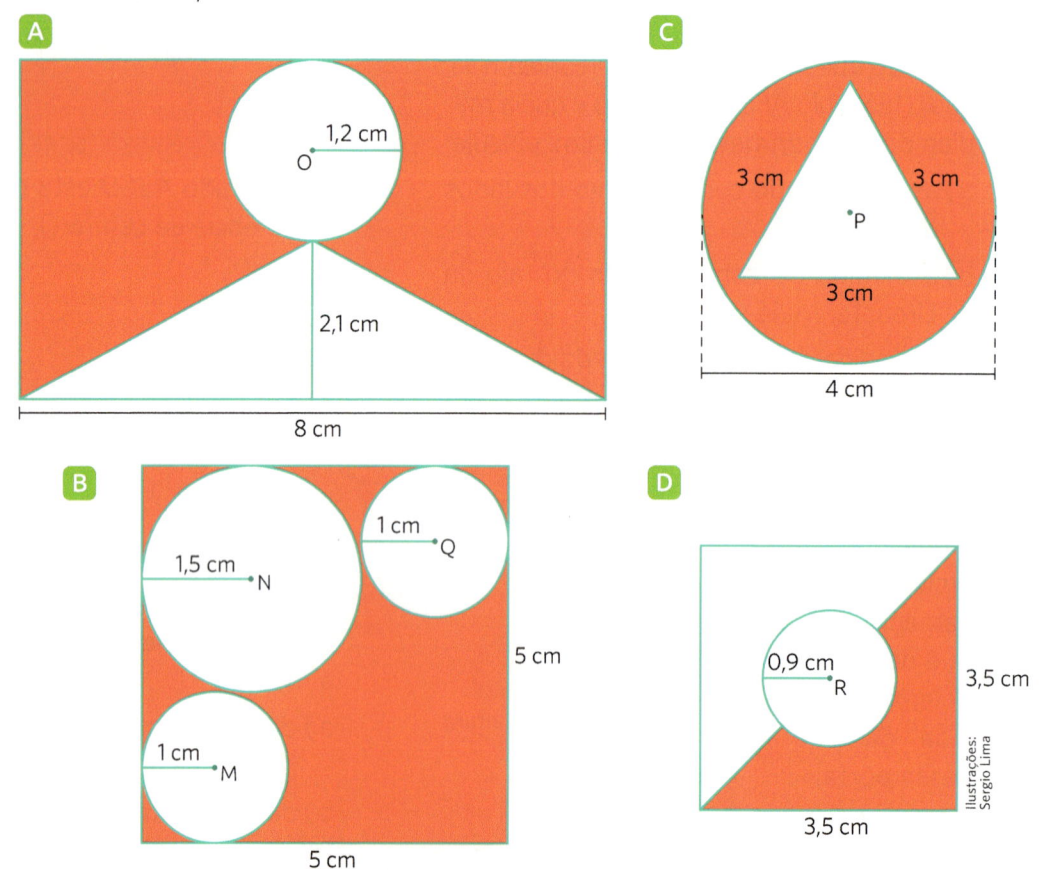

A
1,2 cm
2,1 cm
8 cm

C
3 cm 3 cm
3 cm
4 cm

B
1 cm Q
1,5 cm N
5 cm
1 cm M
5 cm

D
0,9 cm R
3,5 cm
3,5 cm

188

42. Cristiane arrumou seus bambolês em uma pilha de 45 cm. A espessura de cada bambolê mede 3 cm. Determine a soma das medidas do comprimento dos bambolês de Cristiane sabendo que a medida do comprimento do raio de cada um deles é 30 cm.

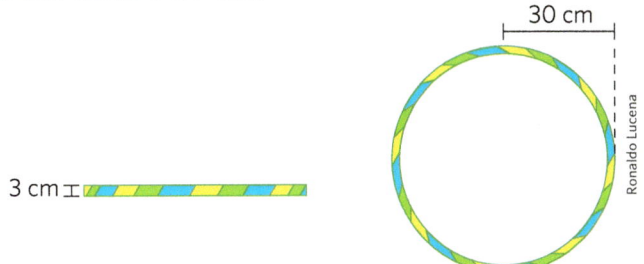

43. No jardim de formato quadrado que fica em frente à sua casa, Kátia irá construir um canteiro circular para plantar rosas. Ela pretende que o canteiro ocupe $\frac{1}{3}$ da área total do jardim e fique exatamente no centro deste.

Sabendo que a medida do comprimento dos lados do jardim é 3,5 m, determine a medida do comprimento do diâmetro do canteiro que ela deverá construir.

44. O retângulo ABCD está inscrito no círculo de centro P. Determine a medida da área desse círculo de acordo com as medidas indicadas.

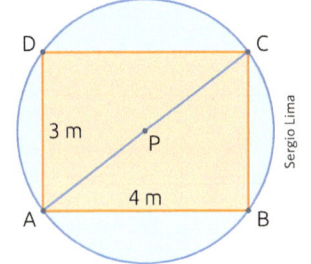

45. Na figura ao lado, a medida do comprimento do segmento AB é igual a $\frac{3}{4}$ da medida do comprimento do diâmetro da circunferência de centro O. Sabendo que o comprimento do raio da circunferência mede 9 m, determine a medida do comprimento do segmento AC.

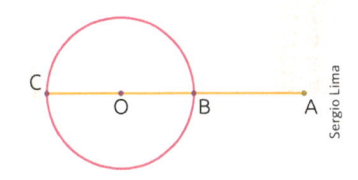

46. Calcule a medida aproximada da área de cada um dos setores circulares, dadas as medidas dos raios, em cada caso.

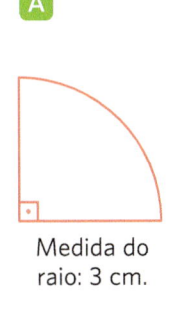

A Medida do raio: 3 cm.

B 160° Medida do raio: 1,8 cm.

C 270° Medida do raio: 4,2 cm.

Ampliando fronteiras

Respeito no trânsito

Ao caminhar pela calçada ou atravessar uma rua, você fica atento aos sinais de trânsito?

As placas de sinalização de trânsito têm por finalidade auxiliar na manutenção da ordem e da segurança, por isso, motoristas, ciclistas e pedestres precisam segui-las à risca.

Nas regiões com grande fluxo de pessoas, os motoristas devem dar preferência aos pedestres, que, por sua vez, devem atravessar as vias nas faixas de travessia de pedestres sempre que houver. Já nos locais em que não há sinalização específica, os cuidados devem ser redobrados. Devemos ter bom senso e respeito para evitar acidentes tanto entre os veículos, como entre os veículos e os pedestres.

No trânsito, tenha sempre atenção, nunca falte com respeito e tome cuidado. Lembre-se: gentileza não faz mal a ninguém!

Placa de regulamentação de trânsito "velocidade máxima permitida".

Placa de regulamentação de trânsito "dê a preferência". Essa placa indica que o condutor deve dar a preferência a quem transita na outra via em que ele vai entrar, precisando assim reduzir a velocidade ou até parar, quando necessário.

Mesmo que consiga frear e virar o volante na curva, corre alto risco de derrapar e "passar em linha reta".

Carro com velocidade acima da permitida.

Dentro do limite da velocidade máxima para este trecho, o motorista conseguiria fazer o percurso com o veículo corretamente.

Nas ruas, avenidas, rodovias e demais vias de trânsito, podemos observar placas que indicam a medida da velocidade máxima permitida para os veículos (automóveis, ônibus, motocicletas, caminhões, etc.).

O objetivo desse tipo de sinalização é proporcionar aos motoristas informações úteis para que trafeguem de maneira segura nas vias, evitem acidentes e ajam com respeito aos limites de velocidade. O motorista deve ficar atento também para reduzir a velocidade em condições adversas, como na chuva, e em locais nos quais geralmente ocorrem acidentes, como em cruzamentos e curvas.

1. Você já vivenciou ou presenciou alguma situação de desrespeito no trânsito? Se sim, conte aos seus colegas.

2. Observando as trajetórias das curvas, que relação podemos descrever entre a velocidade máxima possível para se fazer uma curva em segurança e a medida do comprimento do raio da circunferência à qual ela pertence?

3. Em relação à medida do comprimento dos lados, como você classificaria o triângulo branco da placa "dê a preferência"?

4. Em sua opinião, por que devemos respeitar as placas de sinalização no trânsito? Justifique sua resposta.

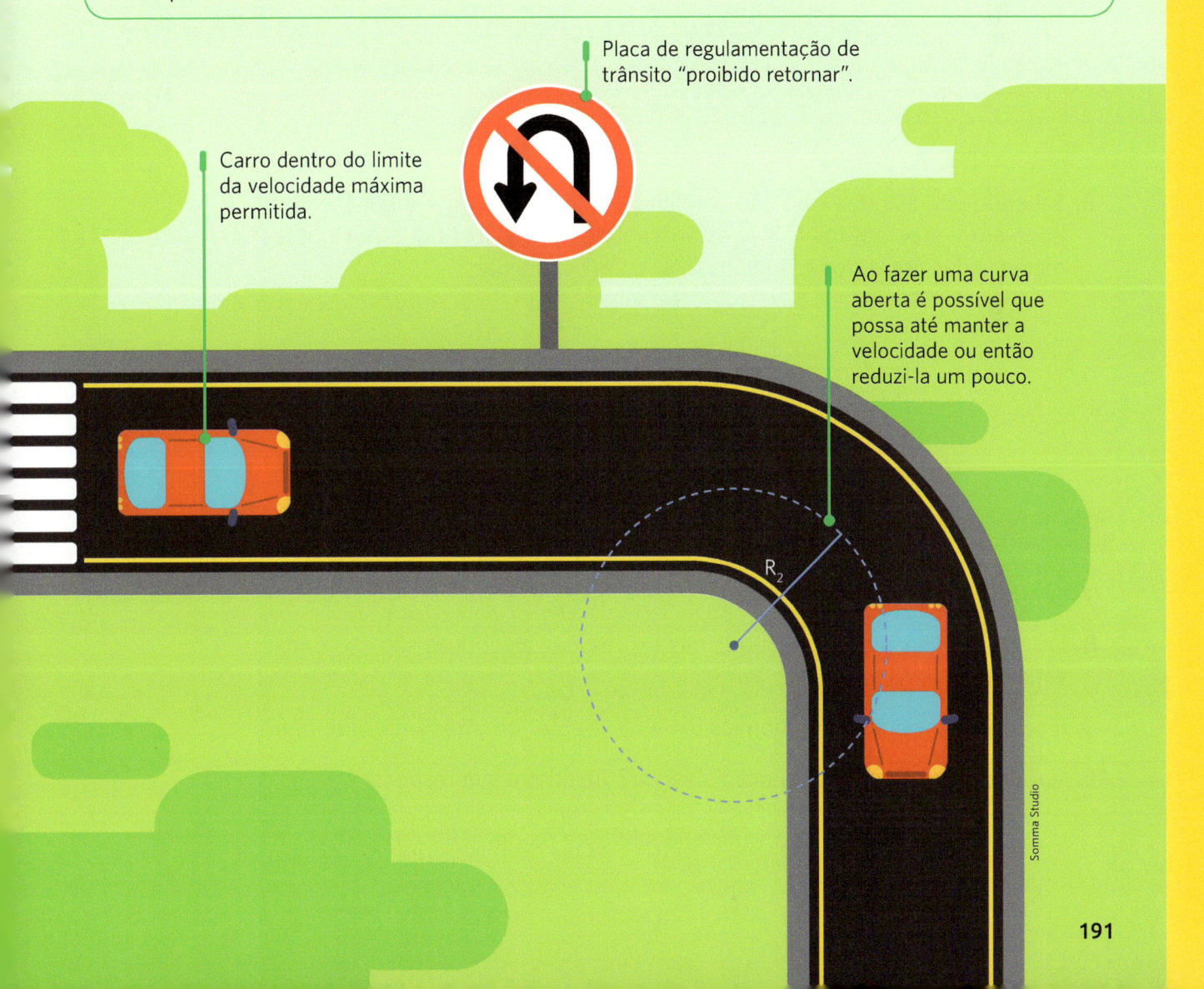

Placa de regulamentação de trânsito "proibido retornar".

Carro dentro do limite da velocidade máxima permitida.

Ao fazer uma curva aberta é possível que possa até manter a velocidade ou então reduzi-la um pouco.

R_2

Somma Studio

Verificando rota

Capítulo 8 — Quadriláteros e área de polígonos

1. O que são quadriláteros?

2. Todo quadrilátero pode ser classificado como losango? Justifique sua resposta.

3. O que diferencia um trapézio isósceles de um trapézio retângulo?

4. Um trapézio retângulo também pode ser classificado como escaleno? E como trapézio isósceles?

5. Para obter a medida da área do triângulo *ABC*, Saulo multiplicará *BC* por *AB* e dividirá o produto por 2. Já Anderson multiplicará *AB* por *BC* e também dividirá o produto por 2. Quem obterá a resposta correta? Por quê?

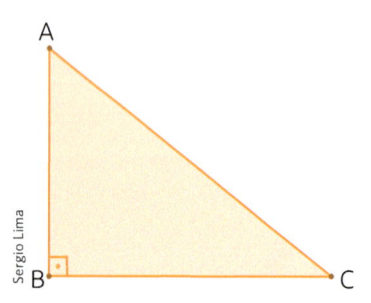

6. Sabendo que as retas *r* e *s* são paralelas e que os pontos *A* e *B* estão contidos em *r* e os pontos *C* e *D* estão contidos em *s*, justifique por que as medidas das áreas dos triângulos *CAD* e *CBD* são iguais.

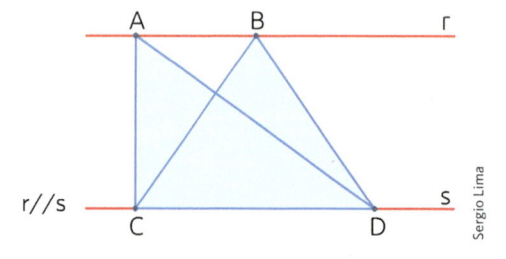

Capítulo 9 — Cálculo algébrico

7. O que são expressões algébricas?

8. Em sua opinião, por que as letras nas expressões algébricas são chamadas variáveis?

9. É possível adicionar os monômios $3x^2$ e $5y^2$ e obter um monômio? Por quê?

10. Você concorda com a afirmação a seguir? Justifique sua resposta.

    > No monômio $2x^5$, a variável é diferente da parte literal.

Capítulo 10 — Círculo e circunferência

11. Cite três objetos do seu cotidiano que tenham pelo menos uma das vistas que lembre um círculo.

12. Cite alguns elementos da circunferência.

13. Você concorda com a afirmação de Douglas? Justifique sua resposta.

> Circunferências podem ser inscritas apenas em polígonos regulares.

14. Leia a tira.

Fernando Gonsales. *Níquel Náusea*: com mil demônios. São Paulo: Devir, 2002. p. 26.

a) Além da roda, citada no primeiro quadro, cite outras formas que lembram um círculo ou uma circunferência.

b) O personagem pede aos outros que se posicionem em círculo. Em sua opinião, é possível na prática posicionar pessoas em círculos?

Autoavaliação

- Estive presente em todas as aulas?
- Participei das aulas com atenção e interesse?
- Respeitei os colegas, o professor e as demais pessoas que trabalham na escola?
- Quais foram minhas maiores dificuldades nesta unidade? Por quê?
- Esforcei-me ao máximo para resolver as atividades propostas?

UNIDADE

4

Equação, inequação, razão, proporção e medidas

Capítulos desta unidade
- **Capítulo 11** - Equação e inequação
- **Capítulo 12** - Razão e proporção
- **Capítulo 13** - Medidas de capacidade e de volume

Fiscalização da medida de velocidade por meio de um radar fotográfico, na cidade de Londrina/PR em 2016.

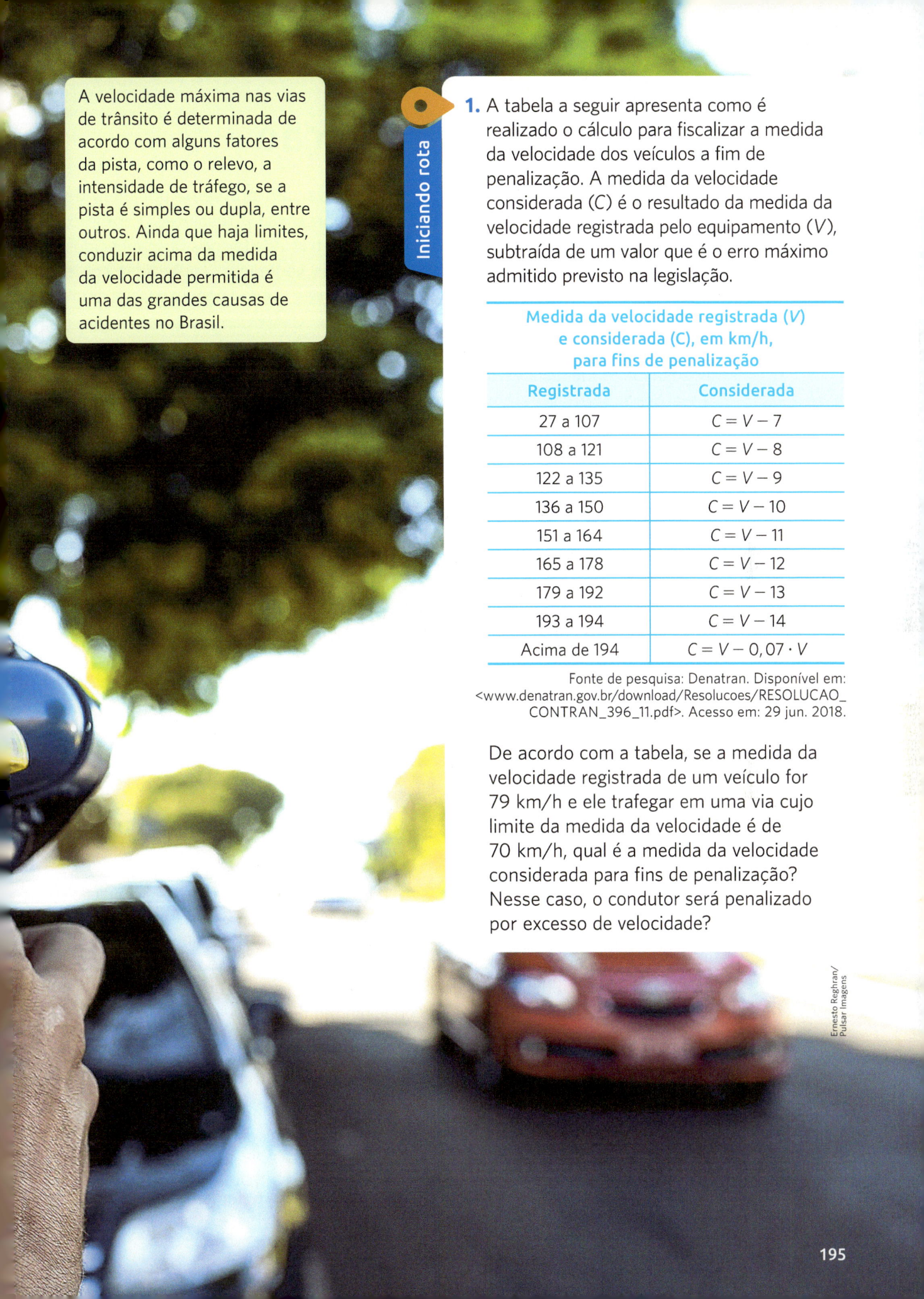

A velocidade máxima nas vias de trânsito é determinada de acordo com alguns fatores da pista, como o relevo, a intensidade de tráfego, se a pista é simples ou dupla, entre outros. Ainda que haja limites, conduzir acima da medida da velocidade permitida é uma das grandes causas de acidentes no Brasil.

Iniciando rota

1. A tabela a seguir apresenta como é realizado o cálculo para fiscalizar a medida da velocidade dos veículos a fim de penalização. A medida da velocidade considerada (C) é o resultado da medida da velocidade registrada pelo equipamento (V), subtraída de um valor que é o erro máximo admitido previsto na legislação.

Medida da velocidade registrada (V) e considerada (C), em km/h, para fins de penalização	
Registrada	Considerada
27 a 107	$C = V - 7$
108 a 121	$C = V - 8$
122 a 135	$C = V - 9$
136 a 150	$C = V - 10$
151 a 164	$C = V - 11$
165 a 178	$C = V - 12$
179 a 192	$C = V - 13$
193 a 194	$C = V - 14$
Acima de 194	$C = V - 0,07 \cdot V$

Fonte de pesquisa: Denatran. Disponível em: <www.denatran.gov.br/download/Resolucoes/RESOLUCAO_CONTRAN_396_11.pdf>. Acesso em: 29 jun. 2018.

De acordo com a tabela, se a medida da velocidade registrada de um veículo for 79 km/h e ele trafegar em uma via cujo limite da medida da velocidade é de 70 km/h, qual é a medida da velocidade considerada para fins de penalização? Nesse caso, o condutor será penalizado por excesso de velocidade?

CAPÍTULO 11

Equação e inequação

Em muitas situações, é necessário descrever um problema por meio de linguagem matemática para facilitar sua compreensão e resolução. Para isso, são utilizadas sentenças algébricas contendo letras nos termos desconhecidos e símbolos representando as operações. Essas sentenças, conhecidas como equações e inequações, são úteis em diversas áreas, como Engenharia, Astronomia, Economia, entre outras.

Neste capítulo, vamos estudar as equações do 1º grau com uma ou duas incógnitas e as inequações do 1º grau, utilizando-as para representar e resolver situações-problema. Veremos também como resolver sistemas de equação do 1º grau com duas incógnitas. Além disso, vamos estudar equações do 2º grau com uma incógnita, na forma $ax^2 = b$.

Equação do 1º grau com uma incógnita

Você, provavelmente, já ouviu perguntas de "adivinhação", como:

> "Pensei em um número, multipliquei esse número por 3, adicionei 5 e obtive 11 como resultado. Em que número pensei?".

Uma maneira de responder a perguntas desse tipo é utilizar uma **equação** para representar os cálculos realizados. Geralmente, utilizamos a letra x para indicar o número desconhecido.

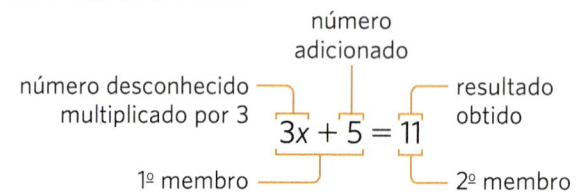

$$\underbrace{3x + 5}_{1º \text{ membro}} = \underbrace{11}_{2º \text{ membro}}$$

- número desconhecido multiplicado por 3
- número adicionado
- resultado obtido

Podemos utilizar os princípios aditivo e multiplicativo para resolver essa equação.

> Adicionando ou subtraindo o mesmo número em ambos os membros da equação, ela permanece válida (princípio aditivo). Ela também permanece válida quando multiplicamos ou dividimos ambos os membros por um mesmo número diferente de zero (princípio multiplicativo).

$$3x + 5 = 11$$
$$3x + 5 - 5 = 11 - 5 \longrightarrow \text{Subtraímos 5 dos dois membros da equação.}$$
$$3x = 6$$
$$\frac{3x}{3} = \frac{6}{3} \longrightarrow \text{Dividimos os dois membros da equação por 3.}$$
$$x = 2$$

Portanto, a resposta dessa "adivinhação" é 2, ou seja, o número pensado foi 2.

Ao resolver a equação, obtemos a **solução** ou a **raiz** da equação.

> **Equação do 1º grau na incógnita *x*** é toda sentença matemática expressa por uma igualdade que pode ser escrita na forma $ax + b = 0$, em que *a* e *b* são números reais e $a \neq 0$.
> Chama-se do 1º grau porque a incógnita, no caso *x*, está elevada ao expoente 1, que não se costuma escrever.

A resolução de equações do 1º grau com uma incógnita era do interesse dos antigos egípcios, e elas podem ser verificadas em um documento egípcio conhecido como Papiro Rhind, de aproximadamente 1650 a.C. As notações utilizadas nesse documento são diferentes das notações que utilizamos atualmente.

Atividades

1. Resolva as equações.
   a) $3x = 48$
   b) $x + 5 = 28$
   c) $5x - 1 = 19$
   d) $6x + 10 = 4$
   e) $4x + 12 = 38$
   f) $8x - 12 = 72$

2. Observe a estratégia de Jader e verifique se a solução que ele obteve para a equação $7x - 1 = 20$ está correta.

> Ao resolver a equação $7x - 1 = 20$ obtive $x = 3$, logo, substituindo *x* por 3 na expressão $(7x - 1)$ tenho de obter resultado 20.

   a) Jader obteve a solução correta da equação $7x - 1 = 20$?
   b) Utilizando a mesma estratégia, verifique em quais equações a seguir $x = -1$ é solução.
   - $6x + 6 = 0$
   - $2x + 3 = 4$
   - $5x + 7 = 2$

3. Um quilograma de feijão custa *x* reais, e um quilograma de arroz é R$ 3,60 mais barato que um quilograma de feijão. Quatro quilogramas de feijão custam o mesmo que 7 quilogramas de arroz.

Quanto custa um quilograma de feijão? E um quilograma de arroz?

Veja um modo de resolver esse problema.
Como *x* é o preço de um quilograma de feijão, podemos escrever a equação:

$$4x = 7 \cdot (x - 3{,}60)$$

Aplicando a propriedade distributiva da multiplicação em relação à adição, temos:

$$4x = 7 \cdot (x - 3{,}60)$$
$$4x = 7x - 25{,}20$$

Agora, termine de resolver a equação e determine o valor de *x*, que corresponde ao preço de um quilograma de feijão, e depois calcule o preço de um quilograma de arroz.

4. Associe cada situação a seguir a uma das equações.

A A adição de dois números consecutivos é igual a 39.

B Ao subtrair 5 unidades do dobro de um número, o resultado é igual a 9.

C O resultado da adição de 4 unidades a um número é igual a 2.

D O quíntuplo de um número mais 24 unidades é igual ao maior número de um algarismo.

I $2x - 5 = 9$ **III** $5x + 24 = 9$
II $x + (x + 1) = 39$ **IV** $4 + x = 2$

5. Em uma loja de peixes ornamentais, foram vendidos 2 peixes que estavam em um aquário e 3 outros foram colocados nele, totalizando 12 peixes.

a) Escreva uma equação que determine a quantidade de peixes que havia no aquário antes da venda e da colocação de mais peixes.

b) Resolva a equação.

▸ **DICA!**
Chame de x a quantidade de peixes que havia no aquário antes da venda e da colocação de mais peixes.

6. Augustino vai plantar verduras em um terreno retangular cujo perímetro mede 20 m. Observe o esquema desse terreno.

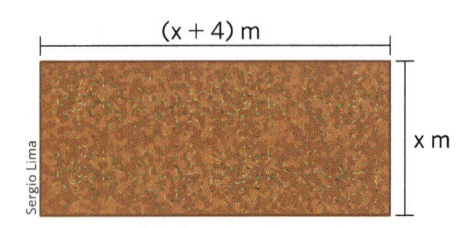

(x + 4) m
x m

a) Escreva uma equação por meio da qual seja possível calcular a medida x indicada na imagem.

b) Qual é a medida do comprimento e da largura desse terreno?

c) Qual é a medida da área desse terreno?

7. As balanças a seguir estão em equilíbrio. Em cada item, escreva no caderno uma equação na qual x represente a medida da massa de cada cilindro. Em seguida, resolva-a.

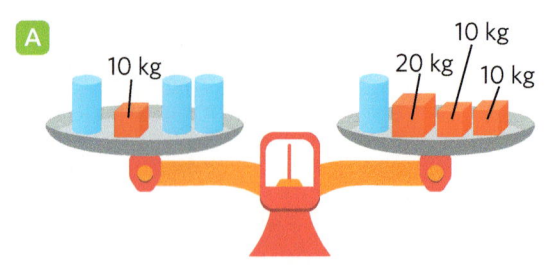

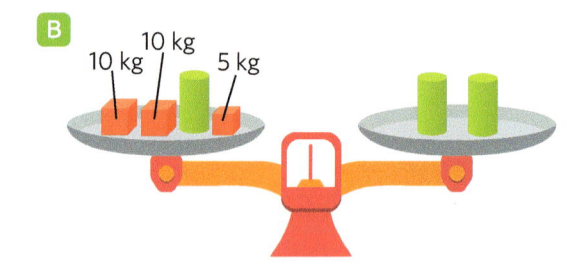

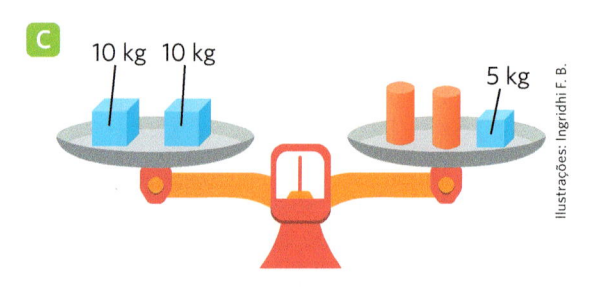

A 10 kg / 10 kg / 20 kg / 10 kg

B 10 kg / 10 kg / 5 kg

C 10 kg / 10 kg / 5 kg

8. Escreva no caderno uma equação que represente a situação a seguir. Depois, calcule a quantia que Otávio tem.

O triplo da quantia que Otávio tem mais R$ 12,00 é igual a R$ 264,00.

9. Em certa empresa, dois silos podem armazenar a mesma carga de grãos. No silo **A**, estão armazenadas 28 t de trigo e, no silo **B**, 45 t. Nesses dois silos, uma carga de 78 t de trigo será armazenada de maneira que ambos fiquem com a mesma carga de grão. Quantas toneladas de grãos devem ser colocadas em cada silo?

▸ **DICA!**
Chame de x a carga de grãos em toneladas, que será colocada no silo **A**.

10. Elabore um problema que possa ser representado por uma equação do 1º grau com uma incógnita. Em seguida, escreva a equação e resolva-a no caderno.

11. Observe a resolução da equação a seguir.

$$\left(\frac{x}{3} + 2 - \frac{x}{5}\right) \cdot 4 = 6$$

$$\frac{4x}{3} + 8 - \frac{4x}{5} = 6$$

Utilizamos a propriedade distributiva para eliminar os parênteses.

$$\frac{4x}{3} + 8 - \frac{4x}{5} - 8 = 6 - 8$$

$$\frac{4x}{3} - \frac{4x}{5} = -2$$

Subtraímos 8 dos dois membros da equação.

Para resolver a subtração de frações, calculamos o mínimo múltiplo comum (mmc) de 3 e 5.

$$\begin{array}{r|l} 3,5 & 3 \\ 1,5 & 5 \\ 1,1 & \end{array} \quad \text{mmc}(3, 5) = 3 \cdot 5 = 15$$

Dividindo o mmc pelo denominador e multiplicando pelo numerador de cada fração, temos:

$$\frac{\overbrace{20x}^{(15:3)\cdot 4x}}{15} - \frac{\overbrace{12x}^{(15:5)\cdot 4x}}{15} = -2$$

$$\frac{8x}{15} = -2$$

$$\frac{8x}{15} \cdot \frac{15}{8} = -2 \cdot \frac{15}{8}$$

Multiplicamos os dois membros da equação por $\frac{15}{8}$ para obter o valor de x.

$$x = -\frac{\cancel{30}}{\cancel{8}} = -\frac{15}{4}$$

Do mesmo modo, resolva as equações.

a) $-\frac{x}{4} + 3 = \frac{x}{2}$

b) $26 - \frac{5x}{6} = \frac{x}{6} + 20$

c) $-10x + \frac{120x}{2} = 10$

d) $-15x + \frac{11x}{3} = 14$

12. A medida de massa dos cães Tupi e Rex e do gato Veludo, juntos, é 35,8 kg. Rex tem 3,5 kg a menos do que Tupi, e Veludo tem 12,1 kg a menos do que Rex. Escreva uma equação que possibilite determinar a medida da massa de cada um deles. Depois, resolva-a.

▶ **DICA!**
Chame de x a medida da massa de Tupi.

13. Calcule o valor de x e a medida em graus dos ângulos destacados nos itens a seguir.

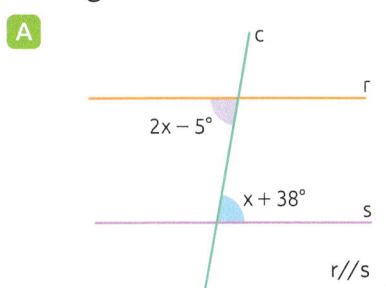

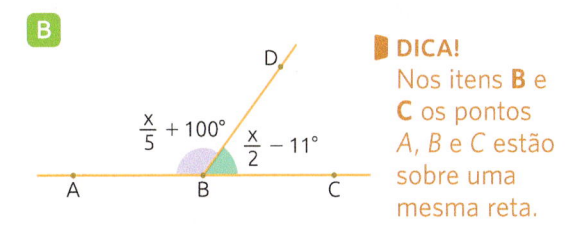

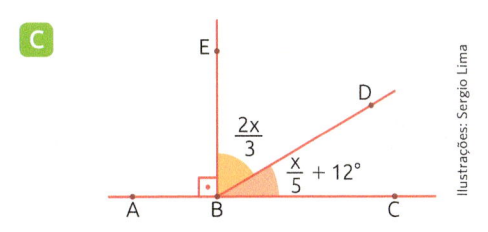

A

$2x - 5°$

$x + 38°$

$r // s$

B

$\frac{x}{5} + 100°$ $\quad \frac{x}{2} - 11°$

▶ **DICA!**
Nos itens **B** e **C** os pontos A, B e C estão sobre uma mesma reta.

C

$\frac{2x}{3}$ $\quad \frac{x}{5} + 12°$

14. Qual deve ser o valor de z para que o valor numérico da expressão

$$\left(\frac{7z}{3} - 2z\right) \cdot 2 - \frac{z}{6} \text{ seja 4?}$$

15. Ricardo e Vanessa dividem as despesas de casa da seguinte maneira:

• Ricardo paga $\frac{1}{3}$ das despesas mais R$ 400,00;

• Vanessa paga $\frac{2}{5}$ das despesas mais R$ 240,00.

Qual é o valor total das despesas?

Equação do 1º grau com duas incógnitas

Para a realização de um trabalho em grupo, o professor de Matemática do 8º ano disse aos alunos: Organizem-se em grupos de cinco pessoas.

Quantas meninas e quantos meninos pode haver em cada um desses grupos?

Um modo de resolver essa situação é utilizar uma equação. Para isso, representamos a quantidade de meninas e a quantidade de meninos com incógnitas. Vamos utilizar x para representar a quantidade de meninas e y para representar a quantidade de meninos.

$$x + y = 5$$

quantidade de meninas — quantidade de meninos

Dessa maneira, obtemos uma **equação do 1º grau com duas incógnitas**.

Os possíveis pares de valores x e y que satisfazem a equação estão apresentados no quadro.

x	y	$x + y$
0	5	$0 + 5 = 5$
1	4	$1 + 4 = 5$
2	3	$2 + 3 = 5$
3	2	$3 + 2 = 5$
4	1	$4 + 1 = 5$
5	0	$5 + 0 = 5$

Assim, os **pares ordenados** $(0, 5)$, $(1, 4)$, $(2, 3)$, $(3, 2)$, $(4, 1)$ e $(5, 0)$ são as **soluções** da equação.

Note que, nesse caso, os possíveis pares de valores x e y são números naturais de 0 a 5, pois, como as incógnitas correspondem à quantidade de meninas e meninos, não podemos ter uma quantidade representada por um número negativo, por exemplo. Mas, em geral, as equações do 1º grau com duas incógnitas possuem infinitas soluções.

Equação do 1º grau com duas incógnitas é toda equação que pode ser escrita na forma $ax + by = c$, em que x e y são as incógnitas e a, b e c são números reais, com a e b ambos não nulos. As **soluções** de uma equação do 1º grau com duas incógnitas são **pares ordenados**.

Veja alguns exemplos de equações do 1º grau com duas incógnitas:

- $4x + 2y = 10$
- $3x - 9y = 18$
- $2x + \dfrac{5}{2}y = -10$

Representação geométrica das soluções de uma equação do 1º grau com duas incógnitas

As soluções de uma equação do 1º grau com duas incógnitas podem ser representadas no plano cartesiano. Vamos, por exemplo, representar geometricamente as soluções da equação $x - y = 2$.

Para isso, inicialmente vamos determinar algumas soluções da equação. Note que:

- para $x = -2$, temos:
 $-2 - y = 2$
 $y = -4$

- para $x = 3$, temos:
 $3 - y = 2$
 $y = 1$

- para $x = 0$, temos:
 $0 - y = 2$
 $y = -2$

- para $x = \frac{1}{5}$, temos:
 $\frac{1}{5} - y = 2$
 $y = -\frac{9}{5}$

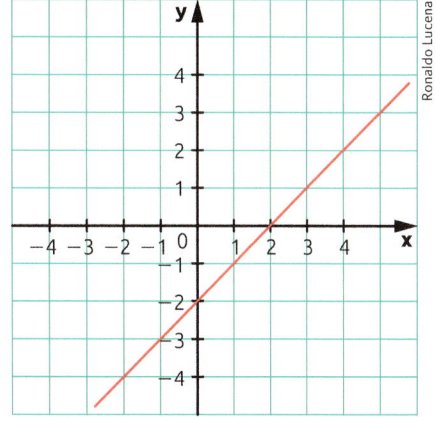

Portanto, os pares ordenados $(-2, -4)$, $(0, -2)$, $(3, 1)$ e $\left(\frac{1}{5}, -\frac{9}{5}\right)$ são algumas das soluções da equação.

Ao marcar no plano cartesiano todos os pares ordenados (x, y) que são solução da equação, obtemos uma reta. É possível demonstrar que a representação geométrica das soluções de uma equação do 1º grau com duas incógnitas é uma **reta**, porém não o faremos nesse momento.

Assim, para representar geometricamente as soluções de uma equação do 1º grau com duas incógnitas determinamos apenas duas de suas soluções, pois para traçar uma reta é suficiente que conheçamos dois de seus pontos.

Atividades

16. Identifique quais dos itens a seguir são equações do 1º grau com duas incógnitas.
 a) $2x + 8y = 50$
 b) $\frac{1}{5}x + y = 5$
 c) $x + 3x = 15$
 d) $1,6x + 10 = 20$

17. Identifique quais dos itens a seguir apresentam soluções da equação $5x + y = 26$.
 a) $(-2, -16)$
 b) $(1,5; 18,5)$
 c) $(10, -24)$
 d) $(2,8; -12)$

18. Escreva no caderno mais duas soluções para a equação apresentada na atividade anterior.

19. Escreva no caderno uma equação para representar cada situação abaixo.
 a) A diferença entre a quantidade de fichas azuis e amarelas é 22 unidades.
 b) Por dois cadernos iguais e uma mochila, Vítor pagou R$ 80,60.
 c) O dobro da minha idade mais a idade de minha irmã é igual à idade de minha mãe, que tem 38 anos.
 d) Um quinto da quantia que Vagner possui mais a metade da quantia que Elza tem é igual a R$ 275,00.

Sistema de duas equações do 1º grau com duas incógnitas

Para realizar certa atividade, uma turma com 25 alunos será organizada em grupos. Nessa turma, a diferença entre a quantidade de meninas e de meninos é 3 meninas a mais.

Quantas são as meninas dessa turma? E quantos são os meninos?

Uma maneira de responder a essas perguntas é escrever duas equações, uma para representar a quantidade total de alunos da turma e outra para representar a diferença entre a quantidade de meninas e de meninos. Para isso, vamos indicar a quantidade de meninas por x e a quantidade de meninos por y.

- Quantidade total de alunos da turma: $x + y = 25$
- Diferença entre a quantidade de meninas e de meninos: $x - y = 3$

Para resolver essa situação, precisamos obter os pares ordenados (x, y) que são soluções das duas equações simultaneamente, ou seja, resolver um **sistema de duas equações do 1º grau com duas incógnitas**, que nesse caso indicamos por:

$$\begin{cases} x + y = 25 \\ x - y = 3 \end{cases}$$

Podemos determinar uma solução para esse sistema de equações por tentativas. Para isso, atribuímos valores para as incógnitas x e y.

Quantidade de meninas	Quantidade de meninos	Quantidade total de alunos	Diferença entre a quantidade de meninas e de meninos
x	y	$x + y$	$x - y$
15	8	$15 + 8 = 23$	$15 - 8 = 7$
13	12	$13 + 12 = 25$	$13 - 12 = 1$
16	13	$16 + 13 = 29$	$16 - 13 = 3$
14	11	$14 + 11 = 25$	$14 - 11 = 3$

Observando o quadro, note que:

- para $x = 15$ e $y = 8$, nenhuma das equações é satisfeita;
- para $x = 13$ e $y = 12$, apenas a equação $x + y = 25$ é satisfeita;
- para $x = 16$ e $y = 13$, apenas a equação $x - y = 3$ é satisfeita;
- para $x = 14$ e $y = 11$, ambas as equações são satisfeitas.

Como veremos a seguir, o par ordenado $(14, 11)$ é a única solução do sistema. Portanto, nesse grupo há 14 meninas e 11 meninos.

Resolução de sistemas de duas equações do 1º grau com duas incógnitas pelo método da substituição

Fernanda comprou um livro por R$ 40,00 e o pagou apenas com cédulas de R$ 5,00 e de R$ 10,00, utilizando ao todo 6 cédulas. Quantas cédulas de cada valor Fernanda utilizou para pagar o livro?

Para solucionar esse problema, podemos escrever e resolver um sistema de duas equações do 1º grau com duas incógnitas. Nomeando a quantidade de cédulas de R$ 5,00 como x e a quantidade de cédulas de R$ 10,00 como y, temos:

- valor pago pelo livro: $5x + 10y = 40$;
- quantidade total de cédulas: $x + y = 6$.

Assim, temos o seguinte sistema de equações: $\begin{cases} 5x + 10y = 40 \\ x + y = 6 \end{cases}$

A leitura é essencial para a nossa aprendizagem.

Podemos resolver esse sistema pelo **método da substituição**.

Primeiro, escolhemos uma das equações e isolamos uma das incógnitas. Nesse caso, optamos por isolar x na equação $x + y = 6$ (mas poderíamos isolar y):

$$x + y = 6$$
$$x + y - y = 6 - y$$
$$x = 6 - y$$

Como isolamos a incógnita x, substituímos x por $(6 - y)$ na outra equação e a resolvemos. Assim, obtemos uma equação com apenas uma incógnita, no caso, y.

$$5x + 10y = 40$$
$$5 \cdot (6 - y) + 10y = 40$$
$$30 - 5y + 10y = 40$$
$$30 + 5y - 30 = 40 - 30$$
$$5y = 10$$
$$\frac{5y}{5} = \frac{10}{5}$$
$$y = 2$$

Para determinar o valor de x, substituímos y por 2 em qualquer equação do sistema. Nesse caso, vamos substituir na equação $x + y = 6$.

$$x + y = 6$$
$$x + 2 = 6$$
$$x + 2 - 2 = 6 - 2$$
$$x = 4$$

Portanto, a solução do sistema de equações é o par ordenado $(4, 2)$, ou seja, Fernanda utilizou 4 cédulas de R$ 5,00 e 2 cédulas de R$ 10,00 para comprar o livro.

Resolução de sistemas de duas equações do 1º grau com duas incógnitas pelo método da adição

Em certa cidade, foram registrados 42 acidentes envolvendo motociclistas, no intervalo de um ano, tendo ocorrido 18 acidentes sem vítimas fatais a mais do que acidentes com vítimas fatais. Quantos desses acidentes foram sem vítimas fatais? E quantos foram com vítimas fatais?

Para responder a essas perguntas, podemos escrever e resolver um sistema de duas equações do 1º grau com duas incógnitas. Nomeando a quantidade de acidentes sem vítimas fatais como x e a quantidade de acidentes com vítimas fatais como y, temos:

- quantidade total de acidentes envolvendo motociclistas: $x + y = 42$;
- diferença entre a quantidade de acidentes envolvendo motociclistas sem vítimas fatais e com vítimas fatais: $x - y = 18$.

Assim, temos o seguinte sistema de equações: $\begin{cases} x + y = 42 \\ x - y = 18 \end{cases}$

Vamos resolver esse sistema pelo **método da adição**.

As equações do sistema apresentam os termos opostos y e $(-y)$. Adicionando as equações membro a membro, eliminaremos uma incógnita, no caso, y.

$$\begin{array}{r} x + y = 42 \\ +\ \underline{x - y = 18} \\ 2x + 0y = 60 \end{array} \to 2x = 60$$

Resolvendo a equação obtida, determinamos o valor de x.

$$2x = 60$$
$$\frac{2x}{2} = \frac{60}{2}$$
$$x = 30$$

Para determinar o valor de y, substituímos x por 30 em qualquer equação do sistema. Nesse caso, vamos substituir na equação $x + y = 42$.

$$x + y = 42$$
$$30 + y = 42$$
$$30 + y - 30 = 42 - 30$$
$$y = 12$$

Portanto, a solução desse sistema de equações é o par ordenado $(30, 12)$, isto é, 30 acidentes foram sem vítimas fatais e 12 foram com vítimas fatais.

Nem sempre as equações do sistema apresentam termos opostos, permitindo que uma incógnita seja eliminada adicionando as equações membro a membro. Por exemplo: $\begin{cases} x - 3y = 5 \\ 2x + 2y = 2 \end{cases} \to \begin{array}{r} x - 3y = 5 \\ +\ \underline{2x + 2y = 2} \\ 3x -\ y = 7 \end{array}$

Nesses casos, observe os cálculos que podemos realizar.

Vamos resolver este sistema de equações de duas maneiras:

- **1ª maneira:** eliminando a incógnita x.

1º Podemos multiplicar todos os membros da 1ª equação por −2, assim, obtemos uma equação com termos opostos equivalente à anterior.

$$\begin{cases} x - 3y = 5 \cdot (-2) \\ 2x + 2y = 2 \end{cases} \rightarrow \begin{cases} -2x + 6y = -10 \\ 2x + 2y = 2 \end{cases}$$

2º Adicionando as equações do novo sistema de equações, temos:

$$\begin{array}{r} -2x + 6y = -10 \\ +\ 2x + 2y = 2 \\ \hline 0x + 8y = -8 \end{array} \rightarrow 8y = -8$$

3º Resolvendo a equação obtida, determinamos o valor de y.

$$8y = -8$$
$$\frac{8y}{8} = \frac{-8}{8}$$
$$y = -1$$

4º Substituímos y por (−1) em qualquer uma das equações do sistema e obtemos o valor de x.

$$x - 3y = 5$$
$$x - 3 \cdot (-1) = 5$$
$$x + 3 = 5$$
$$x + 3 - 3 = 5 - 3$$
$$x = 2$$

Portanto, a solução do sistema $\begin{cases} x - 3y = 5 \\ 2x + 2y = 2 \end{cases}$ é o par ordenado $(2, -1)$.

- **2ª maneira:** eliminando a incógnita y.

1º Podemos multiplicar todos os membros da 1ª equação por 2 e todos os membros da 2ª equação por 3; assim, obtemos um sistema de equações equivalente.

$$\begin{cases} x - 3y = 5 \quad \cdot 2 \\ 2x + 2y = 2 \quad \cdot 3 \end{cases} \rightarrow \begin{cases} 2x - 6y = 10 \\ 6x + 6y = 6 \end{cases}$$

2º Adicionando as equações do novo sistema de equações, temos:

$$\begin{array}{r} 2x - 6y = 10 \\ +\ 6x + 6y = 6 \\ \hline 8x + 0y = 16 \end{array} \rightarrow 8x = 16$$

3º Resolvendo a equação obtida, determinamos o valor de x.

$$8x = 16$$
$$\frac{8x}{8} = \frac{16}{8}$$
$$x = 2$$

4º Substituímos x por 2 em qualquer uma das equações do sistema e obtemos o valor de y.

$$2x + 2y = 2$$
$$2 \cdot 2 + 2y = 2$$
$$4 + 2y - 4 = 2 - 4$$
$$2y = -2$$
$$\frac{2y}{2} = \frac{-2}{2}$$
$$y = -1$$

Como determinado anteriormente, a solução do sistema é o par ordenado $(2, -1)$.

Atividades

20. Resolva no caderno os sistemas de equações apresentados a seguir, utilizando o método da substituição.

a) $\begin{cases} 2x - 3y = -11 \\ 3x = -y \end{cases}$
b) $\begin{cases} x + 2y = 26 \\ x = 7 - y \end{cases}$
c) $\begin{cases} 3x + y = -36 \\ 5x + y = 20 \end{cases}$
d) $\begin{cases} 4x + y = 12 \\ 3x + 7y = 34 \end{cases}$

21. Renan é revendedor de pedras brasileiras e seu mostruário é composto de ônix e ametista, num total de 300 pedras. A quantidade de ônix é um terço da quantidade de ametistas.

Determine qual sistema de equações abaixo permite obter a quantidade de ônix e ametistas do mostruário de Renan. Depois, resolva o sistema e calcule a quantidade de cada tipo de pedra do mostruário.

I) $\begin{cases} x = y - 300 \\ x = \frac{1}{3}y \end{cases}$
II) $\begin{cases} x + y = 300 \\ x = -3y \end{cases}$
III) $\begin{cases} x + y = 300 \\ x = \frac{1}{3}y \end{cases}$

22. Luana e Gabriel trabalham juntos em uma empresa. Luana trabalha lá 2 anos a mais que Gabriel. Somando os anos de trabalho dos dois, obtemos 32 anos. Escreva um sistema de equações do 1º grau, com x e y representando a quantidade de anos de trabalho de Luana e de Gabriel nessa empresa, respectivamente, e determine quantos anos de trabalho cada um deles tem na empresa.

23. Helen foi a uma lanchonete e comprou um sanduíche natural e um suco por R$ 13,00. Amarildo foi a essa mesma lanchonete e comprou dois sanduíches naturais e um suco por R$ 22,00. Sabendo que os sanduíches naturais são vendidos pelo mesmo preço e os sucos de qualquer sabor também têm preço único, determine o preço de cada sanduíche natural e de cada suco.

24. Em uma exposição de obras de arte, entre quadros e esculturas, há um total de 38 peças. A diferença entre a quantidade de quadros e o dobro da quantidade de esculturas é igual a 5. Sabendo que há mais quadros do que esculturas, determine quantos quadros e quantas esculturas há nessa exposição?

25. A final do campeonato de basquetebol foi disputada entre as equipes de Gustavo e de Marcelo. A equipe de Gustavo venceu por uma diferença de 16 pontos. Sabendo que no jogo foram marcados, ao todo, 180 pontos, determine quantos pontos cada equipe marcou.

26. A medida do comprimento de um retângulo é 4 cm maior do que a medida de sua largura. Sabendo que a medida do perímetro desse retângulo é igual a 32 cm, quais são as medidas da largura e do comprimento desse retângulo?

27. Calcule, em centímetros quadrados, a medida da área do retângulo da atividade anterior.

28. (Obmep) Um grupo de 14 amigos comprou 8 *pizzas*. Eles comeram todas as *pizzas*, sem sobrar nada. Se cada menino comeu uma *pizza* inteira e cada menina comeu meia *pizza*, quantas meninas havia no grupo?

a) 4   b) 6   c) 8   d) 10   e) 12

29. Determine em cada item o valor de x e o valor de y, em graus.

A
130°
r
3x+2y−10°
x+y−5°
s
r//s

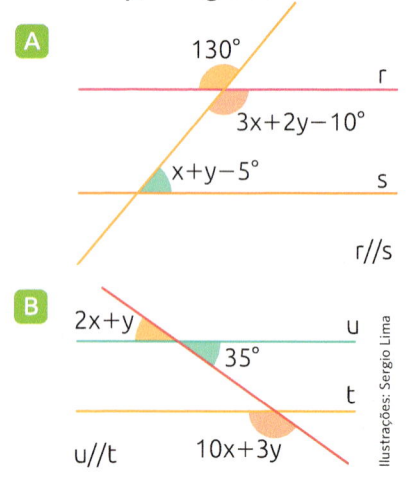

B
2x+y
u
35°
t
u//t   10x+3y

Ilustrações: Sergio Lima

30. Utilizando o método da adição, resolva no caderno os sistemas de equações a seguir.

a) $\begin{cases} 3x + 2y = 32 \\ x - 2y = -8 \end{cases}$ c) $\begin{cases} 3x + y = -\dfrac{5}{2} \\ x = 2y - 2 \end{cases}$

b) $\begin{cases} 6x - 4y = 16 \\ 3x + 4y = 5 \end{cases}$ d) $\begin{cases} 3x - y = \dfrac{9}{10} \\ x + 5y = \dfrac{7}{2} \end{cases}$

31. Responda à pergunta de Mateus.

> Na sala de aula onde estudo há um total de 38 alunos, e a diferença entre meninos e meninas é 8 alunos. Quantos meninos e quantas meninas estudam na minha sala de aula, sabendo que há mais meninos?

32. Há três anos, a soma das idades de Maria e de seu filho Arnaldo era 27 anos. Daqui a 5 anos a idade de Maria será o triplo da idade de Arnaldo mais 3 anos. Qual é, atualmente, a idade de Maria? E de Arnaldo?

> **DICA!**
> Considere $x - 3$ a idade de Maria e $y - 3$ a idade de seu filho, na qual -3 representa os três anos passados.
> E considere $x + 5$ a idade de Maria e $y + 5$ a idade de seu filho, na qual 5 representa os cinco anos futuros.

33. Amanda sacou R$ 1500,00 de sua conta bancária, recebendo 19 cédulas, algumas de R$ 50,00 e outras de R$ 100,00. Quantas cédulas de cada valor Amanda recebeu no saque?

34. Em certo dia, Rafael e Carina foram a uma casa de câmbio trocar os dólares e euros que possuíam. Rafael trocou 50 euros e 150 dólares por R$ 789,00, e Carina trocou 250 euros e 95 dólares por R$ 1456,00. De acordo com os valores apresentados, determine quantos reais eles receberam por 1 euro e por 1 dólar.

> **Casa de câmbio:** estabelecimento dedicado à troca de uma moeda por outra.

35. Antônio fez uma prova para um concurso que continha 80 questões. Para cada resposta correta, o candidato ganhava 5 pontos e, para cada questão não respondida ou respondida incorretamente, o candidato perdia 2 pontos. Sabendo que Antônio fez 260 pontos nessa prova, determine a quantidade de questões que ele acertou e a quantidade de questões que ele errou ou deixou sem resposta.

36. Os irmãos Arthur e Pedro colecionam figurinhas de automóveis esportivos. Eles trocam figurinhas entre si e também com outras pessoas, diversificando suas coleções.

> Pedro, se você me der 50 das suas figurinhas, nós ficaremos com a mesma quantidade.

> E se você me der 50 das suas figurinhas, eu ficarei com $\dfrac{4}{3}$ da sua quantidade de figurinhas.

Calcule a quantidade de figurinhas de cada um deles.

Classificando sistemas

Nesse tópico, vamos analisar alguns sistemas do 1º grau com duas incógnitas e classificá-los quanto à quantidade de soluções.

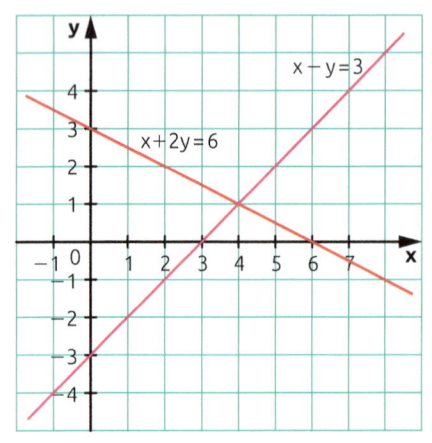

1ª situação

Representamos geometricamente as soluções de cada uma das equações do seguinte sistema.

$$\begin{cases} x + 2y = 6 \\ x - y = 3 \end{cases}$$

As retas traçadas são concorrentes, ou seja, se encontram em um único ponto, que corresponde à solução do sistema. Nesse caso, dizemos que o sistema é **possível e determinado**.

Agora, vamos obter a solução desse sistema analiticamente.

- Isolando a incógnita x na equação $x - y = 3$, obtemos $x = 3 + y$.
- Agora, substituímos $x = 3 + y$ na outra equação e a resolvemos.

$$3 + y + 2y = 6 \rightarrow y = 1$$

- Em seguida, substituímos o valor obtido para y em $x - y = 3$ e obtemos o valor de x.

$$x - 1 = 3 \rightarrow x = 4$$

Portanto, a solução do sistema é o par ordenado $(4, 1)$.

> Quando um sistema de duas equações do 1º grau com duas incógnitas é **possível e determinado** (possui uma única solução), as retas que representam as soluções das equações desse sistema são **concorrentes**.

2ª situação

Representamos geometricamente as soluções de cada uma das equações do sistema ao lado.

$$\begin{cases} x - y = 1 \\ -x + y = 2 \end{cases}$$

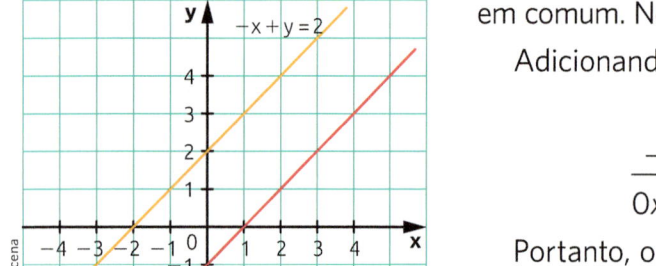

As retas traçadas são paralelas, ou seja, não possuem ponto em comum. Nesse caso, dizemos que o sistema é **impossível**.

Adicionando as equações do sistema obtemos:

$$\begin{array}{r} x - y = 1 \\ -x + y = 2 \\ \hline 0x + 0y = 3 \end{array} \rightarrow 0 = 3 \text{ (sentença falsa)}$$

Portanto, o sistema não possui solução.

> Quando um sistema de duas equações do 1º grau com duas incógnitas é **impossível** (não possui solução), as retas que representam as soluções das equações desse sistema são **paralelas**.

3ª situação

Representamos geometricamente as soluções de cada uma das equações do sistema ao lado.

$$\begin{cases} x + 3y = 6 \\ -2x - 6y = -12 \end{cases}$$

As retas traçadas são coincidentes, ou seja, possuem infinitos pontos em comum e cada um desses pontos corresponde a uma solução do sistema. Nesse caso, dizemos que o sistema é **possível e indeterminado**.

Para resolver analiticamente esse sistema, podemos multiplicar cada membro da 1ª equação por 2 e adicionar a equação obtida à outra equação.

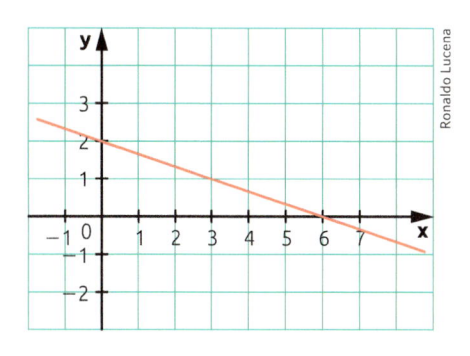

$$\begin{cases} 2x + 6y = 12 \\ -2x - 6y = -12 \end{cases} \rightarrow \begin{array}{r} 2x + 6y = 12 \\ -2x - 6y = -12 \\ \hline 0 = 0 \end{array}$$

Note que a equação 0 = 0 é verdadeira.

Portanto, como já verificado, o sistema possui infinitas soluções e os pares ordenados $(0, 2)$, $(3, 1)$ e $(6, 0)$, são algumas delas.

> Quando um sistema de duas equações do 1º grau com duas incógnitas é **possível e indeterminado** (possui infinitas soluções), as retas que representam as soluções das equações desse sistema são **coincidentes**.

Atividades

37. Observe no plano cartesiano ao lado a representação geométrica de um dos sistemas a seguir. Qual é esse sistema?

a) $\begin{cases} 2x + 2y = 0,2 \\ x - y = -4,1 \end{cases}$

b) $\begin{cases} 3x - y = 3 \\ x + y = -1 \end{cases}$

c) $\begin{cases} 12x - 4y = 1 \\ -6x + 2y = -\dfrac{1}{2} \end{cases}$

d) $\begin{cases} 3x - 5y = 5 \\ 3x - 5y = 2 \end{cases}$

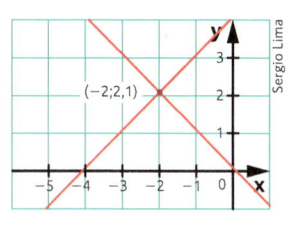

38. Classifique os sistemas a seguir quanto à quantidade de soluções.

a) $\begin{cases} 2x + y = 12 \\ x - y = 3 \end{cases}$

b) $\begin{cases} 2x - y = 0 \\ 4x - 2y = 0 \end{cases}$

c) $\begin{cases} x + 1 = y \\ x + y = 9 \end{cases}$

Agora, veja na seção **Ferramentas**, na página **262**, como construir a representação geométrica de um sistema de equações do 1º grau com duas incógnitas. Da mesma maneira, represente geometricamente os sistemas dos itens **A**, **B** e **C**.

Inequação do 1º grau com uma incógnita

Observe o retângulo abaixo.

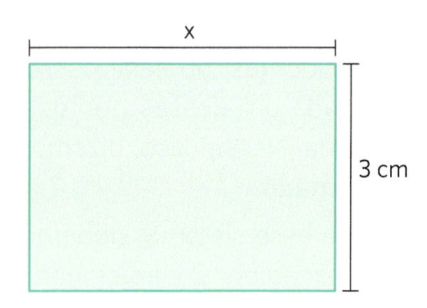

[Retângulo com lados x e 3 cm]

Para quais valores de x a medida do perímetro do retângulo será maior do que 16 cm?

Para responder a essa pergunta, inicialmente vamos determinar a expressão que representa a medida do perímetro do retângulo.

$$x + 3 + x + 3 = 2x + 6$$

Como a medida do perímetro do retângulo deve ser maior do que 16 cm, escrevemos uma sentença matemática chamada **inequação**, da seguinte maneira.

$$\underbrace{2x + 6}_{1º\ membro} > \underbrace{16}_{2º\ membro}$$

Lê-se "2x mais 6 é maior do que 16".

Podemos determinar os valores de x resolvendo a inequação $2x + 6 > 16$, isto é, isolando a incógnita x em um dos membros da desigualdade. Vamos utilizar o princípio aditivo e o princípio multiplicativo para resolver essa inequação.

$$2x + 6 > 16$$
$$2x + 6 - 6 > 16 - 6 \longrightarrow \text{Subtraímos 6 dos dois membros da inequação.}$$
$$2x > 10$$
$$\frac{2x}{2} > \frac{10}{2} \longrightarrow \text{Dividimos os dois membros da inequação por 2.}$$
$$x > 5$$

> Ao adicionar ou subtrair o mesmo número de ambos os membros da inequação, ela permanece válida (princípio aditivo). A inequação também permanece válida quando se multiplica ou se divide os dois membros por um mesmo número **positivo** (princípio multiplicativo).

A solução dessa inequação é $x > 5$, e pode ser representada pela parte destacada da reta.

[Reta numérica com 0 e 5 marcados, destacada a partir do 5 (aberto)]

DICA!
O símbolo ○ indica que o número, neste caso o 5, não faz parte da solução.

Portanto, para que o retângulo tenha a medida do perímetro maior do que 16 cm, os valores de x devem ser maiores do que 5 cm.

> Para qual valor de x a medida do perímetro do retângulo será igual a 16 cm?

> Inequação é uma sentença matemática expressa por uma das seguintes desigualdades: > (maior do que), < (menor do que), ≥ (maior do que ou igual a) ou ≤ (menor do que ou igual a) e que possui uma ou mais incógnitas. Inequação do 1º grau na incógnita x é toda inequação que pode ser escrita na forma $ax + b > 0$, $ax + b < 0$, $ax + b \geq 0$ ou $ax + b \leq 0$, com $a \neq 0$.

Veja alguns exemplos:

- $3x - 1 < 0$; lê-se "3x menos 1 é menor do que 0".
- $4x \geq 12$; lê-se "4x é maior do que ou igual a 12".
- $-5x + 7 \leq 16$; lê-se "−5x mais 7 é menor do que ou igual a 16".

Podemos verificar a solução obtida na situação anterior atribuindo a x um valor menor do que 5, depois um valor igual a 5 e outro maior do que 5. Em seguida, substituímos cada um desses valores na inequação da situação inicial, resolvemos a inequação e verificamos para quais deles obtemos uma desigualdade verdadeira.

- Para $x = 4$:

    $2x + 6 > 16$
    $2 \cdot 4 + 6 > 16$
    $8 + 6 > 16$
    $14 > 16$

- Para $x = 5$:

    $2x + 6 > 16$
    $2 \cdot 5 + 6 > 16$
    $10 + 6 > 16$
    $16 > 16$

- Para $x = 6$:

    $2x + 6 > 16$
    $2 \cdot 6 + 6 > 16$
    $12 + 6 > 16$
    $18 > 16$

Para os valores menores do que 5 ou iguais a 5 ($x = 4$ e $x = 5$), a desigualdade obtida é falsa. Para o valor maior do que 5 ($x = 6$), a desigualdade é verdadeira. Esse é um modo de verificarmos que $x > 5$ é a solução da inequação $2x + 6 > 16$.

Agora, veja o que ocorre quando multiplicamos ou dividimos ambos os membros de uma desigualdade por um número **negativo**.

Considere, por exemplo, as desigualdades $1 > -4$ e $6 < 8$:

$1 > -4$
$1 \cdot (-2) < -4 \cdot (-2)$
$-2 < 8$

Ao multiplicarmos ambos os membros da desigualdade por um valor negativo, no caso (-2), devemos inverter o sentido da desigualdade, pois senão, obteríamos $-2 > 8$, que é uma desigualdade falsa.

$6 < 8$
$\dfrac{6}{-2} > \dfrac{8}{-2}$
$-3 > -4$

Ao dividirmos ambos os membros da desigualdade por um valor negativo, no caso (-2), devemos inverter o sentido da desigualdade, pois senão, obteríamos $-3 < -4$, que é uma desigualdade falsa.

> De modo geral, invertemos o sinal de uma desigualdade quando multiplicamos ou dividimos os dois membros por um número negativo.

Observe outros exemplos na resolução de inequações:

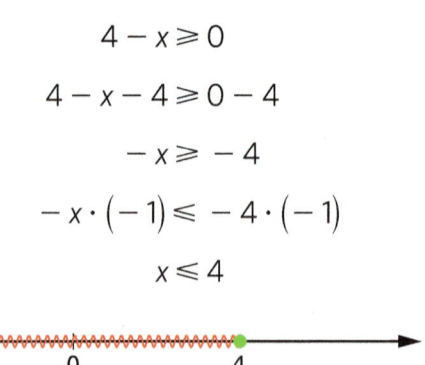

$$4 - x \geqslant 0$$
$$4 - x - 4 \geqslant 0 - 4$$
$$-x \geqslant -4$$
$$-x \cdot (-1) \leqslant -4 \cdot (-1)$$
$$x \leqslant 4$$

$$x < 5x + 8$$
$$x - 5x < 5x + 8 - 5x$$
$$-4x < 8$$
$$\frac{-4x}{-4} > \frac{8}{-4}$$
$$x > -2$$

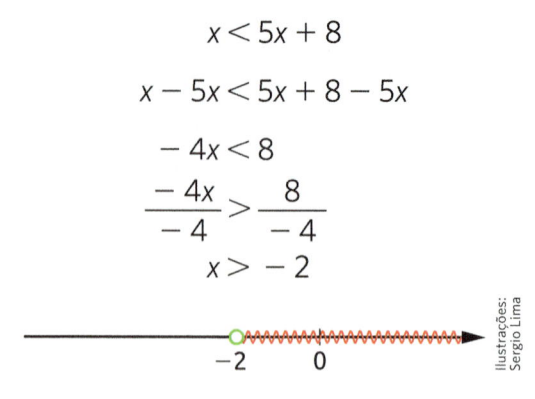

DICA!
O símbolo ○ indica que o número, neste caso, o 4, faz parte da solução.

Atividades

39. Quais sentenças abaixo são inequações?
a) $2x - 6 > 0$
b) $4x + 12 = 1 - x$
c) $\sqrt{2}x - 8 \leqslant 12$
d) $3(x + 5) \geqslant 8x + 12$
e) $22x + 6y = 16$
f) $x - 2 \leqslant 0$

40. Associe cada frase a seguir a uma inequação, escrevendo a letra e o símbolo romano correspondentes.

A Duas vezes um número mais cinco é maior do que sete.

B Um número menos três é menor do que ou igual a dez.

C A quinta parte de um número, menos oito, é maior do que ou igual a vinte e seis.

D O dobro de um número mais um é menor do que quatro.

I $\frac{x}{5} - 8 \geqslant 26$ III $2x + 5 > 7$

II $2x + 1 < 4$ IV $x - 3 \leqslant 10$

41. Dos números a seguir, quais são soluções da inequação $4y - 6 \geqslant 22$?

6   0   14   −3
2   10   −6   7

42. Para cada inequação a seguir, escreva no caderno uma frase que a represente.
a) $2x > 5$
b) $3y + 10 < 50$
c) $x - 5 \geqslant 13$

43. A balança abaixo está em desequilíbrio e as três caixas azuis têm a mesma medida de massa.

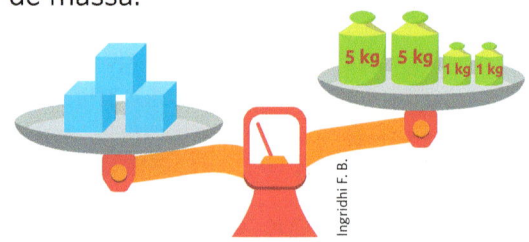

Escreva uma inequação que represente a situação expressa na balança, chamando de x a medida da massa de uma caixa azul.

44. O que ocorreria com a balança da atividade anterior se cada uma das caixas azuis tivesse 4 kg de medida de massa?

45. Resolva no caderno as inequações.
a) $x + 2 > 25$
b) $2x - 9 < 15$
c) $2(x - 1) > -2x + 3$
d) $\frac{x}{5} - 6 > 4 - x$
e) $\frac{x}{8} - \frac{5}{4} > \frac{1}{4}$

46. As medidas dos comprimentos dos lados das figuras a seguir são dadas em metros.

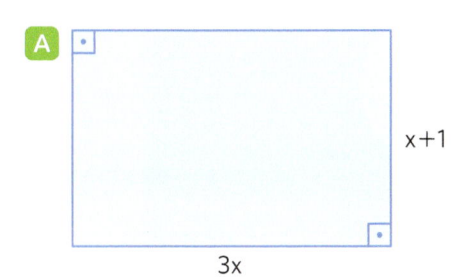

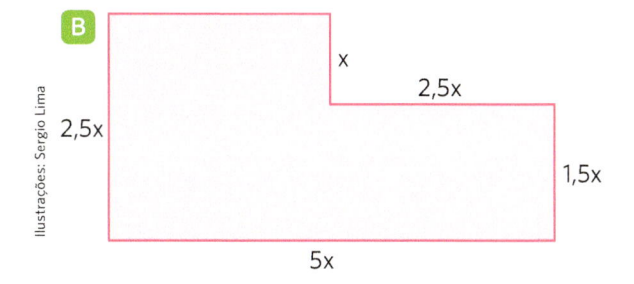

A

Retângulo com lados $3x$ (base) e $x+1$ (altura).

B

Figura em forma de L com medidas: $2,5x$; x; $2,5x$; $1,5x$; $5x$.

Escreva uma inequação para representar a condição em que a medida do perímetro de cada uma dessas figuras seja menor do que ou igual a 50 m.

47. Resolva as inequações que você escreveu na atividade anterior.

48. Uma fábrica de sorvetes produz picolés de diversos sabores. Para isso, utiliza máquinas com baixo consumo de energia.

O desempenho das máquinas é classificado de acordo com o quadro a seguir, em que p indica a quantidade de picolés produzidos por hora.

Produção de picolés por hora (p)	Classificação de desempenho da máquina
$200 \leq p < 400$	Regular
$400 \leq p < 560$	Bom
$p \geq 560$	Excelente

a) De acordo com o quadro, qual é a classificação de desempenho da máquina para uma produção de:

- 250 picolés?
- 465 picolés?
- 600 picolés?

b) Se uma dessas máquinas produzir 500 picolés por hora, ao final de 8 h, quantos picolés ela terá produzido?

c) Uma das máquinas está produzindo 290 picolés por hora. Quantos picolés a mais, no mínimo, ela deveria produzir por hora para ser classificada como excelente?

49. A tarifa de uma corrida de táxi é formada por uma parte fixa chamada bandeirada, que custa R$ 4,00, adicionada de R$ 2,00 por quilômetro rodado. Rodrigo possuía R$ 70,00 e precisava contratar uma corrida de táxi. O dinheiro de Rodrigo era suficiente para percorrer, no máximo, quantos quilômetros nessa corrida de táxi?

a) 44   c) 66
b) 33   d) 55

50. Considere a pergunta a seguir:

> A soma de três números naturais consecutivos é maior do que 204. Quais são esses números?

a) Existe uma só resposta correta para essa pergunta? Justifique sua resposta.

b) Das possíveis respostas que existem para essa pergunta, escreva aquela que apresenta os menores números possíveis.

c) Escreva outras duas respostas para essa questão.

Equação do 2º grau do tipo $ax^2 = b$

A professora Jaqueline propôs o seguinte problema a seus alunos.

O dobro do quadrado de um número é 50. Qual é esse número?

Para resolver este problema, podemos escrever e resolver a seguinte equação:

$$2x^2 = 50$$
$$\frac{2x^2}{2} = \frac{50}{2}$$
$$x^2 = 25$$

Existem dois números cujo quadrado é 25:

$$x = 5 \text{ ou } x = -5$$

Logo, o número desconhecido é 5 ou −5. Podemos verificar esses resultados calculando o dobro do quadrado desses números e confirmar que o resultado, em ambos os casos, é 50.

$$2 \cdot 5^2 = 2 \cdot 25 = 50 \qquad\qquad 2 \cdot (-5)^2 = 2 \cdot 25 = 50$$

Agora, observe outro problema proposto pela professora.

Quais são as medidas do comprimento e da altura desse retângulo?

Medida da área: 48 cm²; x; $3x$

Para resolver este problema, podemos escrever e resolver a seguinte equação:

$$3x \cdot x = 48$$
$$3x^2 = 48$$
$$\frac{3x^2}{3} = \frac{48}{3}$$
$$x^2 = 16$$

Existem dois números cujo quadrado é 16:

$$x = 4 \text{ ou } x = -4$$

Nesse caso, como x corresponde a uma medida de comprimento, consideramos apenas seu valor positivo, pois não existe medida de comprimento negativa. Logo, o comprimento do retângulo mede 12 cm (pois 3 · 4 = 12) e a altura mede 4 cm.

Note que, para resolver os problemas propostos pela professora Jaqueline é necessário interpretar o resultado obtido em cada caso.

As equações escritas para resolver os problemas propostos são **equações do 2º grau**, do tipo $ax^2 = b$, de incógnita x, $a \neq 0$. Essas equações são ditas do 2º grau, pois a incógnita está elevada ao expoente 2. Observe outros exemplos de equações do 2º grau do tipo $ax^2 = b$.

- $x^2 + 1 = 17$
- $3x^2 = 12$
- $-2x^2 = -128$
- $x^2 = \dfrac{9}{4}$

Atividades

51. Resolva as equações a seguir.

a) $9x^2 = 36$

b) $15x^2 + 5 = 31x^2 + 4$

c) $13x^2 - 5 = 6 - 2(2x^2 - 3)$

d) $\dfrac{2x^2 + 2}{6} + \dfrac{6x^2 - 2}{12} = \dfrac{7}{2}$

e) $\dfrac{x^2 - 1}{12} = 4$

f) $-\dfrac{3x^2}{6} - 4 = -36$

g) $x^2 + 28 = 2x^2 + 3$

h) $5(2x^2 + 1) = -15x^2 + 14$

52. Sabendo que a medida do perímetro do decágono regular a seguir é 250 cm, elabore um problema envolvendo equações do 2º grau do tipo $ax^2 = b$ e entregue a um colega para que ele resolva. Em seguida, verifique se a resposta obtida por ele está correta.

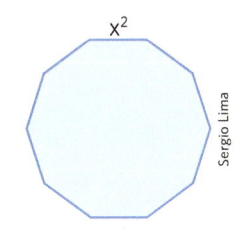

53. Considere um retângulo cujas medidas da largura e do comprimento são 4 cm e 9 cm, respectivamente. Qual deve ser, em centímetros, a medida do comprimento do lado de um quadrado para que a medida de sua área seja a mesma do retângulo?

54. Com auxílio de uma calculadora, calcule a medida do comprimento dos lados de cada um dos quadriláteros.

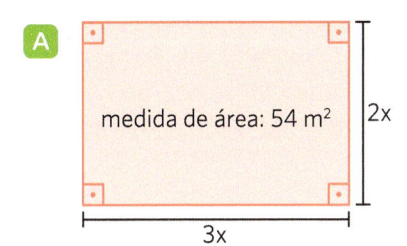

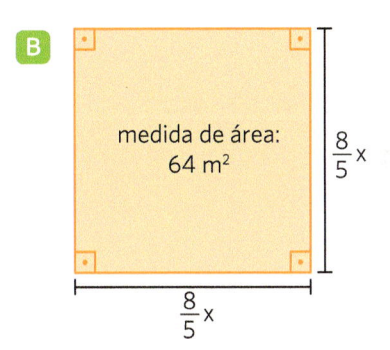

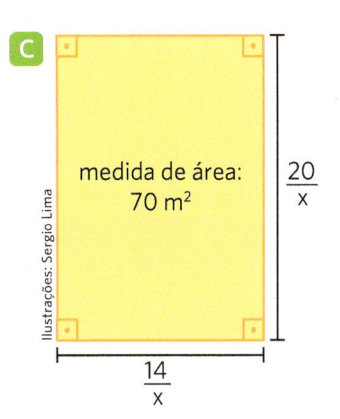

A — medida de área: 54 m²; lados: $3x$ e $2x$

B — medida de área: 64 m²; lados: $\dfrac{8}{5}x$ e $\dfrac{8}{5}x$

C — medida de área: 70 m²; lados: $\dfrac{14}{x}$ e $\dfrac{20}{x}$

215

Vamos relembrar

55. Para cada situação, escreva uma equação e resolva-a no caderno.

a) Um *pen drive* de 32 GB custa R$ 35,00 a mais que um de 16 GB. Sabendo que um *pen drive* de 32 GB custa R$ 68,90, qual é o preço do *pen drive* de 16 GB?

b) Carlos obteve R$ 14,00 de troco ao pagar uma fatura com uma cédula de R$ 100,00. Qual era o valor da fatura?

c) Um *notebook* de R$ 2 490,00 foi pago com uma entrada de R$ 500,00 e o restante dividido em 8 parcelas iguais e sem acréscimos. Qual foi o valor de cada parcela?

56. A coleção *Antologia Grega* é uma das melhores fontes de problemas algébricos gregos antigos. Dentre os problemas contidos nessa coleção, há um epigrama que dá alguns detalhes da vida de Diofanto de Alexandria (c. 250). Observe a seguir o epigrama.

> **Epigrama:** composição poética sobre determinado assunto.

> [...] "Diofanto passou $\frac{1}{6}$ de sua vida como criança, $\frac{1}{12}$ como adolescente e mais $\frac{1}{7}$ na condição de solteiro. Cinco anos depois de se casar, nasceu-lhe um filho que morreu 4 anos antes de seu pai, com metade da idade (final) de seu pai." [...]
>
> Howard Eves. *Introdução à história da Matemática*. Trad. Hygino H. Domingues. 5. ed. Campinas: Ed. da Unicamp, 2011. p. 225.

a) Escreva no caderno uma equação que expresse a idade de Diofanto, de acordo com o epigrama.

> **DICA!**
> Chame de x a idade de Diofanto.

b) Com quantos anos Diofanto morreu? E seu filho?

c) Com quantos anos Diofanto foi pai?

57. A soma das medidas dos ângulos internos de um polígono convexo é dada por $S = (n - 2) \cdot 180°$, em que n corresponde à quantidade de lados do polígono.

Nas figuras a seguir, calcule o valor de x e determine a medida de cada ângulo.

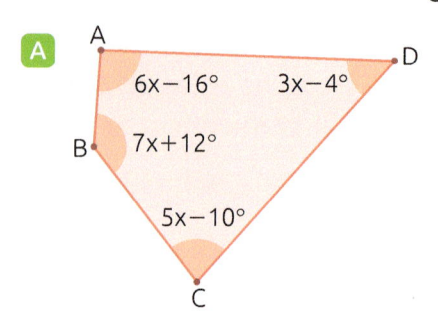

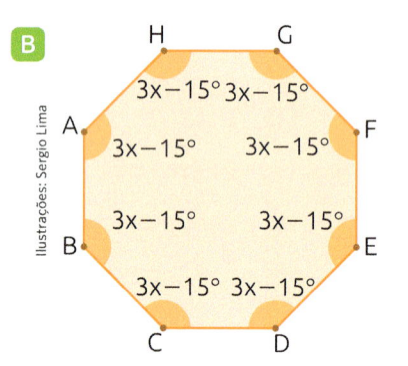

A Quadrilátero ABCD com ângulos:
- A: $6x - 16°$
- B: $7x + 12°$
- C: $5x - 10°$
- D: $3x - 4°$

B Octógono ABCDEFGH com cada ângulo interno medindo $3x - 15°$.

58. Observe a mesma balança em equilíbrio em dois momentos diferentes. Sabendo que as caixas de mesma cor têm medidas de massas iguais, escreva um sistema de equações que permita calcular a medida da massa de cada caixa vermelha e de cada caixa azul. Em seguida, resolva-o.

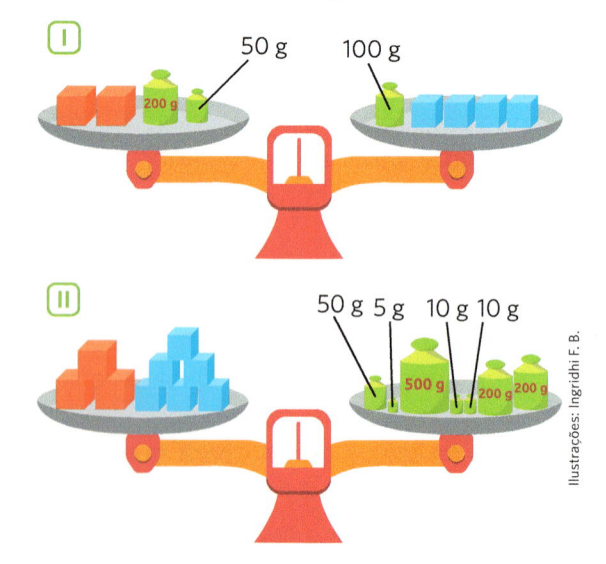

I — pesos indicados: 50 g, 100 g, 200 g

II — pesos indicados: 50 g, 5 g, 10 g, 10 g, 500 g, 200 g, 200 g

216

59. Em uma gincana, os competidores devem responder a 35 questões que valem pontos de acordo com a dificuldade. Quando respondidas corretamente, algumas questões valem 4 pontos e outras valem 10 pontos, de maneira que a quantidade máxima de pontos que o competidor pode fazer é 200. Do total de questões, qual é a porcentagem daquelas que valem 10 pontos?

60. Observe as medidas do comprimento dos lados do quadrado e do triângulo.

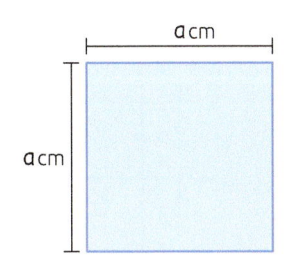

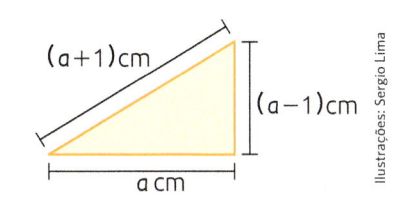

É correto afirmar que a medida do perímetro do quadrado é menor do que a do triângulo? Escreva uma inequação para justificar sua resposta.

61. Calcule a medida do perímetro de cada figura da atividade anterior, sabendo que $a = 4$ cm.

62. Em uma escola, o aluno precisa ter a média aritmética dos quatro bimestres maior do que ou igual a 6 para ser aprovado. Observe as notas de Matemática de três alunos do 8º ano dessa escola nos três primeiros bimestres.

Aluno	1º bimestre	2º bimestre	3º bimestre
Mariza	6,5	9,5	7
Alan	3,5	7,5	8
Marta	5	4,5	6,5

a) Escreva uma inequação por meio da qual seja possível determinar a nota que cada um deles deve obter no 4º e último bimestre de maneira que sejam aprovados.

b) Qual é a menor nota que cada um deles pode obter no último bimestre, de maneira que sejam aprovados?

63. Em um plano cartesiano, represente geometricamente as soluções da equação $2x + y = 5$.

64. Represente geométricamente o sistema abaixo e determine sua solução.

$$\begin{cases} x + 3y = 12 \\ 3x - 3y = 12 \end{cases}$$

65. Associe os sistemas de equações às suas representações geométricas.

a) $\begin{cases} x + y = 2 \\ x - y = 2 \end{cases}$

b) $\begin{cases} x + y = 3 \\ 2x + y = 5 \end{cases}$

c) $\begin{cases} x + y = 8 \\ x - y = 2 \end{cases}$

d) $\begin{cases} 2x - y = 4 \\ x + y = 5 \end{cases}$

I

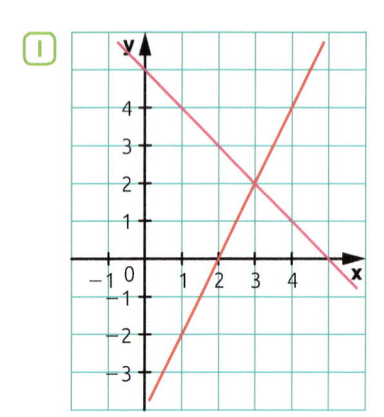

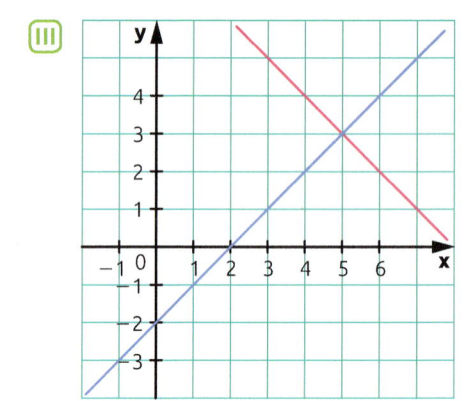

II

III

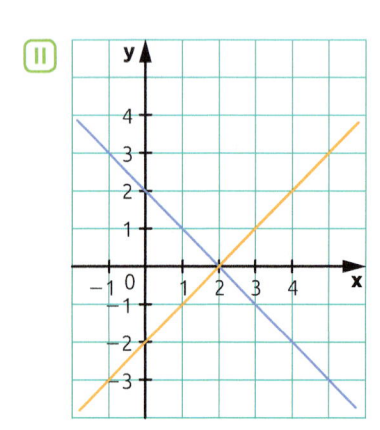

IV

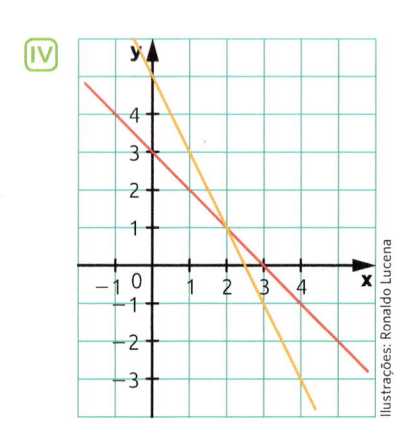

66. Resolva as equações a seguir.

a) $8x^2 = 392$

b) $11x^2 - 26 = 150$

c) $6(2x^2 + 8) = 96$

d) $\dfrac{20x^2 + 4}{4} = 406$

67. Em cada item, determine o valor de x.

A quadrado de lado $5x$ e $5x$; medida da área: 225 cm²

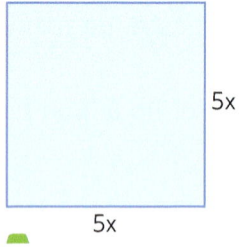

B retângulo de lados $4x^2$ e x^2; medida do perímetro: 360 mm

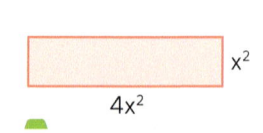

C triângulo de base $3x$ e altura $5x$; medida da área: 187,5 cm²

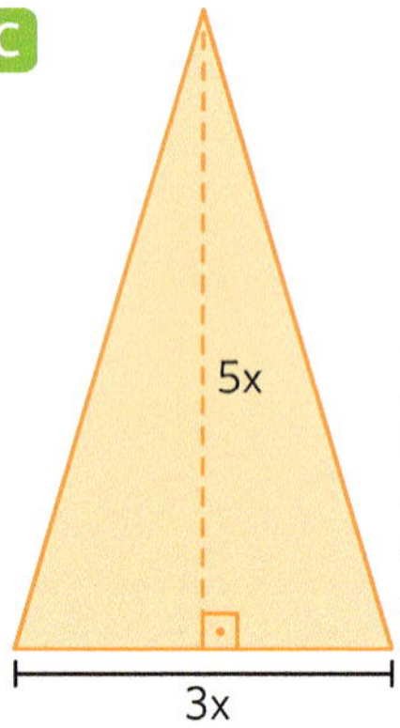

Razão e proporção

CAPÍTULO 12

Neste capítulo, vamos relembrar o que vimos no ano anterior a respeito de razão e proporção e ampliar nossos conhecimentos sobre esses conceitos. Além disso, aprenderemos um método para resolver problemas que envolvem grandezas proporcionais.

Razão

Félix estuda na turma do 8º ano A de certa escola. Nessa turma, estudam 10 meninas e 15 meninos. Um modo de comparar esses números é calcular a **razão** entre eles considerando certa ordem. Com essas informações, podemos determinar a razão entre a quantidade de meninas e meninos da seguinte maneira:

$$10:15 = \frac{10}{15} = \frac{2}{3}$$

Lê-se: "10 está para 15" ou "2 está para 3".

Sala de aula de Ensino Fundamental na cidade de Tucumã (PA), em 2016.

Neste contexto, a razão $\frac{2}{3}$ significa que, a cada 2 meninas, há 3 meninos nessa turma.

> A razão entre os números x e y, com $y \neq 0$, é dada por $\frac{x}{y}$ ou $x:y$.

Proporção

Na outra turma do 8º B da escola onde Félix estuda, há 12 meninas e 18 meninos. Com essas informações, vamos determinar a razão entre a quantidade de meninas e meninos da seguinte maneira:

$$12:18 = \frac{12}{18} = \frac{2}{3}$$

Note que as razões entre as quantidades de meninas e meninos tanto para o 8º A quanto para o 8º B são iguais. Nesse caso, as duas razões formam uma **proporção**, e podemos indicá-la da seguinte maneira:

razão entre a quantidade de meninas e meninos do 8º ano A → $\frac{10}{15} = \frac{12}{18}$ ← razão entre a quantidade de meninas e meninos do 8º ano B

Lê-se: "10 está para 15, assim como 12 está para 18".

> Quando duas razões são iguais, elas formam uma proporção.
> Portanto, se a razão entre os números não nulos a e b é igual à razão entre os números não nulos c e d, dizemos que $\frac{a}{b} = \frac{c}{d}$ é uma **proporção**.

Calculando os produtos entre o numerador de uma fração e o denominador de outra na proporção $\frac{10}{15} = \frac{12}{18}$, temos:

$$\frac{10}{15} = \frac{12}{18}$$
$$12 \cdot 15 = 10 \cdot 18$$
$$180 = 180$$

Nesse caso, ambas as multiplicações apresentam os mesmos produtos, e isso ocorre sempre que as razões formarem uma proporção.

> Em toda proporção $\frac{a}{b} = \frac{c}{d}$, com os números não nulos a, b, c, d, temos $a \cdot d = b \cdot c$. Temos também que, se a, b, c, d são números não nulos, tais que $a \cdot d = b \cdot c$, então $\frac{a}{b} = \frac{c}{d}$ é uma proporção. Essa propriedade é conhecida como **propriedade fundamental das proporções**.

Atividades

1. Em uma corrida de carros, Pedro deu 25 voltas na pista, enquanto Júlio deu 30 voltas.

a) Qual é a razão entre a quantidade de voltas de Pedro e o de Júlio?

b) O que significa a razão que você escreveu no item **a**?

2. Determine quais razões a seguir formam uma proporção.

a) $\frac{3}{5}$ e $\frac{9}{15}$

b) $\frac{2}{30}$ e $\frac{1}{15}$

c) $\frac{8}{10}$ e $\frac{10}{12}$

d) $\frac{4}{12}$ e $\frac{6}{16}$

3. Certa torneira leva 3 minutos para encher um reservatório, inicialmente vazio, cuja medida da capacidade é 60 L. Quantos segundos essa mesma torneira levaria para encher um reservatório, que também está vazio, cuja medida da capacidade é 15 L?

4. Utilize a propriedade fundamental das proporções e obtenha o valor de x em cada uma das proporções a seguir.

a) $\frac{1}{2} = \frac{4}{x}$

b) $\frac{8}{3} = \frac{4}{x}$

c) $\frac{2x}{9} = \frac{3}{18}$

5. Observe como Bernardo determinou 40% de R$ 15,00 escrevendo e resolvendo uma proporção.

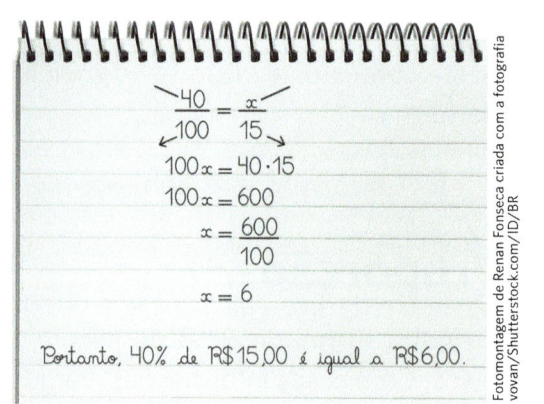

$$\frac{40}{100} = \frac{x}{15}$$
$$100x = 40 \cdot 15$$
$$100x = 600$$
$$x = \frac{600}{100}$$
$$x = 6$$

Portanto, 40% de R$ 15,00 é igual a R$ 6,00.

> **DICA!**
> Veja na seção **Ferramentas**, na página **263**, como calcular porcentagem em uma planilha eletrônica. Em seguida, resolva o item **c** a seguir usando essa ferramenta.

Agora, de maneira similar, determine:

a) 15% de R$ 60,00.

b) 80% de R$ 55,00.

c) 24% de R$ 50,00.

6. Utilizando os números 5, 7, 35 e 25 escreva uma proporção. Depois, justifique o que você escreveu utilizando a propriedade fundamental das proporções.

Grandezas proporcionais

Vimos no ano anterior que duas grandezas podem ser diretamente proporcionais, inversamente proporcionais ou não proporcionais. Agora, além de identificar a natureza da variação de duas grandezas, vamos representar a relação existente entre elas por meio de uma sentença algébrica.

Grandezas diretamente proporcionais

Joana está enchendo a piscina de sua casa com uma mangueira que a cada minuto despeja 3 L de água. Desse modo, ao passar 1 min, serão despejados 3 L de água; ao passar em 2 min, serão despejados 6 L de água, e assim sucessivamente.

Mangueira despejando água em uma piscina.

Organizando essas informações no quadro a seguir, temos:

Tempo (min)	Quantidade de água (L)
1	3
2	6
3	9
...	...

Observando o quadro, note que, ao dobrar o tempo decorrido, a quantidade de água despejada na piscina também dobra; ao triplicar o tempo decorrido, a água despejada na piscina também triplica; e assim por diante. Desse modo, dizemos que as grandezas "tempo" e "quantidade de água" são **diretamente proporcionais**. Nesse caso, a razão entre os valores correspondentes que expressam as grandezas "quantidade de água" e "tempo" é constante, ou seja:

$$\frac{3}{1} = \frac{6}{2} = \frac{9}{3} = \ldots = 3$$

Assim, indicando por x os valores da grandeza "tempo" e por y os valores da grandeza "quantidade de água", podemos representar a relação entre essas grandezas da seguinte maneira:

$$\boxed{\frac{y}{x} = 3} \quad \text{ou} \quad \boxed{y = 3x}$$

Assim, para determinar a quantidade de água despejada na piscina em 4 min, por exemplo, basta substituir x por 4 em $y = 3x$.

$$y = 3 \cdot 4 = 12$$

Portanto, a quantidade de água despejada na piscina em 4 min é 12 L.

Por meio da sentença algébrica $y = 3x$, podemos atribuir valores para x e calcular os valores correspondentes para y, obtendo assim pares ordenados. Em seguida, representamos esses pares no plano cartesiano.

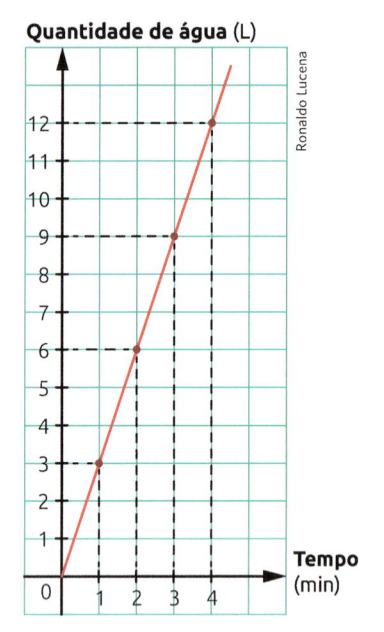

x	y = 3x	(x, y)
1	y = 3 · 1 = 3	(1, 3)
2	y = 3 · 2 = 6	(2, 6)
3	y = 3 · 3 = 9	(3, 9)
4	y = 3 · 4 = 12	(4, 12)

Considerando que x pode assumir infinitos valores, obteremos para cada valor de x um único valor para y e, nesse caso, teremos infinitos pares ordenados. Representando esses pares ordenados no plano cartesiano, obtemos a reta representada ao lado.

> Considerando x e y, não nulos, como valores de duas grandezas que são diretamente proporcionais, existe uma constante k, tal que $\frac{y}{x} = k$, ou $y = kx$. Além disso, a representação geométrica dos pontos que satisfazem essa sentença é uma reta.

Grandezas inversamente proporcionais

Em uma gráfica, 2 impressoras de modelos iguais demoram 12 horas para imprimir uma determinada quantidade de panfletos. Desse modo, se forem utilizadas 4 impressoras de mesmo modelo, a medida do tempo para imprimir a mesma quantidade de panfletos seria de 6 horas e assim sucessivamente.

Organizando essas informações no quadro ao lado, temos:

Quantidade de impressoras	Tempo de impressão
2	12
4	6
6	4
...	...

Observando o quadro, note que, ao dobrar a quantidade de impressoras, o tempo de impressão é reduzido pela metade; ao triplicar a quantidade de impressoras, o tempo de impressão fica dividido por três; e assim por diante. Desse modo, dizemos que as grandezas "quantidade de impressoras" e "tempo de impressão" são **inversamente proporcionais**.

Nesse caso, o produto entre os valores correspondentes que expressam as grandezas "tempo de impressão" e "quantidade de impressoras" é constante, ou seja:

$$12 \cdot 2 = 6 \cdot 4 = 4 \cdot 6 = \ldots = 24$$

Assim, indicando por x os valores da grandeza "quantidade de impressoras" e por y os valores da grandeza "tempo de impressão", escrevemos:

$$\boxed{y \cdot x = 24} \quad \text{ou} \quad \boxed{y = \frac{24}{x}}$$

Por meio dessa sentença algébrica, podemos atribuir valores para x e calcular os valores correspondentes para y, obtendo pares ordenados.

x	$y = \frac{24}{x}$	(x, y)
1	$y = \frac{24}{1} = 24$	(1, 24)
2	$y = \frac{24}{2} = 12$	(2, 12)
3	$y = \frac{24}{3} = 8$	(3, 8)
4	$y = \frac{24}{4} = 6$	(4, 6)

Considerando que x pode assumir infinitos valores, obteremos para cada valor de x, um único valor para y, e neste caso, teremos infinitos pares ordenados. Representando esses pares ordenados no plano cartesiano, obtemos a curva representada ao lado.

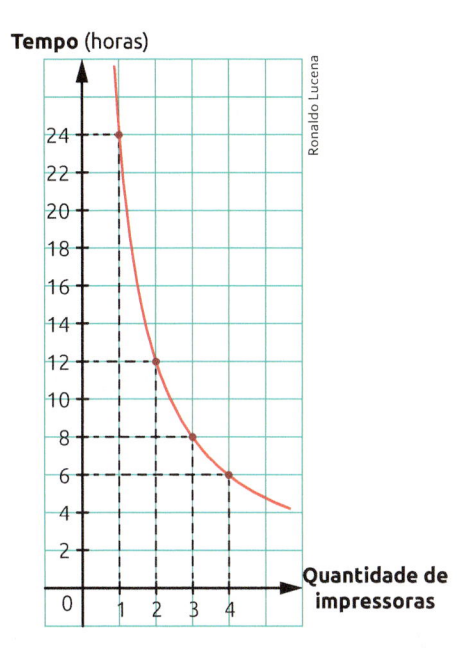

> Considerando x e y, não nulos, como valores de duas grandezas que são inversamente proporcionais, existe uma constante k, tal que $y \cdot x = k$, ou $y = \frac{k}{x}$. Além disso, a representação geométrica dos pontos que satisfazem essa sentença é uma curva.

> Quantas horas 8 impressoras de mesmo modelo apresentada na situação da página anterior demorariam para imprimir a mesma quantidade de panfletos?

Grandezas não proporcionais

Uma empresa de telefone cobra um preço fixo de R$ 2,00 por ligação efetuada mais R$ 0,60 por minuto de duração de cada ligação. Assim, após um minuto de ligação, o valor a ser cobrado será R$ 2,60; após dois minutos, o valor será R$ 3,20; após três minutos de ligação o valor será R$ 3,80, e assim por diante.

Organizando essas informações no quadro ao lado temos:

Tempo (min)	Valor cobrado (R$)
1	2,60
2	3,20
3	3,80
...	...

Note que não há relação de proporcionalidade entre as grandezas "tempo" e "valor cobrado". Portanto, dizemos que essas **grandezas são não proporcionais**.

Indicando como x os valores da grandeza "tempo" e por y os valores da grandeza "valor cobrado", escrevemos:

$$y = \underbrace{2}_{\text{valor cobrado}} + \underbrace{0{,}6}_{\text{preço por minuto}} \cdot \underbrace{x}_{\text{medida do tempo da ligação}}$$

(preço fixo)

Por meio dessa sentença algébrica, podemos atribuir valores para x e calcular os valores correspondentes para y obtendo pares ordenados. Em seguida, representamos geometricamente esses pares ordenados no plano cartesiano.

x	$y = 2 + 0{,}6 \cdot x$	(x, y)
1	$y = 2 + 0{,}6 \cdot 1 = 2{,}60$	$(1 ; 2{,}60)$
2	$y = 2 + 0{,}6 \cdot 2 = 3{,}20$	$(2 ; 3{,}20)$
3	$y = 2 + 0{,}6 \cdot 3 = 3{,}80$	$(3 ; 3{,}80)$
4	$y = 2 + 0{,}6 \cdot 4 = 4{,}40$	$(4 ; 4{,}40)$
5	$y = 2 + 0{,}6 \cdot 5 = 5{,}00$	$(5 ; 5{,}00)$

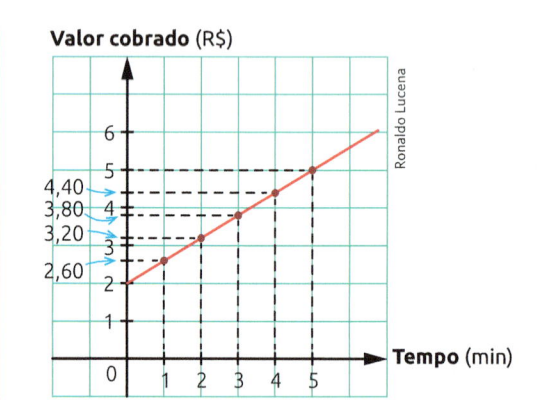

Ronaldo Lucena

> Após 15 minutos de ligação qual o valor a ser cobrado?

Atividades

7. Observe as grandezas apresentadas e responda se são diretamente proporcionais, inversamente proporcionais ou não proporcionais.

a) A velocidade média de um carro e o tempo gasto para percorrer uma determinada distância.

b) A altura e a idade de uma pessoa.

c) A quantidade de produtos vendidos em uma loja e o lucro obtido com esses produtos.

8. Para encher um reservatório, um encanamento ligado a uma bomba demora 12 horas. Quantas horas são necessárias para encher esse reservatório com 2 encanamentos de mesma medida de vazão? E se forem utilizados 3 encanamentos?

9. Observe os paralelogramos abaixo.

A

3 m
4 m

B

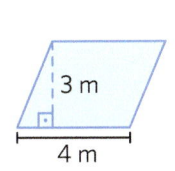

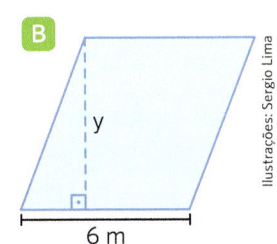

y
6 m

Sabendo que a razão entre as medidas da área dos paralelogramos **A** e **B** é $\frac{1}{3}$, determine o valor de y, em centímetros.

10. Veja o quadro abaixo, que mostra a medida da velocidade média de um automóvel e a medida do tempo que ele leva para percorrer determinado trajeto. Em seguida, responda às questões.

Velocidade média (km/h)	120	100	90	80
Tempo (min)	60	72	80	90

a) Qual é a velocidade média do automóvel quando ele percorre esse trajeto em 90 minutos?

b) Quantos minutos o automóvel levará para percorrer esse trajeto se a medida da velocidade média for de 100 km/h?

c) As grandezas velocidade média e tempo são diretamente ou inversamente proporcionais?

11. O relógio da sala de Maria Luíza está com defeito. Enquanto um relógio comum marca 5 minutos, esse relógio marca 8 minutos. Para preparar o jantar ela levou, na contagem de seu relógio, 1 hora e 20 minutos. Quantos minutos ela realmente levou para preparar o jantar?

12. Leia os itens a seguir e copie apenas as informações verdadeiras.

a) A massa de uma pessoa é diretamente proporcional à sua idade.

b) A população de um país é diretamente proporcional à sua extensão territorial.

c) Uma pessoa vai cobrir o piso de uma garagem com lajotas. A quantidade de lajotas a ser usada é diretamente proporcional à área do piso da garagem.

d) Uma pessoa que toma, em média, 2 L de água por dia, em trinta dias tomará, em média, 60 L.

e) Se 3 m de um tecido custam R$ 45,00, 12 m desse mesmo tecido custam R$ 180,00.

f) Se 5 dólares equivalem a R$ 20,10, 25 dólares equivalem a R$ 100,50.

13. Alguns amigos viajaram juntos no fim do ano. Buscando economia e conforto, eles fretaram um micro-ônibus com capacidade para 25 passageiros. O grupo irá pagar esse serviço em dez parcelas fixas de R$ 350,00, independentemente da quantidade de pessoas que realizarem a viagem. Eles combinaram que o total gasto com o frete do micro-ônibus será igualmente dividido entre as pessoas que realizarem a viagem.

a) Considere as grandezas "quantidade de pessoas" e "valor pago por pessoa". Essas grandezas são diretamente proporcionais ou inversamente proporcionais?

b) Calcule o valor pago por pessoa supondo que o grupo de viagem seja de:
- 10 pessoas.
- 20 pessoas.
- 14 pessoas.
- 8 pessoas.

c) Qual é o valor mínimo de cada parcela que poderá ser pago por pessoa?

14. Um valor arrecadado de R$ 10 000,00 vai ser dividido entre instituições de caridade. O organizador determinará a quantidade de instituições que serão beneficiadas e a quantia para cada uma. Observe o quadro com as opções.

Opção	Quantidade de instituições	Quantia para cada instituição (em R$)
1	2	5000
2	5	2000

a) Qual é a razão entre a quantidade de instituições da opção **1** e da opção **2**?

b) Qual é a razão entre a quantia para cada instituição da opção **1** e da opção **2**?

c) A quantidade de instituições e a quantia em reais para cada instituição são grandezas diretamente ou inversamente proporcionais?

15. Em uma melancia, aproximadamente 90% de sua composição é constituída de água, ou seja, a cada 100 g de melancia, em média, 90 g é agua. A partir dessas informações, responda às questões a seguir.

a) Quais são as grandezas envolvidas?

b) Essas grandezas são inversamente ou diretamente proporcionais?

c) Em 8 kg de melancia, quantos gramas há, em média, de água?

16. Para que as grandezas A, B, C, D e E sejam diretamente proporcionais, determine o valor das letras apresentadas no quadro ao lado.

A	B	C	D	E
2	3	4	6	z
5	7,5	x	y	20

17. Observe no quadro a medida da temperatura em quatro dias consecutivos do mês de julho em certa localidade.

Dia do mês	Medida da temperatura (°C)
1	13
2	14
3	15
4	16

De acordo com o quadro, podemos afirmar que no dia 5 a medida da temperatura nessa localidade será 17 °C? Justifique sua resposta.

18. Em um concurso de arte, o prêmio oferecido para as três melhores pinturas foi de R$ 5 000,00. O prêmio foi dividido em partes diretamente proporcionais de acordo com as notas atribuídas para cada pintura. O primeiro colocado teve pontuação máxima de 10 pontos, o segundo 9 e o terceiro 6 pontos. Qual foi o prêmio entregue a cada um dos colocados?

19. O quadro ao lado mostra a quantidade de máquinas iguais e o tempo necessário para produzir 100 peças em uma fábrica.

Quantidade de máquinas	1	2	4	b
Tempo (em horas)	6	3	a	0,75

a) Determine os valores de a e b indicados no quadro.

b) A relação entre as grandezas quantidade de máquinas e tempo é diretamente ou inversamente proporcional?

c) Quantas máquinas iguais produzem 100 peças em meia hora?

20. Lucas tem 3 coelhos de mesma raça e tamanho e, para alimentá-los, ele utiliza 5 quilogramas de ração por mês.

a) Considerando y o consumo de ração (em kg) e x a quantidade de meses, associe a sentença matemática que representa a relação entre as grandezas dessa situação.

   I) $y = 5x$ II) $y = 3x$ III) $y = 5x + 3$ IV) $y = 3x + 5$

b) Qual dos gráficos a seguir também representa as relações entre as grandezas "consumo de ração" e "quantidade de meses"?

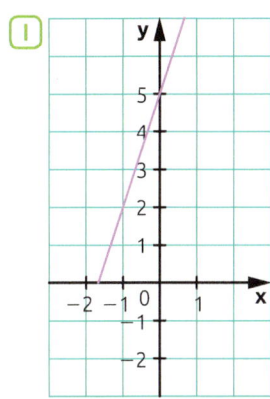

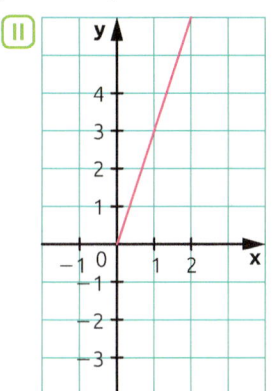

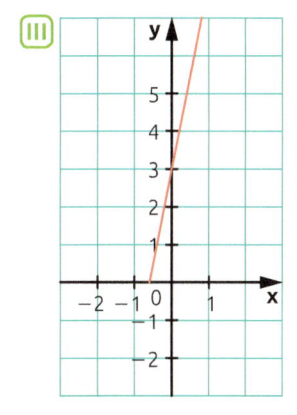

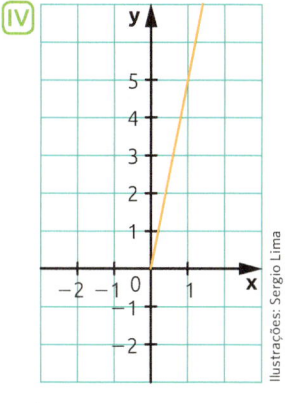

c) Quantos meses os 3 coelhos de Lucas levariam para consumir 55 kg de ração? As grandezas quantidade de cães e quantidade de ração são diretamente ou inversamente proporcionais?

21. Para uma construção, certo caminhão, que transporta 4 m³ de areia, precisou realizar 15 viagens. Quantas viagens seriam necessárias se outro caminhão maior, que transporta 5 m³ de areia, realizasse o mesmo trabalho?

22. Uma máquina impressora pode imprimir 4 000 páginas por hora em preto e branco, ou 1600 páginas por hora em cores. Para certo lote de páginas, a máquina levou 8 horas para imprimir em preto e branco. Quanto tempo levaria para imprimir a mesma quantidade de páginas em cores?

23. O guepardo é um felino típico das savanas africanas, e é considerado o animal terrestre mais veloz do mundo, podendo atingir uma velocidade cuja medida é 120 km/h.

Sabendo que 1 quilômetro equivale a 1000 metros, e 1 hora tem 60 minutos ou 3600 segundos, quantos metros um guepardo pode percorrer em:

a) 1 minuto?   b) 1 segundo?

Guepardo.

Medida de comprimento: 1,1 a 1,5 m

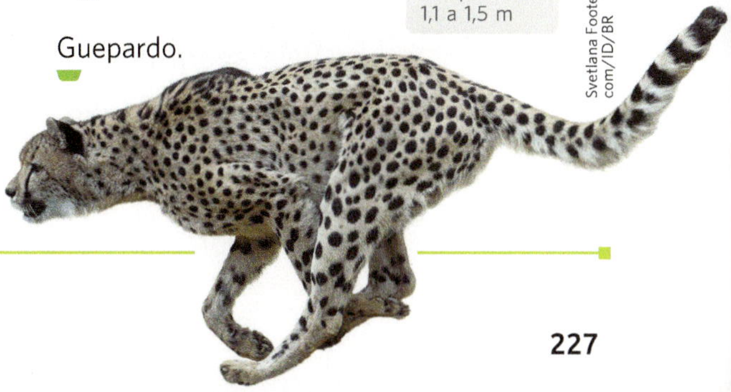

Regra de três simples

Agora vamos estudar a **regra de três simples**, um método utilizado para resolver problemas que envolvem grandezas proporcionais.

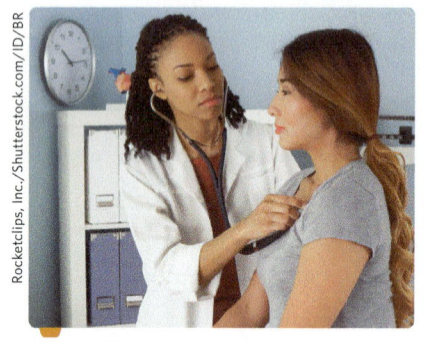

Regra de três simples com grandezas diretamente proporcionais

Na bula do medicamento receitado pela médica de Patrícia consta que a dosagem diária recomendada é 4 gotas para cada 10 kg da medida da massa corporal do paciente. Se a massa corporal de Patrícia mede 65 kg, quantas gotas desse medicamento ela deve tomar por dia?

Consultar periodicamente seu médico contribui para a manutenção de sua saúde, pois muitas doenças podem ser evitadas seguindo-se as orientações médicas. Há ainda doenças que podem ser facilmente tratadas quando diagnosticadas em fase inicial pelo médico.

Medida da massa (kg)	Quantidade de medicamento (gota)
10	4
65	?

Não tome medicamentos sem a orientação de seu médico ou dentista.

Nessa situação, a dose do medicamento e a massa da paciente são **grandezas diretamente proporcionais**, pois, se a medida da massa do paciente dobra, a quantidade de medicamento também deve dobrar; se a medida da massa do paciente triplica, a quantidade de medicamento também deve triplicar; e assim por diante.

Utilizando x para representar a quantidade de gotas do medicamento, podemos escrever e resolver a seguinte proporção:

$$\frac{10}{65} = \frac{4}{x}$$
$$10 \cdot x = 4 \cdot 65$$
$$10x = 260$$
$$\frac{10x}{10} = \frac{260}{10}$$
$$x = 26$$

Nessa proporção, o produto de 10 e x é igual ao produto de 4 e 65.

Portanto, Patrícia deve tomar 26 gotas do medicamento por dia.

1 A medida da massa da irmã de Patrícia é 55 kg e ela vai tomar esse mesmo medicamento. Quantas gotas desse medicamento a irmã de Patrícia deve tomar por dia?

Veja agora uma situação envolvendo porcentagem que pode ser resolvida por meio de uma regra de três.

A reforma da casa de Juvenal custou R$ 13 750,00. Desse valor, R$ 4 675,00 foram gastos com a pintura da casa. Que porcentagem do custo total gasto na reforma corresponde aos gastos com a pintura?

Nessa situação, podemos verificar que o valor gasto com a pintura é diretamente proporcional ao valor total gasto na reforma.

Considerando o total gasto, ou seja 100%, podemos construir o quadro ao lado.

Valor gasto (R$)	Porcentagem (%)
13 750	100
4 675	?

Utilizando x para representar a porcentagem correspondente aos gastos com a pintura, podemos escrever e resolver a seguinte proporção:

$$\frac{13\,750}{4\,675} = \frac{100}{x}$$

$$13\,750 \cdot x = 4\,675 \cdot 100$$

$$13\,750x = 467\,500$$

$$\frac{13\,750x}{13\,750} = \frac{467\,500}{13\,750}$$

$$x = 34$$

Portanto, o gasto com a pintura corresponde a 34% do valor total da reforma.

Regra de três simples com grandezas inversamente proporcionais

Ao estudar grandezas inversamente proporcionais, analisamos uma situação em que Pedro havia contratado dois pintores para pintar sua casa em 6 dias. Daí concluímos que, caso Pedro contratasse 4 pintores, esse mesmo trabalho seria realizado em 3 dias. Observe o quadro ao lado.

Quantidade de pintores	Quantidade de dias
2	6
4	3

Nessa situação, se a quantidade de pintores aumentar 2 vezes, a quantidade de dias de trabalho será reduzida à metade. Reduzindo à metade a quantidade de pintores, a quantidade de dias de trabalho será duplicada, e assim por diante, uma vez que essas **grandezas são inversamente proporcionais**.

De acordo com as informações apresentadas nesse quadro, escrevemos as razões:

$$\frac{2}{4} = 0{,}5 \text{ e } \frac{6}{3} = 2$$

Observe que os resultados são diferentes, ou seja, $\frac{2}{4} \neq \frac{6}{3}$. Logo, não temos uma proporção.

Porém, caso uma dessas razões seja invertida, teremos uma proporção.

- Invertendo a razão $\frac{2}{4}$, temos:

$$\frac{4}{2} = 2 \text{ e } \frac{6}{3} = 2. \text{ Logo, } \frac{4}{2} = \frac{6}{3} \text{ é uma proporção.}$$

- Invertendo a razão $\frac{6}{3}$, temos:

$$\frac{2}{4} = 0{,}5 \text{ e } \frac{3}{6} = 0{,}5. \text{ Logo, } \frac{2}{4} = \frac{3}{6} \text{ é uma proporção.}$$

Considerando a pintura da casa de Pedro, e o mesmo ritmo de trabalho, em quantos dias 3 pintores realizariam essa tarefa?

Quantidade de pintores	Quantidade de dias
2	6
3	?

Utilizando x para representar a quantidade de dias e, sabendo que as grandezas são inversamente proporcionais, invertemos uma das razões e escrevemos as seguintes proporções:

$$\frac{3}{2} = \frac{6}{x} \text{ ou } \frac{2}{3} = \frac{x}{6}$$

> Em cada uma dessas proporções, uma das razões foi invertida.

Resolvendo uma dessas proporções:

$$\frac{3}{2} = \frac{6}{x}$$
$$3 \cdot x = 2 \cdot 6$$
$$3x = 12$$
$$\frac{3x}{3} = \frac{12}{3}$$
$$x = 4$$

Portanto, 3 pintores realizariam a pintura da casa em 4 dias.

2 Resolva a proporção $\frac{2}{3} = \frac{x}{6}$ e observe que o resultado obtido será o mesmo.

Veja outra situação que pode ser resolvida por meio de uma regra de três.

Certo reservatório é abastecido por 5 torneiras, todas com a mesma medida de vazão. Elas, quando abertas, enchem o reservatório em 3 horas. Caso houvesse apenas 2 dessas torneiras em funcionamento, em quantas horas o reservatório ficaria cheio?

Nesse caso, a quantidade de torneiras e o tempo para encher o reservatório são grandezas inversamente proporcionais. Nessa situação, se a quantidade de torneiras aumentar 2 vezes, o tempo para encher o reservatório será reduzido à metade. Reduzindo à metade a quantidade de torneiras, o tempo para encher o reservatório será duplicado, e assim por diante.

Quantidade de torneiras	Tempo (horas)
5	3
2	?

Utilizando x para representar a quantidade de horas para encher o reservatório, escrevemos as proporções:

$$\frac{2}{5} = \frac{3}{x} \text{ ou } \frac{5}{2} = \frac{x}{3}$$

> Ao resolver qualquer uma dessas proporções, obteremos o mesmo resultado.

Resolvendo qualquer uma dessas proporções:

$$\frac{2}{5} = \frac{3}{x}$$
$$2 \cdot x = 5 \cdot 3$$
$$2x = 15$$
$$\frac{2x}{2} = \frac{15}{2}$$
$$x = 7,5$$

Portanto, duas torneiras encherão o reservatório em 7,5 h, ou seja, 7 h 30 min.

Atividades

24. Uma torneira gotejando chega a desperdiçar 23 L de água em 12 horas. Quantos litros de água uma torneira gotejando chega a desperdiçar em um dia?

Água desperdiçada (L)	Tempo (horas)
23	12
x	24

25. Elias abasteceu o seu carro com 15 L de gasolina e pagou R$ 72,00. Quantos reais um consumidor vai pagar nesse mesmo posto se abastecer o seu veículo com 8 L de gasolina?

Quantidade de gasolina (L)	Valor (R$)
15	72
8	x

26. A receita de um bolo pede 4 ovos a cada 3 xícaras de farinha de trigo, entre outros ingredientes. Qual é a quantidade de farinha de trigo caso sejam utilizados 6 ovos nessa receita?

27. Observe o esquema e determine a altura de Luan sabendo que Gisele tem 1,70 m de altura.

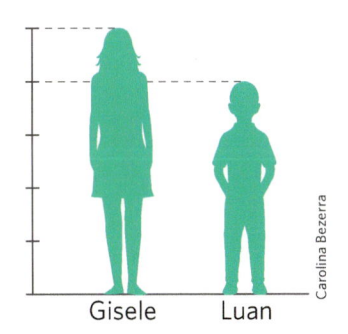

Gisele   Luan

28. Sabendo que 25% de certa quantidade equivalem a 8 unidades, responda às questões a seguir.

a) Quantas unidades correspondem a 100%?

b) Quantos por cento correspondem a 24 unidades?

29. Cláudia comprou um protetor solar e obteve R$ 8,40 de desconto, que correspondem a 20% do valor do produto.

a) Qual era o valor desse protetor solar?

b) Quantos reais Cláudia pagou pelo produto?

30. Das 28 camisetas que Saulo possui, 25% são brancas. Caso ele compre mais 2 camisetas brancas, que porcentagem representará a quantidade de camisetas brancas em relação ao total?

31. Uma cantina fez uma promoção para incentivar o consumo de sanduíche natural entre os estudantes. Para isso, cada estudante recebeu um desconto de 30% sobre o preço do sanduíche e pagou R$ 3,50. Qual era o valor do sanduíche sem o desconto?

32. Um serralheiro cortou uma barra metálica em cinco partes de 60 cm de comprimento cada uma. Se em vez de cinco partes ele tivesse dividido a mesma barra em quatro partes, qual seria a medida de cada parte?

33. A água de um tanque foi totalmente escoada por três bombas iguais em 48 minutos. Caso fosse utilizada mais uma bomba igual a essas, quantos minutos seriam necessários para escoar a água desse tanque?

34. Com 250 mL de suco concentrado é possível preparar 2 L de suco pronto para o consumo.

a) Quantos mililitros (mL) de suco concentrado são necessários para preparar 5 L de suco?

b) Com certa quantidade de suco, é possível encher 6 copos de 300 mL. Quantos copos de 200 mL é possível encher com essa mesma quantidade de suco?

35. Podemos resolver geometricamente uma situação que envolva regra de três simples com grandezas diretamente proporcionais. Por exemplo, se uma máquina produz quatro peças em três minutos, quantas peças ela produzirá em seis minutos?

Inicialmente organizamos as informações em um quadro.

Tempo (minutos)	Quantidade de peças
3	4
6	?

Depois, construímos um par de eixos perpendiculares entre si em uma malha quadriculada, nomeamos cada eixo com uma grandeza e obtemos a escala. A medida do comprimento do lado de cada quadrinho da malha corresponde a 1 unidade. Então, traçamos um segmento de reta cujos extremos sejam os valores correspondentes à primeira linha do quadro acima.

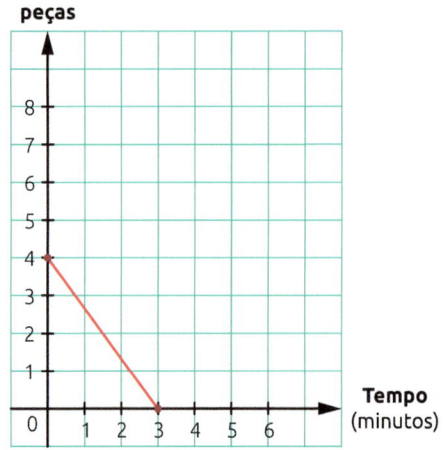

Depois, traçamos outro segmento de reta cujos extremos estejam no par de eixos e que seja paralelo ao segmento de reta traçado. Nesse caso, um dos extremos do segmento de reta será o número 6 no eixo "Tempo (minutos)", pois esse valor é conhecido. A outra extremidade do segmento de reta, no eixo "Quantidade de peças" indica a quantidade de peças produzidas em 6 minutos.

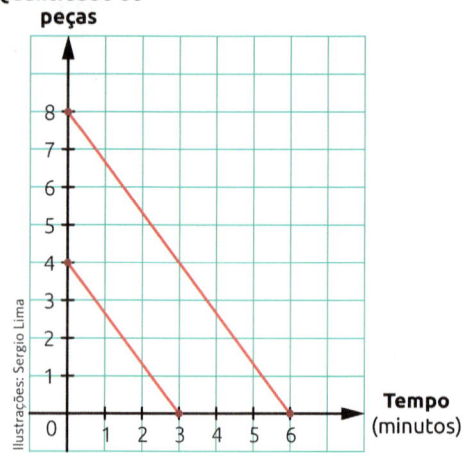

Portanto, conforme o gráfico acima, a máquina produz oito peças em 6 minutos.

Utilizando um par de esquadros e uma régua, resolva geometricamente os itens abaixo em uma malha quadriculada.

a) Uma empresa de lavagem de carros realiza a limpeza de oito carros a cada quatro horas. Mantendo o mesmo ritmo de trabalho, quantos carros são lavados em três horas?

b) Em uma prova, cada 2 acertos valem 3 pontos. Quantos acertos teve uma pessoa que marcou 12 pontos nessa prova?

36. Observe um modo de converter 0,5 hora em minutos, sabendo que 1 h = 60 min.

Hora	Minutos
1	60
0,5	x

$1 \cdot x = 60 \cdot 0,5$
$x = 30$

Portanto, 0,5 hora corresponde a 30 minutos.

Adotando a mesma estratégia, determine quantos minutos correspondem ao valor de cada item.

a) 0,15 h
b) 0,4 h
c) 0,9 h
d) 1,25 h

37. Uma empreiteira foi contratada para construir o muro de uma empresa. Se forem enviados 2 funcionários, eles terminarão a obra em 18 dias. Caso sejam enviados 6 funcionários, mantendo o mesmo ritmo de trabalho, eles terminarão a obra em quantos dias?

38. Susana e Solange verificaram a medida do comprimento de suas sombras em um dia de sol. A medida da altura de Susana é 1,60 m, e a medida do comprimento de sua sombra foi de 50 cm. Considere que a medida do comprimento da sombra de uma pessoa, em um determinado instante, seja proporcional à medida de sua altura. Qual é a medida da altura de Solange, se a medida do comprimento de sua sombra, no mesmo instante em que foi medido o comprimento da sombra de Susana, foi de 45 cm?

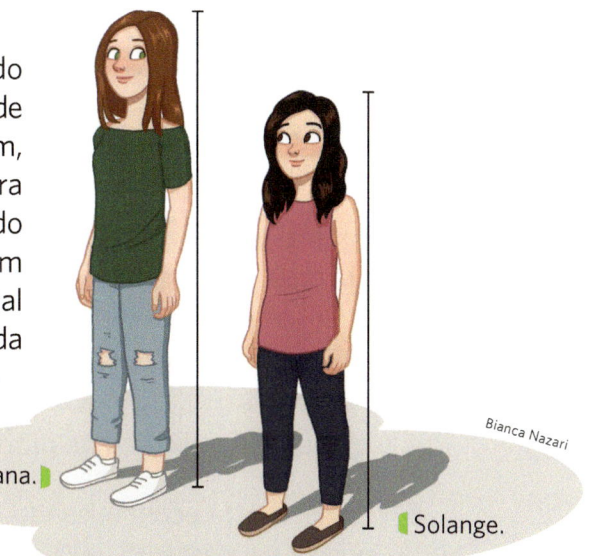

Suzana.
Solange.
Bianca Nazari

39. Célia foi pagar a fatura de água de sua casa no valor de R$ 85,00. Mas como pagou em atraso, ela teve que pagar um valor maior, totalizando R$ 101,60. Que porcentagem Célia pagou a mais nessa fatura de água?

40. Darline está economizando para comprar um secador e uma chapinha para usar em seus cabelos e pretende pagá-los à vista. Sabendo que os dois produtos que ela quer comprar custam juntos R$ 360,00 e que a loja oferece um desconto de 12% no pagamento à vista, responda às questões.

   a) Quantos reais Darline precisa economizar para comprar à vista o secador e a chapinha?
   b) Qual é o valor do desconto, em reais, se o pagamento for à vista?
   c) Em sua opinião, qual é a vantagem de fazer economia e fazer uma compra à vista? Converse com seus colegas sobre essa questão.

Bianca Nazari

41. Um avião comercial viaja a uma velocidade média de aproximadamente 890 km/h. A maior velocidade atingida por um avião foi de 3 700 km/h. Sabendo que a distância entre os aeroportos de Curitiba e Manaus é de cerca de 2 730 km e supondo que esses aviões mantenham tais velocidades, quanto tempo os dois aviões levariam para completar esse trajeto?

42. Elabore três situações em que é necessário utilizar a regra de três para resolver problemas. Depois, mostre as situações que você escreveu para um colega e verifiquem se estão corretas.

Vamos relembrar

43. Talita quer fazer biscoitos para servir para seus familiares. A receita que ela vai seguir, pede 4 ovos, 3 colheres de sopa de farinha de trigo, 2 colheres de sopa de manteiga, entre outros ingredientes.

Se Talita utilizar:

a) 12 ovos, quantas colheres de sopa de farinha de trigo ela precisará?

b) 1 colher de sopa de manteiga, de quantos ovos ela precisará?

c) 4,5 colheres de sopa de farinha de trigo, de quantas colheres de sopa de manteiga ela precisará?

44. Para lavar sua garagem, Hélio usa 4 baldes com 15 L de água cada. Nesse processo, ele dilui na água 40 mL de um produto de limpeza, medida de uma tampinha da embalagem, para cada 5 L.

a) Quantas tampinhas do produto de limpeza Hélio deve utilizar, de acordo com as recomendações, para lavar sua garagem?

b) Quantos mililitros de produto foram utilizados para essa limpeza?

45. Adriano está economizando dinheiro para comprar um celular. Ele verificou que se poupasse R$ 7,00 por dia, durante 12 semanas, teria a quantia necessária para comprar o celular do modelo que pretende. Quantos reais ele deve poupar diariamente para comprar o mesmo celular em 10 semanas?

46. *Conectando ideias* A usina de Itaipu, localizada no Rio Paraná, em um trecho da fronteira entre o Brasil e o Paraguai, possui 20 unidades geradoras de energia elétrica. Cada uma dessas unidades tem capacidade para gerar 700 megawatts (MW), suficientes para atender a uma cidade de 1,5 milhão de habitantes. De acordo com essas informações, quantos megawatts de energia elétrica são necessários para abastecer uma cidade de:

a) 750 mil habitantes?

b) 3 milhões de habitantes?

c) 12 milhões de habitantes?

Vista panorâmica de parte da estrutura da barragem da usina de Itaipu, no Paraná, em 2018.

47. Cite duas situações cuja relação entre as grandezas envolvidas são:

a) diretamente proporcionais.

b) inversamente proporcionais.

48. Um mecanismo possui 3 rodas dentadas que giram simultaneamente, conforme mostra o esquema a seguir. As rodas dentadas **A**, **B** e **C** possuem, respectivamente, 40, 10 e 20 dentes. Quantas voltas dará a roda **C** se a roda **A** der 50 voltas?

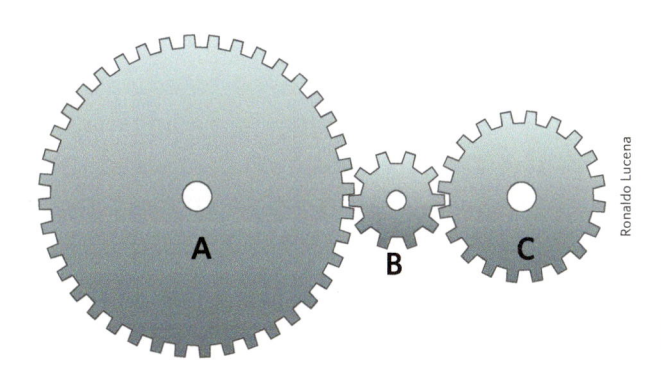

49. Para preparar certa fazenda para o plantio de soja, foram necessários 9 dias utilizando 4 tratores iguais. A sentença matemática $y = \dfrac{36}{x}$ representa essa relação, em que x representa a quantidade de tratores e y, a quantidade de dias de trabalho. Qual dos gráficos a seguir melhor representa essa sentença, considerando x e y números reais positivos?

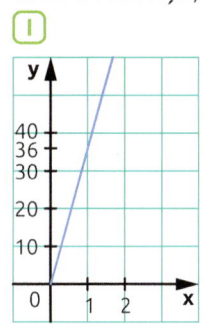

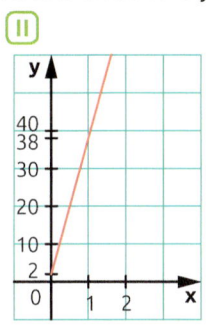

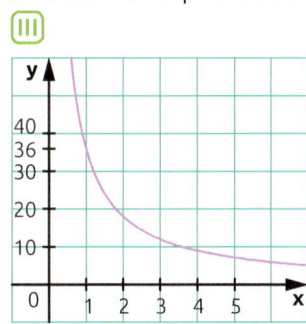

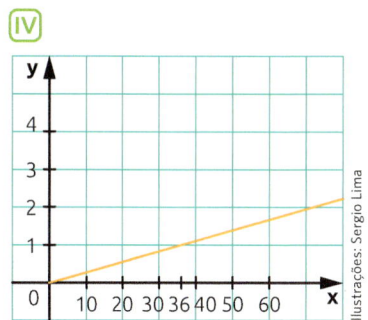

I II III IV

50. Para ajudar as vítimas de um desastre ambiental, a população de algumas cidades próximas arrecadou alimentos, roupas, cobertores, e água para distribuir às pessoas que mais sofreram com a tragédia. Para distribuir todos os mantimentos, 45 voluntários levaram 2 dias. Quantos dias 60 voluntários, com o mesmo ritmo de trabalho, levariam para distribuir todos esses mantimentos?

51. Mônica comprou um *pen drive* com desconto de R$ 8,70, equivalente a 15%. Qual é o preço do *pen drive* sem o desconto?

52. Mariana estampa camisetas para vendê-las, a fim de complementar a renda familiar. A máquina que ela utiliza estampa 12 camisetas em 6 minutos.

a) Uma empresa de seu bairro fez uma encomenda de 313 camisetas. Qual será a medida do tempo gasto pela máquina de Mariana para estampar todas as camisetas encomendas?

b) Em outro dia, Mariana recebeu uma encomenda de 270 camisetas. É possível que a máquina utilizada por ela estampe essas camisetas em 1 hora e 30 minutos? Justifique sua resposta.

c) Quantas camisetas essa máquina estampa em 1 hora e 20 minutos?

CAPÍTULO 13

Medidas de capacidade e de volume

Nos anos anteriores, estudamos as grandezas capacidade e volume, suas unidades de medida mais usuais e algumas relações entre elas. Neste capítulo vamos dar continuidade a esse estudo, avançando em alguns conceitos importantes para compreender melhor tais relações.

▌ Medidas de capacidade

Observe a imagem ao lado.

Em sua opinião, a medida da capacidade dessa garrafa é maior ou menor do que 1 litro?

A medida da capacidade de um recipiente equivale à medida de seu volume interno.

O **litro** é considerado a unidade padrão de medida de capacidade. A partir dessa unidade, determinamos seus múltiplos e submúltiplos.

Múltiplos			Unidade padrão	Submúltiplos		
Quilolitro (kL)	Hectolitro (hL)	Decalitro (daL)	Litro (L)	Decilitro (dL)	Centilitro (cL)	Mililitro (mL)
1 kL = 1 000 L	1 hL = 100 L	1 daL = 10 L	1 L	10 dL = 1 L	100 cL = 1 L	1 000 mL = 1 L

As unidades de medida de capacidade mais usuais são o **litro** e o **mililitro**. Podemos efetuar conversões entre as unidades de medida de capacidade, utilizando multiplicações ou divisões.

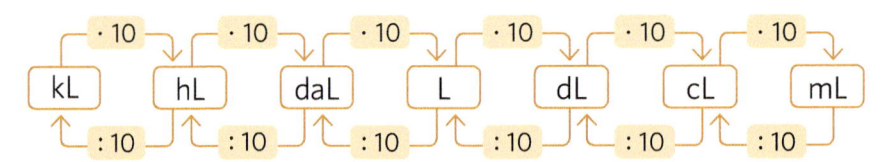

kL → hL → daL → L → dL → cL → mL (· 10)
mL → cL → dL → L → daL → hL → kL (: 10)

Observe alguns exemplos de conversão entre unidades de medida de capacidade.

- Converter 2,5 L em mililitros.
  2,5 · 1 000 = 2 500
  2,5 L = 2 500 mL

- Converter 5 mL em litros.
  5 : 1 000 = 0,005
  5 mL = 0,005 L

- Converter 560 dL em decalitros.
  560 : 100 = 5,6
  560 dL = 5,6 daL

- Converter 12 kL em centilitros.
  12 · 100 000 = 1 200 000
  12 kL = 1 200 000 cL

Atividades

1. Dê exemplos de três objetos do dia a dia cuja medida de capacidade seja menor do que 1 litro.

2. Copie os itens a seguir em seu caderno, substituindo cada ■ pela unidade de medida de capacidade mais adequada, L (litros) ou mL (mililitros).

   a) A piscina da casa de Edgar tem medida de capacidade de 5 000 ■.

   b) As Cataratas do Iguaçu liberam, em média, um fluxo de aproximadamente 1 746 ■ de água por segundo.

   c) Algumas seringas descartáveis têm medida de capacidade de 1 ■, mas existem algumas que podem conter até 60 ■.

   d) A medida de capacidade padrão de uma caixa de leite longa vida é 1 ■, ou seja, 1 000 ■.

   e) Um ser humano adulto pode consumir diariamente cerca de 35 ■ de água a cada quilograma que possui. Ou seja, uma pessoa cuja medida de massa é 70 kg de deve tomar aproximadamente 2,5 ■ de água por dia.

3. Converta em litros as medidas de capacidade abaixo.

   a) 7 dL.
   b) 31 hL.
   c) 0,3 kL.
   d) 0,1 mL.
   e) 202 daL.
   f) 112 cL.

4. Veja na imagem a medida de capacidade de cada recipiente e responda às questões.

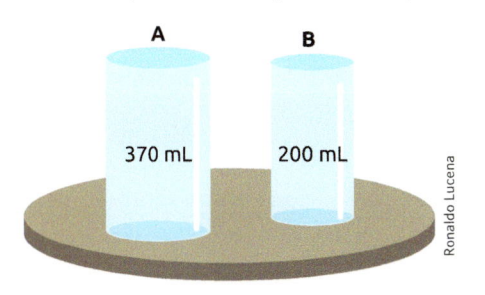

   A: 370 mL
   B: 200 mL

   a) Quantos copos do modelo **B** é possível encher completamente com 2 L de água?

   b) Quantos copos do modelo **A** é possível encher completamente com 4 L de água?

   c) Quantos litros de água seriam necessários para encher completamente 28 copos, sendo 20 copos do modelo **A** e 8 copos do modelo **B**?

   d) Qual é a razão entre a medida da capacidade do copo do modelo **A** e a medida da capacidade do copo do modelo **B**?

5. (Obmep) Marcos comprou 21 litros de tinta. Ele usou água para diluir essa tinta até que a quantidade de água acrescentada fosse 30% do total da mistura. Quantos litros de água ele usou?

   a) 5   b) 6   c) 7   d) 8   e) 9

6. Observe a imagem.

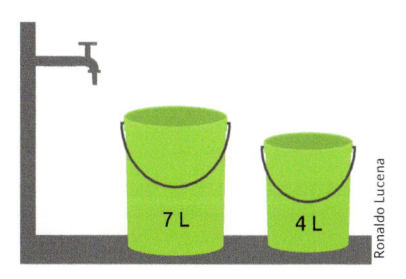

   7 L   4 L

   Utilizando apenas os baldes apresentados, como você faria para obter exatamente 5 L de água?

7. A doação de sangue é um ato voluntário que pode salvar vidas com procedimento simples, rápido e seguro. Em cada doação, o máximo de sangue retirado é 450 mL, quantidade que é armazenada em bolsas e, depois, em refrigeradores. Supondo que um refrigerador tenha medida de capacidade igual a 100 L, quantas bolsas de sangue, aproximadamente, caberiam nele?

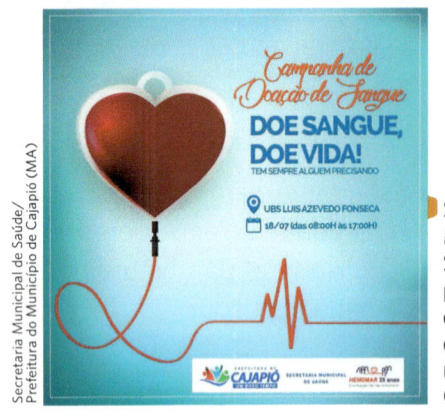

Secretaria Municipal de Saúde. Cartaz para campanha de doação de sangue do município de Cajapió, 2017.

8. A dosagem diária de certo medicamento pediátrico, cujo frasco tem medida de capacidade de 90 mL, varia de acordo com a medida da massa do paciente que vai tomá-lo. Veja no quadro, as dosagens diárias indicadas desse medicamento.

Dosagem diária do medicamento (mL)	Medida da massa do paciente (kg)
4	0 a 10
5	11 a 20
6	21 a 30
7	31 a 40
8	41 a 50
9	51 a 60
10	61 a 70

Considerando as informações apresentadas, copie as frases verdadeiras e, depois, reescreva as frases falsas em seu caderno, tornando-as verdadeiras.

a) Em cinco frascos há 450 L do medicamento.

b) Uma criança cuja medida de massa é 23 kg deve tomar 13 doses desse medicamento, conforme prescrição médica. Para esse tratamento, será necessário um frasco desse remédio.

c) Para medicar duas crianças com menos de 49 kg cada uma, durante três dias, são necessários, no mínimo, três frascos desse medicamento.

d) São necessários 2 frascos do medicamento para medicar por 9 dias uma criança cuja medida de massa é 64 kg e por 10 dias outra criança cuja medida de massa é 57 kg.

e) Um frasco é suficiente para medicar uma criança cuja medida de massa não excede 70 kg, tomando 8 doses desse medicamento.

9. Uma mangueira com determinada medida de vazão de água demora 20 minutos para encher completamente uma piscina cuja medida de capacidade é 1500 L. Determine quanto tempo essa mesma mangueira, sob as mesmas condições, demoraria para encher completamente uma piscina cuja medida de capacidade é 3,6 kL.

10. Baseando-se na imagem apresentada, elabore um problema envolvendo medidas de capacidade e peça para um colega resolver. Em seguida, peça a ele que explique como resolveu esse problema e verifique se a resolução está correta.

Medidas de volume

Estudamos no ano anterior que o **volume** é uma grandeza que está associada a objetos tridimensionais e figuras geométricas espaciais.

O **metro cúbico** (m^3) é a unidade padrão de medida de volume. A partir dessa unidade determinamos seus múltiplos e submúltiplos.

Múltiplos			Unidade de base	Submúltiplos		
Quilômetro cúbico (Km³)	Hectômetro cúbico (hm³)	Decâmetro cúbico (dam³)	Metro cúbico	Decímetro cúbico (dm³)	Centímetro cúbico (cm³)	Milímetro cúbico (mm³)

As unidades de medida de volume mais usuais são o **metro cúbico**, o **decímetro cúbico** e o **centímetro cúbico**. Podemos efetuar conversões entre as unidades de medida de volume, utilizando multiplicações ou divisões.

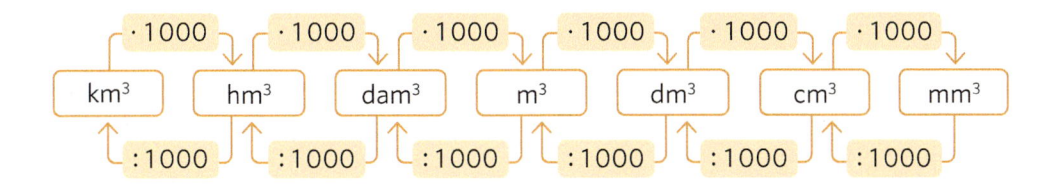

$$km^3 \xrightarrow{\cdot 1000} hm^3 \xrightarrow{\cdot 1000} dam^3 \xrightarrow{\cdot 1000} m^3 \xrightarrow{\cdot 1000} dm^3 \xrightarrow{\cdot 1000} cm^3 \xrightarrow{\cdot 1000} mm^3$$

(divisões por 1000 no sentido inverso)

Observe alguns exemplos de conversão entre unidades de medida de volume.

- Converter 5 m^3 em cm^3.
  $5 \cdot 1\,000\,000 = 5\,000\,000$
  $5\ m^3 = 5\,000\,000\ cm^3$

- Converter 1,2 m^3 em dm^3.
  $1,2 \cdot 1000 = 1200$
  $1,2\ m^3 = 1200\ dm^3$

- Converter 0,29 dm^3 em cm^3.
  $0,29 \cdot 1000 = 290$
  $0,29\ dm^3 = 290\ cm^3$

- Converter 248 cm^3 em dm^3.
  $248 : 1000 = 0,248$
  $248\ cm^3 = 0,248\ dm^3$

- Converter 67 800 cm^3 em m^3.
  $67\,800 : 1\,000\,000 = 0,0678$
  $67\,800\ cm^3 = 0,0678\ m^3$

- Converter 3 412 dm^3 em m^3.
  $3\,412 : 1000 = 3,412$
  $3\,412\ dm^3 = 3,412\ m^3$

1 Quantos centímetros cúbicos equivalem a 1 m^3?

2 Observe a pilha de blocos de madeira ao lado. Cada um desses blocos tem medida de volume igual a 64 cm^3. Escreva a medida do volume de cada um desses blocos em decímetros cúbicos.

Pilha de blocos de madeira com formato de cubo.

Volume do paralelepípedo reto retângulo

Conforme vimos em anos anteriores, a medida V do volume de um paralelepípedo reto retângulo, em que a, b e c são medidas de suas dimensões, é dada por: $V = a \cdot b \cdot c$.

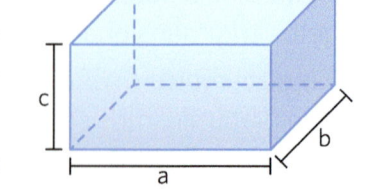

3 Qual é a medida do volume de um paralelepípedo reto retângulo cujas medidas do comprimento de suas dimensões são 7 dm, 4,5 dm e 11 dm?

Vimos, também, que o cubo é um paralelepípedo reto retângulo em que todas as arestas possuem a mesma medida de comprimento. Portanto, a medida V do volume de um cubo com medida do comprimento da aresta ℓ é dada por $V = \ell \cdot \ell \cdot \ell$ ou $V = \ell^3$.

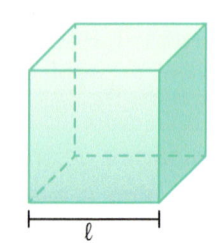

Lembre-se de que, no cálculo da medida do volume, as medidas das dimensões devem estar expressas na mesma unidade de medida.

4 Qual é a medida do volume de um cubo cujo comprimento da aresta mede 3 cm?

Volume do cilindro reto

Nos dois casos acima, a medida do volume é dada pela multiplicação entre a medida da área da base da figura geométrica espacial pela medida de sua altura, ou seja, pela multiplicação de suas dimensões. Expressão análoga se aplica para o cálculo da medida do volume do cilindro reto.

O cilindro reto é um não poliedro cujas bases são circulares, congruentes e paralelas entre si.

Para determinar a medida V do volume de um cilindro reto, precisamos conhecer a medida do comprimento do raio de uma das bases (r) e a medida da altura (h). A medida do volume é obtida multiplicando-se a medida da área da base pela medida da altura do cilindro reto.

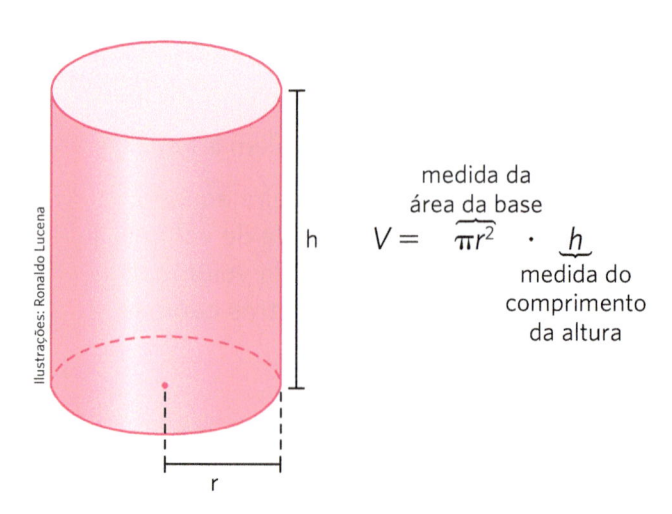

$$V = \underbrace{\pi r^2}_{\text{medida da área da base}} \cdot \underbrace{h}_{\substack{\text{medida do} \\ \text{comprimento} \\ \text{da altura}}}$$

Veja como podemos determinar a medida do volume do cilindro reto a seguir.

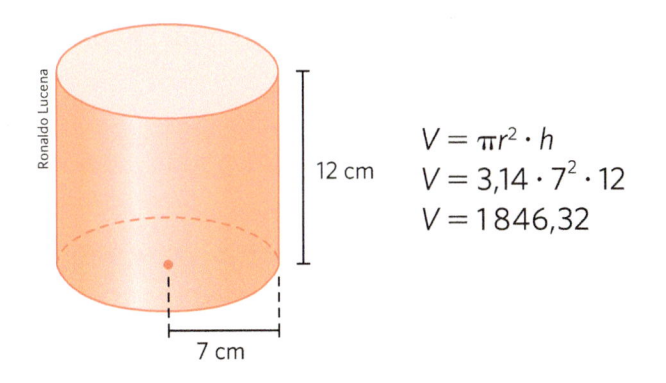

$V = \pi r^2 \cdot h$
$V = 3{,}14 \cdot 7^2 \cdot 12$
$V = 1846{,}32$

Para realizar os cálculos considerou-se $\pi = 3{,}14$.

12 cm
7 cm

Logo, a medida do volume do cilindro reto é aproximadamente 1 846,32 cm³.

5 Qual seria a medida aproximada do volume do cilindro reto acima, caso arredondássemos o valor obtido para a unidade mais próxima?

6 Por que a medida do volume obtido para o cilindro reto acima foi aproximada?

Atividades

11. Expresse as medidas a seguir em metros cúbicos.

a) 3 dam³.
b) 32 cm³.
c) 0,014 km³.
d) 20 dm³.
e) 0,7 hm³.
f) 150 000 mm³.

12. Determine a medida do volume de um paralelepípedo reto retângulo cujas medidas de suas dimensões são 1 m, 2 m e 0,3 m.

13. Calcule a medida do volume do cubo abaixo, sabendo que ele é maciço e que é formado por cubos menores todos com mesma medida de comprimento da aresta.

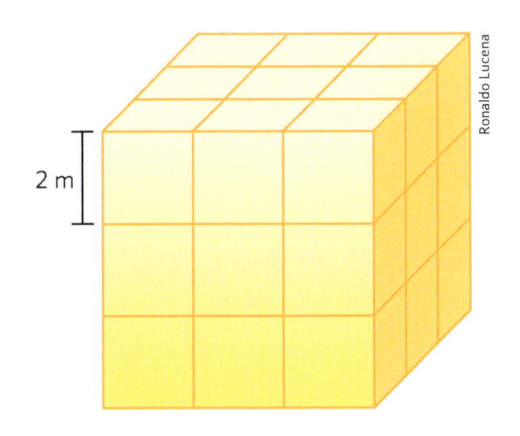

2 m

14. Um dos tipos menos convencionais de moradia é a casa-contêiner. Comparada com as construções mais usuais, de alvenaria, ela é mais barata, rápida e sustentável. Sabendo que um contêiner tem formato de paralelepípedo reto retângulo e cujas medidas de comprimento de suas dimensões são 12 m, 2 m e 2,5 m, determine a medida do volume da casa-contêiner representada a seguir, com dois andares, composta por dois contêineres no primeiro piso e dois no segundo piso.

Contêiner: recipiente de metal ou madeira, destinado ao transporte de carga em navios, trens, etc.

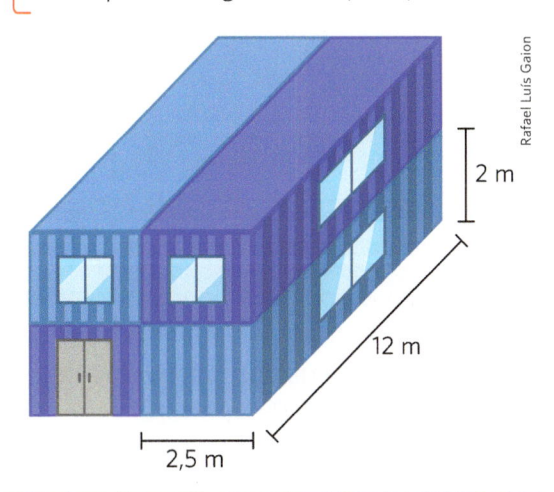

2 m
12 m
2,5 m

241

15. Sueli está de mudança. Ela armazenou todos os seus objetos em caixas com formato cúbico medindo 0,5 m de medida de comprimento de aresta. Para realizar o transporte dessas caixas, ela alugou um caminhão cujo baú tem formato de paralelepípedo reto retângulo e o comprimento, a altura e a largura medindo, respectivamente, 5 m, 2,5 m e 1,5 m. Quantas caixas, no máximo, o caminhão alugado por Sueli pode transportar de uma única vez?

16. Observe a imagem a seguir, elabore uma situação-problema que envolva medidas de volume e dê para um colega resolver. Depois, verifique se a resolução que ele fez está correta.

17. Luís quer fazer um vaso de cimento com formato de paralelepípedo reto retângulo como apresentado a seguir.

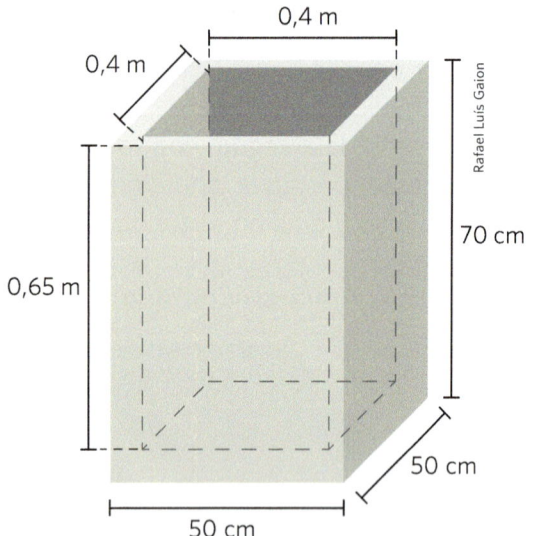

Sabendo que o interior desse vaso tem formato de paralelepípedo reto retângulo, determine qual é a medida mínima, em centímetros cúbicos, do volume de cimento que Luís usará para fazer esse vaso? E em metros cúbicos?

18. Calcule a medida do volume de cada cilindro reto. Considere $\pi = 3{,}14$.

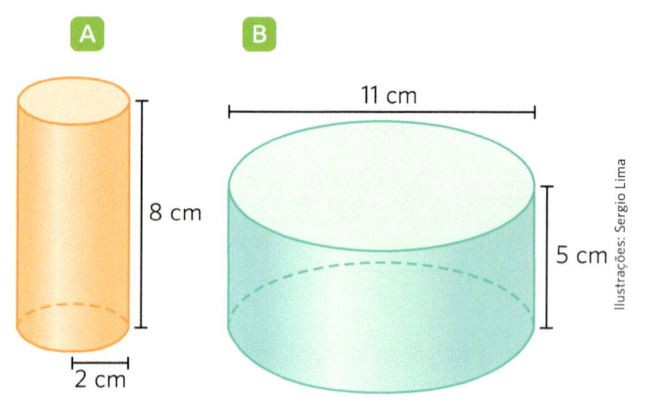

A 8 cm, 2 cm

B 11 cm, 5 cm

19. Um modo de lacrar garrafas de azeite de oliva é usando rolhas de cortiça. O formato convencional desses objetos é o de um cilindro reto. Determine, em centímetros cúbicos, a medida aproximada do volume de uma rolha de cortiça cilíndrica reta com medida de altura de 32 mm, cujo diâmetro da base mede 23 mm. Considere $\pi = 3{,}14$.

20. Observe a imagem.

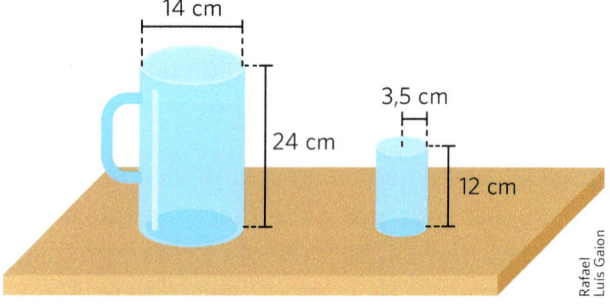

Quantos copos como os da imagem é possível encher completamente com o conteúdo de uma jarra totalmente cheia?

21. Certo reservatório de água possui o formato de um cilindro reto cuja altura mede 3 m e o comprimento do raio da base mede 1 m. Determine a medida do volume de água dentro desse reservatório, em certo momento, sabendo que a água ocupa 75 % de sua capacidade total. Considere $\pi = 3{,}14$.

Relação entre unidades de medidas de capacidade e de volume

Como dissemos no primeiro tópico deste capítulo, capacidade é uma grandeza que está associada ao volume interno de um recipiente. Assim, é possível estabelecer uma relação entre unidades de medida de capacidade e de volume.

Estudamos anteriormente que um recipiente cujo interior tem o formato de um cubo cujo comprimento da aresta mede 1 dm tem exatamente 1 L de medida de capacidade.

$$1 \text{ dm}^3 = 1 \text{ L}$$

Partindo dessa equivalência, é possível estabelecer outra, entre o metro cúbico e o litro. Convertendo 1 dm³ em metros cúbicos, temos:

$$1 : 1000 = 0,001$$
$$1 \text{ dm}^3 = 0,001 \text{ m}^3$$

Assim, 0,001 m³ equivale a 1 L. Explorando ainda mais essa relação, é possível concluir que 1 m³ equivale a 1000 L.

$$1 \text{ m}^3 = 1000 \text{ dm}^3 = 1000 \text{ L}$$

Para representar essa relação, imagine um recipiente cúbico completamente cheio de água cujo volume interno meça 1 m³. Se dividirmos o interior desse recipiente em "cubinhos de água" cuja medida do volume de cada um é 1 dm³, obteremos 1000 desses "cubinhos".

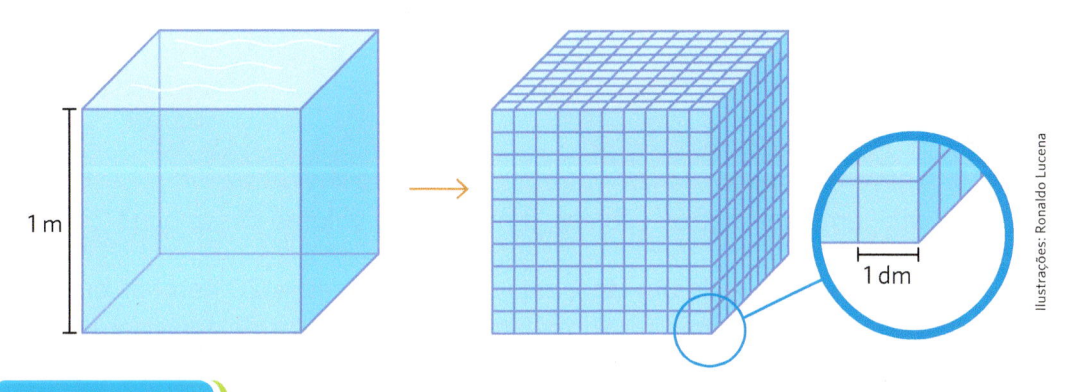

Atividades

22. Copie os itens a seguir em seu caderno, substituindo cada ■ pelo número adequado, de modo que as igualdades sejam verdadeiras.

a) $1 \text{ m}^3 = $ ■ L

b) ■ $\text{dm}^3 = 1 \text{ L}$

c) $137 \text{ daL} = $ ■ dam^3

d) $0,004 \text{ hm}^3 = $ ■ kL

23. Alguns carros de corrida possuem um tanque de combustível cuja medida de capacidade é maior do que 132 L. Qual é a medida do tempo mínimo que uma bomba que despeja 12 m³ de combustível por segundo levaria para encher um desses tanques?

24. O aquário representado a seguir tem formato de cubo e medida de capacidade igual a 125 L. Quantos litros de água faltam para encher completamente esse aquário?

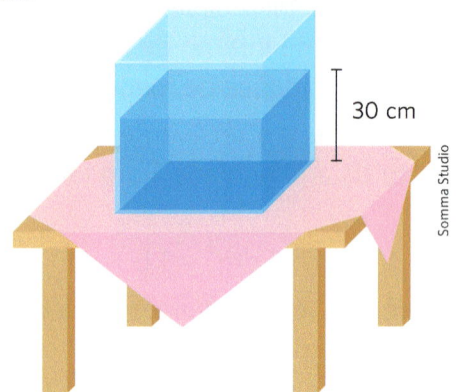

30 cm

25. Observe a estratégia de Tiago para determinar a medida do volume de um ovo.

Qual é, em centímetros cúbicos, a medida do volume desse ovo?

26. Para retirar a água de um lago, estão sendo utilizadas 20 bombas que, juntas, conseguem drenar aproximadamente 10 mil litros de água por hora. Se em um dia, trabalhando sem intervalos, as bombas conseguiram drenar 40% da água do lago, quantos metros cúbicos de água tinha o lago antes de começarem a operação?

27. Considerando a figura abaixo, elabore um problema envolvendo cálculo de volume e dê para um colega resolver. Peça que ele explique como resolveu e, em seguida, verifique se a resolução está correta.

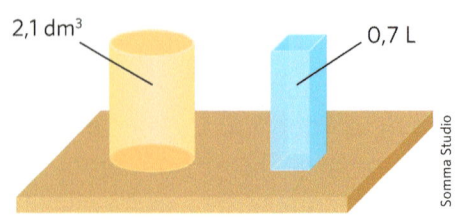

2,1 dm³   0,7 L

28. Em 2020, o Aquário de São Paulo (ASP) completa 14 anos desde sua inauguração. O ASP tem um total de 15 mil metros quadrados de medida de área e cerca de 4 milhões de litros de água divididos entre seus 59 tanques, onde habitam milhares de animais. Supondo que todos os tanques tenham a mesma medida de capacidade, determine a medida aproximada do volume de água, em metros cúbicos, de cada um desses tanques.

Urso polar no Aquário de São Paulo (SP), em 2017.

29. As dimensões de algumas piscinas usadas em Jogos Olímpicos ou Campeonatos Mundiais medem 50 m de comprimento, 25 m de largura e 3 m de profundidade. Quantos litros de água seriam necessários para encher uma dessas piscinas até a profundidade mínima para competições, que é de 2 m?

30. O gráfico a seguir mostra o consumo médio diário de água, em litros, de uma pessoa em certas atividades.

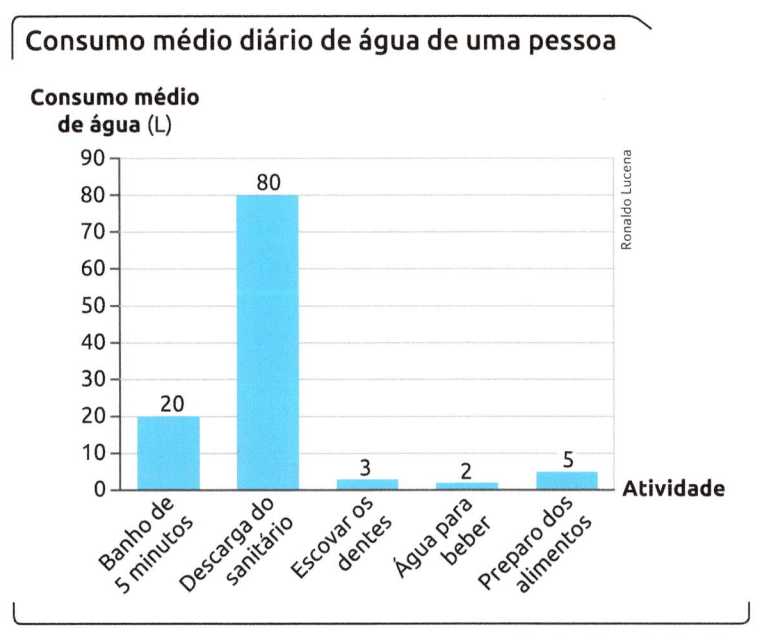

Consumo médio diário de água de uma pessoa

Atividade	Consumo médio de água (L)
Banho de 5 minutos	20
Descarga do sanitário	80
Escovar os dentes	3
Água para beber	2
Preparo dos alimentos	5

Fonte: Casa da família.

Com base nas informações apresentadas, responda às questões a seguir.

a) Quantos litros de água aproximadamente uma família de cinco pessoas gasta por dia, considerando que apenas uma delas é responsável pelo preparo dos alimentos?

b) Qual deve ser a medida do volume de um reservatório para que seja possível armazenar toda a água que a família usa em um dia?

Vamos relembrar

31. Em cada situação, indique qual é a unidade de medida de capacidade mais adequada: o litro (L) ou o mililitro (mL).

a) Quantidade de água desperdiçada ao lavar as mãos com a torneira aberta.

b) Dosagem de uma vacina.

c) Medida da capacidade de uma xícara.

d) Quantidade de sangue no corpo de uma pessoa adulta.

e) Quantidade de leite em uma mamadeira.

32. Converta as medidas de capacidade para a unidade de medida solicitada.

a) 2 decalitros em litros.

b) 0,04 quilolitros em hectolitros.

c) 0,12 centilitros em mililitros.

d) 13 decilitros em decalitros.

e) 4,7 litros em quilolitros.

f) 315 mililitros em centilitros.

33. Para esvaziar a caixa d'água representada abaixo, foi utilizada uma bomba que drena cinco litros de água por minuto. Determine a medida da capacidade dessa caixa d'água, sabendo que para drenar três quartos da medida de sua capacidade a bomba levou uma hora e quinze minutos.

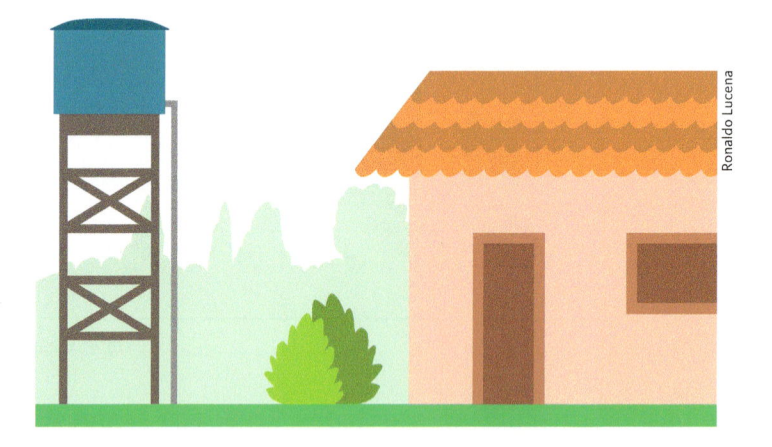

34. Converta as medidas de volume abaixo para a unidade de medida indicada.

a) 481 metros cúbicos em decâmetros cúbicos.

b) 0,009 centímetro cúbico em milímetros cúbicos.

c) 0,31 quilômetro cúbico em metros cúbicos.

d) 0,000051 hectômetro cúbico em decímetros cúbicos.

35. Qual é a medida do volume de um paralelepípedo reto retângulo cujas dimensões medem 30 dm, 1 m e 0,005 km?

36. Entre as figuras geométricas espaciais a seguir, qual possui o volume de maior medida?

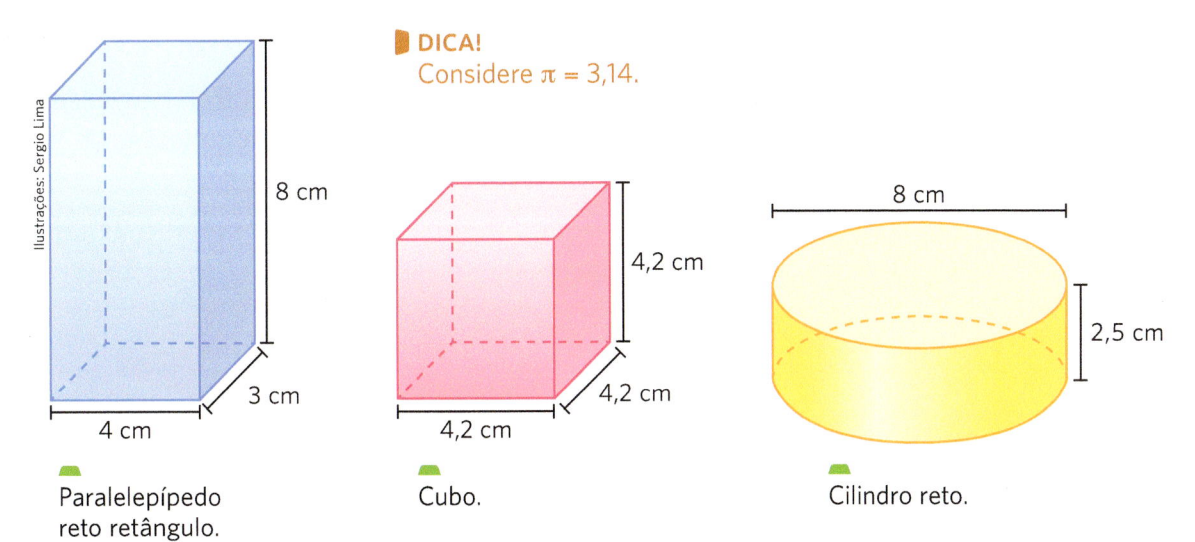

> **DICA!**
> Considere $\pi = 3{,}14$.

Paralelepípedo reto retângulo. (8 cm, 3 cm, 4 cm)

Cubo. (4,2 cm)

Cilindro reto. (8 cm de diâmetro, 2,5 cm de altura)

37. Certa empresa alimentícia utiliza latas de alumínio com formato de cilindro reto para comercializar atum. Cada uma dessas latas tem 5 cm de medida de altura e 10 cm de medida de diâmetro. O transporte destas latas será feito em caixas de papelão com formato de paralelepípedo reto retângulo. Qual deve ser a medida mínima do volume dessas caixas de papelão, sabendo que devem ser armazenadas 18 latas de atum em cada caixa? Considere $\pi = 3{,}14$.

38. Copie os itens a seguir em seu caderno, substituindo cada ■ pelo número adequado, de modo que as igualdades sejam verdadeiras.

a) 14 hL = ■ dam³

b) 0,1 m³ = ■ L

c) ■ cm³ = 8 daL

d) 113 dL = ■ dm³

e) 917 mm³ = ■ mL

39. O reservatório representado na imagem é utilizado para armazenar água da chuva. Observe as medidas das dimensões desse reservatório e responda às questões.

a) Qual é a medida do volume de água contido nesse reservatório?

b) Quantos litros de água faltam para encher completamente esse reservatório?

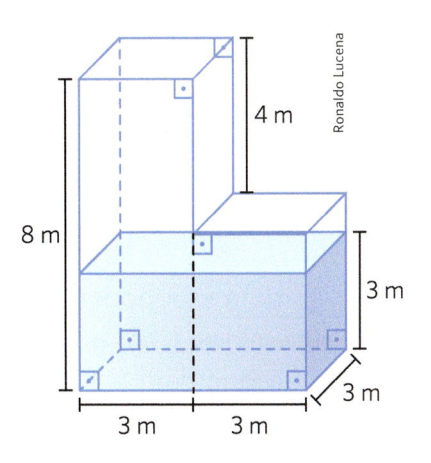

Ampliando fronteiras

Determinação nos hábitos alimentares

Ter uma alimentação saudável nem sempre é tarefa fácil, especialmente por causa da correria do dia a dia e pelo tempo escasso para preparar e realizar as refeições com calma. Além disso, há uma grande oferta de alimentos industrializados que nos oferecem "praticidade" e acabam substituindo os alimentos naturais.

Contudo, com **determinação** e **organização**, é possível controlar os excessos e assim adquirir bons hábitos de alimentação, prevenindo-se deficiências nutricionais e melhorando a defesa do organismo.

No caso de alimentos industrializados é preciso estar bem atento às tabelas nutricionais apresentadas nas embalagens.

Veja os exemplos a seguir.

Eles realmente são saudáveis?

Suco de caixinha

Apesar de parecer melhor opção do que o refrigerante, alguns possuem pequena porcentagem de suco da fruta e têm alto valor energético, além de sódio, açúcares e conservantes em excesso. A melhor opção é preparar o suco natural e consumi-lo logo em seguida, de forma moderada, ou consumir a própria fruta.

TABELA NUTRICIONAL

Porção: 200 ml (1 copo)		%VD(*)
Valor energético	112 kcal = 470 kJ	6
Carboidratos	28 g	9
Proteínas	0 g	0
Gorduras totais	0 g	0
Gorduras saturadas	0 g	0
Gordura trans	0 g	0
Fibra alimentar	0 g	0
Sódio	14 mg	1
Vitamina C	20 mg	44

(*) % de valores diários de referência com base em uma dieta de 2 000 kcal ou 8 400 kJ.

Barra de cereal

Existem muitas opções, e algumas se assemelham mais a barras de chocolate, com alto teor de gordura e muitas quilocalorias, além de concentração considerável de sódio. Trocá-las por uma porção de castanhas, nozes ou amêndoas, por exemplo, é uma opção mais saudável.

TABELA NUTRICIONAL

Porção de 20 g = 1 barra		%VD(*)
Valor energético	78 kcal = 325 kJ	4
Carboidratos	14 g	5
Proteínas	1,0 g	1
Gorduras totais	1,9 g	3
Gorduras saturadas	1,1 g	5
Gordura trans	0 g	**
Fibra alimentar	0 g	0
Sódio	45 mg	2
Vitamina C	2,2 mg	5
Vitamina E	0,5 mg	5

(*) % de valores diários de referência com base em uma dieta de 2 000 kcal ou 8 400 kJ.

Açúcar, gordura e sal podem ser prejudiciais, dependendo da quantidade em que são consumidos. Com uma variedade tão grande de alimentos é sempre bom tomar cuidado com aqueles de alto valor calórico. Para isso é indispensável evitar alimentos industrializados, com excesso de açúcar, gordura e sal.

Açúcar

O excesso de açúcar no sangue é uma das principais causas de diabetes. O alto consumo de açúcar pode, a longo prazo, comprometer a função do pâncreas.

Gordura

O excesso de gordura saturada pode causar problemas nas artérias, no cérebro, e provocar doenças como diabetes e obesidade.

Sal

O excesso de sal pode provocar pressão alta, problemas nos rins e doenças no coração.

1. Ao tomar dois copos de suco de uva (200 mL cada) e comer duas barras de cereais (20 g cada) dos produtos apresentados, quanto uma pessoa terá consumido em porcentagem diária de sódio? Considere a referência de 2 000 kcal diárias.

2. Qual é o valor energético de um copo de suco de uva de 300 mL?

3. A soma dos valores energéticos de um copo de refrigerante e de um hambúrguer é 1 000 kcal. O valor energético de um copo de refrigerante está para o de um hambúrguer, assim como 1 está para 3. Determine o valor energético de um copo de refrigerante e o de um hambúrguer.

4. Converse com os colegas e o professor sobre o que caracteriza uma dieta balanceada. Você segue com determinação uma dieta balanceada?

Verificando rota

Capítulo 11 — Equação e inequação

1. A incógnita de uma equação pode assumir qualquer valor real?

2. O que caracteriza uma equação?

3. Como é possível verificar se um número é solução de uma equação?

4. Cite uma situação em que é necessário um sistema de duas equações do 1º grau com duas incógnitas para resolvê-la.

5. Explique com suas palavras como podemos resolver um sistema de duas equações do 1º grau com duas incógnitas.

6. A afirmação do quadro é verdadeira ou falsa? Justifique sua resposta.

> Para resolver um sistema de equações do 1º grau com duas incógnitas, é necessário determinar quais pares ordenados são soluções das duas equações simultaneamente.

7. Ao resolver um sistema de equações de 1º grau com duas incógnitas, qual maneira de resolução você acha mais interessante: substituição ou adição? Por quê?

8. O que caracteriza uma inequação?

Capítulo 12 — Razão e proporção

9. Qual é a razão entre a medida da área do retângulo **1** e a medida da área do retângulo **2**?

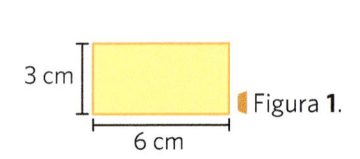

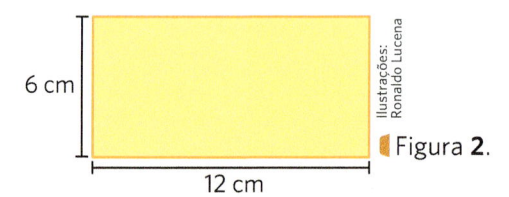

Figura **1**. (3 cm × 6 cm)

Figura **2**. (6 cm × 12 cm)

Ilustrações: Ronaldo Lucena

10. Em toda proporção $\frac{a}{b} = \frac{c}{d}$, com os números a, b, c, d não nulos, temos $a \cdot d = b \cdot c$. Temos também que, se a, b, c, d são números não nulos, tais que $a \cdot d = b \cdot c$, então $\frac{a}{b} = \frac{c}{d}$ é uma proporção. Como é conhecida essa propriedade?

11. Qual é a diferença entre grandezas diretamente proporcionais e grandezas inversamente proporcionais?

12. Em sua opinião, qual é a importância da regra de três simples?

13. Quantos valores precisamos conhecer para determinarmos um valor desconhecido por meio da regra de três simples?

Capítulo 13 — Medidas de capacidade e de volume

14. Quais são as unidades de medida de capacidade mais usuais?

15. Utilizando a água que há na jarra, Ana Carolina vai encher completamente os 6 copos.

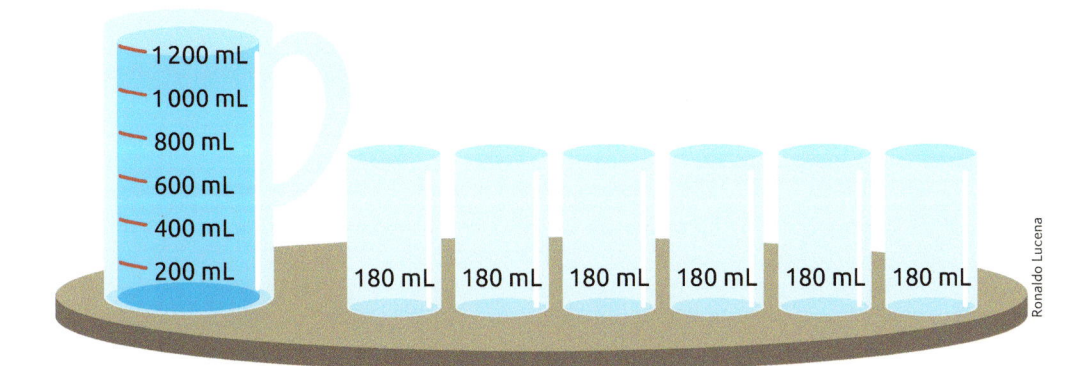

Ela afirmou que, ao despejar a água da jarra nos copos, sobrarão 100 mL de água na jarra. A afirmação dela está correta? Justifique sua resposta.

16. Quantos galões com medida de capacidade de 25 000 mL são necessários para armazenar uma produção de 27 500 L de leite?

17. Quais são as unidades de medida de volume mais usuais?

18. Determine a medida do volume, em metros cúbicos, de uma piscina com formato de paralelepípedo reto retângulo cujas medidas do comprimento, da largura e da profundidade são, respectivamente, 8 m, 5 m e 1,7 m.

19. A medida do volume de uma piscina é 42,3 m³. Qual é a quantidade de água, em litros, necessária para enchê-la completamente?

20. Descreva como determinar a medida do volume de um paralelepípedo reto retângulo.

21. Descreva como determinar a medida do volume de um cilindro reto.

Autoavaliação

- Estive presente em todas as aulas?
- Pedi auxílio para os colegas ou para o professor nas tarefas em que tive dificuldades?
- Participei das aulas com atenção e interesse?
- Respeitei o professor, os colegas e as pessoas que trabalham na escola?
- Em relação aos conteúdos matemáticos desta unidade, minha aprendizagem foi satisfatória? Por quê?
- Quais foram minhas maiores dificuldades nesta unidade? Por quê?
- Esforcei-me ao máximo para resolver as tarefas propostas?

Ferramentas

1 Calculadora ... 253

Calculadora científica ... 253
Valor numérico de expressões algébricas ... 253

Radiciação ... 254

2 Instrumentos ... 255

Régua e compasso ... 255
Construção do ângulo reto (90°) ... 255
Construção do ângulo cuja medida é 60° ... 255
Bissetriz de um ângulo ... 256
Construção de triângulos ... 256

Pontos notáveis de um triângulo ... 257
Translação de uma figura ... 261

Régua e malha quadriculada ... 262
Representação geométrica de um sistema de equações ... 262

3 *Softwares* ... 263

Planilha eletrônica ... 263
Porcentagem de um número ... 263

Geometria dinâmica ... 264

Transformação de reflexão ... 264
Transformação de rotação ... 265
Construção de uma bissetriz de um triângulo ... 266

1 Calculadora

Calculadora científica

Observe um modelo de calculadora científica e a função de algumas de suas teclas.

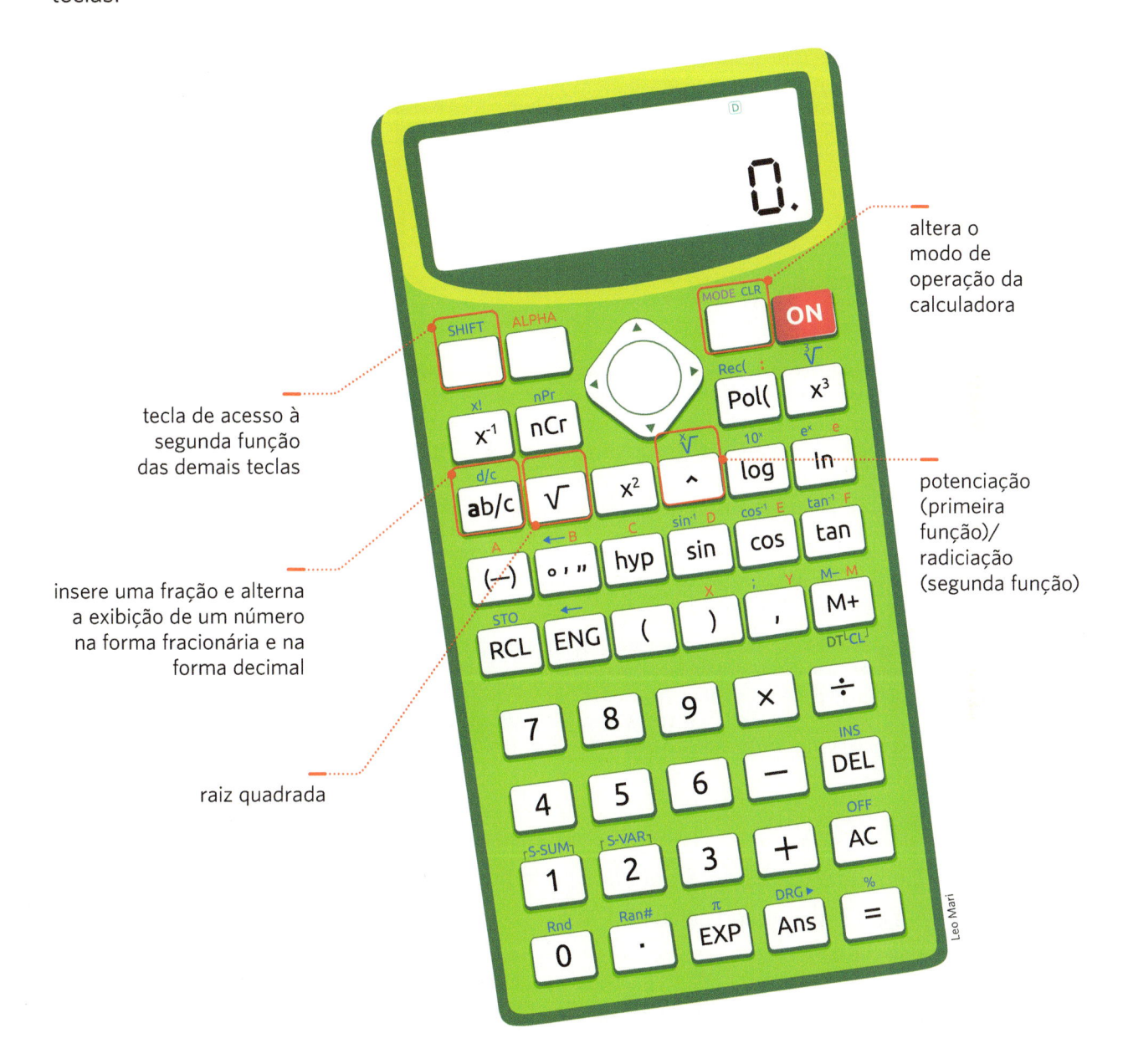

- altera o modo de operação da calculadora
- tecla de acesso à segunda função das demais teclas
- potenciação (primeira função)/ radiciação (segunda função)
- insere uma fração e alterna a exibição de um número na forma fracionária e na forma decimal
- raiz quadrada

Valor numérico de expressões algébricas

Alguns modelos de calculadora científica possuem ferramentas de gravação de números na memória, que podem ser usados no cálculo do valor numérico de uma expressão algébrica.

Veja como gravar números na memória e utilizá-los no cálculo do valor numérico de uma expressão algébrica.

Gravar o número 32 na variável x

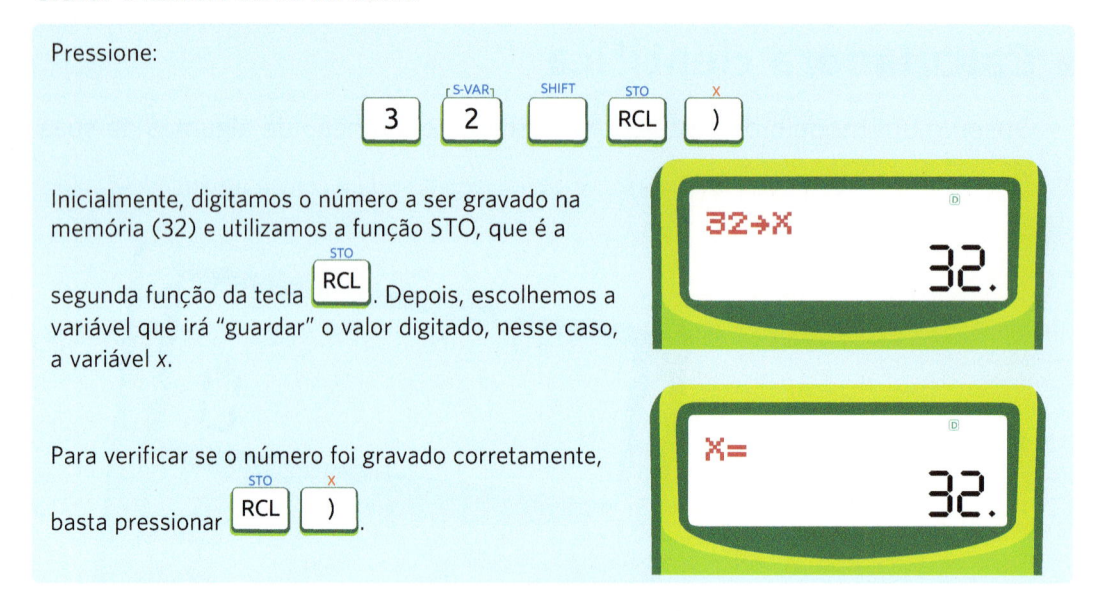

Pressione:

[3] [2] [SHIFT] [RCL (STO)] [) (X)]

Inicialmente, digitamos o número a ser gravado na memória (32) e utilizamos a função STO, que é a segunda função da tecla [RCL]. Depois, escolhemos a variável que irá "guardar" o valor digitado, nesse caso, a variável x.

Visor: 32→X   32.

Para verificar se o número foi gravado corretamente, basta pressionar [RCL (STO)] [) (X)].

Visor: X=   32.

Calcular o valor numérico de $3x^2y + y^4$ para $x = 5$ e $y = 7$

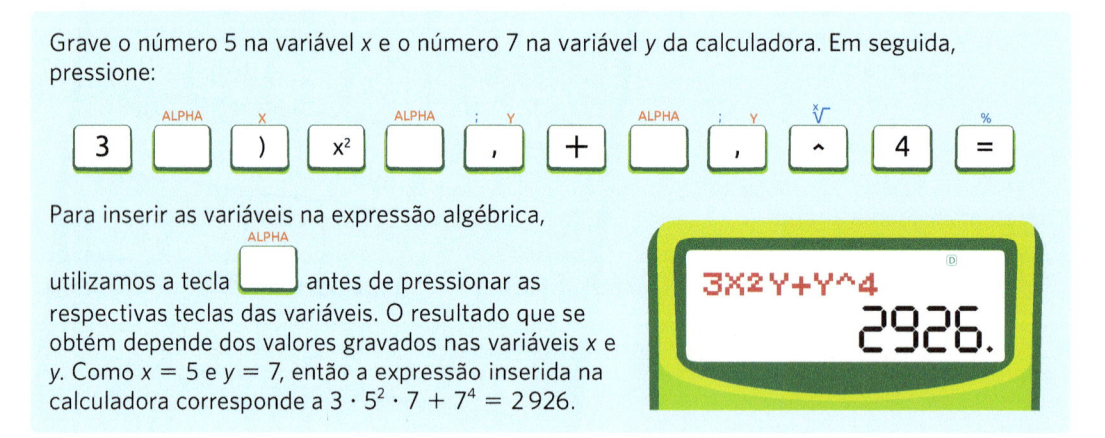

Grave o número 5 na variável x e o número 7 na variável y da calculadora. Em seguida, pressione:

[3] [ALPHA] [) (X)] [x^2] [ALPHA] [, (Y)] [+] [ALPHA] [, (Y)] [^] [4] [=]

Para inserir as variáveis na expressão algébrica, utilizamos a tecla [ALPHA] antes de pressionar as respectivas teclas das variáveis. O resultado que se obtém depende dos valores gravados nas variáveis x e y. Como $x = 5$ e $y = 7$, então a expressão inserida na calculadora corresponde a $3 \cdot 5^2 \cdot 7 + 7^4 = 2\,926$.

Visor: 3X²Y+Y^4   2926.

Radiciação

Com uma calculadora científica podemos calcular o radical de qualquer índice. Veja a seguir como calcular $\sqrt[5]{10}$.

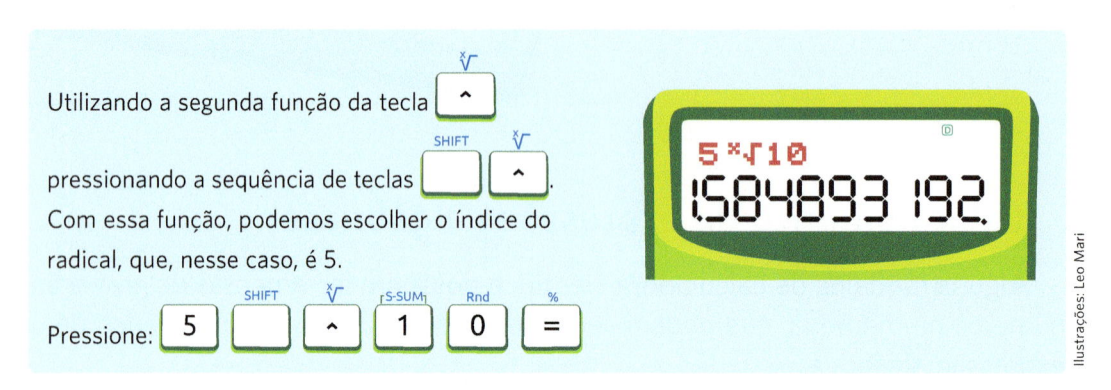

Utilizando a segunda função da tecla [^], pressionando a sequência de teclas [SHIFT] [^]. Com essa função, podemos escolher o índice do radical, que, nesse caso, é 5.

Pressione: [5] [SHIFT] [^] [1] [0] [=]

Visor: 5*√10   1.584893192.

2 Instrumentos

Régua e compasso

Construção do ângulo reto (90°)

Com régua e compasso, podemos construir um ângulo reto. Observe os procedimentos a seguir.

1º passo

Trace uma reta r com o auxílio de uma régua e marque um ponto P fora dela. Depois, trace o arco C_1, com centro em P, cortando a reta r nos pontos A e B.

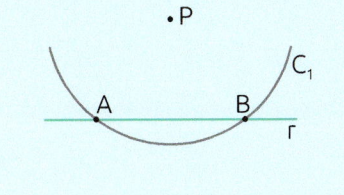

2º passo

Com a mesma abertura do compasso, trace o arco C_2, com centro em A, e o arco C_3, com centro em B, de maneira que C_2 e C_3 tenham interseção no ponto Q.

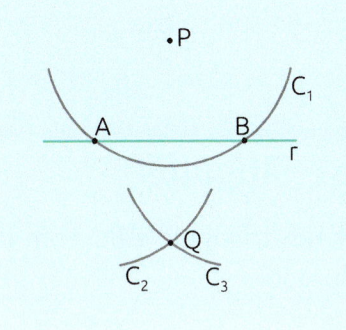

3º passo

Por fim, com o auxílio de uma régua, trace a reta s, que passa pelos pontos P e Q, cortando a reta r no ponto O. Assim, obtemos os ângulos retos $A\hat{O}P$, $B\hat{O}P$, $A\hat{O}Q$ e $B\hat{O}Q$.

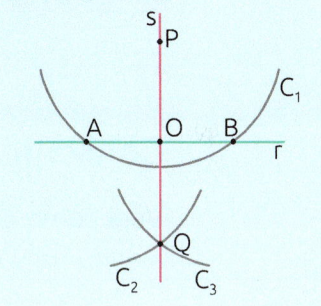

Construção do ângulo cuja medida é 60°

Com régua e compasso, podemos construir um ângulo cuja medida é 60°. Observe os procedimentos a seguir.

1º passo

Inicialmente representamos, com o auxílio de uma régua, um dos lados do ângulo de vértice A. Com a ponta-seca do compasso em A e abertura qualquer, trace o arco C_1 cortando o lado do ângulo no ponto B.

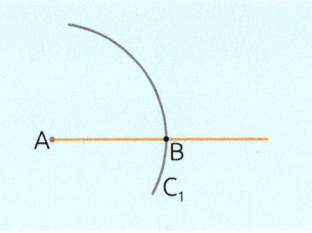

2º passo

Com a mesma abertura do compasso e a ponta-seca em B, trace o arco que corta C_1 no ponto D. Em seguida, trace o outro lado do ângulo com vértice em A passando por D.

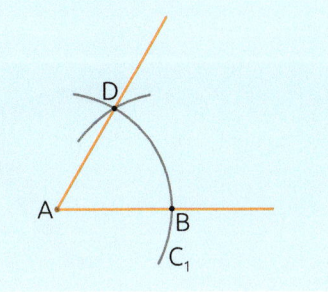

3º passo

Por último, pinte o ângulo construído para indicá-lo.

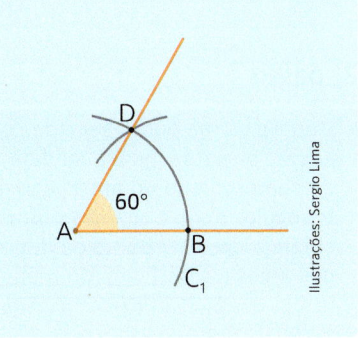

Ilustrações: Sergio Lima

Bissetriz de um ângulo

Com régua e compasso, podemos construir a bissetriz de um ângulo. Observe como construir a bissetriz do ângulo $\hat{A}$.

1º passo

Com a ponta-seca do compasso em A e abertura qualquer, trace o arco C_1 cortando os lados do ângulo nos pontos D e E.

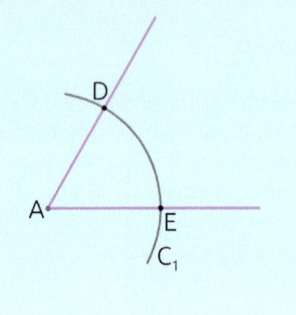

2º passo

Em seguida, com a ponta-seca do compasso em D e abertura maior do que $\frac{DE}{2}$, trace o arco C_2. Com a mesma abertura e ponta-seca em E, trace o arco C_3 contando o arco C_2 no ponto F.

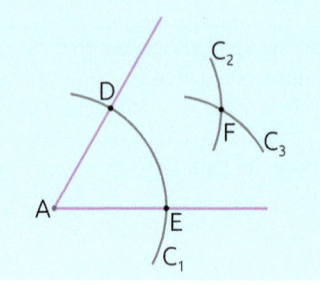

3º passo

Por fim, trace a semirreta AF, obtendo assim, a bissetriz do ângulo $\hat{A}$.

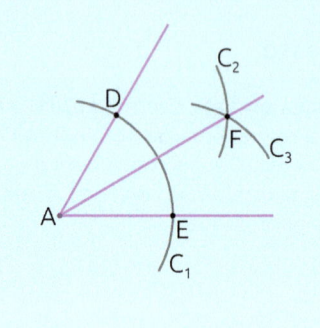

Construção de triângulos

Veja como construir um triângulo ABC com lados medindo 5 cm, 4 cm e 3 cm utilizando régua e compasso.

1º passo

Inicialmente, utilizando a régua, traçamos um dos lados do triângulo, no caso, o lado $\overline{AB}$, com medida de 5 cm.

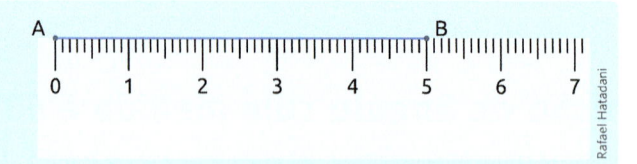

2º passo

Em seguida, com a ponta-seca do compasso em A e abertura igual à medida do comprimento de outro lado do triângulo, no caso, a medida de 4 cm, traçamos um arco de circunferência.

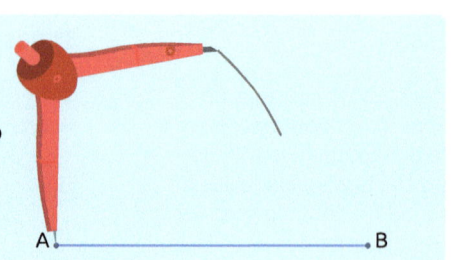

3º passo

Depois, com a ponta-seca do compasso em B e abertura igual à medida do comprimento do outro lado do triângulo, 3 cm, traçamos outro arco de circunferência. O ponto de interseção dos arcos é o vértice C do triângulo.

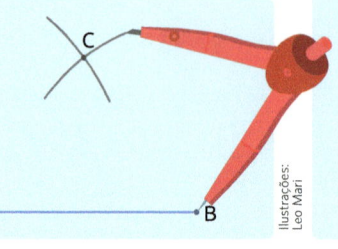

4º passo

Traçando os segmentos AC e BC, obtemos o △ABC com comprimento dos lados medindo 5 cm, 4 cm e 3 cm.

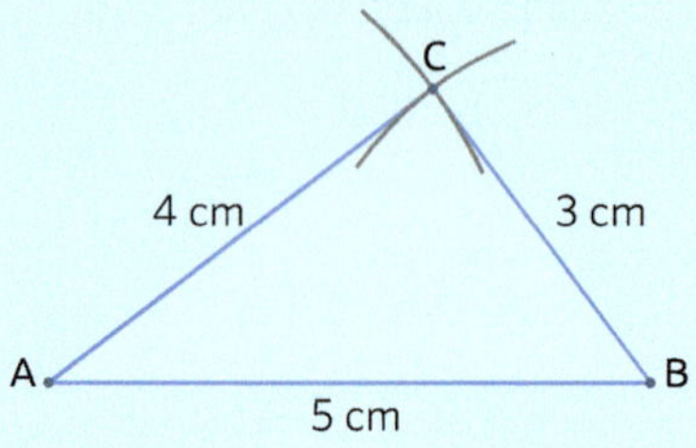

Pontos notáveis de um triângulo

Ortocentro

Utilizando régua e compasso, podemos determinar o ortocentro de um triângulo qualquer. Considere o triângulo *ABC*.

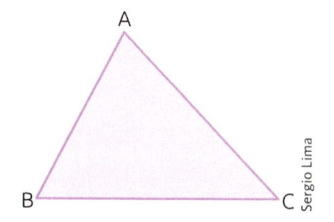

O ortocentro de um triângulo é o ponto em que suas três alturas se encontram. Observe como determinar as alturas e o ortocentro do triângulo *ABC*.

1º passo

Com uma abertura do compasso maior do que a medida da distância do vértice *A* ao lado $\overline{BC}$ e com ponta-seca no vértice *A*, trace um arco que corte $\overline{BC}$ em dois pontos. Chame esses pontos de *D* e *E*.

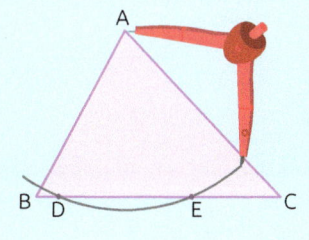

2º passo

Com a ponta-seca do compasso em *E* e abertura maior do que a metade da medida da distância entre *D* e *E*, trace um arco conforme indicado na imagem.

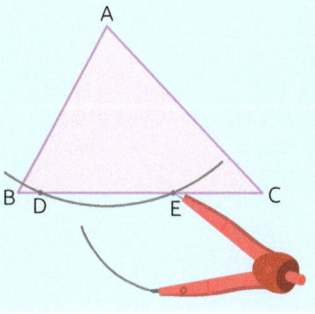

3º passo

Ainda com a mesma abertura e a ponta-seca do compasso em *D* trace um arco que cruze o arco traçado no passo anterior, como indicado na imagem.

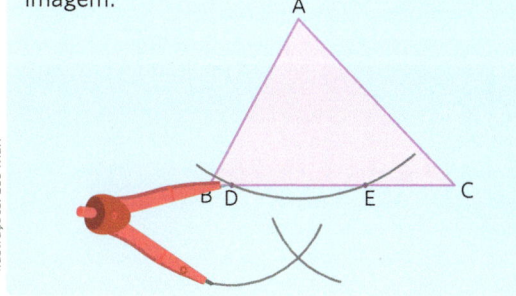

4º passo

Posicione a régua como indicado na imagem e trace um segmento da reta do vértice *A* até o lado $\overline{BC}$, determinando a altura relativa ao lado $\overline{BC}$.

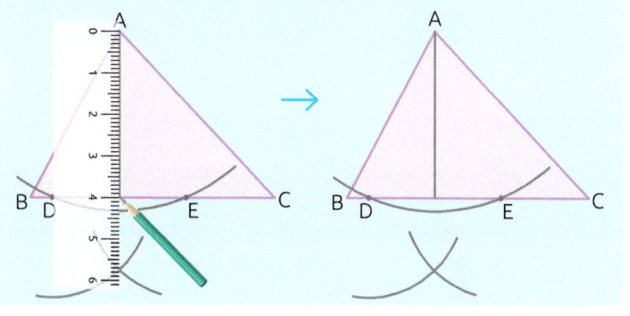

5º passo

Utilizando os procedimentos apresentados, determinamos as alturas relativas aos outros lados do triângulo.

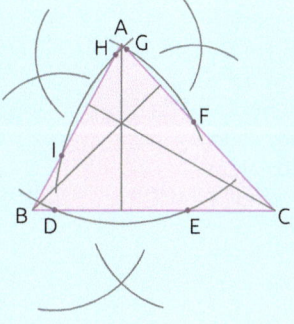

6º passo

Para finalizar, apagamos os arcos auxiliares construídos e marcamos o ponto *K* na interseção das alturas, que é o ortocentro do triângulo *ABC*.

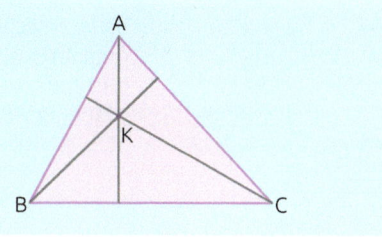

Circuncentro

Utilizando régua e compasso, podemos determinar o circuncentro de um triângulo qualquer. Considere o triângulo ABC.

O circuncentro de um triângulo corresponde ao ponto em que suas mediatrizes se cruzam. Observe como determinar as mediatrizes do triângulo ABC e seu circuncentro.

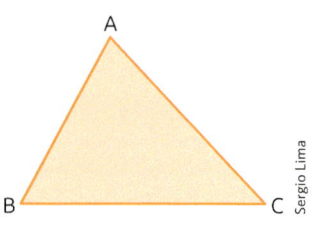

1º passo

Com abertura do compasso maior que metade da distância do vértice B ao vértice C, posicione a ponta-seca no vértice B e trace dois arcos, como indicado.

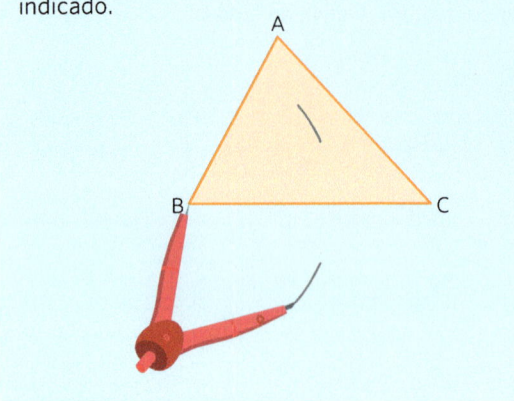

2º passo

Com a ponta-seca do compasso em C e mesma abertura do passo anterior, trace dois arcos que intersectam os arcos já traçados, como indicado.

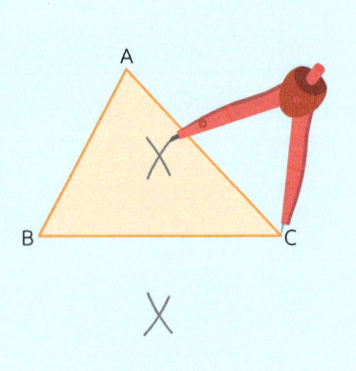

3º passo

Posicione a régua como indicado na imagem e trace a reta s, determinando a mediatriz em relação ao lado $\overline{BC}$.

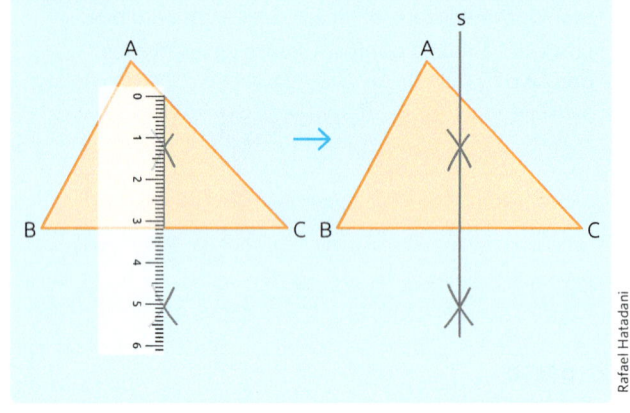

4º passo

Utilizando os procedimentos apresentados, determinamos as mediatrizes relativas aos outros lados do triângulo, obtendo:

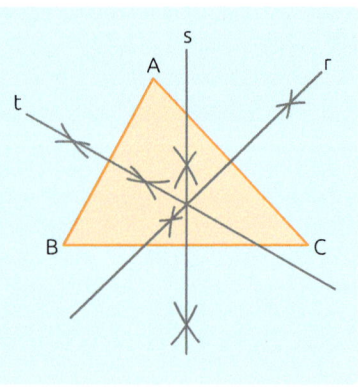

5º passo

Para finalizar, apagamos os arcos auxiliares construídos e marcamos o ponto D na interseção das mediatrizes, que é o circuncentro do triângulo ABC.

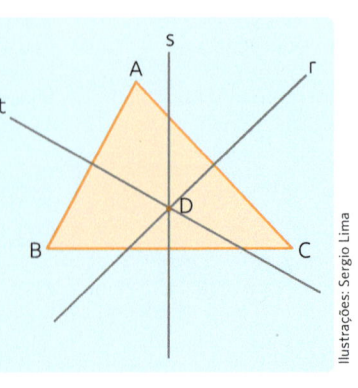

Baricentro

Utilizando régua e compasso, podemos determinar o baricentro de um triângulo qualquer. Considere o triângulo ABC.

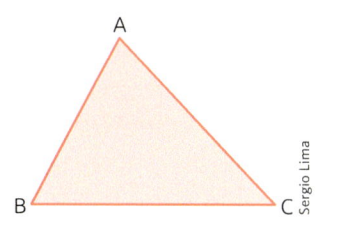

O baricentro de um triângulo é o ponto em que suas três medianas se encontram. Observe como determinar as medianas e o baricentro do triângulo ABC.

1º passo

Com abertura do compasso maior do que a metade da medida da distância do vértice B ao vértice C, e ponta-seca no vértice B, trace dois arcos, como indicado.

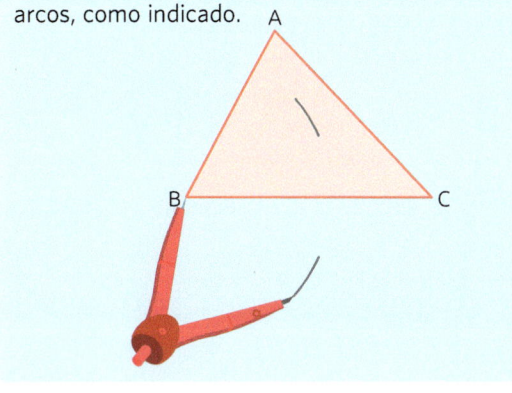

2º passo

Com a ponta-seca do compasso em C e mesma abertura do passo anterior, trace dois arcos que têm interseção com os arcos já traçados, como indicado.

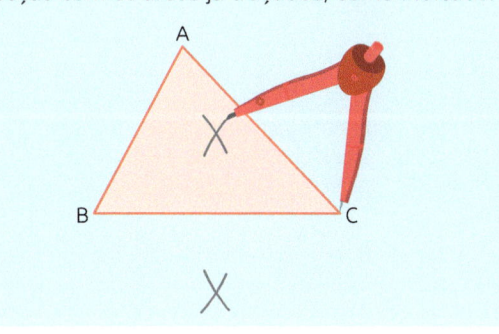

3º passo

Com a régua posicionada como na imagem, marque o ponto D, que é o ponto médio do lado $\overline{BC}$.

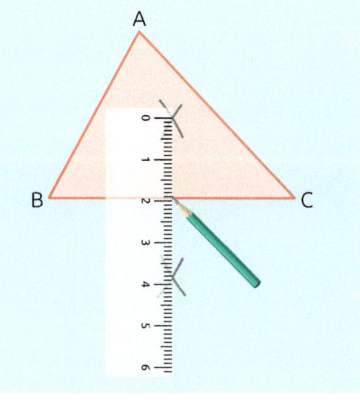

4º passo

Utilizando a régua, trace o segmento que liga o ponto D ao vértice A, determinando a mediana em relação ao lado $\overline{BC}$.

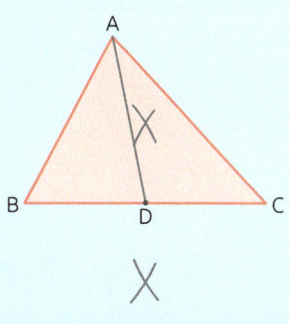

5º passo

Utilizando os procedimentos apresentados, determinamos as medianas relativas aos outros lados do triângulo, obtendo:

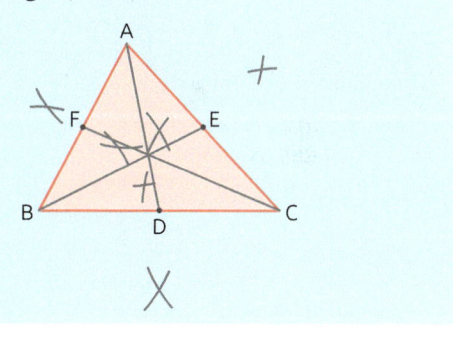

6º passo

Para finalizar, apagamos os arcos auxiliares e marcamos o ponto G na interseção das medianas, que corresponde ao baricentro do triângulo ABC.

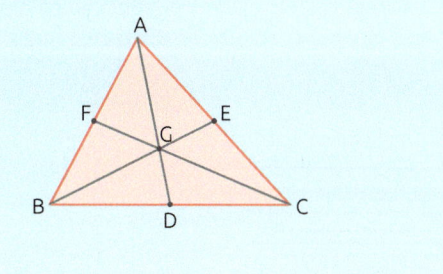

Incentro

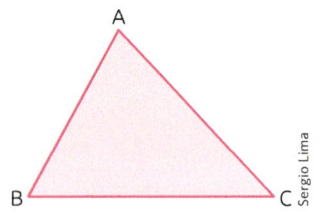

Utilizando régua e compasso, podemos determinar o incentro de um triângulo qualquer. Considere o triângulo ABC.

O incentro de um triângulo é o ponto em que suas três bissetrizes se encontram. Observe como determinar as bissetrizes e o incentro do triângulo ABC.

1º passo

Com a ponta-seca do compasso em A, trace um arco que possui interseção com os lados $\overline{AB}$ e $\overline{AC}$.

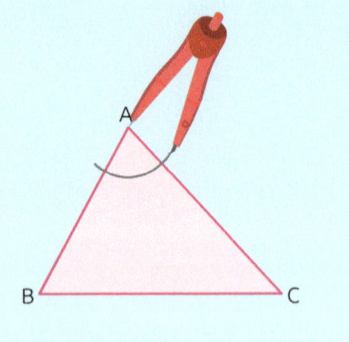

2º passo

Trace dois arcos com a mesma abertura; um com a ponta-seca do compasso no ponto em que o arco corta o lado $\overline{AB}$, e outro, com a ponta-seca do compasso no ponto em que o arco corta o lado $\overline{AC}$. Trace os arcos de maneira que possuam interseção, como indicado na imagem.

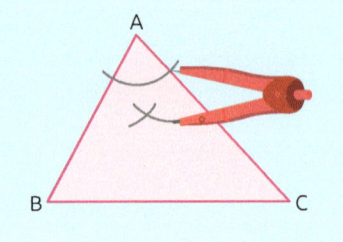

3º passo

Posicione a régua como indicado na imagem e trace um segmento de A ao lado $\overline{BC}$, determinando a bissetriz em relação ao ângulo $B\hat{A}C$.

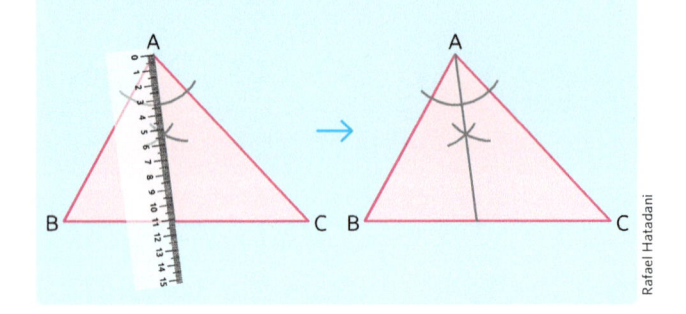

4º passo

Utilizando os procedimentos apresentados, determinamos as bissetrizes relativas aos demais ângulos do triângulo.

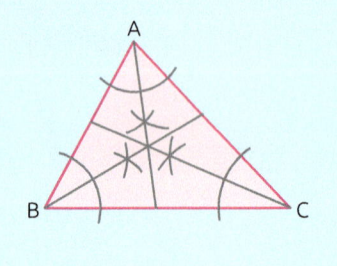

5º passo

Para finalizar, apagamos os arcos auxiliares e marcamos o ponto E na interseção das bissetrizes, que é o incentro do triângulo ABC.

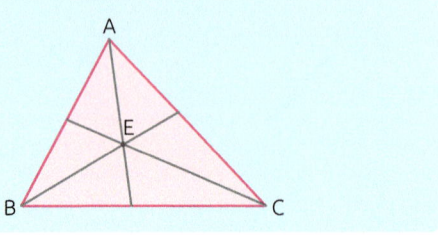

Translação de uma figura

Agora você construirá, com o auxílio de régua, esquadro e compasso a imagem de uma figura por translação.

1º passo

Inicialmente desenhe um polígono qualquer e indique seus vértices. Ao lado do polígono, desenhe uma seta que indicará a medida da distância, a direção e o sentido do deslocamento.

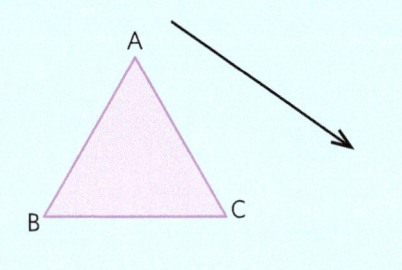

2º passo

Com o auxílio dos esquadros, trace as retas r, s e t paralelas à seta passando pelos vértices do polígono.

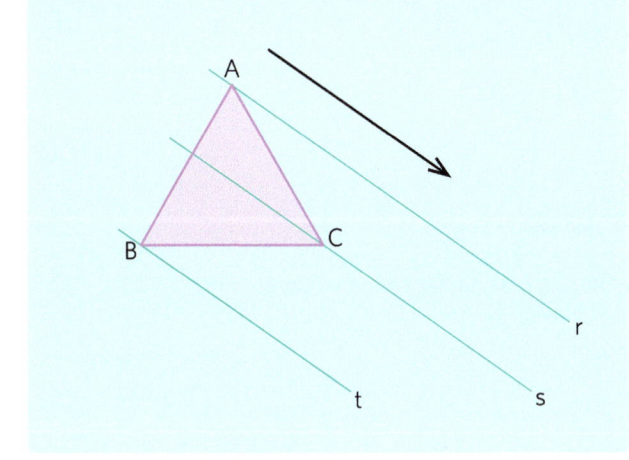

3º passo

Em seguida, deixe a abertura do compasso igual à medida do comprimento da seta.

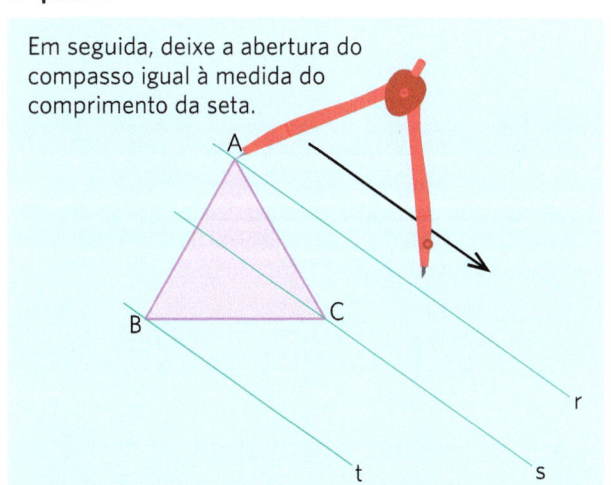

4º passo

Com a ponta-seca do compasso no vértice A e com a abertura determinada no passo anterior, trace um arco cortando a reta r em A_1. Utilizando os mesmos procedimentos, determine os pontos B_1 e C_1 sobre as retas t e s, respectivamente.

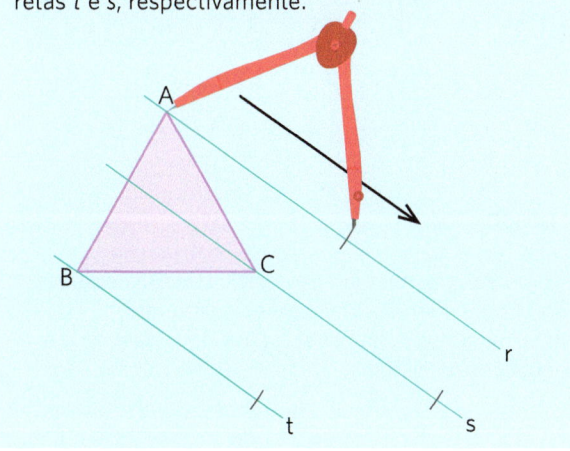

5º passo

Por fim trace $\overline{A_1B_1}$, $\overline{A_1C_1}$ e $\overline{B_1C_1}$. O triângulo $A_1B_1C_1$ obtido é a imagem do triângulo ABC pela translação dada pelas características da seta que você desenhou.

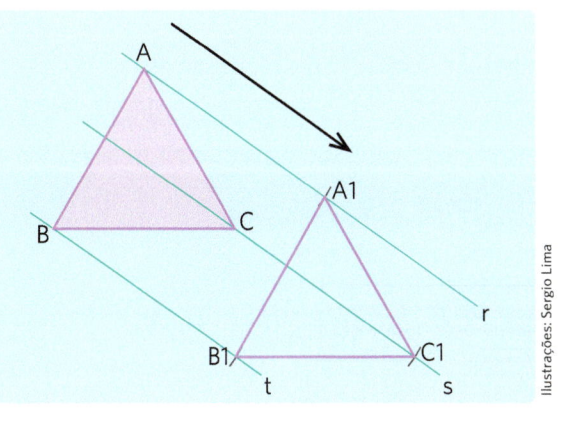

Régua e malha quadriculada

Representação geométrica de um sistema de equações

Veja como representar geometricamente o sistema de equações $\begin{cases} 2x + 3y = 17 \\ x - y = 1 \end{cases}$

1º passo

Com o auxílio de uma régua, trace em uma malha quadriculada dois eixos graduados e perpendiculares entre si. Em seguida, nomeie o eixo vertical como **y** e o horizontal como **x**.

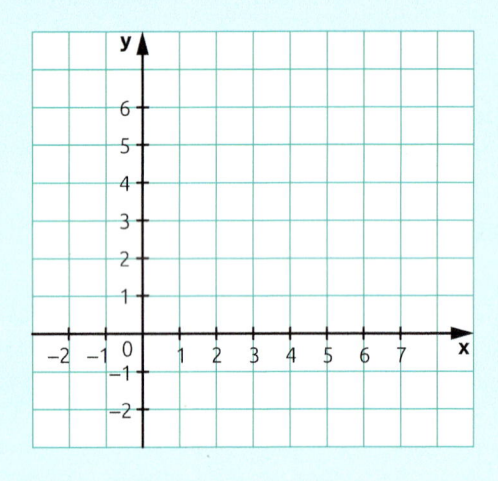

2º passo

Como a representação geométrica de uma equação do 1º grau com duas incógnitas é uma reta, determinamos duas das soluções de cada uma das equações do sistema.

$2x + 3y = 17$

- Se $x = 1$, então:
  $2(1) + 3y = 17$
  $y = 5$

- Se $x = 4$, então:
  $2(4) + 3y = 17$
  $y = 3$

Portanto, os pares ordenados $(1, 5)$ e $(4, 3)$ são duas das soluções da equação.

$x - y = 1$

- Se $x = 2$, então:
  $2 - y = 1$
  $y = 1$

- Se $x = 4$, então:
  $4 - y = 1$
  $y = 3$

Portanto, os pares ordenados $(2, 1)$ e $(4, 3)$ são duas das soluções da equação.

3º passo

Represente no plano cartesiano, os dois pares ordenados que são solução da equação $2x + 3y = 17$ e trace uma reta a partir desses pontos.

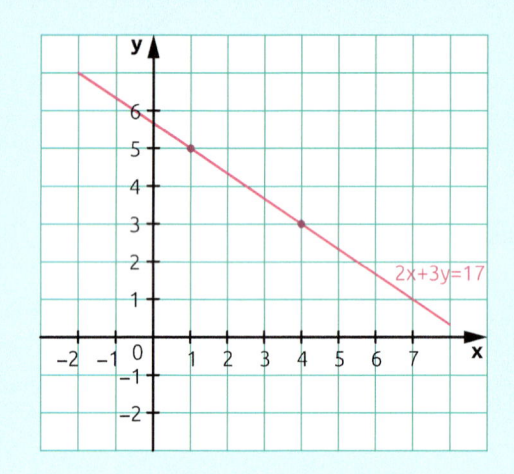

4º passo

Repita o **3º passo** para a equação $x - y = 1$ do sistema.

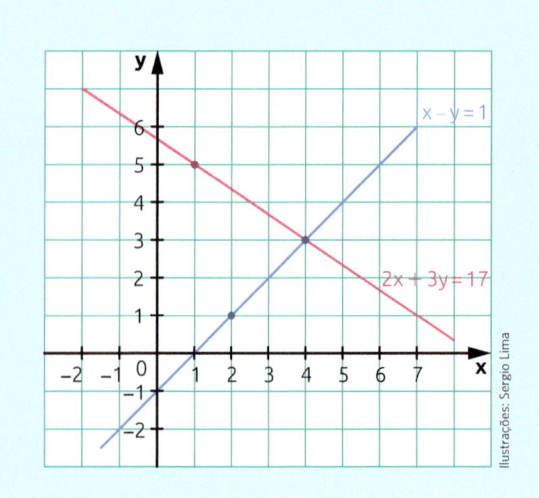

3 Softwares

Planilha eletrônica

As planilhas eletrônicas são tabelas compostas por linhas e colunas em que o encontro entre linhas e colunas é denominado célula. Essas planilhas são utilizadas para organizar e apresentar informações de maneira objetiva e precisa.

O Calc é uma planilha eletrônica que faz parte do pacote LibreOffice, desenvolvido pela The Document Foundation, uma organização sem fins lucrativos. O LibreOffice é um pacote gratuito de aplicativos que inclui, além da planilha eletrônica, editores de texto, de apresentação, de desenho, de banco de dados e de fórmulas científicas e equações. O LibreOffice pode ser obtido no endereço eletrônico <https://pt-br.libreoffice.org> (acesso em: 31 jul. 2018). Para realizar os procedimentos apresentados a seguir, utilizamos a versão LibreOffice 5.4.7.2.

Porcentagem de um número

Veja a seguir, como calcular 32% de 88.

1º passo

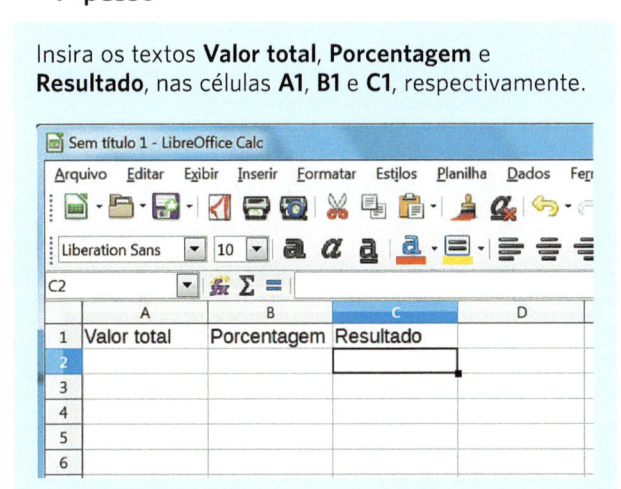

Insira os textos **Valor total**, **Porcentagem** e **Resultado**, nas células **A1**, **B1** e **C1**, respectivamente.

2º passo

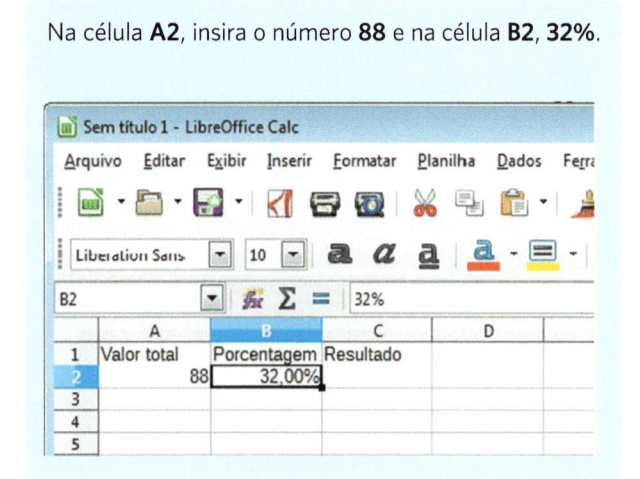

Na célula **A2**, insira o número **88** e na célula **B2**, **32%**.

3º passo

Para determinar o resultado, digite o comando **=A2*B2**, na célula **C2**, e tecle **ENTER**. Assim 32% de 88 é igual a 28,16.

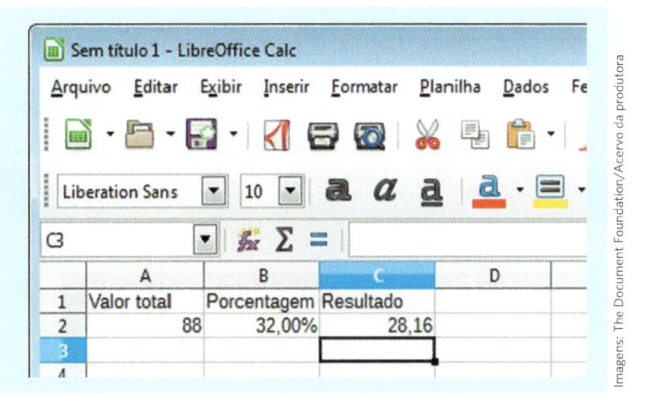

Geometria dinâmica

Em um *software* de geometria dinâmica, as construções geométricas são interativas, podendo ser alteradas com um "arrastar" ou com a adição de outros elementos.

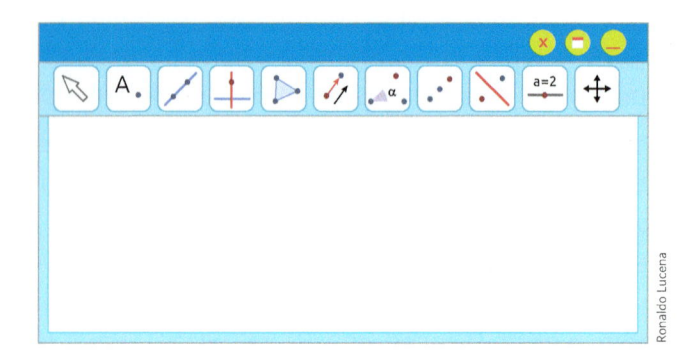

Transformação de reflexão

Veja como construir a imagem de uma figura por reflexão em relação a um eixo utilizando um *software* de geometria dinâmica.

1º passo

Clique no ícone e construa um polígono qualquer. Essa será sua figura original.

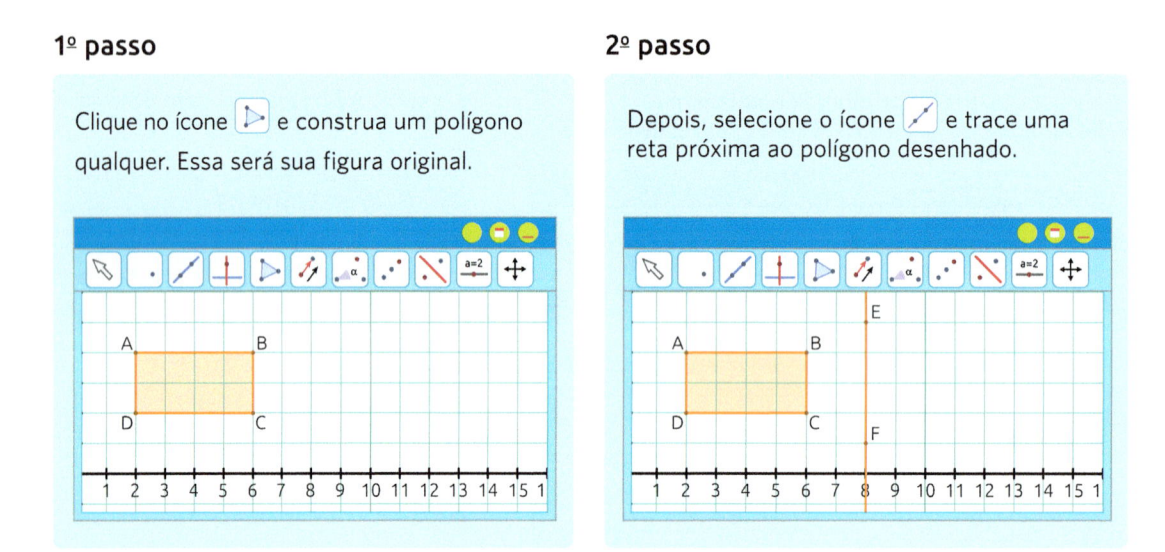

2º passo

Depois, selecione o ícone e trace uma reta próxima ao polígono desenhado.

3º passo

Após isso, selecione o ícone , clique na sua figura original, e depois na reta. O resultado obtido será o seguinte.

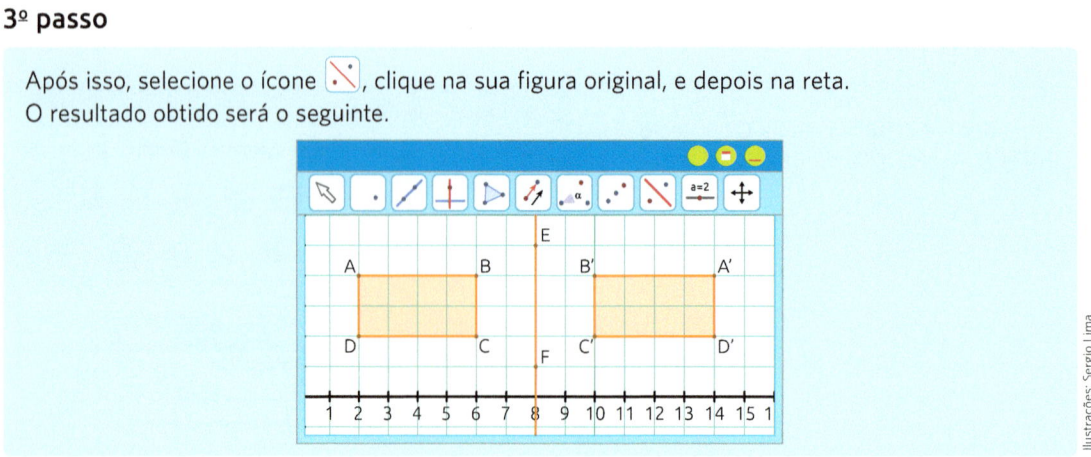

Transformação de rotação

Agora você construirá a imagem de um dado polígono por rotação em relação a um de seus vértices.

1º passo

Com o ícone selecionado, clique em qualquer região da tela e crie um controle deslizante de nome "a". Na formatação do controle deslizante, selecione **Ângulo** e informe as medidas mínima (0°) e máxima (360°).

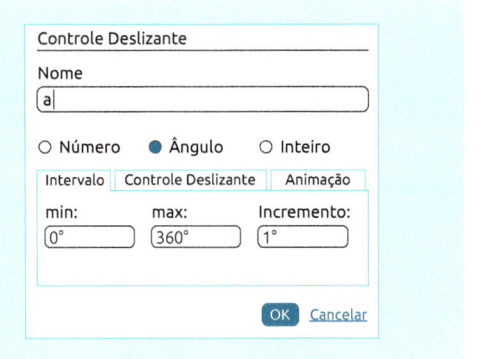

2º passo

Construa um polígono qualquer, conforme explicado anteriormente.

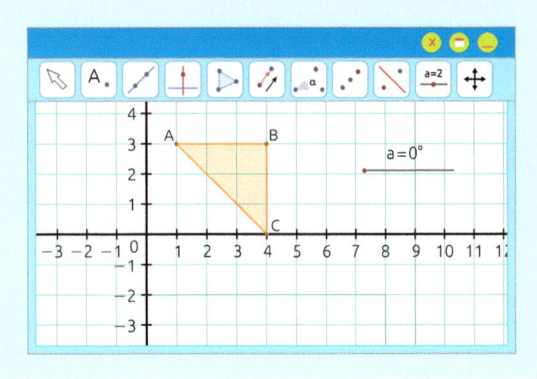

3º passo

Selecione o ícone, clique no interior do polígono e em um de seus vértices.

Uma janela se abrirá para que você defina o ângulo de rotação. Neste caso, defina-o como "a", que é o nome do controle deslizante criado no **1º passo**.

Ao deslizar "a" no controle deslizante, o polígono irá girar em torno do ponto do vértice de acordo com o ângulo definido no controle.

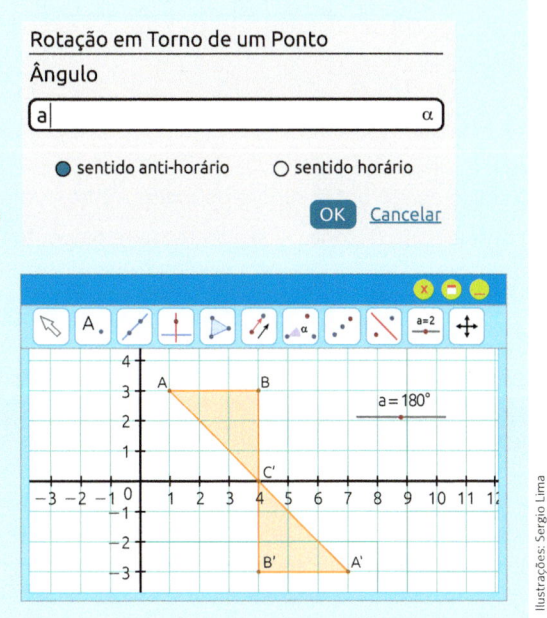

Construção de uma bissetriz de um triângulo

Veja como fazer a construção de uma bissetriz de um triângulo qualquer utilizando um *software*.

1º passo

Selecione o ícone [▷] e construa um triângulo qualquer.

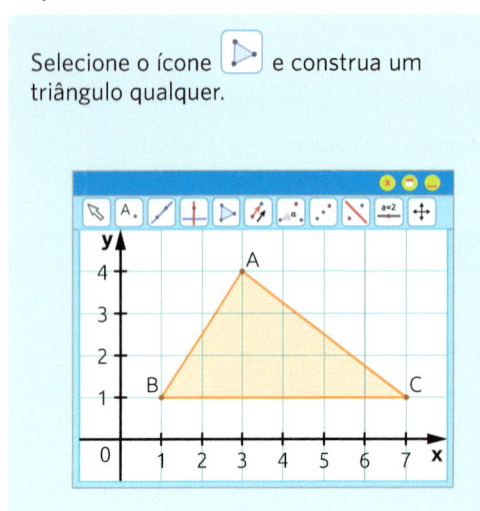

2º passo

Selecione o ícone [⊻] e, em seguida, clique nos pontos B, A e C do triângulo, respectivamente.

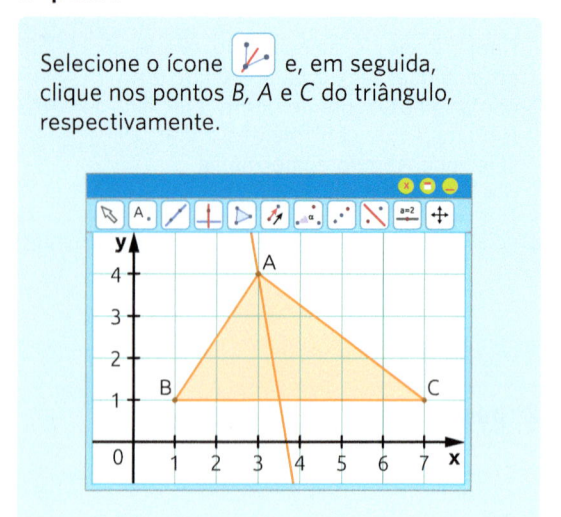

3º passo

Selecione o ícone [✕] e, em seguida, clique na reta *f* e no lado $\overline{BC}$ do triângulo.

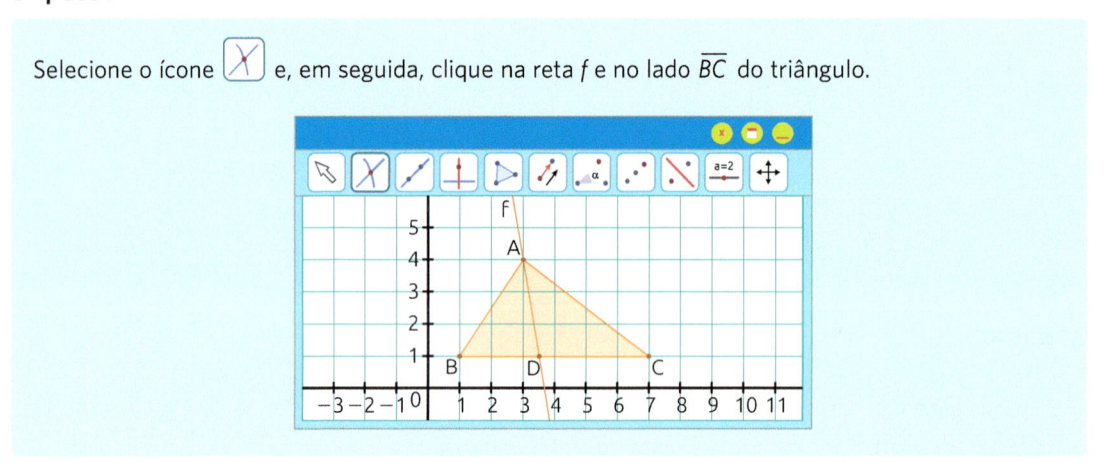

4º passo

Na sequência, clique com o botão direito do *mouse* sobre a reta *f* e desmarque e opção "**Exibir objeto**". Por fim, selecione o ícone [╱] e clique sobre os pontos A e D.

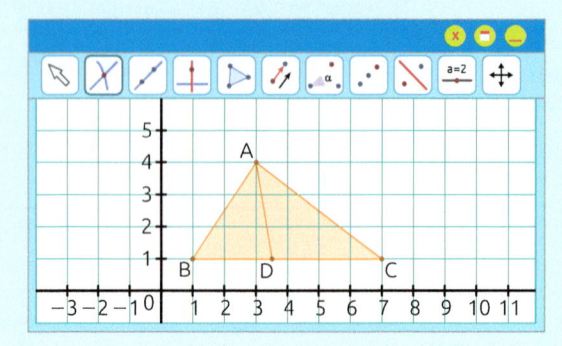

▶ Aprenda mais

A seguir, apresentamos algumas sugestões de leitura e pesquisa em livros e *sites*. Os livros indicados abordam direta ou indiretamente os assuntos desenvolvidos ao longo dos capítulos, e os *sites* podem fornecer informações valiosas para enriquecer seus conhecimentos.

Boa leitura e uma ótima pesquisa!

Livros

- *As mil e uma equações*, de Ernesto Rosa Neto. São Paulo: Ática, 2009. (Coleção A Descoberta da Matemática).
- *Álgebra*, de Luiz Márcio Pereira Imenes, José Jakubovic e Marcelo Cestari Lellis. 17. ed. São Paulo: Atual, 2009 (Coleção Pra Que Serve Matemática?).
- *Alice no país dos enigmas*: incríveis problemas lógicos no país das maravilhas, de Raymond M. Smullyan. Tradução de Vera Ribeiro. Rio de Janeiro: Zahar, 2000.
- *Educação Financeira*: Um guia de valor, de Flávia Aidar. Januária Cristina Alves (coord.). São Paulo: Moderna, 2016.
- *Equação do 2º grau*, de Luiz Marcio Pereira Imenes. São Paulo: Atual, 2004.
- *Geometria*, de Imenes, Jakubo e Lellis. 16. ed. São Paulo: Atual, 2004 (Coleção Pra Que Serve Matemática?).
- *Mania de Matemática 2*: Novos enigmas e desafios matemáticos, de Ian Stewart. Tradução de Diego Alfaro. Rio de Janeiro: Zahar, 2009.
- *O código polinômio*, de Luzia Faraco Ramos. São Paulo: Ática, 2007 (Coleção A Descoberta da Matemática).
- *O homem que calculava*, de Malba Tahan. 83. ed. Rio de Janeiro: Record, 2013.
- *Pinóquio no país dos paradoxos*: uma viagem pelos grandes problemas da lógica, de Alessio Palmero Aprosio. Tradução de Isabella Marcatti. Rio de Janeiro: Zahar, 2015.
- *Tecendo matemática com arte*, de Estela Kaufman Fainguelernt e Katia Regina Ashton Nunes. Porto Alegre: Artmed, 2009.

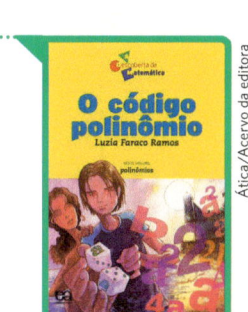

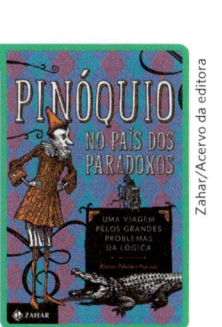

Sites

- IBGE teen. Disponível em: <http://linkte.me/g43l1>. Acesso em: 12 jul. 2018.
- iMática. Disponível em: <http://linkte.me/u7w3q>. Acesso em: 12 jul. 2018.
- Khan Academy. Disponível em: <http://linkte.me/k2n3a>. Acesso em: 12 jul. 2018.
- Klick Educação. Disponível em: <http://linkte.me/fk994>. Acesso em: 12 jul. 2018.
- Matemática essencial. Disponível em: <http://linkte.me/v5cjs>. Acesso em: 12 jul. 2018.
- TV Escola. Disponível em: <http://linkte.me/p1453>. Acesso em: 12 jul. 2018.

Gabarito

Unidade 1

Capítulo 1 — Conjuntos numéricos

1. a) 3 ônibus.
   b) Sim.
   c) 21 assentos.
   d) Não. Por exemplo, para acomodar 105 pessoas seriam necessários 2,5 ônibus, mas como, nesse caso, 2,5 ônibus não é possível, então são necessários 3 ônibus.

2. a) Resposta pessoal.
   b) Resposta pessoal.
   c) Resposta pessoal.
   d) 13 + 14 + 15

3.
0	5	−2
−1	1	3
4	−3	2

4. As situações dos itens **A**, **D**, **E**.

5. Resposta pessoal.

6. $\dfrac{2}{7}$

7. A-II; B-V; C-IV; D-I; E-III

8. a) 34 °C; −5 °C
   b) 3 °C
   c) Resposta pessoal.

9. a) 175,20; Não é um número natural.
   b) 20; É um número natural.
   c) 11,40; Não é um número natural.
   d) 41; É um número natural.

10. $\dfrac{2}{2}$; $\dfrac{8}{1}$; $\dfrac{12}{3}$; $-\dfrac{100}{4}$

11. a) $\dfrac{15}{9}$ c) $\dfrac{219}{99}$ e) $\dfrac{74\,990}{9\,999}$
    b) $\dfrac{37}{9}$ d) $\dfrac{647}{99}$ f) $\dfrac{573}{99}$

12. Possíveis respostas:
    a) 0,2367   b) 24   c) 1,0091   d) 0,11

13. a) 29, 38, 129
    b) −648, −26
    c) −14,86; −5,282828...; −1,4444...; 0,814

14. $-7,2$; -7; $-3,4$; $-3,24$; $-\dfrac{1}{4}$; $\dfrac{2}{5}$; $1,23$; $1,235$; $2,69$

15. a) **A** = 2; **B** = 3
    b) **C** = −3; **D** = −2
    c) **E** = 13; **F** = 14
    d) **G** = 21; **H** = 22
    e) **I** = 18; **J** = 19
    f) **K** = −18; **L** = −17

16. a) 0,25
    b) 0,444...
    c) 0,7979...
    d) 1,4
    e) 1,555...
    f) −0,237237...

17. a) Irracional.
    b) Racional.
    c) Irracional.
    d) Racional.
    e) Racional.
    f) Irracional.

18. a) 0
    b) −2; 0
    c) −2; $-\dfrac{1}{3}$; 0
    d) $-\sqrt{7}$; $\dfrac{\pi}{2}$; $\sqrt{8}$
    e) $-\sqrt{7}$; −2; $-\dfrac{1}{3}$; 0; $\dfrac{\pi}{2}$; $\sqrt{8}$

19. Alternativa **b**. Resposta pessoal.

20. a) <
    b) >
    c) <
    d) >
    e) >

21. Alternativas **a**, **b**, **d**.

22. a) Naturais, inteiros, racionais, reais.
    b) Racionais, reais.
    c) Racionais, reais.
    d) Irracionais, reais.
    e) Inteiros, racionais, reais.
    f) Racionais, reais.

23. Possíveis respostas:
    a) 1; 3
    b) $\dfrac{1}{3}$; 3,25
    c) $\sqrt{101}$; $\sqrt{175}$

24. 0,1223334444...
   a) Irracional.
   b) Sim.

25. a) 2 e 3.   c) −6 e −5.
   b) −4 e −3.   d) 11 e 12.

26. 0,9999; racional

27. $\sqrt{-14}$

28. sucessor do menor número: 5; antecessor do maior número: 17

29. b) Todo número irracional é um número real.
   e) Nenhum número irracional é um número racional.

30. Possíveis respostas:
   a) 10 + 10 = 20   b) 10 − 15 = −5

31. Alternativa **d**.

32. a) O item **III**.   b) $-\frac{1}{9}$; $\frac{12}{33}$; $0,\overline{5}$; 10

33. Possíveis respostas:
   a) −4; −3; −2; −1
   b) −0,5; −0,61; 0; 0,9999
   c) π; $\sqrt{10}$; $\sqrt{11}$; $\sqrt{12}$
   d) 1; 2; 3; 4
   e) $\frac{1}{2}$; $\frac{1}{3}$; $\frac{2}{3}$; $\frac{2}{5}$

34. a) 0,33333...   c) 0,66666...   e) 3,727272...
   b) −0,55555...   d) 0,393939...
   Sim, pois em cada caso o número possui inifinitas casas decimais que se repetem segundo um padrão.

35. Os números dos itens **b**, **d**, **f**.

36. a) 1; 38
   b) −16; 1; 38
   c) −16; −8,5; $-\frac{2}{9}$; $\frac{7}{15}$; 1; $1,\overline{53}$; $\frac{28}{3}$; 38

37. a) $-0,\overline{2}$ c) 9   e) 3,1
   b) $-0,\overline{10}$ d) 0,3125   f) −5
   • Naturais: 9
   • Inteiros: −5; 9

38. a) $\frac{26}{100} = \frac{13}{50}$ e) $-\frac{325}{10} = -\frac{65}{2}$
   b) $\frac{318}{1\,000} = \frac{159}{500}$ f) $\frac{6\,014}{1\,000} = \frac{3\,007}{500}$
   c) $\frac{134}{100} = \frac{67}{50}$ g) $-\frac{195}{100} = -\frac{39}{20}$
   d) $-\frac{7}{100}$ h) $-\frac{81}{1\,000}$

   Esses números pertencem ao conjunto dos números racionais.

39. Possíveis respostas:
   a) −2,3 e −2,698.
   b) 3,12 e 3,8.
   c) 0,123 e 0,45.
   d) −0,25 e 0,654.

40. Possíveis respostas:
   a) −5 e −65.
   b) 5,7 e 33,123.

41. a) Infinitos.
   b) Infinitos.
   c) 15
   d) 9
   e) 23

42. a) $\frac{129}{90}$ b) $\frac{903}{990}$ c) $\frac{2\,188}{900}$

43. racionais: **a**, **b**, **d**, **f**; irracionais: **c**, **e**, **g**

> **Capítulo 2** Potências, notação científica e raízes

1. a) $\frac{1}{2^3} = \left(\frac{1}{2}\right)^3$

   b) $\left(\frac{5}{1}\right)^2 = 5^2$

   c) $\frac{1}{(-3)^4} = \left(-\frac{1}{3}\right)^4$

   d) $\left(-\frac{6}{1}\right)^5 = (-6)^5$

2. a) $\frac{1}{25}$ c) $-\frac{1}{64}$
   b) $\frac{1}{7}$ d) $\frac{1}{64}$

3. a) $\frac{31}{108}$ c) $\frac{1}{108}$
   b) $\frac{23}{108}$ d) $\frac{27}{4}$

4. a) $7^{-4+7} = 7^3 = 343$

   b) $(-4)^{6+(-4)} = (-4)^2 = 16$

   c) $4^{16+(-6)+(-10)} = 4^0 = 1$

   d) $(-5)^{(-7)+(-8)+13} = (-5)^{-2} = \left(-\frac{1}{5}\right)^2 = \frac{1}{25}$

   e) $5^{4+(-6)+(-1)} = 5^{-3} = \left(\frac{1}{5}\right)^3 = \frac{1}{125}$

5. a) $6^{6-4} = 6^2 = 36$
b) $20^{-19-(-20)} = 20^1 = 20$
c) $4^{2-(-1)} = 4^3 = 64$
d) $2^{-18-(-12)} = 2^{-6} = \left(\frac{1}{64}\right)^6 = \frac{1}{64}$
e) $3^{2-(-3)} = 3^5 = 243$
f) $(-8)^{1-(-1)} = (-8)^2 = 64$

6. a) $2^{2 \cdot 3} = 2^6 = 64$
b) $2^{5 \cdot 2} = 2^{10} = 1\,024$
c) $3^{2 \cdot 2} = 3^4 = 81$
d) $(-5)^{1 \cdot 3} = (-5)^3 = -125$
e) $(-2)^{3 \cdot (-3)} = (-2)^{-9} = -\frac{1}{512}$

7. a) $A = 7$ c) $C = 3$
b) $B = 45$ d) $D = -3$

8. a) $=$ b) $\neq$ c) $\neq$ d) $=$ e) $\neq$

9. a) $(2 \cdot 3)^3 = 6^3 = 216$ d) $(7 \cdot 1)^3 = 7^3 = 343$
b) $(5 \cdot 3)^2 = 15^2 = 225$ e) $(9 \cdot 8)^1 = 72^1 = 72$
c) $(4 \cdot 2)^3 = 8^3 = 512$

10. Não. Resposta pessoal.

11. Alternativa **d**.

12. Falsa, pois supondo que $a = 4$, $b = 3$ e $n = 2$, teremos $(a+b)^n = (4+3)^2 = 7^2 = 49$ e $a^n + b^n = 4^2 + 3^2 = 16 + 9 = 25$.

13. a) 72   b) 27   c) 872   d) $\frac{1}{576}$

14. a) um: 1; um mil: 1 000; dez mil: 10 000; um milhão: 1 000 000; dez milhões: 10 000 000; um bilhão: 1 000 000 000
b) um: 10^0; um mil: 10^3; dez mil: 10^4; um milhão: 10^6; dez milhões: 10^7; um bilhão: 10^9

15. a) $10^8 = 100\,000\,000$ d) $10^2 = 100$
b) $10^4 = 10\,000$ e) $10^3 = 1\,000$
c) $10^5 = 100\,000$ f) $10^0 = 1$

16. a) 0,1   e) 1 000
b) 0,00001   f) 10 000
c) 0,01   g) $-1\,000$
d) $-0,1$

17. a) 263
b) 80 000 000
c) 10^6
d) 10^3

18. a) $n = 4$ b) $n = 6$ c) $n = 8$

19. a) 10^{-3} c) 10^{-1}; 10^0
b) 10^{-3}; 10^{-2} d) 10^{-6}; 10^{-5}

20. a) Resposta pessoal.
b) Resposta pessoal.

21. a) Norte: 18 600 000
Nordeste: 58 200 000
Sudeste: 88 600 000
Sul: 30 200 000
Centro-Oeste: 16 500 000

b) Norte: $1 \cdot 10^7 + 8 \cdot 10^6 + 5 \cdot 10^5 + 8 \cdot 10^4 + 3 \cdot 10^3 + 0 \cdot 10^2 + 3 \cdot 10^1 + 5 \cdot 10^0$;
Nordeste: $5 \cdot 10^7 + 8 \cdot 10^6 + 1 \cdot 10^5 + 7 \cdot 10^4 + 4 \cdot 10^3 + 9 \cdot 10^2 + 1 \cdot 10^1 + 2 \cdot 10^0$;
Sudeste: $8 \cdot 10^7 + 8 \cdot 10^6 + 6 \cdot 10^5 + 0 \cdot 10^4 + 1 \cdot 10^3 + 4 \cdot 10^2 + 8 \cdot 10^1 + 2 \cdot 10^0$;
Sul: $3 \cdot 10^7 + 0 \cdot 10^6 + 2 \cdot 10^5 + 2 \cdot 10^4 + 1 \cdot 10^3 + 6 \cdot 10^2 + 0 \cdot 10^1 + 6 \cdot 10^0$;
Centro-Oeste: $1 \cdot 10^7 + 6 \cdot 10^6 + 4 \cdot 10^5 + 9 \cdot 10^4 + 6 \cdot 10^3 + 3 \cdot 10^2 + 4 \cdot 10^1 + 0 \cdot 10^0$

22. a) $112\,635 = 1 \cdot 10^5 + 1 \cdot 10^4 + 2 \cdot 10^3 + 6 \cdot 10^2 + 3 \cdot 10^1 + 5 \cdot 10^0$

b) $3\,465\,899 = 3 \cdot 10^6 + 4 \cdot 10^5 + 6 \cdot 10^4 + 5 \cdot 10^3 + 8 \cdot 10^2 + 9 \cdot 10^1 + 9 \cdot 10^0$

c) $74\,663\,007 = 7 \cdot 10^7 + 4 \cdot 10^6 + 6 \cdot 10^5 + 6 \cdot 10^4 + 3 \cdot 10^3 + 0 \cdot 10^2 + 0 \cdot 10^1 + 7 \cdot 10^0$

d) $208\,578\,346 = 2 \cdot 10^8 + 0 \cdot 10^7 + 8 \cdot 10^6 + 5 \cdot 10^5 + 7 \cdot 10^4 + 8 \cdot 10^3 + 3 \cdot 10^2 + 4 \cdot 10^1 + 6 \cdot 10^0$

23. a) $8 \cdot 10^5$
b) $7,5 \cdot 10^4$
c) $3,67 \cdot 10^{-4}$
d) $6,617 \cdot 10^6$

24. a) $3 \cdot 10^8$ d) $8 \cdot 10^{-4}$
b) $2 \cdot 10^{10}$ e) $3 \cdot 10^2$; $1 \cdot 10^{-6}$
c) $6 \cdot 10^{-2}$ f) $5,5 \cdot 10^3$

25. Alternativa **b**.

26. 3 879 138; 3 879 000; $3,879 \cdot 10^6$

27. a) 3
b) -30
c) 21
d) -6
e) 15
f) 9

28. a) 9 cm c) 7 cm e) 4 cm
b) 5 cm d) 11 cm f) 8 cm

29. a) 3 b) 4 c) 9 d) 11 e) 5 f) 8

30. a) 24,9 c) −8,43 e) 2,67
b) 10,07 d) 28,1 f) −7,37

31. a) $\sqrt{85}$
b) 4, $\sqrt[3]{216}$, $\sqrt{40}$, 8, $\sqrt[3]{729}$, $\sqrt{85}$, $\sqrt{100}$, $\sqrt[3]{3\,375}$, 19.

32. a) 6 cm
b) 9 cm²
c) Não, pois ele dividiu a medida do comprimento do lado do quadrado por 4 e obteve quadrados com $\frac{1}{16}$ da medida da área do quadrado maior, uma vez que 6 : 4 = 1,5 e 1,5² = 2,25, ou seja, 2,25 cm².
d) 3 cm

33. a) $\sqrt{0,09}$ c) $\sqrt[9]{-512}$
b) $\sqrt[5]{243}$ d) $\sqrt[3]{-1,728}$

34. a) 12 cm b) 48 cm

35. a) 3 m b) 4 m

36. a) 13, pois 13² = 13 · 13 = 169.
b) 20, pois 20² = 20 · 20 = 400.
c) 2,5, pois $(2,5)^2$ = 2,5 · 2,5 = 6,25.
d) $\frac{1}{5}$, pois $\left(\frac{1}{5}\right)^2 = \frac{1}{5} \cdot \frac{1}{5} = \frac{1}{25}$.

37. b; c. Resposta pessoal.

38. a) 36, 49, 64, 81, 100
b) $\sqrt{36}$ = 6; $\sqrt{49}$ = 7; $\sqrt{64}$ = 8; $\sqrt{81}$ = 9; $\sqrt{100}$ = 10

39. a) $7^{\frac{5}{2}}$ d) $6^{\frac{8}{13}}$ g) $5^{\frac{6}{4}}$ ou $5^{\frac{3}{2}}$
b) $20^{\frac{1}{5}}$ e) $1^{\frac{3}{6}}$ ou $1^{\frac{1}{2}}$ h) $(3,7)^{\frac{2}{9}}$
c) $5^{\frac{9}{4}}$ f) $11^{\frac{5}{3}}$

40. a) $\sqrt[8]{3}$ c) $\sqrt[3]{4^2}$ e) $\sqrt[5]{6^2}$
b) $\sqrt[10]{4}$ d) $\sqrt[7]{5^3}$ f) $\sqrt[4]{7^5}$

41. Sim. $\sqrt[8]{7^4} = 7^{\frac{4}{8}} = 7^{\frac{1}{2}} = \sqrt{7}$

42. **A**: $5^{\frac{5}{4}}$; **B**: $\sqrt[3]{8^4}$; **C**: $36^{\frac{4}{8}}$ ou $36^{\frac{1}{2}}$

43. a) $\sqrt[7]{4^3} = 4^{\frac{3}{7}}$ b) $\sqrt[7]{8^2} = 8^{\frac{2}{7}}$

44. a) x = 5 d) x = 5 g) x = 8
b) x = 3 e) x = 7 h) x = 2
c) x = 2 f) x = 6

45. a) $5^{\frac{7}{6}}$; $\sqrt[6]{5^7}$ d) $2^{\frac{13}{3}}$; $\sqrt[3]{2^{13}}$
b) $20^{\frac{3}{4}}$; $\sqrt[4]{20^3}$ e) $12^{\frac{1}{4}}$; $\sqrt[4]{12}$
c) $4^{\frac{11}{6}}$; $\sqrt[6]{4^{11}}$ f) $6^{\frac{1}{10}}$; $\sqrt[10]{6}$

46. a) 10 b) 0,4 c) $\frac{2}{3}$ d) 14

47. a) $\sqrt{4} \cdot \sqrt{6}$ d) $\sqrt{3^2} \cdot \sqrt{21}$
b) $\sqrt{7} \cdot \sqrt{8}$ e) $\sqrt[3]{19^3} \cdot \sqrt[3]{51^2}$
c) $\dfrac{\sqrt{12}}{\sqrt{4}}$ f) $\dfrac{\sqrt[5]{96^7}}{\sqrt[5]{32^2}}$

48. a) $\sqrt[4]{22}$
b) $\sqrt[12]{165}$
c) $\sqrt[10]{46}$
d) $\sqrt[12]{12}$

49. 27 m²

50. a) $\frac{25}{49}$ c) $-\frac{1}{64}$
b) 81 d) $\frac{1\,000}{729}$

51. a) −7 b) 6 c) 5 d) −1

52. a) Falsa. Possível resposta: $2^{11} \cdot 4^{11} = 8^{11}$.
b) Verdadeira.
c) Verdadeira.
d) Falsa. Possível resposta: $10^{15} : (3^3)^5 = \left(\frac{10}{3}\right)^{15}$.

53. a) 10 077 696
b) 6^5; 7 776
c) 6^7; 279 936
d) 6^3; 216
e) 6^4; 1 296
f) 6^2; 36

54. a) 251
b) 63 001
c) −63 001
d) $\dfrac{1}{63\,001}$
e) 63 001
f) $-\dfrac{1}{251}$

55. a) = b) > c) < d) >

56. a) 265
b) 2 501
c) −104

57. $2^{-10} \cdot 3^5$

58. a) 10^4
b) 10^6
c) 10^0
d) 10^{-5}
e) 10^{-2}
f) 10^{-1}

59. Possível resposta: nos itens **a**, **b**, **d**.

60. Nos itens **b** e **e**.
a) $5{,}21 \cdot 10^9$
c) $8{,}25 \cdot 10^{-23}$
d) $2{,}05 \cdot 10^5$
f) $3 \cdot 10^{11}$

61. a) Raiz quadrada de seis.
b) Raiz quinta de dez.
c) Raiz cúbica de menos um.
d) Raiz sexta de três quintos.
e) Raiz quarta de cinco inteiros e dois décimos.

62. 2

63. a) $x = 9$
b) $x = 25$
c) $x = 49$
d) $x = 400$
e) $x = 0$
f) $x = 1$

64. a) 3,46
b) 6,71
c) 5,34
d) 1,05

65. a) 8; 9
b) 4; 5
c) 10; 11
d) 14; 15

66. a) $2^{\frac{5}{11}}$
b) $2^{\frac{3}{2}}$
c) $2^{-\frac{9}{8}}$
d) $2^{\frac{4}{3}}$

67. a) 8,46
b) 10,26
c) 15,57
d) 4,8786

68. Reposta pessoal.

69. a) 1 764 cm²
b) 50 cm
c) O piso do tipo **2**.

70. 1 190 m

Capítulo 3 — Ângulos e polígonos

1. • Complementares.
• Possível resposta:
Como os ângulos $\hat{a}$ e $\hat{b}$ são suplementares, podemos, por exemplo assumir que $\hat{a} = 110°$ e $\hat{b} = 70°$. Então, nesse caso:
$$\frac{\hat{a}}{2} = \frac{110°}{2} = 55°,\ \frac{\hat{b}}{2} = \frac{70°}{2} = 35°.$$
Portanto, os ângulos $\frac{\hat{a}}{2}$ e $\frac{\hat{b}}{2}$ são complementares.

2. A) $a = 37°$; complemento de $\hat{a}$: $90° - 37° = 53°$; suplemento de $\hat{a}$: $180° - 37° = 143°$
B) $b = 45°$; complemento de $\hat{b}$: $90° - 45° = 45°$; suplemento de $\hat{b}$: $180° - 45° = 135°$
C) $c = 36°$; complemento de $\hat{c}$: $90° - 36° = 54°$; suplemento de $\hat{c}$: $180° - 36° = 144°$

3. $\text{med}(A\hat{O}B) = 143°$; $\text{med}(B\hat{O}C) = 37°$

4. I) $\text{med}(B\hat{O}C) = 20°$;
$\text{med}(C\hat{O}D) = 70°$;
$\text{med}(A\hat{O}B) = 90°$
II) $\text{med}(E\hat{O}F) = 45°$;
$\text{med}(F\hat{O}G) = 32°$;
$\text{med}(G\hat{O}H) = 58°$;
$\text{med}(H\hat{O}I) = 45°$
a) Suplementares.
b) Complementares.
c) Complementares.
d) Suplementares.

5. 168°

6. 45°

7. a) 54°
b) 42°
c) 138°

8. a) $f = 41°$ e $g = 49°$ ou $f = 49°$ e $g = 41°$
b) $m = 120°$ e $n = 60°$

9. a) Resposta pessoal.
b) Resposta pessoal.
c) Resposta pessoal.

10. Resposta pessoal.

11. Resposta pessoal.

12. a) Não, pois uma nova diagonal iria se sobrepor a outra diagonal ou a um dos lados do polígono.
b) Não, pois estaríamos considerando duas vezes cada diagonal.

13. **A**: 9; **B**: 6; **C**: 2; **D**: 5; **E**: 7; **F**: 14; **G**: 3; **H**: 0; **I**: 0; **J**: 12; **K**: 9; **L**: 54

14. 240 diagonais.

15. a) 5 diagonais.
b) 20 diagonais.
c) 65 diagonais.
d) 104 diagonais.
e) 405 diagonais.
f) 1 175 diagonais.

16. a) 10 lados.
b) 35 diagonais.

17. a) 24 diagonais.
b) 135 diagonais.

18. 4 vértices.

19. Sim. Heptágono.

20. Sim. Traçando todas as diagonais que partem de um único vértice do polígono.

21. a) Pitágoras; pitagóricos.
b) Matemática, Filosofia.
c) Resposta pessoal.

22. a) 14 diagonais; 900°
b) 5 diagonais; 540°
c) 27 diagonais; 1 260°

23. a) 114°
b) 43°
c) 35°

24. $d = 70°$; $e = 75°$; $f = 75°$; $g = 70°$; $h = 70°$

25. 36°

26. a) hexágono regular; $S_i = 720°$
b) dodecágono regular; $S_i = 1800°$
c) pentágono regular; $S_i = 540°$

27. 140°

28. $x = 108°$ e $y = 72°$

29. a) Saída **C**.
b) 4 vezes.
c) $a = 35°$; $b = 125°$

30. Suplementares.
- Resposta pessoal.

31. med$(D\hat{O}E) = 32°$
med$(F\hat{O}G) = 58°$

32. 54 diagonais.

33. a) Verdadeira.
b) Falsa. Possível resposta: Um polígono convexo com 14 diagonais que partem de um único vértice tem 17 lados.
c) Falsa. Possível resposta: Um polígono de 7 lados é classificado como heptágono.
d) Verdadeira.

34. a) Nenhuma.
b) 3 diagonais.
c) 6 diagonais.
d) 7 diagonais.

35. a) Decágono.
b) 7 diagonais.
c) 28 diagonais.

36. 22,5°

37. a) 40 lados.
b) 30 lados.
c) 8 lados.

38. No eneágono regular.
- Quanto maior for a quantidade de lados, maior será a medida de cada ângulo interno do polígono.

39. Resposta pessoal.

40. a) construção com triângulos: 360°;
construção com pentágonos: 324°;
construção com hexágonos: 360°;
construção com eneágonos: 420°
b) Triângulo e hexágono.
c) Para que os polígonos encaixem sem que sobre espaço vazio ou ocorra sobreposição, é necessário que a medida de cada ângulo interno do polígono regular seja um divisor de 360°.

Capítulo 4 — Transformações geométricas

1. Resposta pessoal.
2. Resposta pessoal.
3. a) $A(-4, 1), B(-3, -7), C(2, -5), D(1, -1)$
   b) $E(2, -1), F(4, -1), G(7, -5), H(1, -3)$
4. Resposta pessoal.
5. Resposta pessoal.
6. Resposta pessoal.
7. **A**: 90°; **B**: 180°
8. Resposta pessoal.
9. Resposta pessoal.
10. 18 unidades para a esquerda na direção horizontal e 6 unidades para cima na direção vertical.
11. Resposta pessoal.
12. Resposta pessoal.
13. Transformação de rotação, transformação de translação e composição da transformação de reflexão com a de translação.
14. a) Figuras **I** e **III**.
    b) Figura **III**.
15. a) 180°   c) 90°
    b) Anti-horário.   d) 270°
16. Resposta pessoal.
17. Resposta pessoal.
18. Resposta pessoal.
19. **A**, **C** e **D**.
20. Possível resposta: composição das transformações de rotação e de translação.
21. Resposta pessoal.

Unidade 2

Capítulo 5 — Frequências, medidas de tendência central e pesquisa amostral

1. a) Resposta pessoal.
   b) Resposta pessoal.
2. a) 20 alunos.
   b) Resposta pessoal.
   c) Representam a porcentagem de alunos que leram a respectiva quantidade de gibis.
   d) Quantidade de gibis lidos. Quantitativa.
3. a) Resposta pessoal.
   b) R$ 1 700,00
4. a) Natal (RN).
   b) Resposta pessoal.
5. a) Sim.   b) 3,1   c) 4
6. a) Resposta pessoal.
   b) 1,58 ⊢ 1,64 e 1,64 ⊢ 1,70
   c) Resposta pessoal.
7. a) De 18 garoupas-gato.
   b) 34 ⊢ 37
   c) Não, pois na tabela estão apresentados apenas os intervalos de medidas de comprimento.
8. a)

Intervalo	Frequência absoluta
19 ⊢ 24	7
24 ⊢ 29	8
29 ⊢ 34	10
34 ⊢ 39	11
39 ⊢ 44	13
44 ⊢ 49	8
49 ⊢ 54	3
54 ⊢ 59	3

   b) Companhia **B**.
   c) Companhia **A**.
9. a) Não, pois o recomendado é que o pH esteja entre 6 e 9,5 e uma solução é considerada neutra apenas quando o pH é igual a 7.
   b) Não, porque as amostras correspondentes à primeira coluna, com pH no intervalo de extremos 5 e 5,8, estão abaixo do recomendado, e nesse caso não podemos dizer com precisão se algumas amostras, no último intervalo, ultrapassaram o limite considerado.
   c) No mínimo 24 amostras.
   d) Sim, porque as amostras correspondentes às três últimas colunas têm o pH acima de 7 e correspondem a 55% das amostras.
10. a) 71,91 kg
    b) 1,74 m e 1,86 m.
    c) • 29   • 26   • 28,13
11. 20 páginas.
12. 85

274

13. a) Sim.
b) Não; 5,8.
c) No mínimo 7,1.

14. Alternativa **c**.   **15.** 128 gols.

16. a) **A**: $Ma = 7$; $Mo = 6$; $Md = 6$
B: $Ma = 7$; $Mo = 7$; $Md = 7$
C: $Ma = 7$; $Mo = 9$; $Md = 7,5$
D: $Ma = 7$; $Mo = 10$; $Md = 8$
b) Resposta pessoal.

17. a) Alternativa **I**.
b) Empresa **D**, pois a amplitude total referente à receita bruta anual dos três últimos anos é a menor.

18. a) média: R$ 1 575,00; moda: R$ 1 200,00; mediana: R$ 1 250,00
b) Possível resposta: A média, a moda e a mediana não representam de maneira adequada os salários dos funcionários, pois há uma maior quantidade de funcionários que recebem um valor mais baixo, e poucos que recebem valores mais altos.

19. a) Maio: $Ma = 15\,°C$, $Md = 15\,°C$;
Junho: $Ma \simeq 14,2\,°C$, $Md = 14\,°C$
b) No mês de maio, pois a amplitude total das temperaturas registradas nos treze primeiros dias do mês de maio é menor do que a do mês de junho.

20. Resposta pessoal.

21. I) Gráfico de linhas.
II) Gráfico de setores.
III) Gráfico de colunas múltiplas.

22. a) Os retângulos estão com as medidas da largura diferentes.
b) Algumas porcentagens estão indicadas em lugares errados. 20% correspondem ao candidato **B**, 50% ao candidato **A**, 8% ao candidato **C** e 3% ao candidato **G**.
c) Possível resposta: O gráfico de linhas é indicado representar a variação de uma grandeza em certo período. Portanto, com as informações deste item, poderia ser construído um gráfico de barras, por exemplo.

23. a) 5,0 — 5,9
b) Resposta pessoal.
c) Resposta pessoal.

24. a) Gráfico de colunas ou de barras.
b) moda: 7; média: 7,4; mediana: 7
c) Opinião dos clientes a respeito de alguns aspectos da loja.
d) Amostral, pois foram entrevistados apenas alguns clientes, e não todos.
e) Resposta pessoal.

25. a) Censitária.
b) Ciências Humanas e Sociais: 30; Ciências Biológicas e da Saúde: 40; Engenharias e Ciências Exatas: 20; Letras e Artes: 10

26. Resposta pessoal.

27. a) Resposta pessoal.
b) 75 pacotes.
c) Feijão. 36% do total.

28. a) Resposta pessoal.
b) 15 pessoas.
c) 30%
d) 36,66%
e) Resposta pessoal.

29. Resposta pessoal.

30. a) Resposta pessoal.
b) 4
c) Resposta pessoal.

31. a) Não, pois precisaríamos conhecer também o total de funcionários da empresa.
b) • 99 funcionários.
• 401 funcionários.
• 110 funcionários.
c) Resposta pessoal.

32. a) Possível resposta: Não, pois mais da metade dos entrevistados consideram os serviços prestados péssimos ou ruins.
b) 2
c) Resposta pessoal.

33. Item **e**. Item **b**.

34. a) 2, 3, 5, 6, 6, 7, 7, 7, 8, 8, 8, 8, 8, 9, 9, 9, 9, 10, 10
b) 7,3
c) moda: 8; mediana: 8

35. a) 40 alunos.
b) 30 alunos; 5 alunos
c) Média aritmética: 56,695 kg;
moda: 57,5 kg;
mediana: 55,5 kg.

36. a) 1,66; 1,69; 1,77; 1,78; 1,80; 1,80; 1,84; 1,85; 1,88
b) moda: 1,80; mediana: 1,80

37. a) Resposta pessoal.
b) moda: 37; mediana: 37
c) O gerente pode observar qual é a maior frequência de número de calçados, e então poderá manter um estoque maior com calçados desse número.

38. Possível resposta: **I**: gráfico de setores; **II**: gráfico de barras ou de colunas.

39. a) Resposta pessoal.
    b) Resposta pessoal.

40. a) Média: aproximadamente 7,194; mediana: 7; moda: 7.
    b) Resposta pessoal.

Capítulo 6 — Probabilidade

1. 6 maneiras.

2. 12 maneiras.

3. • 8 tipos de pratos.
   • 32 tipos de pratos.

4. a) 149, 194, 419, 491, 914, 941
   b) Resposta pessoal.

5. 18 maneiras.

6. a) 24 senhas.
   b) 256 senhas.

7. Possível resposta: De quantas maneiras diferentes Gustavo pode escolher um salgado, uma bebida e uma sobremesa?

8. 24 maneiras.

9. a) $\frac{3}{5}$
   b) $\frac{2}{5}$

10. a) $\frac{3}{25}$ ou 12%
    b) $\frac{2}{7}$ ou, aproximadamente, 29%
    c) $\frac{1}{8}$ ou 12,5%

11. Alternativa **b**.

12. a) $\frac{4}{9}$ ou, aproximadamente, 44,44%.
    b) $\frac{1}{4}$ ou 25%
    c) $\frac{1}{6}$ ou, aproximadamente, 16,67%.

13. a) 24 maneiras.
    b) $\frac{4}{24} = \frac{1}{6}$ ou, aproximadamente, 16,7%.

14. $\frac{1}{5}$ ou 20%

15. a) $\frac{1}{5}$ ou 20%
    b) $\frac{4}{5}$ ou 80%
    c) $\frac{3}{5}$ ou 60%
    d) $\frac{2}{5}$ ou 40%

16. a) $\Omega = \{(C, 1); (C, 2); (C, 3); (C, 4); (C, 5); (C, 6); (K, 1); (K, 2); (K, 3); (K, 4); (K, 5); (K, 6)\}$
    b) $\frac{1}{4}$ ou 25%
    c) $\frac{1}{4}$ ou 25%

17. • $\frac{1}{2}$
    • $\frac{1}{2}$
    • A soma das probabilidades é igual a 1.

18. Possível resposta: Qual é a probabilidade de sortear uma bolinha verde e ímpar de uma urna que contém as bolinhas representadas na imagem?

19. Resposta pessoal.

20. a) $\frac{1}{2}$ ou 50%
    b) $\frac{1}{2}$ ou 50%
    c) $\frac{1}{8}$ ou 12,5%
    d) 1 ou 100%

21. a) 100 000 possibilidades.
    b) $\frac{1}{100\,000}$ ou 0,001%
    c) $\frac{1}{10\,000}$ ou 0,01%

22. Alternativa **c**.

23. a) $\Omega = \{(C, C); (C, K); (K, C); (K, K)\}$
    b) $\frac{1}{4}$
    c) $\frac{1}{4}$
    d) $\frac{1}{2}$
    e) 1

24. a) 260 possibilidades.
    b) 10 tentativas.
    c) $\frac{1}{260}$ ou, aproximadamente, 0,38%.

25. a) 12 números.
    b) 1,58; 85,1

26. a) 18 possibilidades.

b) $\frac{1}{2}$ ou 50%

c) Possíveis respostas: 2, 4 e 10; 8, 8 e 10; 4, 12 e 10.

Capítulo 7 — Triângulos

1. A) Escaleno.
B) Equilátero, isósceles.
C) Isósceles.

2. A) Obtusângulo.
B) Acutângulo.
C) Acutângulo.

3. Sim, pois, como um triângulo equilátero tem os três lados com medidas de comprimento iguais, a condição de que pelo menos dois lados têm medida de comprimento iguais também é satisfeita.

4. a) Obtusângulo.
b) Retângulo.
c) Acutângulo.
d) Obtusângulo.
e) Retângulo.

5. a) $a = 45°$; $b = 45°$; $c = 90°$
b) $d = 30°$; $e = 100°$; $f = 50°$
c) $g = 65°$; $h = 30°$; $i = 85°$

6. $a = 68°$; $b = 62°$; $c = 68°$; $d = 50°$

7. A) $\text{med}(\hat{A}) = 72°$;
$\text{med}(\hat{B}) = 36°$;
$\text{med}(\hat{C}) = 72°$

B) $\text{med}(\hat{G}) = 40°$;
$\text{med}(\hat{H}) = 67°$;
$\text{med}(\hat{I}) = 73°$

C) $\text{med}(\hat{D}) = 65°$;
$\text{med}(\hat{E}) = 45°$;
$\text{med}(\hat{F}) = 70°$

D) $\text{med}(\hat{J}) = 50°$;
$\text{med}(\hat{L}) = 60°$;
$\text{med}(\hat{M}) = 70°$

8. $x = 60°$

9. a) $x = 119°$ b) $x = 41°$

10. a) $\text{med}(B\hat{A}C) = 42°$;
$\text{med}(A\hat{B}C) = 92°$;
$\text{med}(A\hat{C}B) = 46°$

b) $\text{med}(E\hat{D}F) = 54°$;
$\text{med}(D\hat{E}F) = 54°$;
$\text{med}(D\hat{F}E) = 72°$

c) $\text{med}(H\hat{G}I) = 98°$;
$\text{med}(G\hat{H}I) = 49°$;
$\text{med}(G\hat{I}H) = 33°$

11. $x = 48°$; $y = 67°$

12. $\text{med}(\hat{A}) = 55°$; $\text{med}(\hat{B}) = 70°$; $\text{med}(\hat{C}) = 55°$.
Acutângulo.

13. $x = 65°$; $y = 128°$

14. A) $\text{med}(D\hat{A}B) = 30°$;
$\text{med}(A\hat{B}D) = 135°$;
$\text{med}(B\hat{D}A) = 15°$;
$\text{med}(D\hat{B}C) = 45°$;
$\text{med}(B\hat{D}C) = 45°$;
$\text{med}(B\hat{C}D) = 90°$

B) $\text{med}(D\hat{A}B) = 60°$;
$\text{med}(A\hat{B}D) = 67°$;
$\text{med}(B\hat{D}A) = 53°$;
$\text{med}(D\hat{B}C) = 113°$;
$\text{med}(B\hat{C}D) = 30°$;
$\text{med}(C\hat{D}B) = 37°$

15. A-E; B-F

16. $BC = 6$ m; $CD = 5$ m

17. a) LLL
b) LAA$_o$ ou ALA
c) LAL
d) LAA$_o$ ou ALA

18. $x = 70°$

Resposta pessoal.

19. Considere que as semirretas OA e OB, de mesma origem O, representem as ruas Paraná e Mato Grosso, respectivamente. Assim, para colocar a placa respeitando as condições estipuladas, traçamos a bissetriz do ângulo $A\hat{O}B$ e escolhemos qualquer ponto que esteja sobre a bissetriz e no interior do terreno, pois qualquer ponto da bissetriz estará a uma mesma medida de distância das semirretas que representam as ruas.

20. Possível resposta: Traçar a mediatriz do segmento de reta que une os postes e posicionar a estátua sobre a mediatriz traçada, pois qualquer ponto da mediatriz está a uma mesma medida de distância dos postes.

21. A) Bissetriz, altura e mediana.
B) Altura.
C) Mediana.

22. a) Baricentro, incentro.
b) Incentro.
c) Ortocentro.

23. Resposta pessoal.

24. a) Circuncentro.
b) Baricentro.
c) Ortocentro.
d) Incentro.
Resposta pessoal.

25. $x = 45°$; $y = 15°$

26. a) 4 cm
b) $\triangle ABC$; $\triangle EBC$

27. 13,8 cm

28. a) Resposta pessoal.
b) Os quatro pontos coincidem.

29. $a = 65°$; $b = 65°$

30. A) $x = 128°$ C) $x = 61°$; $y = 51°$
B) $x = 63°$

31. A-G; B-E; C-H; D-F

32. a) Triângulos **I** e **V** pelo caso LLL; Triângulos **II** e **III** pelo caso LAL.
b) Triângulos **I** e **II** pelo caso ALA ou LAA$_o$;
Triângulos **III** e **IV** pelo caso LAA$_o$ ou ALA.

33. a) 3 medianas.
b) 9 cm

34. a) V   b) V   c) F

35. a) circuncentro   b) incentro

36. $y = 75°$

37. $x = 80°$

38. 70°

39. 51°

40. a) Incentro.   b) Resposta pessoal.

41. A bacia deve ser colocada no circuncentro do triângulo ABC formado pelos participantes, considerando que a posição de cada um deles corresponde a um vértice desse triângulo.

Unidade 3

Capítulo 8 — Quadriláteros e área de figuras planas

1. a) As figuras **A**, **B**, **E** e **F**.
b) Os polígonos **A** e **F**.

2. A) lados: $\overline{EF}, \overline{FG}, \overline{GH}, \overline{EH}$;
vértices: E, F, G, H;
ângulos internos: $\hat{e}, \hat{f}, \hat{g}, \hat{h}$;
ângulos externos: $\hat{i}, \hat{j}, \hat{k}, \hat{l}$
B) lados: $\overline{NO}, \overline{OP}, \overline{PQ}, \overline{NQ}$;
vértices: N, O, P, Q;
ângulos internos: $\hat{n}, \hat{o}, \hat{p}, \hat{q}$;
ângulos externos: $\hat{r}, \hat{s}, \hat{t}, \hat{u}$

3. a) Pode ser classificado como trapézio, pois possui apenas um par de lados opostos paralelos.
b) 4 lados; 2 diagonais.
c) lados: $\overline{EF}, \overline{FG}, \overline{GH}, \overline{EH}$; diagonais: $\overline{FH}, \overline{EG}$

4. A) 90°   B) 105°   C) 60°   D) 136°

5. 10 metros.

6. med$(B\hat{A}D) = 102°$; med$(A\hat{B}C) = 78°$;
med$(B\hat{C}D) = 102°$; med$(A\hat{D}C) = 78°$

7. med$(\hat{M}) = 104°$ e med$(\hat{O}) = 104°$.

8. Resposta pessoal.

9. A) $AB = BC = CD = DA = 3$ cm, $a = c = 84°$ e $b = d = 96°$; losango
B) $EF = GH = 2,5$ cm, $FG = HE = 2$ cm, $e = f = g = h = 90°$; retângulo
C) $IJ = JK = KL = LI = 3$ cm, $i = j = k = l = 90°$; quadrado

10. A) losango; 60 m   C) quadrado; 168 m
B) retângulo; 70 m   D) 80 m

11. A-II; B-I; C-III; D-IV

12. a) Os pontos A, C, F, E.
b) Os pontos A, B, F, E.
c) Os pontos A, D, F, E, os pontos A, B, F, E ou os pontos E, B, D, F.

13. A) Escaleno.
B) Isósceles.
C) Retângulo, escaleno.

14. 84 cm

15. 1,8 cm

16. A) 2 m   B) 2,5 m   C) 1,6 m

17. a) $18x$ cm²
b) $x = \frac{2}{3}$ cm

18. 600 m²

19. Medida da área: $xz + yz$; 171 m²

20. 12,5 cm

21. Resposta pessoal.

22. A) 5,4 m²   B) 10,5 m²   C) 12,6 m²

23. Resposta pessoal.

24. 4,36 m

25. 1,5 m

26. a) As medidas dos comprimentos dos lados do triângulo.
b) 17,41 dm²

27. A) 475 cm²
B) 288,75 cm²
C) 278,875 cm²
D) 518,75 cm²

28. 20,75 m²

29. 3,3 cm

30. 11 200 cm²

31. a) 600 m, 800 m e 500 m.
b) 350 000 m²
c) R$ 122 500,00
d) Resposta pessoal.

32. a) $x = 4$ b) 7 cm

33. 4,5 cm

34. a) 10 m²
b) 14,4 m²
c) 5,27 m²
d) 5 m²

35. 22,2 cm²

36. 2 800 cm²

37. losango de contorno vermelho: 24 m²; losango de contorno verde: 6 m²

38. a) 34 m
b) med$(\hat{A})$ = 60°; med$(\hat{B})$ = 120°; med$(\hat{C})$ = 60°
c) 60 m²
d) Resposta pessoal.

39. 50%; 14 cm²

40. A: trapézio; B: outros paralelogramos; C: losango; D: retângulo; E: quadrado

41. A) $\overline{AC}, \overline{BD}$
B) $\overline{FH}; \overline{EG}$

42. a) 140°
b) 50°
c) 164°
d) 161°

43. 72°

44. a) Quadrado.
b) • Retângulo.
• Trapézio retângulo.
• Losango.
c) • Possível resposta: EFGIE.
• Possível resposta: ABECA.
• Possível resposta: ACFDA.

45. 5 paralelogramos, 11 trapézios.

46. a) Verdadeira.
b) Falsa. Possível resposta: Existem paralelogramos que não podem ser classificados como retângulo, quadrado ou losango.
c) Verdadeira.
d) Verdadeira.
e) Falsa. Possível resposta: Um trapézio isósceles qualquer tem pelo menos dois lados congruentes.

47. a) Sim, pois as diagonais de um retângulo são congruentes e elas se cruzam nos respectivos pontos médios. Logo, $\overline{MO} \equiv \overline{NO} \equiv \overline{PO} \equiv \overline{QO}$. Assim, os triângulos MNO, NQO, QPO e PMO são isósceles.
b) Quando o retângulo for um quadrado.

48. 9 u.a.

49. A) 140 m²   B) 81,6 m²   C) 93,6 m²

50. a) 450 cm²
b) 900 cm²
c) 27 000 cm²

51. Aproximadamente 62,36 cm².

52. 8 m²

53. paralelogramo: 760 cm²;
trapézio isósceles: 632,5 cm²;
trapézio retângulo: 475 cm²

54. Alternativa **c**.

55. Y: 14; **Z**: 6,5; **X**: 15,3

56. 92 m²

57. a) 4,025 m²
b) 8,05 m²
c) 4,025 m²

58. a) $20x + 10$
b) 100 cm²

Capítulo 9 — Cálculo algébrico

1. a) A expressão é composta por mais de um termo.
b) Uma das variáveis da expressão possui expoente não natural.
c) A variável está no radicando.

2. a) Coeficiente: 3; grau 2.
b) Coeficiente: $\frac{1}{7}$; grau: 5.
c) Coeficiente: $\sqrt{5}$; grau: 4.
d) Coeficiente: $-\frac{1}{4}$; grau: 5.

3. a) Semelhantes.
b) Não são semelhantes.
c) Semelhantes.
d) Semelhantes.
e) Não são semelhantes.
f) Não são semelhantes.
g) Semelhantes.
f) Semelhantes.

4. a) $5xy^2$ b) $\frac{xy^3}{3}$ c) $(ab)^2$ d) $\frac{n^3m^2}{5}$

5. a) Tipo **C**.
b) tipo **A**: R$ 60,00;
tipo **B**: R$ 78,00;
tipo **C**: R$ 172,00
c) • $19,5r$ • $43r$

6. a) R$ 45,00   b) $\frac{c}{10}$ ou $0,1c$

7. a) $150xy$ b) $90yz$

8. a) $14x$ b) $13x$ c) $24x$

9. a) $9y^2$ c) $\frac{9}{2}xy$ e) $\frac{13}{3}mp^2n^3$
b) $3x^2y$ d) $\frac{5}{4}ab$ f) $-\frac{17}{6}x^4y^2z$

10. A: $24xy$; **B**: $30xy$

11. a) $15a^3b^3$ c) $\frac{10}{3}am^2p$ e) $-24m^4p^3n$
b) $8x^5y^3$ d) a^3b^4 f) $-\frac{w^4y^3x^2}{12}$

12. a) $17,5xyz$
b) $8,2xyz$

13. a) $\frac{x^2z}{4}$
b) $3abc$
c) $2,5$
d) $3,2a^4$
e) $1,5xy^2$

14.

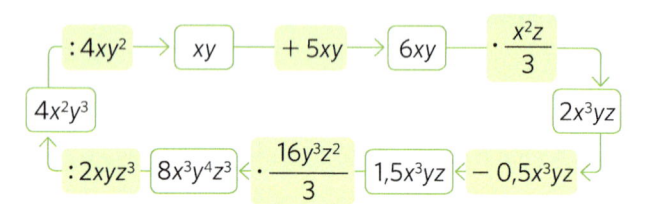

$4x^2y^3 \to :4xy^2 \to xy \to +5xy \to 6xy \to \cdot \frac{x^2z}{3} \to 2x^3yz$

$4x^2y^3 \leftarrow :2xyz^3 \leftarrow 8x^3y^4z^3 \leftarrow \cdot \frac{16y^3z^2}{3} \leftarrow 1,5x^3yz \leftarrow -0,5x^3yz \leftarrow 2x^3yz$

15. Possíveis respostas:
• Para o monômio $9y$:
$9 \cdot y$
$18y^3 : 2y^2$
• Para o monômio $24z^2$:
$12z \cdot 6z$
$24yz^2 : y$
• Para o monômio $90xy$:
$30x \cdot 3y$
$90xyz : z$
• Para o monômio $62xz$:
$31x \cdot 2z$
$124x^2z^2 : 2xz$
• Para o monômio $3y^4z^3$:
$3yz \cdot y^3z^2$
$3xy^4z^3 : x$
• Para o monômio $15xy$:
$3x \cdot 5y$
$45x^2y : 3x$
• Para o monômio $18y^2z$:
$2y \cdot 9yz$
$54y^5z : 3y^3$
• Para o monômio $11xy^3$:
$11x \cdot y^3$
$33x^2y^3 : 3x$

16. 24 cubos.

17. a) $4x^2y^2$
b) $3y$

18. Os itens **a**, **b**, **d**, **f**.

19. $2{,}79\mathbf{B} + 4{,}50\mathbf{M} + 1{,}99\mathbf{L}$

20. a) Binômio. c) Trinômio. e) Trinômio.
b) Monômio. d) Polinômio.

21. a) $xz - \dfrac{y^2}{2}$
b) $xy - a^2 - b^2$

22. a) $2y^3 - 5y + 12$
b) $x^5 - x^4$
c) $-xy - 4xyz$
d) $-14x^2 + 18x$
e) $-3y^3 + 11y^2 - 18y$

23. a) 3º grau.
b) 1º grau.
c) 5º grau.
d) 2º grau.
e) 4º grau.

24. a) -234
b) -133
c) 24
d) $-1\,034$

25. a) $z - x - y$; $BC = 5$ cm
b) $x + y - z$; $BC = 7$ cm

26. a) $4x^2 + 6$
b) $4y^2 + 4y - 28$

27. a) $13x + 8xy^2 - 14xy$
b) $-p + 5p^2q + 9pq^2 - 11$
c) $3a^3 + 6a^2 + 5a$
d) $xy - x^2 - 5y + y^2 + 2$
e) $-6x + 23x^2 + 10$

28. Resposta pessoal.

29. a) $-2x^2y + 6xy$
b) $5y^4 - 10y^2$
c) $a^2b^2 - 3a^3 + 14a$
d) $-3x^5 + 4x^4 - 2x^4y^2$
e) $6x^2y^2 + 15x^3y^3 - 24xy^5$
f) $-t^3 + 5t^2 - 6t$
g) $2r^2 - 8rs^3 + rs + 2rs^2 - 8s^5 + s^3$

30. a) $3x^2 - 3$
b) $2y^2$
c) $-2z^3 + 4z$

31. a) $A = (3y + 2x)(x + y)$; $A = 3y^2 + 5xy + 2x^2$
b) Reposta pessoal.

32. Resposta pessoal.

33. 1344 cm³

34. a) $2x^4 - xy$
b) $4x^4 - 2xy + x$
c) $5x^2 + 10x + 50$
d) $-xy$

35. a) $2x^2 - 4x + x - 2 = 2x^2 - 3x - 2$
b) $6x^2 + 15x - 2x - 5 = 6x^2 + 13x - 5$
c) $4x^2 - x + 28x - 7 = 4x^2 + 27x - 7$

36. a) $6y + 3xy + 2yz + xyz + x^2y$
b) $4x^2y + 15xy + 2x^2 - 2x - 10y$

37. a) $6x^2 - 9x$
b) $10x - 6$
c) $16x^6 + 8x^5 + x^4$
d) $x^3 + 5x^2 - 5$

38. a) $2a - 5$
b) $bc + 6$
c) $3xy - 4x + 8y + 5$

39. $2a^2 + 3ab - b$

40. A) $2ax^2$ B) $3xy$

41. a) $16x^4 - 20x^3 + 4x^2$
b) $4x^6 - 5x^5 + x^4$
c) $4x^2 - 5x + 1$
d) $8x^3 - 10x^2 + 2x$

42. a) Na expressão algébrica $\dfrac{2}{x}$, o expoente da variável não é um número natural.
b) Possíveis respostas: $5a^2 : 2a^2b = \dfrac{5}{2b}$;
$b^2c^3y : bc^3y^2 = \dfrac{b}{y}$;
$4xyz : xyz^3 = \dfrac{4}{z^2}$;
$c^2b : cba = \dfrac{c}{a}$

43. A-II; B-V; C-IV; D-I; E-III

44. a) 4, 7, 10, 13, 16, 19
b) 0,5; 2; 3,5; 5; 6,5; 8
c) 4, 16, 36, 64, 100, 144
d) 2, 7, 12, 17, 22, 27

45. a) $a_n = 5n$
b) $a_n = 9n + 4$
c) $a_n = nx$
d) $a_n = 3x^n$
e) $a_n = \dfrac{n+1}{nx^n}$

46. a) $a_n = 2n$
b) $a_{100} = 200$

47. Alternativa **d**.

48. a) 55
b) 1, 3, 6, 10, 15, 21, 28, 36, 45, 55

49. Alternativa **C**.

50. a) $(5, 16, 8, 4, 2, 1)$
b) Possível resposta:
1º) Escolher um número natural maior do que 1 como o primeiro termo da sequência, no caso, o número 5.
2º) Para o termo seguinte, se o termo anterior for ímpar, multiplicar o número por 3 e adicionar 1. Caso seja par, dividir o número por 2.
3º) Repetir o 2º passo até obter o valor 1.
c) Resposta pessoal.
d) $(6, 3, 10, 5, 16, 8, 4, 2, 1)$

51. $2nx$

52. a) $a = 4$
b) $a = 5$
c) $a = 9$
d) $a = 2$
e) $a = 6$

53. a) $4x^2y^2 \cdot 5x$
b) $15x^2 \cdot 4y$
c) $4y \cdot 2y^3 \cdot 5x$
d) $2y^3 \cdot 9x^2y \cdot 10xy$

54. Sim. Possível resposta:
$(5a^2 + 4b - 1) + (-5a^2 + 12b - 6) = 16b - 7$

55. 6

56. a) $22x^3 + 6$
b) $8x^2 - 8$

57. a) $12x^6 + 11x^3 + 2$; b) $3x^4 - 6x^2$

58. Erros cometidos: ao dividir $4ax^3$ por $2x$, Eduardo se esqueceu de escrever a potência 2 na letra x de $2ax$; ao dividir $6a^3x$ por $2x$, ele se esqueceu de dividir x por x. Resposta correta: $2ax^2 + 3a^3$.

59. Reposta pessoal.

60. $5y + 3x - xy$

61. a) 2, 3, 4, 5, 6
b) 1, 3, 5, 7, 9
c) 5, 7, 11, 19, 35
d) $\dfrac{1}{3}, \dfrac{1}{9}, \dfrac{1}{27}, \dfrac{1}{81}, \dfrac{1}{243}$

62. a) Alternativa **III**.
b) Resposta pessoal.
c) 170

Capítulo 10 Círculo e circunferência

1. Possíveis respostas:
a) Prato, moeda, relógio.
b) Pneu, aliança, roda-gigante.

2. a) $\overline{RS}, \overline{QP}$
b) $\overline{RO}, \overline{OS}, \overline{QO}, \overline{OP}$
c) $\overline{QS}, \overline{SP}, \overline{RS}, \overline{QP}$
Não, pois $\overline{OS}$ e $\overline{OP}$ são congruentes. Logo, o triangulo SOP é isósceles.

3. a) Raio.
b) $\overline{AB}, \overline{CD}, \overline{AF}$
c) $\overline{AB}$
d) Raios.

4. Resposta pessoal.

5. a) 7,5 cm
b) 15 cm

6. 20 m

7. raio: 3,4 m; $FH = 6$ m

8. $a = 14$ cm, $b = 21$ cm

9. a) $x = 40°$
b) $x = 60°$

10. $360° - a$

11. $180°$

12. $x = 150°$; $y = 120°$; $z = 90°$

13. a) • 120° • 90° • 60° • 45°
b) Resposta pessoal.

14. Resposta pessoal.

15. a) Resposta pessoal.
b) Resposta pessoal.
c) Resposta pessoal.
d) Resposta pessoal.

16. a) 192 cm²
b) 10 cm
c) Aproximadamente 62,8 cm.

17. a) 7,07 cm²
b) 10,17 cm²
c) 2,01 cm²

18. a) 3,8 cm²
b) 9,08 cm²

19. a) Circular.
b) Aproximadamente 2 579,62 m².

20. Aproximadamente 1 215,2 cm².

21. 6,29 cm²

22. Aproximadamente 105,975 cm².

23. Mais do que 4 h, pois a medida da área do painel **B** é maior do que o dobro da medida da área do painel **A**.

24. Resposta pessoal.

25. Aproximadamente 78,5 m².

26. $A_{sc} = \dfrac{\alpha}{360°} \cdot \pi r^2$

27. 28,26 cm²

28. 5,38 cm²

29. a) 5 184 cm²
b) 4 069,44 cm²

30. 125,6 cm²

31. a) $\dfrac{1}{8}$
b) 39,25 cm²

32. A circunferência é uma linha fechada em um plano, na qual todos os pontos estão a uma mesma medida de distância de um ponto fixo, e o círculo é formado pela reunião da circunferência com todos os pontos que estão em seu interior.

33. • $\overline{BC}$; diâmetro é uma corda que passa pelo centro da circunferência.

• $\overline{OA}$; $\overline{OB}$; e $\overline{OC}$; raio é um segmento de reta que liga o centro O a um ponto qualquer da circunferência.

• $\overline{DE}$, $\overline{BC}$, $\overline{FG}$, $\overline{GH}$; corda é um segmento de reta que une dois pontos quaisquer de uma circunferência.

34. a) 13,4 cm   b) 13,4 cm   c) 26,8 cm

35. 2,7 m

36. Aproximadamente 99,6 cm².

37. 1,57 cm²

38. a) 1,8 cm
b) Aproximadamente 11,3 cm.
c) Aproximadamente 10,17 cm².

39. 3 voltas.

40. 113,04 cm²

41. A) 23,08 cm²   C) 8,67 cm²
B) 11,66 cm²   D) 4,85 cm²

42. 2 826 cm

43. Aproximadamente 2,28 m.

44. Aproximadamente 19,63 m².

45. $AC = 31,5$ m

46. A) 7,07 cm²
B) 4,52 cm²
C) 41,54 cm²

Unidade 4

Capítulo 11 Equação e inequação

1. a) $x = 16$ c) $x = 4$ e) $x = 6,5$
b) $x = 23$ d) $x = -1$ f) $x = 10,5$

2. a) Sim.
b) $6x + 6 = 0$ e $5x + 7 = 2$

3. $x = 8,40$; um quilograma de feijão: R$ 8,40; um quilograma de arroz: R$ 4,80

4. A-II; B-I; C-IV; D-III

5. a) $x - 2 + 3 = 12$
b) $x = 11$

6. a) $2(x + 4) + 2x = 20$
b) comprimento: 7 m; largura: 3 m
c) 21 m²

7. a) $3x + 10 = x + 20 + 2 \cdot 10$; 15 kg
b) $2 \cdot 10 + 5 + x = 2x$; 25 kg
c) $10 + 10 = 2x + 5$; 7,5 kg

8. $3x + 12 = 264$; R$ 84,00

9. **A**: 47,5 t; **B**: 30,5 t

10. Resposta pessoal.

11. a) $x = 4$
b) $x = 6$
c) $x = \dfrac{1}{5}$
d) $x = -\dfrac{21}{17}$

12. $x + x - 3,5 + x - 15,6 = 35,8$;
Tupi: 18,3 kg;
Rex: 14,8 kg;
Veludo: 2,7 kg

13. a) $x = 43°$; $2x - 5° = 81°$; $x + 38° = 81°$
b) $x = 130°$; med$(A\hat{B}D) = 126°$; med$(D\hat{B}C) = 54°$
c) $x = 90°$; med$(E\hat{B}D) = 60°$; med$(D\hat{B}C) = 30°$

14. $z = 8$

15. R$ 2 400,00

16. As equações dos itens **a** e **b**.

17. Os itens **b** e **c**.

18. Possíveis respostas:
$x = 3$ e $y = 11$;
$x = -1$ e $y = 31$;
$x = \dfrac{15}{2}$ e $y = -\dfrac{23}{2}$.

19. a) $x - y = 22$
b) $2x + y = 80,60$
c) $2x + y = 38$
d) $\dfrac{1}{5}x + \dfrac{1}{2}y = 275$

20. a) $(-1, 3)$
b) $(-12, 19)$
c) $(28, -120)$
d) $(2, 4)$

21. O sistema de equações **III**.
75 pedras ônix, 225 pedras ametista.

22. $\begin{cases} x + y = 32 \\ x = y + 2 \end{cases}$
Luana: 17 anos de trabalho.
Gabriel: 15 anos de trabalho.

23. sanduíche natural: R$ 9,00; suco: R$ 4,00

24. 27 quadros, 11 esculturas.

25. equipe de Gustavo: 98 pontos; equipe de Marcelo: 82 pontos

26. largura: 6 cm; comprimento: 10 cm

27. 60 cm²

28. Alternativa **e**.

29. A) $x = 30°$; $y = 25°$ B) $x = 10°$; $y = 15°$

30. a) $(6, 7)$
b) $\left(\dfrac{7}{3}, -\dfrac{1}{2}\right)$
c) $\left(-1, \dfrac{1}{2}\right)$
d) $\left(\dfrac{1}{2}, \dfrac{3}{5}\right)$

31. 23 meninos e 15 meninas.

32. Maria: 28 anos; Arnaldo: 5 anos

33. 11 cédulas de R$ 100,00 e 8 cédulas de R$ 50,00.

34. 1 euro: R$ 4,38; 1 dólar: R$ 3,80

35. Antônio acertou 60 questões e errou ou deixou sem resposta 20 questões.

36. Arthur: 650 figurinhas; Pedro: 750 figurinhas

37. Alternativa **a**.

38. a) Possível e determinado.
b) Possível e indeterminado.
c) Possível e determinado.
Resposta pessoal.

39. As sentenças dos itens **a**, **c**, **d**, **f**.

40. A-III; B-IV; C-I; D-II

41. 7, 10, 14

42. Resposta pessoal.

43. $3x > 12$

44. A balança ficaria em equilíbrio.

45. a) $x > 23$ c) $x > \dfrac{5}{4}$ e) $x > 12$
b) $x < 12$ d) $x > \dfrac{25}{3}$

46. A) $8x + 2 \leq 50$
B) $15x \leq 50$

47. A) $x \leq 6$;
B) $x \leq \dfrac{10}{3}$

48. a) • Regular.
• Bom.
• Excelente.
b) 4 000 picolés.
c) 270 picolés a mais por hora.

49. Alternativa **b**.

50. a) Resposta pessoal.
    b) 68, 69 e 70
    c) Possíveis respostas: 69, 70 e 71; 80, 81 e 82.

51. a) $x = -2$ ou $x = 2$.
    b) $x = -\dfrac{1}{4}$ ou $x = \dfrac{1}{4}$.
    c) $x = -1$ ou $x = 1$.
    d) $x = -2$ ou $x = 2$.
    e) $x = -7$ ou $x = 7$.
    f) $x = -8$ ou $x = 8$.
    g) $x = -5$ ou $x = 5$.
    h) $x = -\dfrac{3}{5}$ ou $x = \dfrac{3}{5}$.

52. Resposta pessoal.

53. 6 cm

54. A) 9 m; 6 m
    B) 8 m; 8 m
    C) 7 m; 10 m

55. a) $35 + x = 68{,}90$; R$ 33,90
    b) $100 - x = 14$; R$ 86,00
    c) $2\,490 = 500 + 8x$; R$ 248,75

56. a) $\dfrac{x}{6} + \dfrac{x}{12} + \dfrac{x}{7} + 5 + 4 + \dfrac{x}{2} = x$
    b) 84 anos. 42 anos.
    c) 38 anos.

57. a) $x = 18°$;
    med$(\hat{A}) = 92°$; med$(\hat{B}) = 138°$;
    med$(\hat{C}) = 80°$; med$(\hat{D}) = 50°$
    b) $x = 50°$;
    med$(\hat{A}) = 135°$; med$(\hat{B}) = 135°$;
    med$(\hat{C}) = 135°$; med$(\hat{D}) = 135°$;
    med$(\hat{E}) = 135°$; med$(\hat{F}) = 135°$;
    med$(\hat{G}) = 135°$; med$(\hat{H}) = 135°$

58. Possível resposta:
    $\begin{cases} 2v + 250 = 4a + 100 \\ 3v + 6a = 975 \end{cases}$
    em que v e a representam as medidas das massas da caixa vermelha e da caixa azul, respectivamente. Medida da massa da caixa vermelha: 125 g; medida da massa da caixa azul: 100 g.

59. Aproximadamente 28,57%.

60. Não, pois $4a > 3a$.

61. quadrado: 16 cm; triângulo: 12 cm

62. a) Possível resposta: $\dfrac{a+b+c+d}{4} \geqslant 6$
    b) Mariza: 1; Alan: 5; Marta: 8

63. Resposta pessoal.

64. Resposta pessoal. $(6, 2)$

65. a-II; b-IV; c-III; d-I

66. a) $x = \pm 7$
    b) $x = \pm 4$
    c) $x = \pm 2$
    d) $x = \pm 9$

67. A) $x = 3$
    B) $x = 6$
    C) $x = 5$

Capítulo 12 Razão e proporção

1. a) $\dfrac{5}{6}$
   b) Quer dizer que a cada 5 voltas que Pedro dá, Júlio dá 6 voltas.

2. Nos itens **a** e **b**.

3. 45 segundos.

4. a) 8   b) 1,5   c) 0,75

5. a) R$ 9,00
   b) R$ 44,00
   c) R$ 12,00

6. Resposta pessoal.

7. a) Inversamente proporcionais.
   b) Não proporcionais.
   c) Diretamente proporcionais.

8. 6 h; 4 h

9. 6 cm

10. a) 80 km/h
    b) 72 minutos.
    c) Inversamente proporcionais.

11. 50 minutos.

12. Os itens verdadeiros são **c**, **d**, **e** e **f**.

13. a) Inversamente proporcionais.
    b) • R$ 350,00
       • R$ 175,00
       • R$ 250,00
       • R$ 437,50
    c) R$ 140,00

14. a) $\dfrac{2}{5}$

    b) $\dfrac{5}{2}$

    c) Inversamente proporcionais.

15. a) Massa da melancia e massa da água.

    b) Diretamente proporcionais.

    c) 7 200 g

16. $x = 10$, $y = 15$ e $z = 8$.

17. Não. Como não há relação de proporcionalidade entre as grandezas "dia do mês" e "medida da temperatura", dizemos que essas grandezas são não proporcionais.

18. R$ 2 000,00, R$ 1 800,00 e R$ 1 200,00.

19. a) $a = 1,5$; $b = 8$

    b) Inversamente proporcional.

    c) 12 máquinas.

20. a) I

    b) IV

    c) 11 meses; diretamente proporcionais

21. 12 viagens.

22. 20 horas.

23. a) 2 000 m

    b) Aproximadamente 33 m.

24. 46 litros.

25. R$ 38,40

26. 4,5 xícaras de farinha de trigo.

27. 1,36 m

28. a) 32 unidades.

    b) 75%

29. a) R$ 42,00

    b) R$ 33,60

30. 30%

31. R$ 5,00

32. 75 cm

33. 36 minutos.

34. a) 625 mL

    b) 9 copos.

35. a) Resposta pessoal.

    b) Resposta pessoal.

36. a) 9 min

    b) 24 min

    c) 54 min

    d) 75 min

37. 6 dias.

38. 144 cm ou 1,44 m

39. Aproximadamente 19,53%.

40. a) R$ 316,80

    b) R$ 43,20

    c) Resposta pessoal.

41. Avião comercial: aproximadamente 3 horas; avião que atingiu a maior velocidade: aproximadamente 44 minutos.

42. Resposta pessoal.

43. a) 9 colheres de sopa de farinha de trigo.

    b) 2 ovos.

    c) 3 colheres de sopa de manteiga.

44. a) 12 tampinhas.

    b) 480 mL

45. R$ 8,40

46. a) 350 MW

    b) 1 400 MW

    c) 5 600 MW

47. Respostas pessoais.

48. 100 voltas.

49. III

50. Um dia e meio.

51. R$ 58,00

52. a) 156,5 min

    b) Não, pois a máquina utilizada por ela necessita de 135 minutos ou 2 h 15 min para estampar 270 camisetas.

    c) 160 camisetas.

Capítulo 13 Medidas de capacidade e volume

1. Resposta pessoal.

2. a) L

    b) L

    c) mL; mL

    d) L; mL

    e) mL; L

3. a) 0,7 L
b) 3 100 L
c) 300 L
d) 0,0001 L
e) 2 020 L
f) 1,12 L

4. a) 10 copos.
b) 10 copos.
c) Seriam necessários 9 L de água.
d) $\dfrac{37}{20}$

5. Alternativa **e**.

6. Possível resposta: Encher o balde de 4 L e despejar seu conteúdo no balde de 7 L. Encher novamente o balde de 4 L e despejar no balde de 7 L até sua capacidade máxima, mantendo 1 L no balde de 4 L. Esvaziar o balde de 7 L, em seguida, despejar o conteúdo do balde de 1 L no balde de 7 L. Por fim, encher o balde de 4 L e despejar no balde de 7 L. Desse modo, o balde de 7 L ficará com 5 L de água.

7. 222 bolsas de sangue.

8. a) Em cinco frascos há 450 mL do medicamento.
b) Verdadeira.
c) Para medicar duas crianças com menos de 49 kg, durante três dias, é necessário no mínimo um frasco desse medicamento.
d) Verdadeira.
e) Verdadeira.

9. 48 minutos.

10. Resposta pessoal.

11. a) 3 000 m^3
b) 0,000032 m^3
c) 14 000 000 m^3
d) 0,02 m^3
e) 700 000 m^3
f) 0,00015 m^3

12. 0,6 m^3

13. 216 m^3

14. 240 m^3

15. 150 caixas.

16. Resposta pessoal.

17. 71 000 cm^3; 0,071 m^3

18. A) Aproximadamente 100,48 cm^3.
B) Aproximadamente 474,925 cm^3.

19. Aproximadamente 13,3 cm^3.

20. 8 copos.

21. 7,065 m^3

22. a) 1 000
b) 1
c) 0,00137
d) 4 000

23. 11 segundos.

24. 50 L

25. 75 cm^3

26. 600 m^3

27. Resposta pessoal.

28. 67,8 m^3

29. Seriam necessários 2 500 000 litros de água.

30. a) Aproximadamente 530 L de água por dia.
b) Possível resposta: 530 dm^3.

31. a) Litro.
b) Mililitro.
c) Mililitro.
d) Litro.
e) Mililitro.

32. a) 20 litros.
b) 0,4 hectolitros.
c) 1,2 mililitros.
d) 0,13 decalitros.
e) 0,0047 quilolitros.
f) 31,5 centilitros.

33. 500 L

34. a) 0,481 decâmetros cúbicos.
b) 0,000009 milímetros cúbicos.
c) 310 000 000 metros cúbicos.
d) 51 000 decímetros cúbicos.

35. Possível resposta: A medida do volume é 15 m^3.

36. O cilindro reto.

37. 9 000 cm^3

38. a) 0,0014
b) 100
c) 80 000
d) 11,3
e) 0,917

39. a) 54 m^3
b) Faltam 54 000 L de água.

Siglas

OBMEP – Olimpíada Brasileira de Matemática das Escolas Públicas

Referências bibliográficas

ALMANAQUE ABRIL 2015. São Paulo: Abril, 2015.

ALRO, Helle; SKOVSMOSE, Ole. *Diálogo e aprendizagem em Educação Matemática*. Trad. Orlando de A. Figueiredo. Belo Horizonte: Autêntica, 2006.

ARAGÃO, Maria José. *História da matemática*. Rio de Janeiro: Interciência, 2009.

BELLOS, Alex. *Alex no país dos números*. Trad. Berilo Vargas; Cláudio Carina. São Paulo: Companhia das Letras, 2011.

BOYER, C. Benjamin; MERZBACH, Uta C. *História da matemática*. Trad. Helena Castro. São Paulo: Edgard Blücher, 2012.

BRASIL. Ministério da Educação. *Base nacional comum curricular*. Brasília, 2017. Disponível em: <http://basenacionalcomum.mec.gov.br/wp-content/uploads/2018/02/bncc-20dez-site.pdf>. Acesso em: 8 set. 2018.

DIAS, Marisa da Silva; MORETTI, Vanessa Dias. *Números e operações*: elementos lógico-históricos para atividade de ensino. Curitiba: Ibpex, 2011 (Série Matemática em Sala de Aula).

DU SAUTOY, Marcus. *Os mistérios dos números*: os grandes enigmas da matemática (que até hoje ninguém foi capaz de resolver). Trad. George Schlesinger. Rio de Janeiro: Zahar, 2013.

EVES, Howard. *Introdução à história da matemática*. Trad. Hygino H. Domingues. Campinas: Ed. da Unicamp, 2004.

GONÇALVES, Cristina Faria Fidelis; STRAPASSON, Elizabeth. *O tratamento da informação*: estatística para o ensino fundamental. Londrina: Eduel, 2007.

LIMA, Elon Lages. *Meu professor de matemática e outras histórias*. 5. ed. Rio de Janeiro: SBM, 2006 (Coleção do Professor de Matemática).

NUNES, Terezinha et al. *Educação matemática 1*: números e operações numéricas. São Paulo: Cortez, 2005.

PAIS, Luiz Carlos. *Ensinar e aprender matemática*. Belo Horizonte: Autêntica, 2006.

ROQUE, Tatiana. *História da matemática*: uma visão crítica, desfazendo mitos e lendas. Rio de Janeiro: Zahar, 2012.

SADOVSKY, Patricia. *O ensino de matemática hoje*: enfoques, sentidos e desafios. Trad. Antonio de Padua Danesi. São Paulo: Ática, 2007 (Série Educação em Ação).

SUTHERLAND, Rosamund. *Ensino eficaz de matemática*. Trad. Adriano Moraes Migliavaca. Porto Alegre: Artmed, 2009.

WAGNER, Eduardo. *Construções geométricas*. 6. ed. Rio de Janeiro: SBM, 2007 (Coleção do Professor de Matemática).